U0820437

ORIGINAL POINT PSYCHOLOGY | 元心理

C.G. JUNG
A Biography in Books

书中的荣格

[英] 索努·沙姆达萨尼（Sonu Shamdasani）◎著　郑文浩◎译　申荷永◎审译

华龄出版社
HUALING PRESS

图书在版编目（CIP）数据

书中的荣格 /（英）索努·沙姆达萨尼（Sonu Shamdasani）著；郑文浩译 .-- 北京：华龄出版社，2024. 6
ISBN 978-7-5169-2758-8

Ⅰ. ①书… Ⅱ. ①索… ②郑… Ⅲ. ①荣格（Jung, Carl Gustav 1875-1961）- 人物研究 Ⅳ. ① K835.226.2

中国国家版本馆 CIP 数据核字 (2024) 第089698 号

策　划　颉腾文化
责任编辑　王　慧　　责任印制　李未圻

书　名　书中的荣格　　作　者　[英] 索努·沙姆达萨尼（Sonu Shamdasani）
出　版 发　行　华龄出版社 HUALING PRESS　　译　者　郑文浩
社　址　北京市东城区安定门外大街甲 57 号　　邮　编　100011
发　行　（010）58122255　　传　真　（010）84049572
承　印　文畅阁印刷有限公司
版　次　2024 年 6 月第 1 版　　印　次　2024 年 6 月第 1 次印刷
规　格　710mm × 1000mm　　开　本　1/8
印　张　27.5　　字　数　268 千字
书　号　ISBN 978-7-5169-2758-8
定　价　169.00 元

Fünf Geschichten aus dem westlichen Nordland
RABELAIS
MARTIN BUBER EKSTATISCHE KONFESSIONEN

目 录

说明文字中出现的作品来源地址缩略词如下所示：

BPU = 日内瓦图书馆（原 Bibliothèque Publique et Universitaire, Geneva）

ETH-B = 苏黎世联邦理工学院主图书馆（ETH-Bibliothek）

FWJ = 荣格作品基金会（Foundation for the Works of C. G. Jung）

JL = 荣格图书馆（Jung Library）

MBF = 马丁 · 博德默基金会（Martin Bodmer Foundation）

荣格的房子前，梅纳·苏黎世 拍摄于 1909 年

未知的图书馆

宇宙（别人称之为图书馆）。
——豪尔赫·路易斯·博尔赫斯[1]

在阅读文学作品时，一个人决不会仅满足于一本书，
而是会接触更多的书，这是因为“一本书打开了下一本书”。
——卡尔·古斯塔夫·荣格[2]

你也会出现在书中。
——埃德蒙·雅贝斯[3]

在日内瓦湖畔的科洛尼（Cologny）和苏黎世湖畔的库斯纳赫特（Küsnacht）分别坐落着一座举世瞩目的图书馆，每一座都显示出建造者是杰出的藏书家：马丁·博德默（Martin Bodmer）和卡尔·古斯塔夫·荣格（C. G. Jung）。前者离乡背井来自苏黎世，后者离乡背井来自巴塞尔。本书集中了这两座图书馆中的书籍和手稿，并将书中被注入灵魂的、趋同与分歧的观点呈现出来。博德默与荣格是否相识尚不得而知，但可以很容易想象到本书中的这两位鉴赏家若碰巧在瑞士的某家古董书屋相遇，彼此目光交转、心领神会的场景。

我们的主题从荣格在20世纪20年代做过的一个反复重现的梦开始：

在我探索炼金术之前，做过一系列反复围绕着一个主题的梦：在我家宅院的旁边还有一间房子，是一间令我感到很陌生的耳房。每次我在梦中都在想为什么自己不知道有这间房子，尽管它就清清楚楚地在那坐落着。终于，我在一次梦境中进入了这间房子，才发现这是一间修建极好的图书馆，主要可以追溯到16和17世纪。沿着墙壁摆放着装订在猪皮革中的宽大、厚实的对开本书籍，大多数书都装饰着刻有奇特文字的铜片，插图中有着我从未见过的稀奇的符号。

上图和对页：1909 年的荣格图书馆。在制定计划时，荣格在与其建筑师恩斯特·菲赫特（Ernst Fiechter）的通信中写道：“我必须回到风格的话题上，不幸的是，我需要一处全封闭的空间用来进行心理分析，否则我就要把我的妻子从书房里请走，但我不能这样做，因为她必须在书房里工作。所以我请你根据随附的图纸进行施工，图纸上也标出了新书架的位置。”［安德烈亚斯·荣格（Andreas Jung）等著的 *The House of C. G. Jung* 一书第 80 页］。在下示照片中，可见伏尔泰的半身像（左边）及尼采（上边）和凯撒大帝（Julius Caesar）（右边）的半身像。梅纳·苏黎世拍摄。

彼时，我并不清楚这些符号代表什么，直到很久之后我才分辨出是炼金术的符号。在梦境中，我只有沉浸于炼金术符号和整间图书馆中时才是有意识的。这间图书馆中藏有中世纪的古卷与 17 世纪的印刷品。

我家宅院的这间陌生的耳房是我人格的一部分，亦是我个人的一个侧面，代表着我的某件附属物，我却尚未意识到这是什么。耳房，特别是这间图书馆代表炼金术，对于炼金术，我是不了解的，但我立即就开始学习它。大约在 15 年后，我装修了一间图书馆，它与我梦到的那间非常相像。[4]

在做这个梦的前一段时间，我向一个国外的古书商订购了一本拉丁文的炼金术经典，此举的起因是：我偶然间看到了一句话，并觉得这句话可能与早期拜占庭炼金术有关，所以想要验证一下。在我做梦的几周后，我

收到了一个包裹，里面放着一本16世纪的羊皮纸书，书中有很多迷人的象征性图片。这些图片一下子让我联想起我梦境中的那间图书馆。[5]

荣格梦到一间未知的图书馆，这间图书馆变成了现实，图书馆也变成了梦的入口。在荣格看来，此处提及的炼金术书籍的意义恰恰在于它们奇怪的图像会自发地出现在我们的梦中。在一个藏书家的精神生活中，与书之交成为决定性的转折点，也成为机遇与命运之间的交汇点。我将在下文中追踪一些荣格阅读的关键性经历，但这并不是以完整的清单或目录的形式呈现的，而是通过偶然的浏览。我们将在荣格图书馆中漫步。[6]

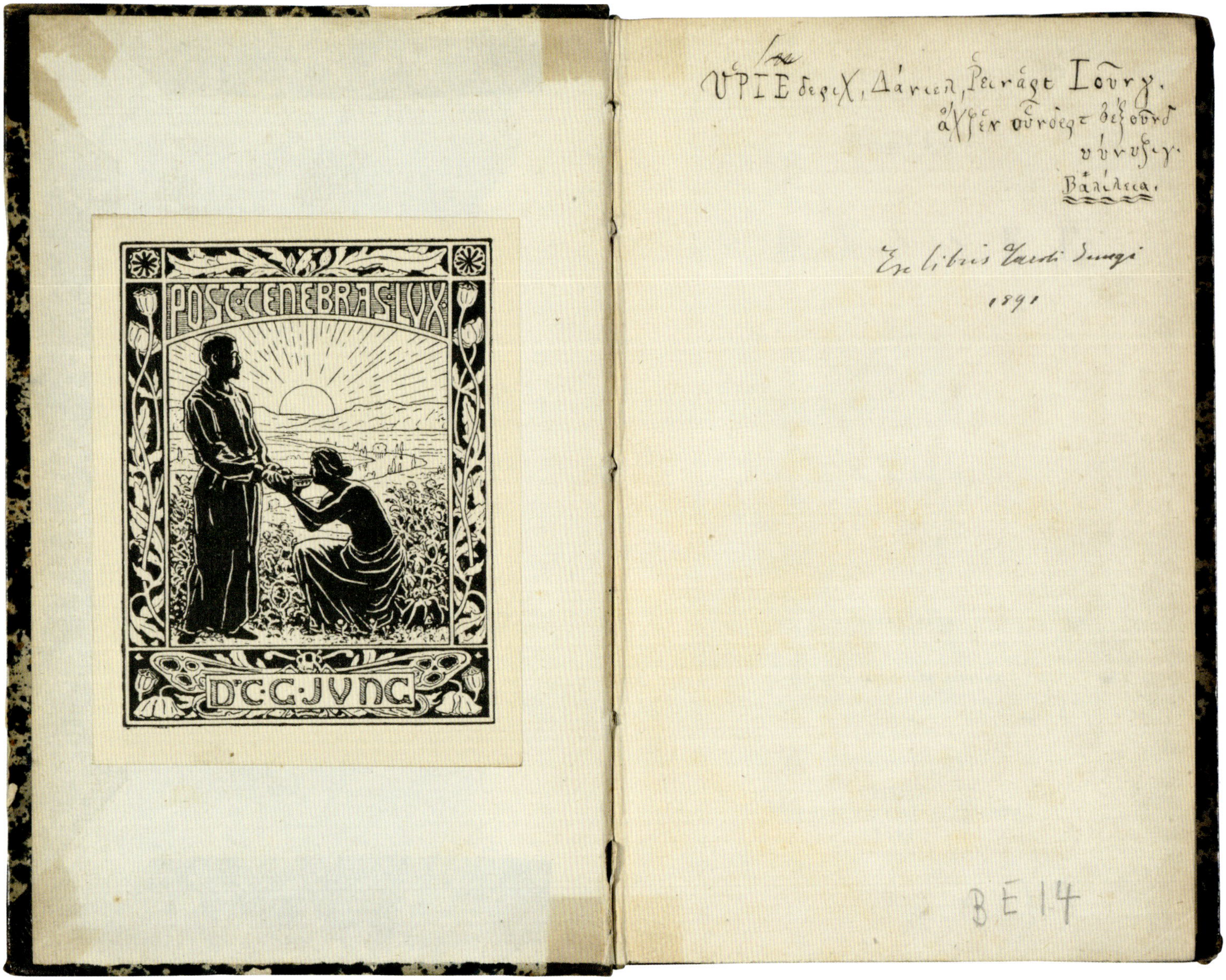

上图和对页：荣格收藏的荷马著《奥德赛》（*Odyssee*），由 J. U. 费斯（J. U. Faesi）释义，荣格图书馆提供（Leipzig: Wiedmann, sche Buchhandlung, 1853）。这张藏书票是荣格在 1903—1910 年间使用的，书票由其岳母作为礼物赠送［弗朗兹·荣格（Franz Jung）:《个人通讯》, 1995］。上面用希腊文写着 Friedrich Daniel Reinhard Jung 的名字，时间为 1856 年。弗里德里希·荣格（Friedrich Jung）（1839—1863）是荣格父亲的兄弟，荣格为其题写了“卡尔·荣格的藏书”。JL

渴望读书

荣格在年轻时就手不释卷。[7] 他最早的文学记忆是关于圣杯的传说，这对他产生了不可思议的魔力。自此，他觉察到其中存在着某些对他起到决定性作用的东西。多年之后，圣杯研究成为他的妻子艾玛的毕生任务，而荣格为了避免打扰到妻子的工作而未涉猎其中。[8] 荣格遇到的第一个图书馆是他父亲保罗·荣格（Paul Jung）的书房。尽管父亲的书房并不大，但在早年的荣格心中留下了“深刻的印象”。[9]

他曾秘密地潜入书房，想要满足自己探索宗教的企图，却没有成功。[10]

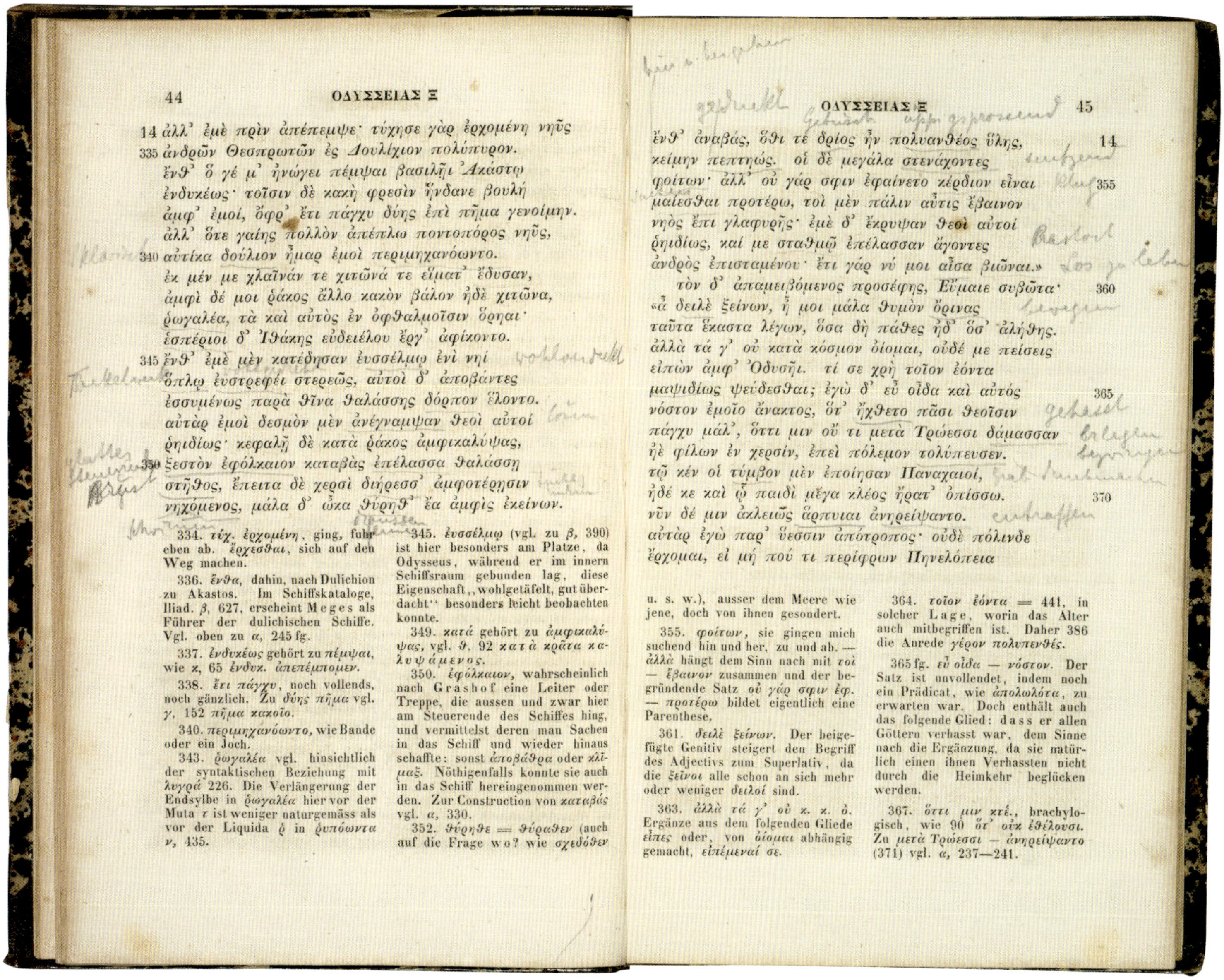

由于他的父亲已经教过他拉丁语，因此，拉丁语老师会让他翘课去巴塞尔大学图书馆为自己找书。早年的荣格“会尽情陶醉于阅读并尽可能地拖延返回时间”。[11] 荣格发现荷马的《奥德赛》和维吉尔的《埃涅伊德》（*Aeneid*）中的世界“相当精彩”，也会沉迷于维吉尔的《埃克洛格》（*Eclogues*），特别是其第四部，以及贺拉斯（Horace）的一些诗作。《埃克洛格》的第四部也被称为《弥赛亚牧歌》（*messianic Eclogue*），奥古斯丁将其视为基督诞生的预言。[12] 上学期间，荣格想象自己住在一座城堡中，那里有“一座无与伦比的图书馆，在那里你可以找到一切有价值的东西”。[13] 比起财富，这个年轻学者渴求的是一座藏书丰富的图书馆。

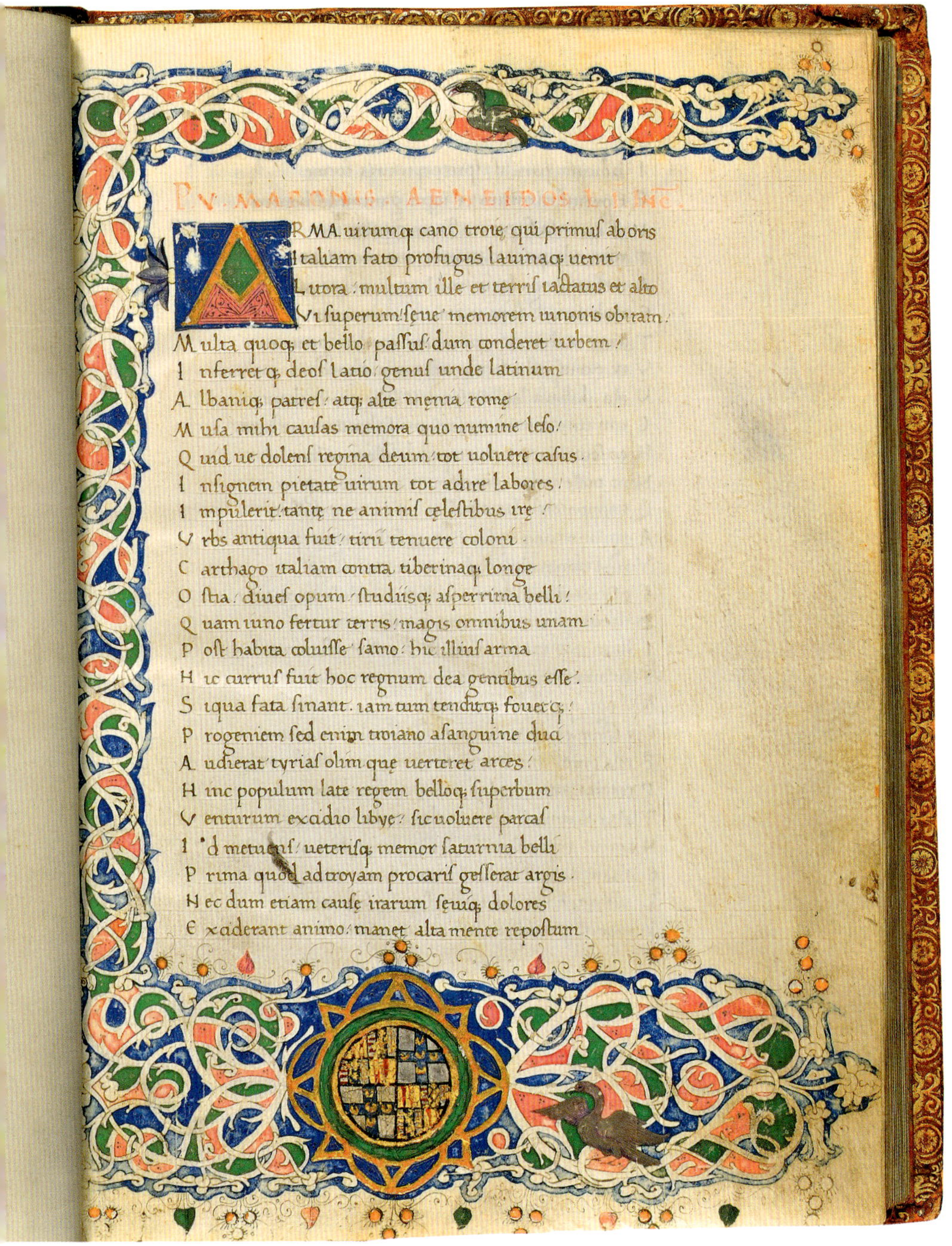

上图：维吉尔，《埃涅伊德》，15 世纪的拉丁文羊皮纸手稿，那不勒斯。MBF。

对页和第 008、009 页：荣格收藏的由歌德创作的《浮士德》中的《悲剧》（*Faust, eine Tragödie*）第一部，由约翰·霍尔茨（Johann Holtz）绘制（Zollikon: Paul Bender, 1992），现存 600 册中的第 201 册。JL

荣格年轻时孜孜不倦地阅读戏剧、诗歌和历史；后来，他阅读自然科学，如饥似渴地阅读颇具人气的冒险和旅行作家弗里德里希·盖尔斯泰克（Friedrich Gerstäcker）的小说及英国小说译本，以及那些未经删改的德国文学经典作品，这是因为它们尚未成为学校课程的一部分。[14] 他很快就意识到父亲书房的局限性了：“没有哲学家……他们会思考所以被人怀疑。”[15]

当荣格长到十五六岁的时候，一天，他的母亲告诉他：“最近你抽出一天时间来读一读歌德的《浮士德》。”[16] 他照做了。这是他第一次遇到认真对待魔鬼的人。这部戏剧在他的整个后半生都具有恒久不变的重要性。起初，梅菲斯特（Mephistopheles）在荣格心目中产生了重要的意义，而非浮士德（如果后者的灵魂下了地狱，他也不会在乎）。他认识到歌德是一位先知，因为他逐渐了解到了邪恶及其在使人类摆脱痛苦方面的神秘作用。[17] 只有《浮士德》大大地激发了他的兴趣：他发现歌德其他的戏剧及其自负的性格（self-importance）都相当乏善可陈。[18] 他为弗里德里希·席勒的伦理悲情所打动，并感到自己和他之间有一种联系。在德国诗歌中有两部作品非常突出：一部是爱德华·默里克（Eduard Mörike）的《维拉之歌》（*Gesang Weylas*），他认为这首诗歌令人惊叹——“你是奥普利德，我的乡土！/远方光辉闪烁；/海上升起的云雾将你阳光明媚的海岸熏蒸，滋润了众神的面容。/古老的水域涌起/环抱在你的腰际，孩子！/在你的神坛前，众神叩拜。”另一部是弗里德里希·荷尔德林（Friedrich Hölderlin's）的《帕特莫斯》（*Patmos*），它的开头写道：“神在咫尺/难以把捉。/危险所在/拯

FAVST

Eine Tragödie

von

Goethe

PROLOG IM HIMMEL

Der Herr · Die himmlischen Heerscharen · Nachher Mephistopheles ·
Die drei Erzengel treten vor.

RAPHAEL

Die SONNE tönt nach alter Weise
in Brudersphären Wettgesang /
Und ihre vorgeschriebne Reise
Vollendet sie mit Donnergang.
Ihr Anblick gibt den Engeln Stärke /
Wenn keiner sie ergründen mag;
Die unbegreiflich hohen Werke
Sind herrlich wie am ersten Tag.

GABRIEL

Und schnell und unbegreiflich schnelle
Dreht sich umher der Erde Pracht;
Es wechselt Paradieseshelle
Mit tiefer / schauervoller Nacht;
Es schäumt das Meer in breiten Flüssen
Am tiefen Grund der Felsen auf /
Und Fels und Meer wird fortgerissen
In ewig schnellem Sphärenlauf.

MICHAEL

Und Stürme brausen um die Wette /
Vom Meer aufs Land / vom Land aufs Meer /
Und bilden wütend eine Kette
Der tiefsten Wirkung ringsumher.
Da flammt ein blitzendes Verheeren
Dem Pfade vor des Donnerschlags;
Doch deine Boten / HERR / verehren
Das sanfte Wandeln deines Tags.

ZV DREI

Der Anblick gibt den Engeln Stärke /
Da keiner dich ergründen mag /
Und alle deine hohen Werke
Sind herrlich wie am ersten Tag.

VORSPIEL AUF DEM THEATER

Direktor · Theaterdichter · Lustige Person

DIREKTOR

Ihr beiden, die ihr mir so oft,
In Not und Trübsal beigestanden,
Sagt, was ihr wohl in deutschen Landen
Von unsrer Unternehmung hofft?
Ich wünschte sehr der Menge zu behagen,
Besonders weil sie lebt und leben läßt.
Die Pfosten sind, die Bretter aufgeschlagen,
Und jedermann erwartet sich ein Fest.
Sie sitzen schon mit hohen Augenbraunen
Gelassen da und möchten gern erstaunen.
Ich weiß, wie man den Geist des Volks versöhnt;
Doch so verlegen bin ich nie gewesen;
Zwar sind sie an das Beste nicht gewöhnt,
Allein sie haben schrecklich viel gelesen.
Wie machen wirs, daß alles frisch und neu
Und mit Bedeutung auch gefällig sei?
Denn freilich mag ich gern die Menge sehen,
Wenn sich der Strom nach unsrer Bude drängt
Und mit gewaltig wiederholten Wehen
Sich durch die enge Gnadenpforte zwängt,
Bei hellem Tage, schon vor vieren,
Mit Stößen sich bis an die Kasse ficht
Und, wie in Hungersnot um Brot an Bäckertüren,
Um ein Billett sich fast die Hälse bricht.
Dies Wunder wirkt auf so verschiedne Leute
Der Dichter nur; mein Freund, o! tu es heute!

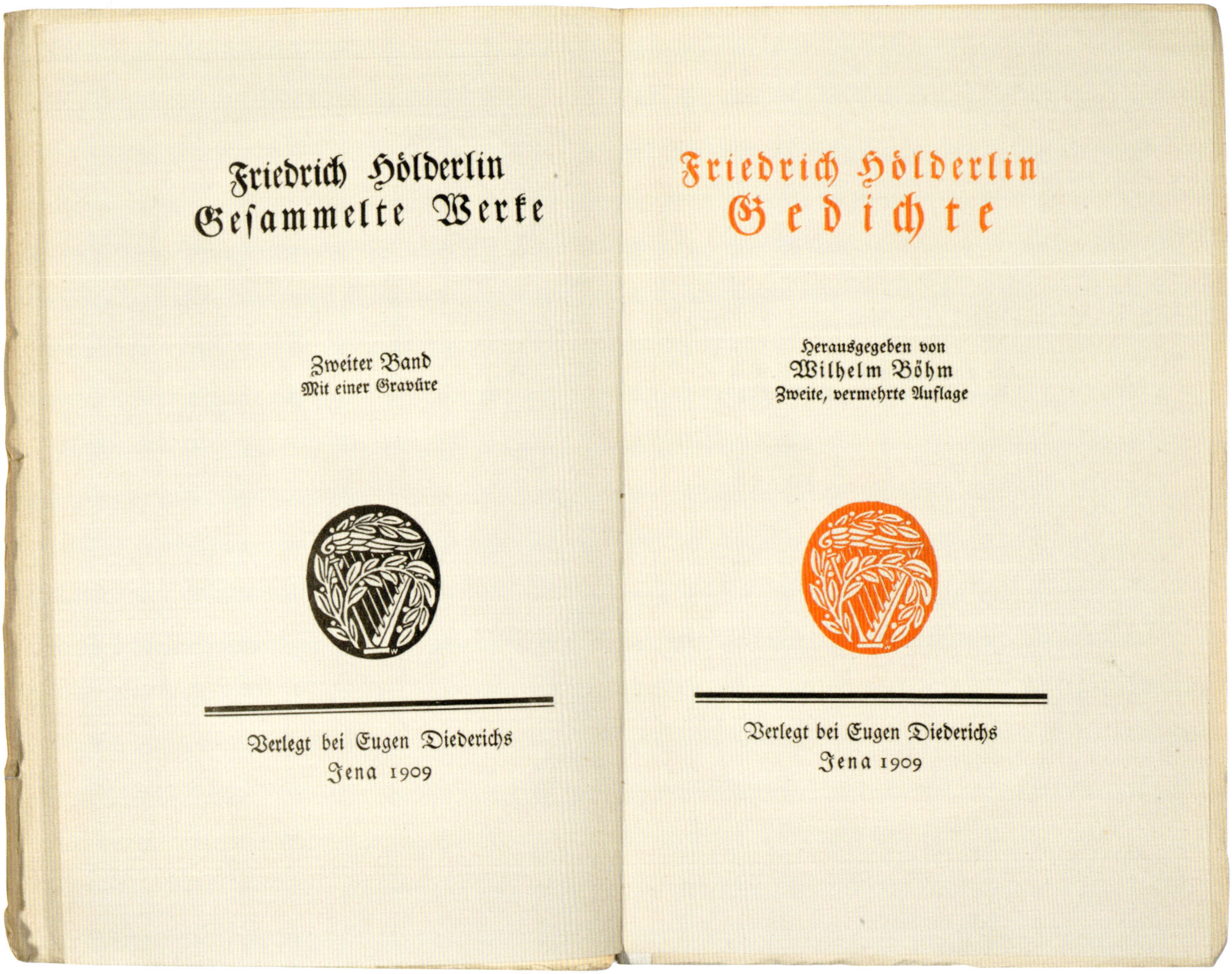

上图：荣格收藏的弗里德里希・荷尔德林:《荷尔德林诗全集》（*Complete Works: Poems*）。JL

对页：荷尔德林，《许佩里翁》（*Hyperion*）手稿，1798 年，许佩里翁致贝拉明（Bellarmin）的信。本书由希腊人许佩里翁（Hyperion）致其德国朋友贝拉明的信组成，讲述了他的冒险和心境。1912 年，荣格评论道，以下几句话概括了荷尔德林的天国之乐的概念：“天人自由地呼吸，如熟睡的婴儿，圣洁地保藏在朴素的花蕾，精神向你们永远盛开，至乐的目光落在宁静的光明之中。”
(cw 5, § 619) 。MBF

救者也在成长。”《帕特莫斯》是它的巅峰之作，也将通过其作品产生回响。[19] 1953 年，荣格为格奥尔格・格斯特（Georg Gerster）的《沉醉于诗》（*Drunk from Poems*）写了一篇文章“An Anthology of Loved German Verse”，其中写道：

> 你让我指出哪三首诗最深得我意，我必须遗憾地告诉你，你想从我最喜欢的这些作品中选出一首来是不可能的。从无数美丽的岛屿中挑出任何一座

Hyperion an Bellarmin

~~Ich schreibe~~
Ich ~~bin~~ erwacht aus dem Tode des Abschieds ~~und~~ und gestärkt wie vom Schlafe, richtet meine Seele sich auf.

Ich schreibe dir von einer Spize der Epidaurischen Berge. Tief in der Tiefe dämmert deine Gegend, Diotima, und ~~hinter mir~~ hindämmernd liegt vor mir mein Vaterland, wo ich siegen oder fallen werde. O Peloponnes! o ihr Quellen des Eurotas und Alpheus! — Da wird es gelten! Aus den Wäldern und Thälern wird der alte Lacedämonische Geist mit unserem Heere, wie mit wunderbaren Gesängen hervorgehen.

Meine Seele ist voll von Heiterkeit und voll von Liebe Diotima, und in die griechischen Thäler blikt mein Auge hinab, als sollt' es magisch gebieten: verjüngt euch wieder, ihr Todten! Ein Gott muß in mir seyn, denn ich fühle mich kaum unsrer Trennung kaum. Wie die seligen Schatten am Lethe, lebt jezt meine Seele mit deiner, in himmlischer Freiheit und das Schiksaal waltet über unsrer Liebe nicht mehr.

40. [16] Diog. ix 1 [s. A 1 S. 67, 25, vgl. Athen. xiii 610 b] πολυμαθίη νόον ἔχειν οὐ διδάσκει· Ἡσίοδον γὰρ ἂν ἐδίδαξε καὶ Πυθαγόρην αὖτίς τε Ξενοφάνεά τε καὶ Ἑκαταῖον. 68

41. [19] — — [anschl. an 40] εἶναι γὰρ ἓν τὸ σοφόν, ἐπίστασθαι γνώμην, ὁτέη ἐκυβέρνησε πάντα διὰ πάντων.

42. [119] — — τόν τε Ὅμηρον ἔφασκεν ἄξιον ἐκ τῶν ἀγώνων ἐκβάλλεσθαι καὶ ῥαπίζεσθαι καὶ Ἀρχίλοχον ὁμοίως.

43. [103] — — 2 ὕβριν χρὴ σβεννύναι μᾶλλον ἢ πυρκαϊήν.

44. [100] — — μάχεσθαι χρὴ τὸν δῆμον ὑπὲρ τοῦ νόμου ὅκωσπερ τείχεος.

45. [71] — — 7 ψυχῆς πείρατα ἰὼν οὐκ ἂν ἐξεύροιο, πᾶσαν ἐπιπορευόμενος ὁδόν· οὕτω βαθὺν λόγον ἔχει.

46. [132] — — τήν τε οἴησιν ἱερὰν νόσον ἔλεγε καὶ τὴν ὅρασιν ψεύδεσθαι.

---

40. Vielwisserei lehrt nicht Verstand haben. Sonst hätte es den Hesiod belehrt und Pythagoras, ferner auch Xenophanes und Hekataios.

41. In Einem besteht die Weisheit, die Vernunft zu erkennen, als welche alles und jedes zu lenken weiß.

42. Homer verdiente aus den Preiswettkämpfen verwiesen und mit Ruten gestrichen zu werden und ebenso Archilochos.

43. Frevelmut soll man eher löschen als Feuersbrunst.

44. Das Volk soll kämpfen um sein Gesetz wie um seine Mauer.

45. Der Seele Grenzen kannst du nicht ausfinden, und ob du jegliche Straße abschrittest; so tiefen Grund hat sie.

46. *Eigendünkel nannte er* eine fallende Sucht *und trügerisch das Auge.*

---

2 ἔχειν Athen. u. Clem. Str. i 93 [i 59, 25]: sonst meist weggelassen 3 τε (vor καὶ) BP: fehlt F 4 σοφόν vgl. B 50 (anders B 32); εἶναι γὰρ (näml. τὸ νόον ἔχειν B 41), ἓν τὸ σοφὸν (wie B 32) ἐπίστασθαι, γνώμην versteht H. Gomperz 5 *: ὁτέη κυβερνῆσαι P^1B: ὅτ᾽ ἐγκυβερνῆσαι F. Vgl. 12 C 1 § 10 g. E. ὁτέη Archaismus = ἥτις, vgl. 18 B 8, 46 ἐκυβέρνησε aor. gnom. 6 τε Ausgg.: γε Hss. 9 nach νόμου haben BP^1F ὑπὲρ τοῦ γινομένου, vermutlich lect. em. ὑπὲρ τοῦ γε νόμου *, die Beachtung verdient 11 *: ψυχῆς πειραταιον B^1FP^2: ψ. πειρατέον P^1 vgl. Pind. P. 10, 29 ναυσὶ δ᾽ οὔτε πεζὸς ἰὼν κεν εὕροις ἐς Ὑπερβορέων ἀγῶνα θαυματὸν ὁδόν ἐξεύροιο oder ἐξεύροι ὁ oder εὕροι ὁ Hss., vgl. Soph. fr. 833 12 βαθὺν F: βαθὺς BP^1. Imitationen Sextusspr. 27. 403 Elter *Grund* wegen *tief* übersetzt; wörtlich: *so tief verborgen ist ihr Gesetz, ihr Wesen* 13 οἴησιν scheint nicht zum Zitat zu gehören. Vgl. Sternbach *W. Stud.* x 242, Wilamowitz *Herm.* 40, 134. Epikurs Autorität (fr. 224 Usen.) kommt bei der Unzuverlässigkeit der Quelle (Flor. Monac.) ebensowenig in Betracht wie B 131

都是完美的。我只能说歌德、荷尔德林和尼采在我的世界留给了我最深的感受。这三首诗姑且是：歌德的《神仙与芭雅蝶舞女郎》（*God and the Bayadère*）、荷尔德林的赞美诗《帕特莫斯》的第一节及尼采的《来自高山》（*From High Mountains*）。然而，我并不确定我的选择是否正确，毕竟乱花渐欲迷人眼，很可能明天我就改变主意了。[20]

后来，德国诗人令他非常感兴趣，却并没有打动他，这是因为荣格觉得他们过度拘泥于对心理层面的探究。[21]

文学评论家哈罗德·布鲁姆（Harold Bloom）曾说过，西方经典终归落在两个人身上，即柏拉图和莎士比亚。[22] 亨利·伯格森（Henri Bergson）曾指出，想要抓住理解哲学核心的直觉，就必须先看看哲学家对什么说不。[23] 荣格认为莎士比亚的戏剧和十四行诗都不错，却称它们为“典型的文学作品”。莎士比亚戏剧中的人物不会出现在荣格的万神殿（Jung's pantheon）中。同样，荣格同埃斯库罗斯（Aeschylus）、索福克勒斯（Sophocles）和欧里庇得斯（Euripides）的希腊戏剧也没建立什么联结，甚至连柏拉图也没有和他对话。[24]

尽管荣格认为浮士德冷漠无情，但这个人物形象确实对荣格产生了重要的影响。这种影响源于文中提到的浮士德对哲学的研究：

如今，哎！
哲学、法学和医学，很遗憾，还有神学，
我全已努力钻研。
可到头来仍是个傻瓜，
并未比当初聪明半点！[25]

出于这一典故，荣格开始追随浮士德的脚步，转而研究哲学。他发现自己被前苏格拉底派的毕达哥拉斯、恩培多克勒（Empedocles），特别是赫拉克利特吸引，但最终发现他们的思想有些久远。现在回想起来，他认为赫拉克利特的直觉是不可思议的。[26] 只有在德国神秘主义者迈斯特·埃克哈特身上，他才感受到了“生命的气息”，但荣格还不了解他。荣格在哲学领域最大的发现是叔本华的作品。[27] 叔本华是荣格读到的第一个直抒胸臆的人，他承认世间苦难重重却激情勃发，以及自然的残酷性，也认识到所有这一切终不会转为和谐与秩序。[28]

阿图尔·叔本华（Arthur Schopenhauer）（1788—1860）生于格但斯克（Gdańsk），就读于哥廷根大学，并于耶拿大学获得哲学博士学位。他的哲

荣格复印赫尔曼·亚历山大·第尔斯（Hermann Diels）的《前苏格拉底哲学家残篇》（德文是 *Die Fragmente der Vorsokratiker: Griechisch und Deutsch*；英文是 *The Fragments of the Presocratics: Greek and German*）（Berlin: Wiedmannsche Buchhandlung, 1912）中描写赫拉克利特的片段：荣格划出第 41 条，该条写道：“智慧寓于统一。”他还画出了第 45 条，该条写道：“无论你走过多少路，你都不会找到灵魂的边界，因为它是何其深邃。”JL

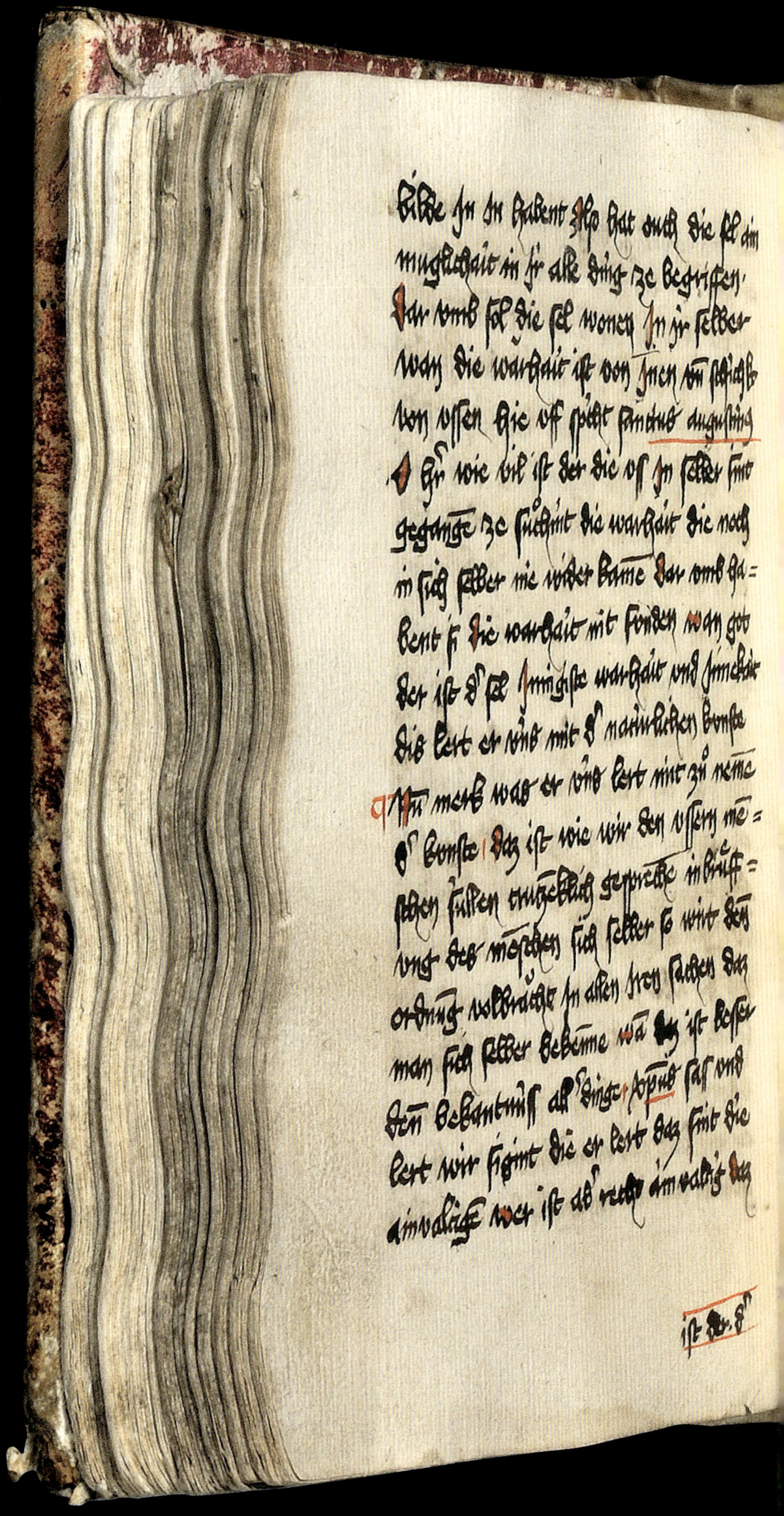

迈斯特・埃克哈特（约 1260—1328）的《布道》，来自 15 世纪下半叶康斯坦茨湖地区的德文手稿。MBF

ist d' der niemat betrugt noch vo nieman
mag betrogen wden ¶ maist' eb'hart.

Got hat die armen gemachet durch
die richen vnd die richen durch die
armen dar vmb lihent got dz er wider gil=
tet vch etlich sprechet si geloubet in got
si geloubet aber got nit dz ist grösser daz
man got geloub dene daz man an got ge=
loub · ma geloubt aine meschen wol ob ma
im funf schilling lihe daz er si wider geb
vn gelte vnd geloubt denocht nit an men=
schen · geloubt den mesch in got war vmbe
geloubet er got den nit daz er im gelt was
er gelihet in sine arme wer alle ding lat
der nimt hundt valtig wider wer aber
hundt valtig nimt vnd maint dem enwirt
nit wan er enlet nit alle ding wil er h
hundt valtig wider haben · popus d' geloubt
aber hundt valtig dene die alle ding lassent
liht er hundt valt so nimt er hund' valt
h wider vnd daz ewig lebe ob de meschen

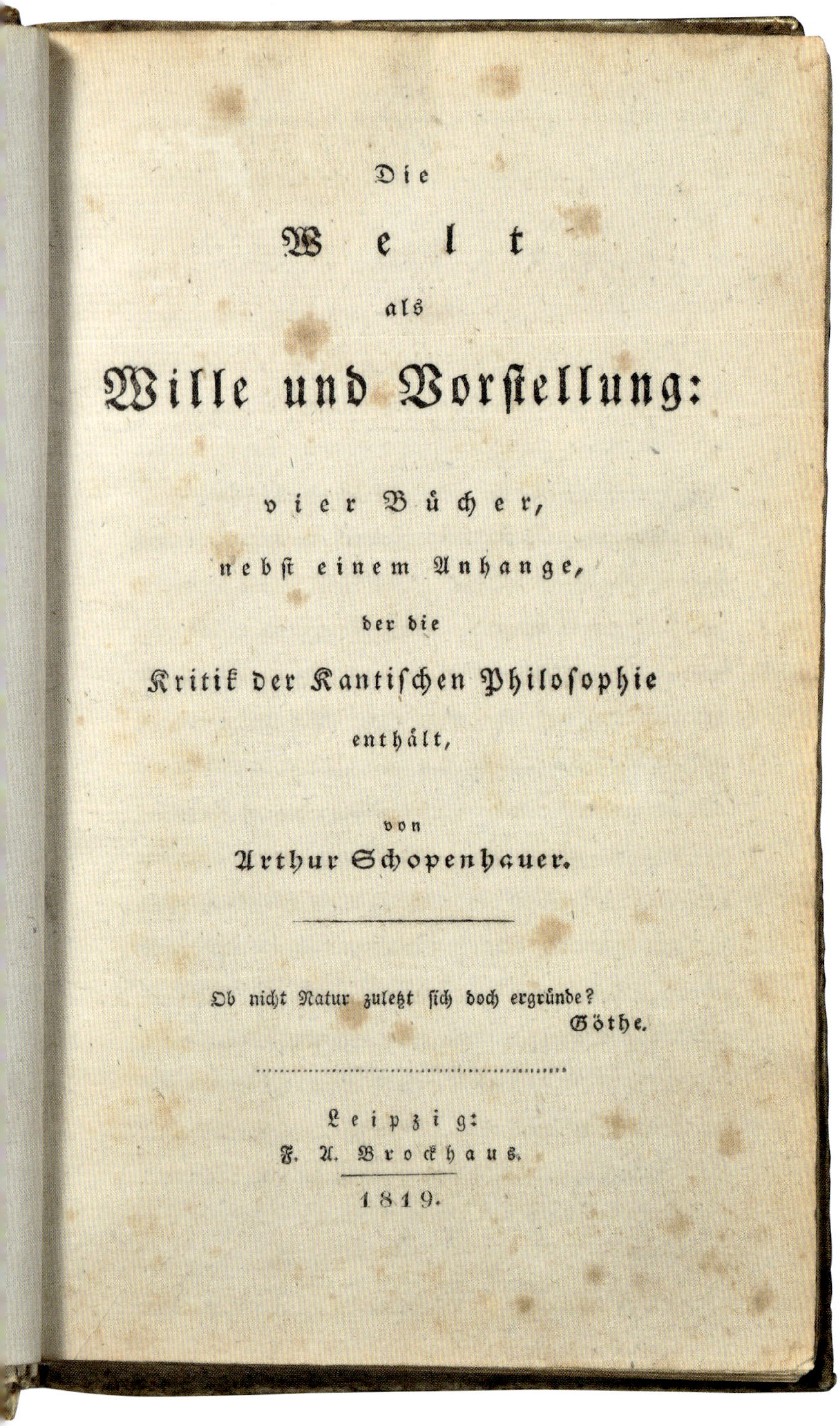

阿图尔·叔本华的《作为意志和表象的世界》。MBF

学代表作《作为意志和表象的世界》(*The World as Will and Representation*)于1819年出版。叔本华在开篇就宣称：

> “这世界是我的表象”：这是一个对任何活着的且有认知能力的生灵都有效的真理，但只有人类能将它纳入反省式的、抽象的意识中。因此，他清楚而确切地明白，他并不认识什么太阳和地球，只不过是用眼睛看到了太阳，用手感触到地球罢了。他认识到，这个环绕着他的世界只不过是作为表象而存在着的。换言之，这个世界只是相对其他事物，也即其所表象的名义而言的，而这个表象者即是人类自己。[29]

同时，世界并不是以一个纯粹的认识主体呈现，而是以一个有形的主体呈现。在这一层面，叔本华使用了“意志”这一术语：“只有‘意志’给了他破解自身现象的钥匙，揭示了自身的重要性并展现了他自身的内在机制、行为及发展。”[30] 因此，叔本华对表象的出处进行了根本上的界定。意志不但构成了人类最内在的本质，也构成了动物和所有存在的本性。意志是盲目的，即它不被表象指引。但“存在物总是根据尚未存在物的降临而进行自我调节”，因此，鸟儿要为其未出世的雏鸟筑巢。[31] 意志的盲目性造成了叔本华哲学中久久萦绕的苦难与悲怆，通常称之为叔本华的悲观主义。

然而，荣格认为叔本华的意志概念具有一种神学背景，并且意志这个词实际指的是上帝。叔本华解释道，知识分子应该借用盲目意志的表象去对抗盲目意志，这种解释令荣格不太满意，于是指引他阅读康德的作品。荣格发现康德的《纯粹理性批判》(*Critique of Pure Reason*)(1781)比叔本华的作品更具启发性。[32] 20世纪50年代，荣格对荣格学院的一名学生说：“康德是我的哲学启蒙老师。”[33] 荣格从康德的批判中形成了自己理解可知事物边界的基础。

伊曼纽尔·康德(Immanuel Kant)(1724—1804)生于柯尼斯堡(Königsberg)并在此度过一生。在担任私人教师后，康德于1770年得到了大学哲学教授的职位，他正是凭借着批判哲学开创了哲学学科的一个新时代。他在《纯粹

215

in der unorganischen Natur, wann z. B. anschießende Krystalle sich begegnen, kreuzen und gegenseitig so stören, daß sie nicht die rein auskrystallisirte Form zeigen können, wie denn fast jede Druse das Abbild eines solchen Streites des Willens auf jener so niedrigen Stufe seiner Objektivation ist; oder auch wann ein Magnet dem Eisen die Magneticität aufzwingt, um seine Idee auch hier darzustellen; oder auch wann der Galvanismus die Wahlverwandschaften überwältigt, die festesten Verbindungen zersetzt, die chemischen Gesetze so sehr aufhebt, daß die Säure eines am negativen Pol zersetzten Salzes zum positiven Pol muß, ohne mit den Alkalien, durch die sie unterwegs geht, sich verbinden, oder nur den Lakmus, welchen sie antrifft, röthen zu dürfen; so ebenfalls, wann ein Weltkörper den andern in seine Attraktionssphäre bekommt und ihn an sich, als beständigen Begleiter, fesselt: dieser, obgleich besiegt, widersteht noch immer, gleichwie die chemischen Kräfte im Organismus, woraus dann die beständige Spannung zwischen Centripetal- und Centrifugal-Kraft hervorgeht, welche das Weltgebäude in Bewegung erhält und selbst schon ein Ausdruck ist jenes allgemeinen der Erscheinung des Willens wesentlichen Kampfes, den wir eben betrachten. Denn da jeder Körper als Schauplatz der Erscheinung eines Willens angesehn werden muß, Wille aber nothwendig als ein Streben sich darstellt; so kann der ursprüngliche Zustand jedes zur Kugel geballten Weltkörpers nicht Ruhe seyn, sondern Bewegung, Streben vorwärts in den unendlichen Raum, ohne Rast und ohne Ziel: daher ist kein erster Anstoß für die Centrifugalkraft zu suchen, sondern sie eben ist der ursprüngliche Zustand jedes Weltkörpers, der den unendlichen Raum durchfliegt, bis er in die Attraktionssphäre eines

叔本华手稿中对本卷的修订。MBF

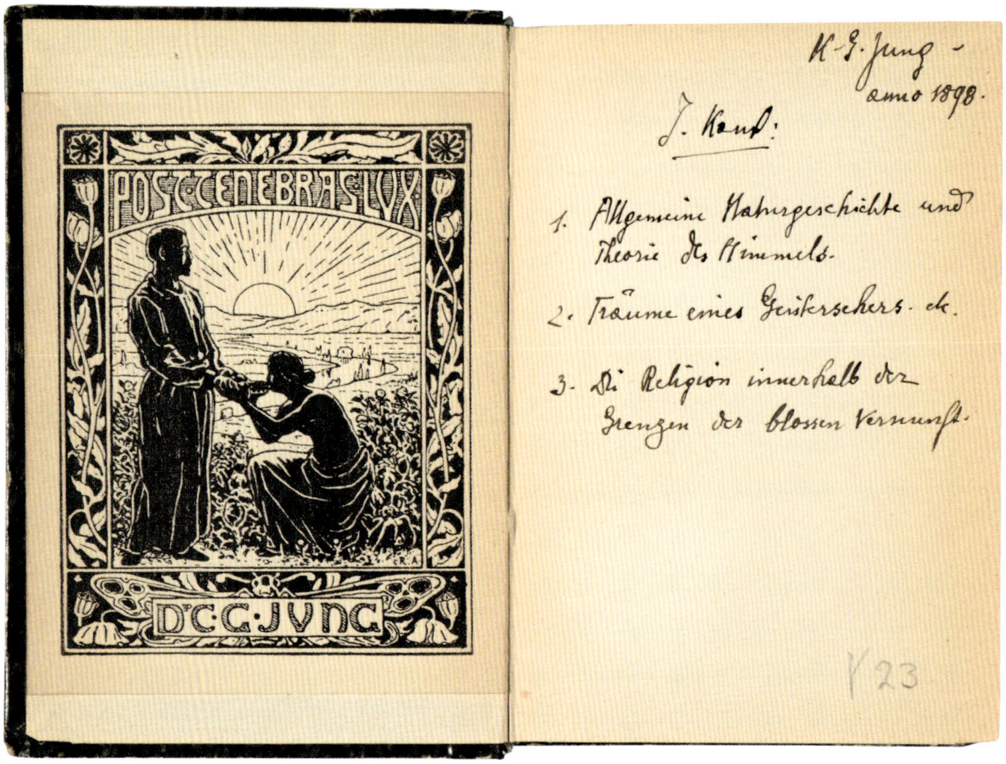

荣格收藏的伊曼纽尔·康德的《自然通史和天体论》（*Natural History and the Theory of the Heavens*）、《视灵者的梦》（*Dreams of a Spirit Seer*）及《单纯理性限度内的宗教》（*Religion within the Bounds of Reason Alone*）合订本。JL

理性批判》第一版序言中强调：人类理性承担了一些从本质上无法解决的问题作为其特点之一。试图取代经验所呈现的东西致使形而上学陷入错误。康德在《纯粹理性批判》第二版的扉页上写道：迄今为止，人们一直假设我们的认知方式必须符合经验的对象。他声称，这一假设是导致形而上学失败的原因。康德反而提出了相反的主张：经验的对象必须符合我们的认知方式。康德就此进行了有名的解释，即在哲学上将这一观念倒置过来与哥白尼用地心说取代日心说的宇宙运行方式类似。对康德而言，问题在于，为了让人们对世界的经验成为可能，如何确定认知必须采取的形式。一开始，康德就对纯粹知识和经验知识进行区分，他表示，不可否认的是所有的知识都始于经验，但绝不是说所有的知识都来自经验，这一点正如洛克（Locke）和休谟（Hume）所声称的一样。纯粹的知识包括普遍意义上的先验观念，后者并不来自经验。他把这种观念称为范畴。有关范畴的一个明证就是因果律。康德表示，因果律必须以先验作为理解的基础，因为因果律无法仅从经验中得出。经验法则不是放之四海皆准的，因为经验法则只有相对普遍性和广泛的适用性。[34] 这一范畴组成了让经验变成可能的条件，只有通过表征人们才能认识到作为客体的事物。

康德还介绍了一个与范畴相结合的概念，他介绍了被体验事物之间的区别，并将之称作现象，以及事物与事物本身之间的区别，即他所谓的本体。而现象就是回归事物本身，也就是本身不被认识之物的表征。[35] 本体是一个“界限概念”（borderline concept），用于限制“感性的僭妄”（pretension of the sensibility）。[36]

对页：康德的《学科之争》（*The Conflict of the Faculties*，又译作《学科间纷争》《论学科之冲突》《学院的论辩》等）（1798 年），其中涉及良心的自由。转载的这几页的标题为“人类在进步吗？”MBF

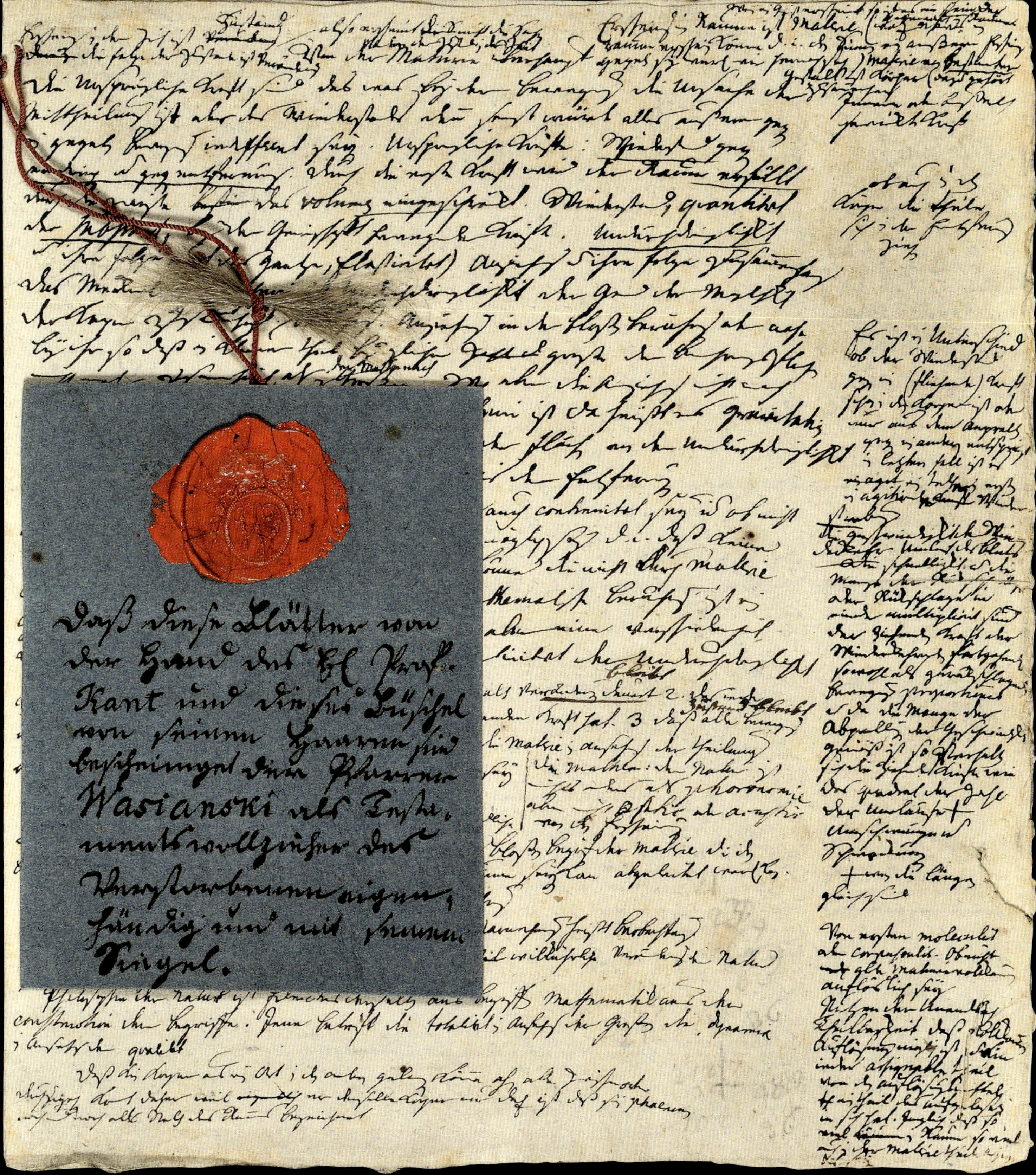
Daß diese Blätter von
der Hand des H Prof.
Kant und dieses Büschel
von seinen Haaren sind
bescheiniget dem Herrn
Wasianski als Testa-
mentsvollzieher des
Verstorbenen eigen-
händig und mit seinem
Siegel.

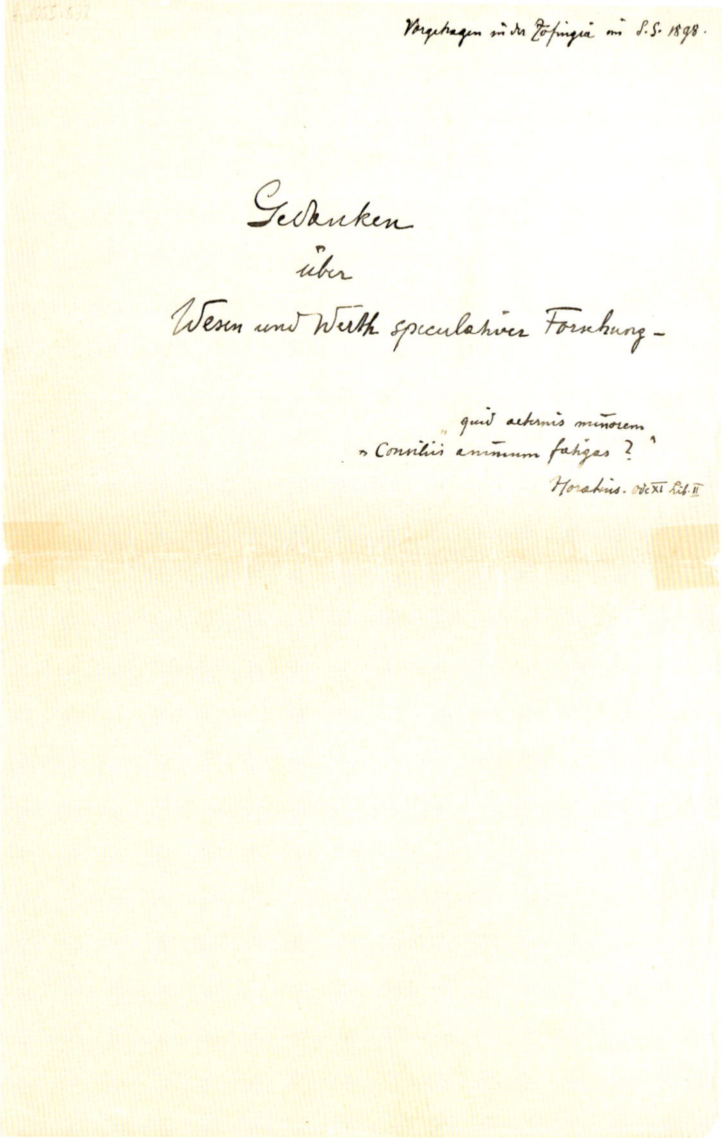

Vorgetragen in der Zofingia im S.S. 1898.

Gedanken
über
Wesen und Werth speculativer Forschung –

„quid aeternis minorem
„Consiliis animum fatigas?"
Horatius. Od. XI Lib. II

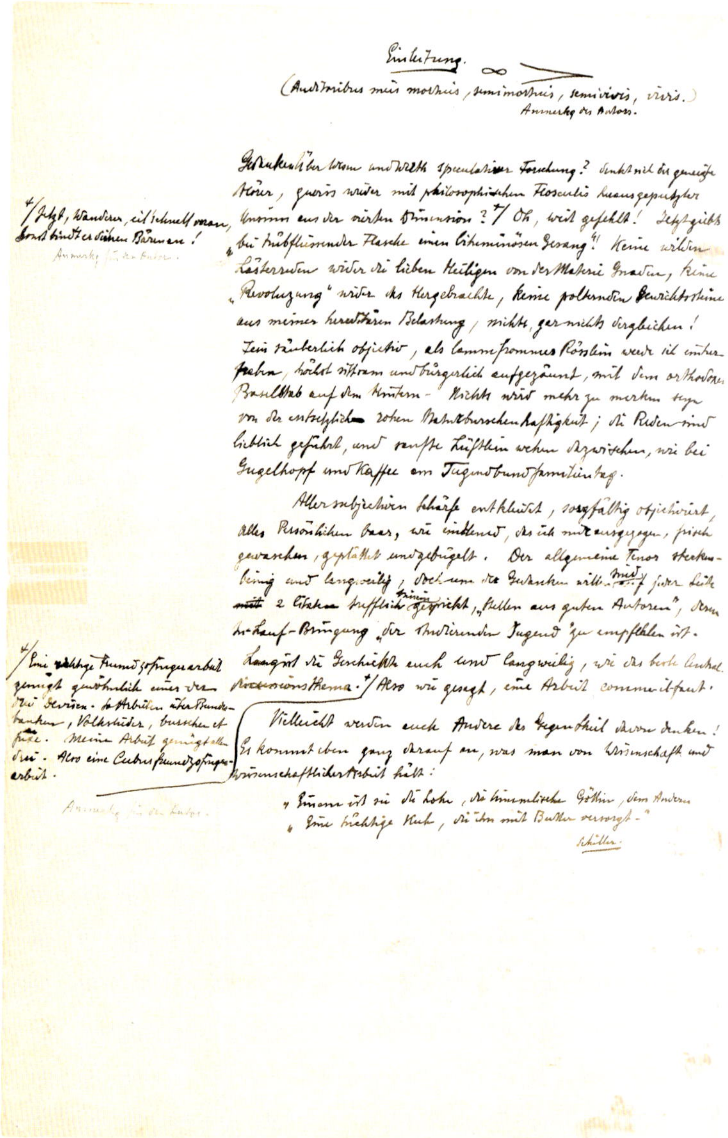

Einleitung.

(Auditoribus meis mortuis, semimortuis, semivivis, vivis.)
Anmerkung des Autors.

荣格题为《有关投机性探索的价值和意义的思考》（*Thoughts on the Value and Worth of Speculative Inquiry*）的手稿，于 1898 年 5 月 8 日在佐芬吉亚协会（Zofingia Society）上宣读。书中的箴言源于贺拉斯的一句诗：

> “为什么因为洞察永恒之谜而折磨你可怜的灵魂？”——为什么要用永恒的思考来疲惫你的凡人之心？（第二册，颂歌 11，Shepherd 翻译，第 115 页）ETH-B

因此，本体只被消极地假设出来，用以为理解力设置阈限，而理解力只能通过范畴构想事物。

荣格在青年时代对科学的兴趣逐日增长，促使他下定决心在大学里学习科学。他虽将医学视作一门成熟的科学，但学医是迫于生计。[37] 不过，这一决定也让他得以在巴塞尔大学图书馆丰富的馆藏中徜徉。求学期间，他不断扩充自己的课余阅读量，他在周末阅读康德的著作，并积极参与“佐芬吉亚”的学生辩论协会。辩论记录中显示了荣格及其同学是如何积极参与到涉及科学、哲学和神学的辩论中的，他们引经据典，为自己的立场寻求佐证。辩论的形式，以及辩论记录确也呈现出一定程度上的集体的自我重要性。后来，明显除荣格外，还有像保罗・哈贝林（Paul Häberlin）、阿尔伯特・奥里（Albert Oeri）及古斯塔夫・斯坦纳（Gustav Steiner）等大多数协会成员都从事于伟大的事业。

除继续阅读康德和叔本华的著作外，在 19 世纪通过卡尔·古斯塔夫·卡鲁斯（Carl Gustav Carus）和爱德华·冯·哈特曼（Eduard von Hartmann）的著作而快速发展的无意识的概念也成为荣格最感兴趣的内容。荣格在与希米娜·德·安古洛（Ximena de Angulo）讨论美国学生艾拉·普罗戈夫（Ira Progoff）的论文时对其论文中普遍存在的弗洛伊德中心论的误解提出反对，并指出自己的概念“要比弗洛伊德更接近卡鲁斯”，还指出是康德、叔本华、卡鲁斯及哈特曼给了他“思想的工具”。[38] 他在纠正误解自己是从弗洛伊德那里了解到无意识概念的思想时说：“我早在认识弗洛伊德前就已经有了这些想法。无意识这个术语源自哈特曼的认识论。”[39] 荣格在 1925 年再次解释了自己对无意识的看法——最早源于叔本华和哈特曼。[40]

哈特曼（1842—1906）生于柏林，毕业于罗斯托克大学，此后有过一段军旅生涯，后成为学者。他的主要著作《无意识哲学》（*The Philosophy of the Unconscious*）于 1868 年一经问世就广受好评。在其一生中，该书有过 10 个版本。哈特曼试图在德国理想主义与自然科学间实现调和。哈特曼在进一步对卡鲁斯的著作进行详述后，统一了无意识的概念，其著作中提出了一个分类计划，将几乎所有可以想象的现象都归于该类。他从无意识的角度重新阐释了叔本华的意志，表示由于这种意志没有自我意识，因而是一种无意识的意志。[41]

多年来，他修订了自己对无意识的划分模式。连续再版的《无意识哲学》在体量上不断增大，与此同时，他也在逐渐扩大无意识概念的含义。哈特曼在 1900 年的最后一版中区分了认识论无意识（epistemological unconscious）、身体上的无意识（physical unconscious）及精神上的无意识（metaphysical unconscious）——它们具有相对和绝对的方面——以及最终的无意识绝对精神（unconscious absolute spirit）。相对于意识，无意识是原始的（primary）。意识被视为无意识的产物。[42] 无意识的出现绝非偶然，而是代表一种内在朝向更高意识层面的具有目的性的努力。[43] 这种努力以最终对世界的救赎为目标，包括回到世界之初的原始状态。对哈特曼

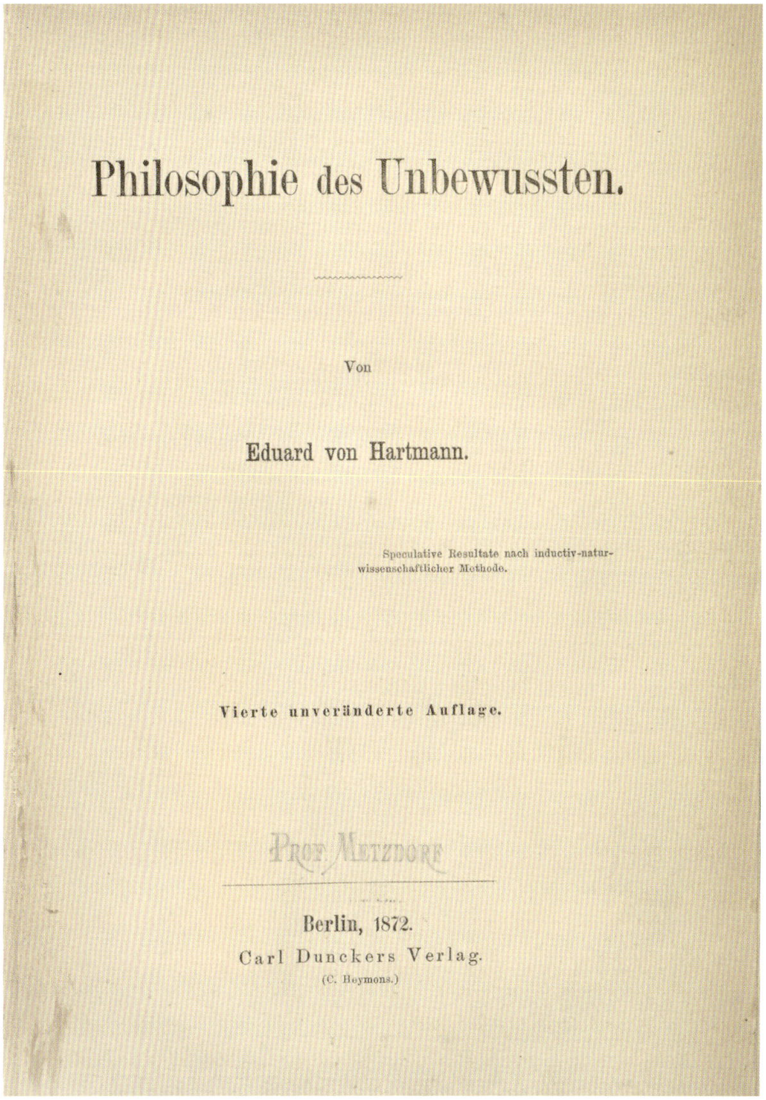
Philosophie des Unbewussten.

Von

Eduard von Hartmann.

Speculative Resultate nach inductiv-naturwissenschaftlicher Methode.

Vierte unveränderte Auflage.

Berlin, 1872.
Carl Dunckers Verlag.
(C. Heymons.)

荣格收藏的哈特曼的《无意识哲学》。JL

而言，无意识是超越个体的和集体性的：“然而，当我们将世界视作一个整体时，‘无意识’这一表述获得了从所有无意识个体功能（unconscious individual functions）和主体（subject）中抽象出来的能量，也获得了集体的能量。”[44]无意识最终形成了所有个体意识的基础。[45]从他对无意识的重要定义可以看出，人类的发展取决于对无意识的密切关注。如果一个人无法得到灵感，他就会失去活力，相同的命运也会出现在一个压抑其发展的理性时代。[46]哈特曼提议将接触自然与艺术作为维系与无意识之间联系的对应方法。个体的最终目标应是“为达到普遍的世界救赎的目标，而将人格完全投入到世界进程中……使无意识的目的成为我们自己意识的目的”。[47]哈特曼对集体无意识及超越个体无意识的表述和评价对荣格产生了重要影响。[48]

1897 年，荣格第一次接触到尼采的作品。尽管尼采的作品备受讨论，但荣格还是推迟阅读尼采的作品。在巴塞

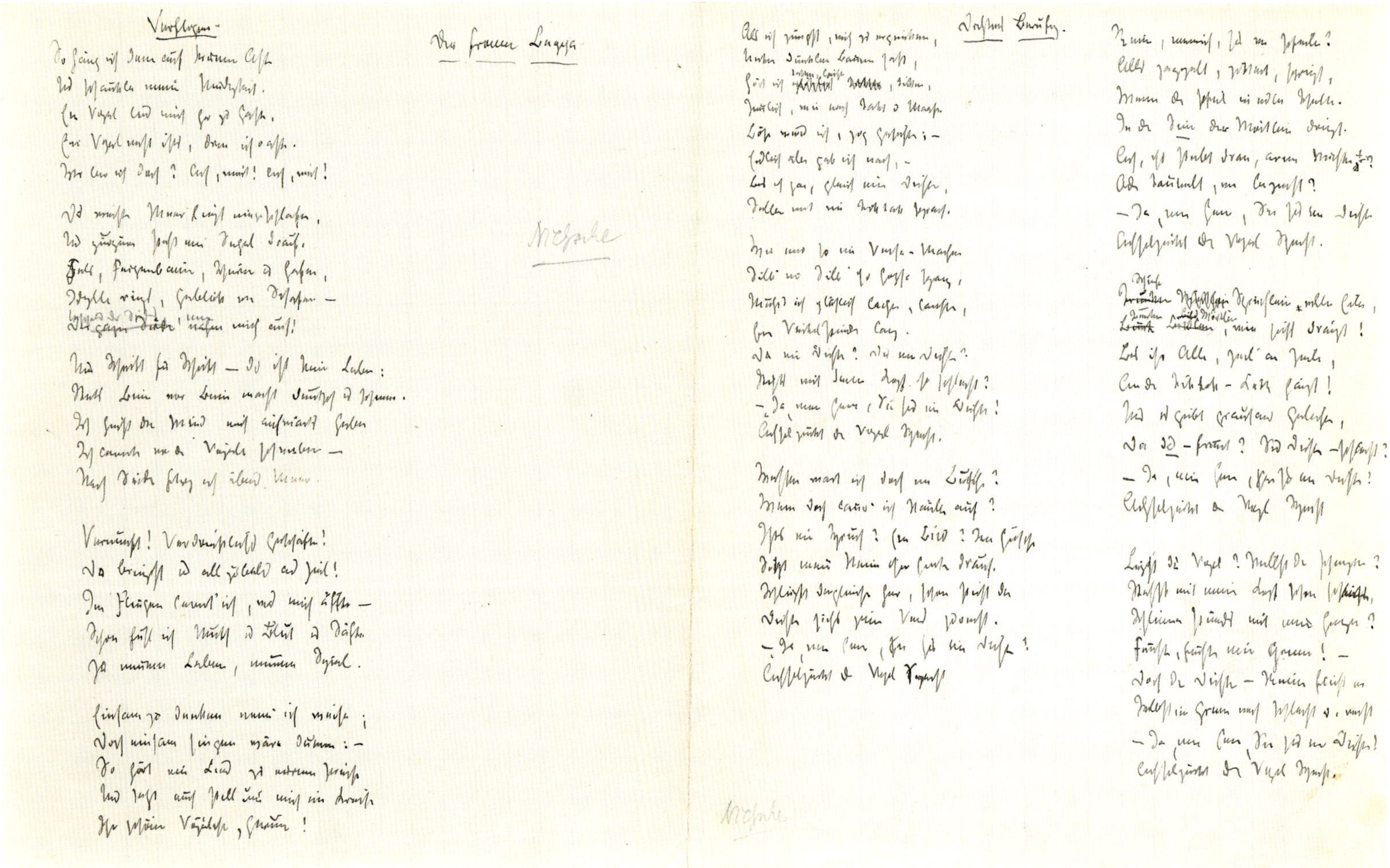

尼采创作的两首诗的手稿，以“自由鸟王子之歌”为题出版于《快乐的科学》（*The Gay Science*）中，题目分别为《在南方》（*In the South*）和《诗人的天职》（*The Peot's Call*）（瓦尔特·阿诺德·考夫曼（Walter Kaufmann）翻译并评论［纽约：Vintage Books，1974 年］，（351-574ff）。MBF

尔到处流传着与尼采相关的流言蜚语，特别是雅各·布克哈特（Jacob Burckhardt）对尼采的批评。荣格阅读的第一本尼采的书是《不合时宜的沉思》（*Untimely Meditations*），并对该书产生了强烈的共鸣。[49] 该书吸引着荣格继续阅读了《查拉图斯特拉如是说》（*Thus Spoke Zarathustra*），阅读这本书对荣格而言是一次和他阅读《浮士德》同样重要的体验，这两本书也将持续影响其一生。荣格有了一种好像生活了两个世纪的感觉，并对 18 世纪十分怀念。他的双重意识以两个人格的形式出现，对此，他称之为 1 号和 2 号。1 号人格是阅读小说的巴塞尔的学生，2 号人格是在自然和宇宙的交融状态下笃定的宗教信仰者。荣格将自己的 2 号人格定义为尼采的查拉图斯特拉。随后，考虑到尼采的结局，荣格对自己的神志感到恐惧。

荣格在其同学父亲的书房中发现的一本唯灵论（spiritualism）的书为他打开了新的大门。[50] 在 19 世纪下半叶出现了当代的唯灵论，并传至欧洲和美洲。通过唯灵论，制造幻觉以及随之而来的幻觉言语（attendant phenomena of trance speech）、嘟囔语（glossolalia）、自动书写（automatic writing）和晶球幻视（crystal vision）广泛出现。荣格在巴塞尔上大学的日子里和同学们一起参加了降神会（Séances），并经常沉浸在唯灵论的作品之中。他先后研读了埃申迈耶尔（Eschenmayer）、帕萨旺（Passavant）、戈雷斯（Gorres）的作品，以及著名科学家威廉·克鲁克斯（William Crookes）、阿尔弗雷德·华莱士（Alfred Wallace）和弗里德里希·佐尔纳（Friedrich Zöllner）关于唯灵论的著作。尤其重要的是伊万纽·史威登堡（Swedenborg）和卡尔·杜普雷尔（Carl du Prel）的著作。荣格在这一时期读完了史威登堡的七卷著作。[51]

伊万纽·史威登堡（1688—1772），瑞典科学家和基督教神秘主义者。1743 年他经历过一次宗教危机，这段经历也被记录进他的《梦的日记》（*Journal of Dreams*）之中。他随后于 1745 年看到了基督的异象，并开始致力于描述其在天堂和地狱里的所见所闻，以及解释《圣经》的内在和象征意义的毕生事业中。史威登堡认为，《圣经》有两层含义：一个是物质的、字面的含义，另一个是内在的、精神层面的含义。这些含义都是通过对应关系联系起来的。他宣称“新教会”的出现，代表着一个全新精神时代的到来。史威登堡表示，一个人从出生开始就从父母亲那里获得了罪恶；这些罪恶寄生在自然人的身上，他们与精神人

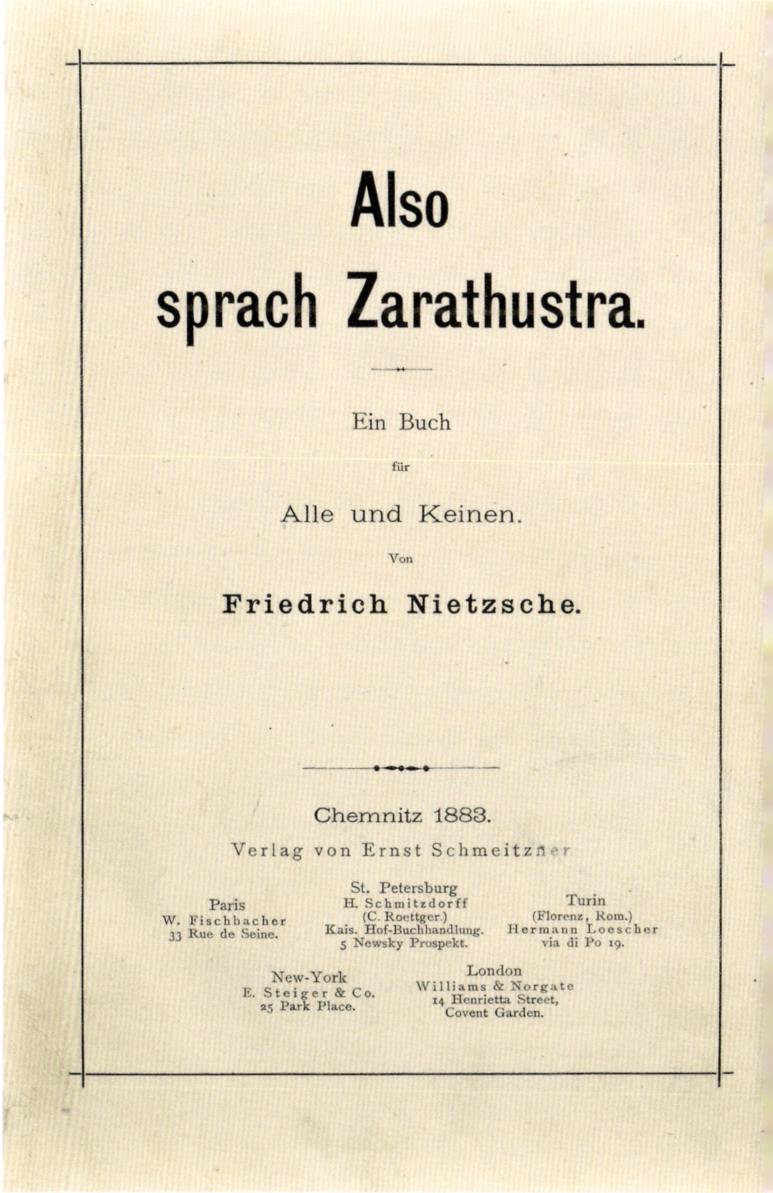

Also sprach Zarathustra.

Ein Buch für Alle und Keinen.

Von Friedrich Nietzsche.

Chemnitz 1883.
Verlag von Ernst Schmeitzner

Paris
W. Fischbacher
33 Rue de Seine.

St. Petersburg
H. Schmitzdorff
(C. Roettger.)
Kais. Hof-Buchhandlung.
5 Newsky Prospekt.

Turin
(Florenz, Rom.)
Hermann Loescher
via di Po 19.

New-York
E. Steiger & Co.
25 Park Place.

London
Williams & Norgate
14 Henrietta Street,
Covent Garden.

尼采的《查拉图斯特拉如是说》。MBF

（spiritual man）正好截然不同。人是注定要升上天堂的，但如果没有精神上的重生和一次新生则无法抵达。这意味着善良和信仰。

荣格在思考灵异现象的哲学和心理学意义时，对卡尔·杜普雷尔的著作感触颇深。杜普雷尔（1839—1899）是一名德国哲学家和唯灵论者。他的代表作为《神秘主义哲学》（*The Philosophy of Mysticism*）（1885）是一部关于研究梦的著作。对杜普雷尔而言，梦实现了灵魂在永恒和空间上的存在。他将梦想象成精神在象征意义层面的自我表征。杜普雷尔强调了梦的两个方面：梦的戏剧性和梦的疗愈功能。梦是"一场主题鲜明的戏剧"。[52] 因此，梦中所有的人物都代表梦者人格的一个方面："所有的梦都可以描述为自我的戏剧性分裂，并且我们在梦中进行的对话似乎都是独白。"[53] 杜普雷尔使这种类比提升为形成其对梦理解的基础。提到梦的疗愈方面，他指出，人们发现梦中的一种"治愈本能"在起作用。杜普雷尔的梦的概念随后为荣格所采纳和阐释。

1925 年，荣格在对自身成长进行思考时提到：1896 年发生在我身上的一件事成为我未来生活的动力。这种事总是可以在人生中预料到，即一个人的家世从来不是他取得突破性成就的关键所在。[54] 他叙述了自己与表妹海伦·普莱斯维克（Helene Preiswerk）的一次会面，后者表现出了惊人的通灵能力。祖慕斯坦－普莱斯维克（Stefanie Zumstein-Preiswerk）对荣格参与的第一次通灵会做了下述描述：

> 她（海莉）说："爷爷（塞缪尔·普莱斯维克）来找我们了。我必须前去，必须向他询问他会将我带往何处。他将取代我。"她毫无生气地倒在地上。卡尔和卢吉（Luggy，海莉的妹妹）托起她，平放到沙发上。卡尔首先镇静下来，问道："海莉在哪？"他质问道："快回答，你这鬼魂，准是你绑架了她！"突然一个阴沉的老人的声音响了起来，仿佛来自另一个世界。但这声音出自海莉之口，尽管她躺在沙发上，好像死掉了一样。"不要害怕，瞧，我每天都和你在一起，我是你的祖父塞缪尔，和上帝住在一起。向上帝祈祷吧，祈求让我的孙女达到她的目标。她现在在北极上空，在冰雪覆盖的高山上。那里是通往美洲最近的地方。"卡尔问道："为什么是美洲？""海莉迟早会到达圣保罗。她现在正飞往巴拿马的海岸。然后她将阻止那个黑人混血儿捉住贝塔（海莉的另一个妹妹）。"卡尔停顿很久后问道："她成功了吗？""忏悔吧，为贝尔蒂尔祈祷，贝尔蒂尔刚刚诞下一个小黑鬼。海莉来得太迟了。"[55]

一周后他们收到了一封来自贝塔的信，信上说她已经在两年前结了婚。几天后，他们听说贝塔诞下一个卷头发的男婴。这次交谈给荣格留下了很深的印象，他和同学们一起对通灵进行深入研究。一些有关通灵的抄本得以保存了下来。下图为 1897 年 3 月 19 日从一次通灵中摘录的对话：

> 远距离影响的尝试。时间 11:05，对象：仓鼠（一个代号）。仓鼠在家吗？

不。他在街上吗？不。他正准备回家吗？不。能通过精神引导他在 11:15 时看向钟表吗？可以给出他于 11:15 时现身何处的线索吗？可以。可以用桌子吗？可以。他将现身于哪条街道？那是指 Missionstrasse 大街吗？是的。在 11:13 停止尝试，11:20 重新开始。指令生效了吗？是的。成功了吗？是的。能给我房间号码吗？可以。房间号码是多少？ 32 号。11:15 时他已经在家了吗？不。他在房门口吗？是的。他出现了吗？是的……他正同某人说话？精神可以说是谁吗？是的。字母表上没有结果。精神会说话吗？不会。那是一个学生吗？是的。在询问了下一次方便预约的时间后，在 3 月 26 日，通灵会结束了。[56]

学生们还向神灵问了有关神学的问题。下述为对发生在 1897 年 8 月 18 日通灵会上对话的摘录：

> 用玻璃尝试。
>
> “您是怎么看待罪的？”
>
> “罪是人类的毁灭，从初始就已经存在。”
>
> “摩西中的 18 和 11 是针对灵性吗？不。这句话对我们有什么含义？”
>
> “这话不该与你们有关。”[57]

荣格发现在幻觉中的海伦·普莱斯维克会呈现不同的人格，并且他可以通过心理暗示唤醒这些人格。当死去的亲人出现时，她就完全变成了这些人。她说起了昔日化身的事。1897 年，荣格读到了杰斯丁·尼斯克纳（Justinus Kerner）的《普雷沃斯特的女预言家》（*The Seeress of Prevost*），这本书对研究有了重要的影响。[58]

杰斯丁·尼斯克纳是德国医生、诗人和磁化者（megnetist）。1826 年，他遇到了预言家弗里德里克·豪夫（Frederika Hauffe）。与她相爱的传教士离世后，她与另一个人订婚，但婚礼安排事与愿违。此后，她陷入长达七年的抑郁之中。后来，她在传教士的坟墓旁获得异象，梦到传教士正躺在自己床边。传教士变成了保护神。每天下午

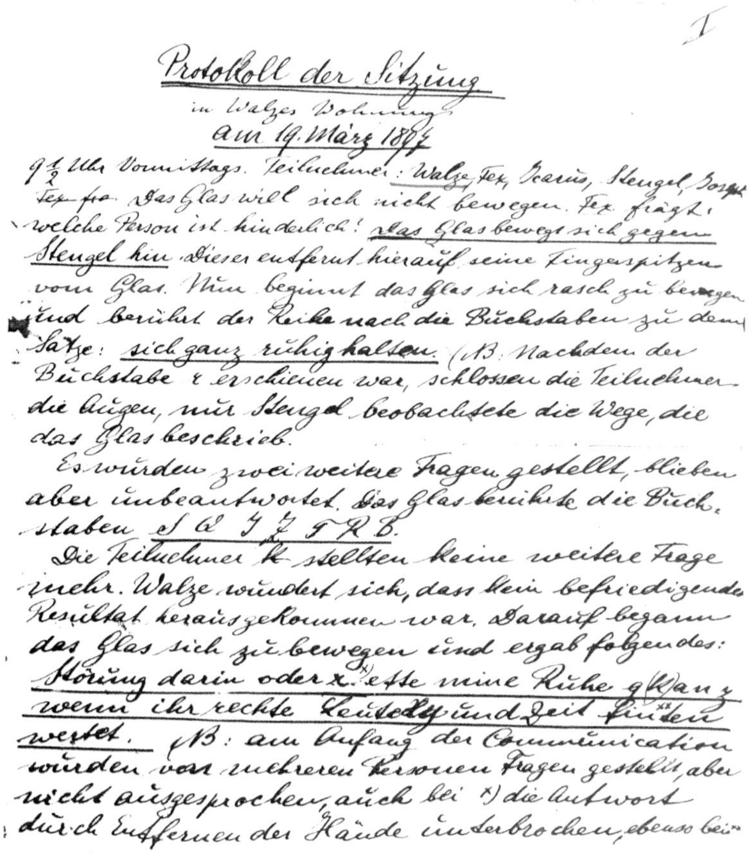
I
Protokoll der Sitzung
in Walzes Wohnung
am 19. März 1897
9½ Uhr Vormittags. Teilnehmer: Walze, Fex, Icarus, Stengel, Sorge
Fex fragt: Das Glas will sich nicht bewegen. Fex fragt: welche Person ist hinderlich? Das Glas bewegt sich gegen Stengel hin. Dieser entfernt hierauf seine Fingerspitzen vom Glas. Nun beginnt das Glas sich rasch zu bewegen und berührt der Reihe nach die Buchstaben zu dem Satze: sich ganz ruhig halten. (NB: Nachdem der Buchstabe r erschienen war, schlossen die Teilnehmer die Augen, nur Stengel beobachtete die Wege, die das Glas beschrieb.
Es wurden zwei weitere Fragen gestellt, blieben aber unbeantwortet. Das Glas berührte die Buchstaben S A J Z F R B.
Die Teilnehmer stellten keine weitere Frage mehr. Walze wundert sich, dass kein befriedigendes Resultat herausgekommen war. Darauf begann das Glas sich zu bewegen und ergab folgendes: Störung darin oder x) ... meine Ruhe g(k)anz wenn ihr rechte ... und Zeit finden werdet. (NB: am Anfang der Communication wurden von mehreren Personen Fragen gestellt, aber nicht ausgesprochen, auch bei x) die Antwort durch Entfernen der Hände unterbrochen, ebenso bei

1897 年 3 月 19 日在荣格家中举行降神会的议定书，起初用玻璃进行试验。参会者提出问题，并等待玻璃的答复。荣格在这里以其同学的代号“瓦尔策”（桶）来表示。ETH-B

荣格收藏的杰斯丁·尼斯克纳《普雷沃斯特的女预言家》。JL

5 点，在这个传教士曾经下葬的时间，她总会进入磁化睡眠。平时开的药也没有作用，尼斯克纳走进她的房子，她提及是磁化（being magnetized）维系着她的生命。弗里德里克·豪夫能看见鬼魂，当她看向人群时，能看到人们的灵魂及身体内部的运作方式。她还会开处方，用一种未知的内在语言说话并描述精神世界与物质世界的交融。尼斯克纳的著作于 1829 年问世，为第一本精神病领域研究个案的著作，是当时最热门的畅销书。

35 年后，荣格在苏黎世联邦理工学院开办了一系列心理学史的讲座。在对 19 世纪中叶做出概述后，他将自己的注意力转移到了研究患者自身的作用上。

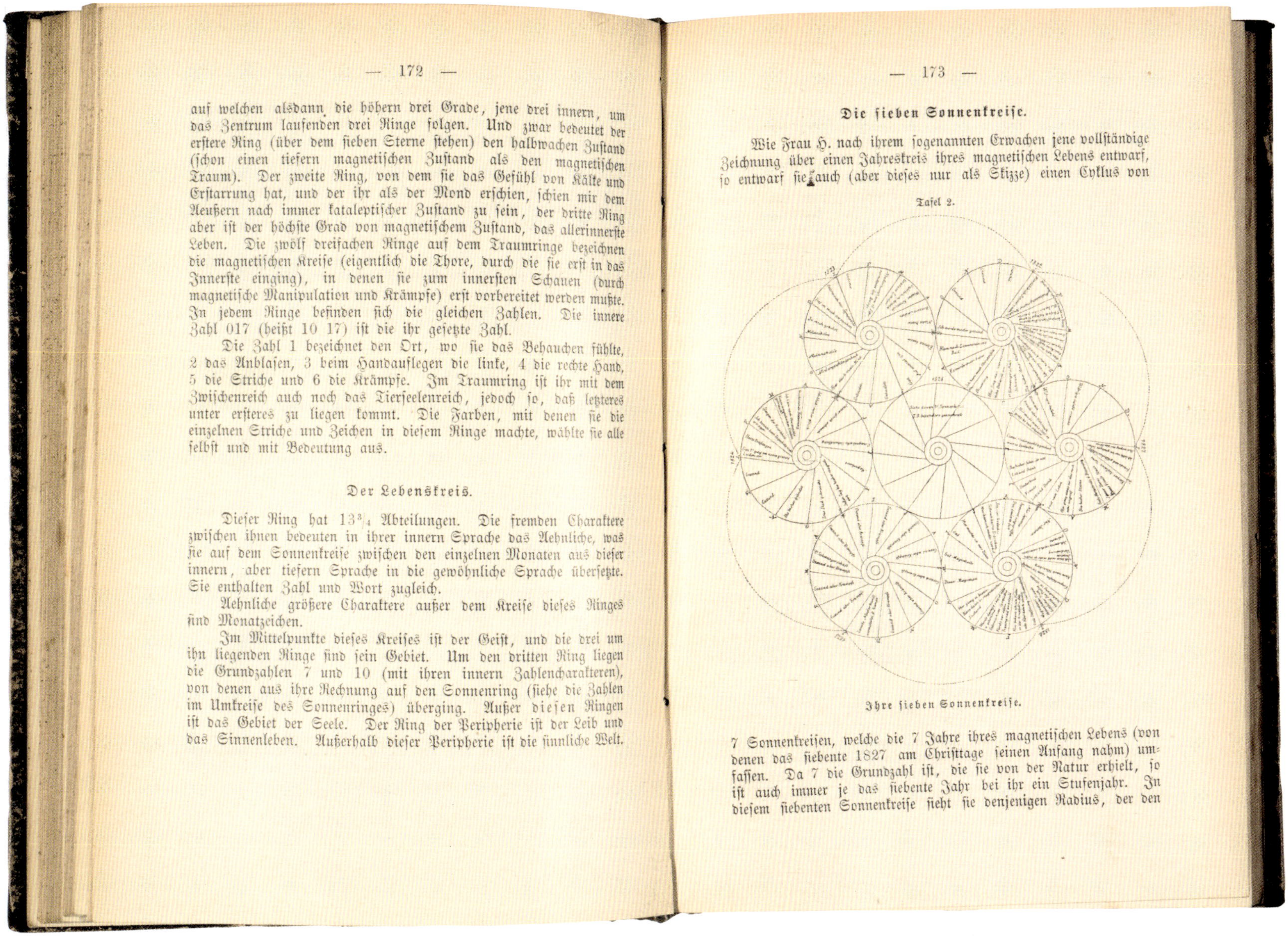

— 172 —

auf welchen alsdann die höhern drei Grade, jene drei innern, um das Zentrum laufenden drei Ringe folgen. Und zwar bedeutet der erstere Ring (über dem sieben Sterne stehen) den halbwachen Zustand (schon einen tiefern magnetischen Zustand als den magnetischen Traum). Der zweite Ring, von dem sie das Gefühl von Kälte und Erstarrung hat, und der ihr als der Mond erschien, schien mir dem Aeußern nach immer kataleptischer Zustand zu sein, der dritte Ring aber ist der höchste Grad von magnetischem Zustand, das allerinnerste Leben. Die zwölf dreifachen Ringe auf dem Traumringe bezeichnen die magnetischen Kreise (eigentlich die Thore, durch die sie erst in das Innerste einging), in denen sie zum innersten Schauen (durch magnetische Manipulation und Krämpfe) erst vorbereitet werden mußte. In jedem Ringe befinden sich die gleichen Zahlen. Die innere Zahl 017 (heißt 10 17) ist die ihr gesetzte Zahl.

Die Zahl 1 bezeichnet den Ort, wo sie das Behauchen fühlte, 2 das Anblasen, 3 beim Handauflegen die linke, 4 die rechte Hand, 5 die Striche und 6 die Krämpfe. Im Traumring ist ihr mit dem Zwischenreich auch noch das Tierseelenreich, jedoch so, daß letzteres unter ersteres zu liegen kommt. Die Farben, mit denen sie die einzelnen Striche und Zeichen in diesem Ringe machte, wählte sie alle selbst und mit Bedeutung aus.

Der Lebenskreis.

Dieser Ring hat 13¾ Abteilungen. Die fremden Charaktere zwischen ihnen bedeuten in ihrer innern Sprache das Aehnliche, was sie auf dem Sonnenkreise zwischen den einzelnen Monaten aus dieser innern, aber tiefern Sprache in die gewöhnliche Sprache übersetzte. Sie enthalten Zahl und Wort zugleich.

Aehnliche größere Charaktere außer dem Kreise dieses Ringes sind Monatzeichen.

Im Mittelpunkte dieses Kreises ist der Geist, und die drei um ihn liegenden Ringe sind sein Gebiet. Um den dritten Ring liegen die Grundzahlen 7 und 10 (mit ihren innern Zahlencharakteren), von denen aus ihre Rechnung auf den Sonnenring (siehe die Zahlen im Umkreise des Sonnenringes) überging. Außer diesen Ringen ist das Gebiet der Seele. Der Ring der Peripherie ist der Leib und das Sinnenleben. Außerhalb dieser Peripherie ist die sinnliche Welt.

— 173 —

Die sieben Sonnenkreise.

Wie Frau H. nach ihrem sogenannten Erwachen jene vollständige Zeichnung über einen Jahreskreis ihres magnetischen Lebens entwarf, so entwarf sie auch (aber dieses nur als Skizze) einen Cyklus von

Tafel 2.

Ihre sieben Sonnenkreise.

7 Sonnenkreisen, welche die 7 Jahre ihres magnetischen Lebens (von denen das siebente 1827 am Christtage seinen Anfang nahm) umfassen. Da 7 die Grundzahl ist, die sie von der Natur erhielt, so ist auch immer je das siebente Jahr bei ihr ein Stufenjahr. In diesem siebenten Sonnenkreise sieht sie denjenigen Radius, der den

在尼斯克纳的书中（172、173 页）描述了弗里德里克·豪夫采用 7 个太阳圆环作为对其 7 年磁化生活的联想。荣格认为她的图示启发了海伦·普莱斯维克对宇宙系统的描述，后来，他认识到这是一个曼陀罗。（《论所谓神秘现象的心理学和病理学》CW 1, § 66）JL

我要给你们说的这些人并非那些全世界都为之着迷的魅力型人格，迄今为止，正是那些实干派的人引起了史学家的兴趣并登上了历史舞台；但另一种人也存在着：通灵者，他们执行内在的行动；他们以不同寻常的方式出人头地，而历史也给我们提供了他们存在过的真实记录，比如在《圣徒行传》中，在对巫术的审判中，以及那些领有圣痕恩赐的圣徒和灵媒的神秘证词。[59]

作为这方面的一个例子，荣格提到了尼斯克纳的书，“似乎没有人想过把它同现代心理学联系起来”。[60] 然后，他在接下来的 5 场讲座中分析了这个案例——这表明该案例对他具有重要意义。

祖慕斯坦－普莱斯维克说，荣格在海伦·普莱斯维克 15 岁生日时，当降神会进行了一半时，将这本书送给了她。[61] 海伦阅读后对其进行通灵带来重要影响：她透露道自己是弗里德里克·豪夫的转世。降神会在某种意义上变成了尼斯克纳著作的延续。从荣格第一份手稿中的一个片段足以见得荣格开始用与尼斯克纳相似的手法记下降神会的内容，[62] 但降神会很快就不开了。祖慕斯坦－普莱斯维克提到，一次偶然的机会，在荣格把自己的同学、朋友带来后，他们的出现令海伦·普莱斯维克感到困惑，并且她的神力也消失了。为了荣格，她试图通过手臂的动作催眠自己，但这并不奏效。于是她假装自己进入了催眠状态，当在场的人们意识到她努力做这些事情时，大笑起来，他们的举动让荣格感到不满。[63]

当确定职业和专业时，荣格将选择范围缩小到外科或内科医学之间。如果他获得了资金，就可以选择前者。当荣格的医学研究即将结束时，弗里德里希·冯·穆勒邀请荣格到慕尼黑担任他的助手。穆勒在巴塞尔大学经营一家诊所。如果不是因为准备国家考试而开始阅读奥地利精神病学家理查德·冯·克拉夫特－艾宾（Richard von Krafft-Ebing）的《精神病学教本》（*Textbook of Psychiatry*），荣格就会接受他的邀请，从事内科医学的工作。《精神病学教本》并非以启示录而闻名，然而，这已经成为荣格的案例。他回忆道：

> 因而，我在序言中读到这样一句话："正可能是因为主体的特殊性及其叙述的不完全性，导致精神病学教材或多或少被打上了主观性的烙印。"在接下来的几句话中，作者把精神病称作"人的疾病"……我一下子就明白了，除了精神病学我再没有其他的目标了……这是一个生物与精神事实所共有的经验领域，是我苦于寻找的领域……当读到克拉夫特·艾宾在《精神病学教本》中对"主观性特征"的评论时，我的内心产生了强烈的反应。从而，我在想，这本教材一部分是作者的主观性的自省，带有他的偏见，带着他完整的自我，立于其经验的客观性之后，并以其全部自身的人格来对"人类的疾病"进行回应。[64]

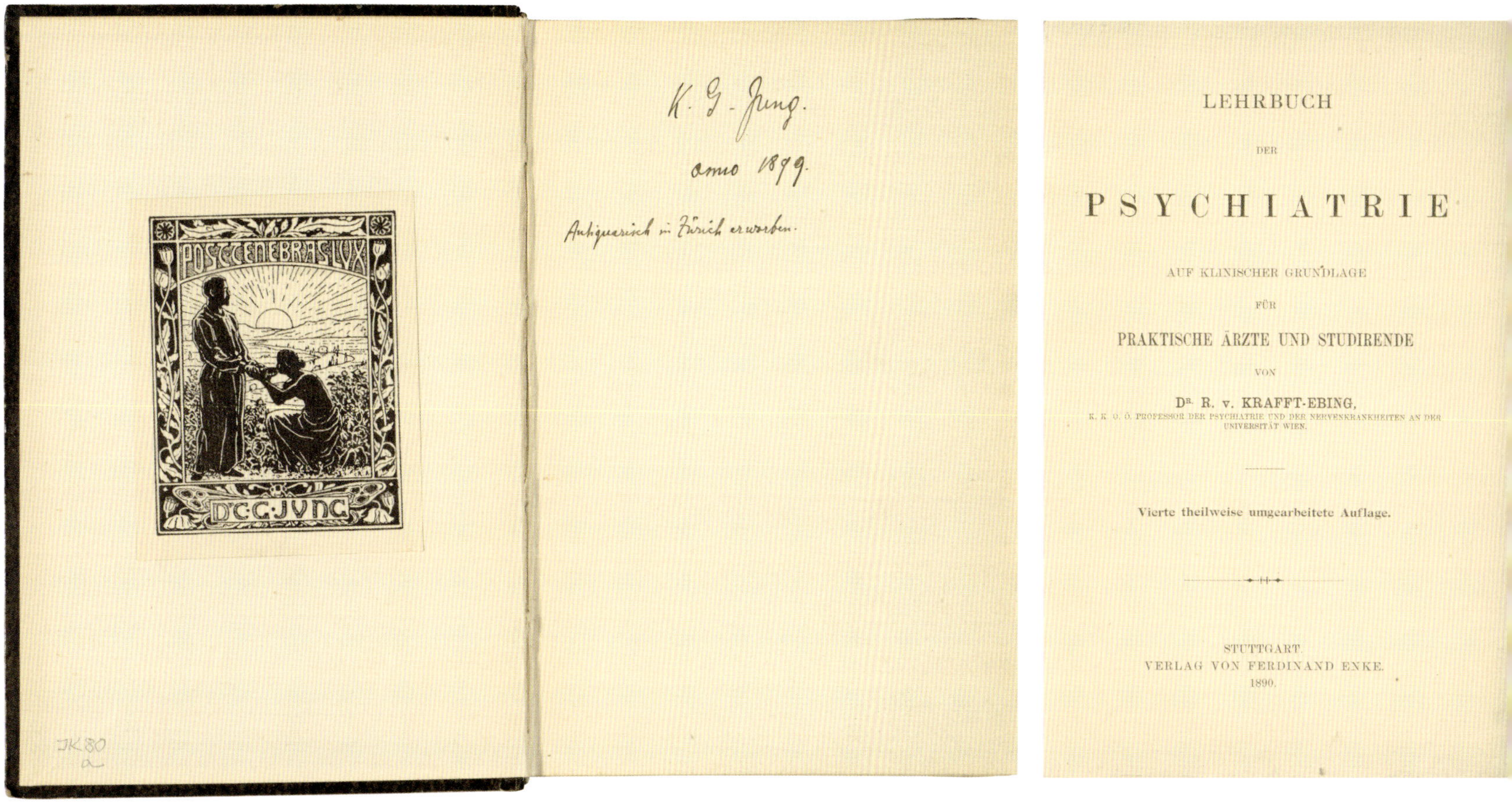

荣格收藏的克拉夫特－艾宾的《精神病学教本》（*Textbook of Psychiatry* 或 *Textbook of Insanity*）。题词为："C. G. 荣格于 1899 年在苏黎世得到的二手书。" JL

荣格在阅读完这本书后决心专攻精神病学。他后来写道："我想要捉住思想中的入侵者——那些让人们在不该笑的时候笑，不该哭的时候哭的入侵者。"[65]

破译妄想

1900 年年底，荣格决定离开巴塞尔，到苏黎世大学的伯霍兹利精神病院（Burghölzli）就职。伯霍兹利精神病院在奥古斯特·福雷尔（August Forel）的领导下，已然成为全世界最先进的精神病学诊所之一。福雷尔引入了催眠术，并对患者生活的深入调查很感兴趣。他认为导致精神错乱的主要原因是酗酒，并于 1898 年离开了伯霍兹利精神病院，投身于社会改革。1905 年出版了《性问题》（*The Sexual Question: A Natural Scientific, Psychological, Hygienic and Social Study for the Educated*），该书成为畅销书。这部作品是包括进化论、生物学、人种学、病理学及社会学领域在内的对性的百科全书式的研究。福雷尔在书中倡导社会改革和女性解放，反对色情文学及酗酒主义，其中最有争议的是，福雷尔支持优生学。福雷尔的作品反映

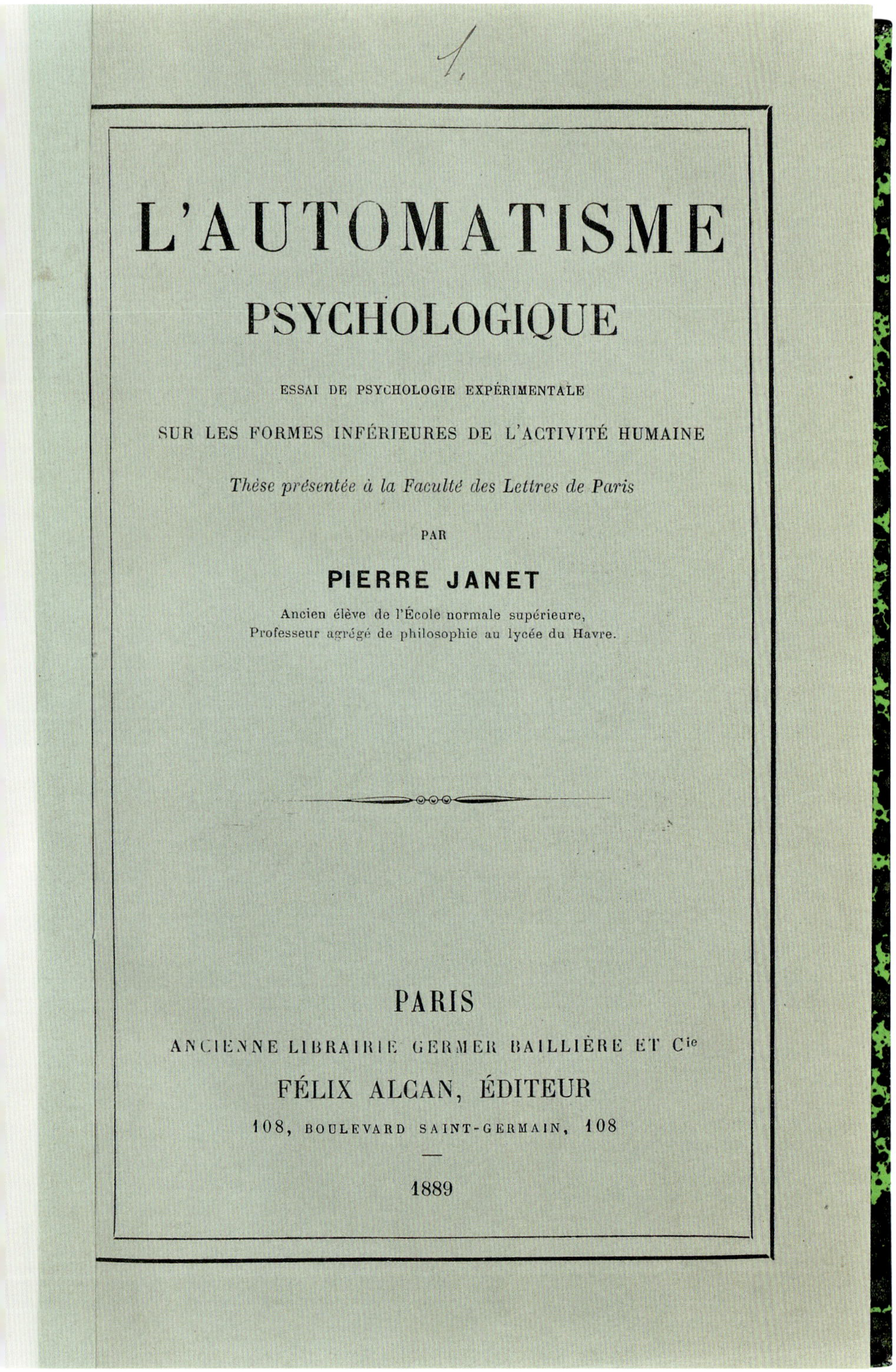
1.

L'AUTOMATISME

PSYCHOLOGIQUE

ESSAI DE PSYCHOLOGIE EXPÉRIMENTALE

SUR LES FORMES INFÉRIEURES DE L'ACTIVITÉ HUMAINE

Thèse présentée à la Faculté des Lettres de Paris

PAR

PIERRE JANET

Ancien élève de l'École normale supérieure,
Professeur agrégé de philosophie au lycée du Havre.

PARIS

ANCIENNE LIBRAIRIE GERMER BAILLIÈRE ET Cie

FÉLIX ALCAN, ÉDITEUR

108, BOULEVARD SAINT-GERMAIN, 108

1889

皮埃尔·让内的《心理自动机制》(*Psychological Automatisms*)。BPU

了同时代心理学家和精神病学家的志向抱负——他们希望能用他们的新科学对社会进行改革。福雷尔昔日的学生尤金·布鲁勒(Eugen Bleuler)接替他继续探究如何使用心理学方法治疗精神错乱。布鲁勒在毗邻于苏黎世的地区长大后，能用当地方言与患者交流。

荣格对精神病学工作的态度也通过其阅读材料的改变反映出来——他回到伯霍兹利精神病院就把自己关在图书馆里：“有6个月的时间，我都把自己锁到修道院的院墙内，为的是熟悉精神院的生活和精神世界，我从一开始就读完了50卷的《精神医学汇刊》(*The Allgemeine Zeitschrift für Psychiatrie* 或 *General Periodical for Psychiatry*)以熟悉精神疾病的心理状况。”[66] 该刊物于1844年建刊，是德国第一本专业精神病学期刊。其每期篇幅通常能达到700页。

同时代的美国和欧洲正在研制一种新的动态心理学方法。其中最突出的人物是皮埃尔·让内(Pierre Janet)(1859—1947)。在他看来，旧的心理学局限于对正常人的研究，倾向于静态，因此很少提到疲劳、睡眠、梦境及情感等现象。新的病理心理学会首先关注这些现象，并让心理学更动态，更接近现实情况。让内将自己对哲学的研究与医学相结合。1883年，他在位于勒阿弗尔的一所高校担任哲学系教授，并一待就是7年。最近，夏尔·罗贝尔·里歇(Charles Richet)和让-马丹·沙可(Jean-Martin Charcot)重新将催眠主题引入医学界。从1886年起，让内在《哲学杂志》(*Revue Philosophique*)上发表了一系列关于他对催眠研究的文章，从而建立起了声誉。他阐释了自己的意识分离模式和潜意识的作用。尽管这些术语已经被使用，但它们与让内紧密地联系在一起。对让内而言，催眠为研究人格提供了一种实验性手段。证明了独立记忆链或“自动机制”的存在，它可以在一定程度上形成交替或双重人格。意识的分离为暗示、催眠及催眠后的状态，以及歇斯底里症提供了解释。1889 年，让内在其哲学论文《心理自动症》(*Psychological Automatism*) 中把这些研究结合起来。[67] 同年，沙可在巴黎的萨尔佩特里尔医院 (Paris hospital the Salpêtrière) 为让内创建了一个心理学实验室。让内称沙可和心理学家泰奥杜尔·里博 (Théodule Ribot) 为两位“大师”，他从这两位大师那里获得基本的方向：通过研究精神病理学以阐明普通心理学，反过来，通过运用实验心理学中的概念治疗精神障碍。让内认为精神障碍是一种“自然”实验的形式。在这一时期，对官能症的研究吸引着让内。1893 年，让内以自己题为《对神经官能症精神事故研究的作用》(*Contribution to the Study of Mental Accidents in Hysterics*) 的医学论文进行答辩，这篇论文后被编入他同年出版的著作《神经官能症》(*The Mental State of Hysterics*)。[68] 让内在发展了沙可的研究后，认为歇斯底里症是一种精神疾病，其特点是个人意识领域的缩小及感觉与记忆趋于分离。这些分离的记忆与感觉持续存在于潜意识中，并对清醒时的生活造成影响。让内特别强调创伤事件对患者生活的致病作用，他认为可以通过催眠、自动书写和水晶凝视 (crystal gazing) 引导患者回忆这些事件。

在这一时期，让内研究了患者的梦境和潜意识的幻想。前者的治疗意义通常在于揭示了致病事件及呈现潜意识中的固有观念，这些观念随后可被移除。对患者而言，潜意识幻想是不由自主的，让内将臆想症患者视为不满足于夜间做梦的人，他们终日都在做梦。神经症患者需要引导，引导者需要由医生来承担，以使患者重获自我控制能力。让内将自己的理论称为“心理分析”。在维也纳，布洛伊尔 (Breuer) 和弗洛伊德借鉴了让内的著作，二人爆发了一场关于优先权的争论。后来的历史研究趋于支持让内的主张。1902 年，让内接任里博 (Ribot) 在法兰西学院中的职位，一直任教到 1935 年。[69]

1900 年，一部著作横空出世，并很快在心理学界掀起了一场风暴，成为最佳畅销书。这部著作不是弗洛伊德的《梦的解析》(*Interpretation of Dreams*)，而是一部标题奇怪的作品《从印度到火星》(*From India to the Planet Mars: A Study of a Case of Somnambulism with Glossolalia*)，作者是日内瓦心理学家西奥多·弗洛诺瓦 (Théodore Flournoy)。[70] 该书在三个月的时间里就接连翻印了 3 次，其短短三个月的销量便与弗洛伊德《梦的解析》6 年的销量一样多。

弗洛诺瓦（1854—1920）接受过医学和哲学的培训，1878 年获得斯特拉斯堡大学的硕士学位。随后，他前往莱比锡，在那里同威廉·冯特（Wilhélm Wundt）一起研究实验心理学长达 2 年。这一时期冯特恰好在莱比锡大学创立了心理学实验室。正如亨利·艾伦伯格（Henri Ellenberger）所说的，弗洛诺瓦回国后，他“将心理学引进瑞士”。[71]

1891 年，他担任日内瓦大学心理学教授。在他的坚持下，他担任的职位被安排在科学学院而非哲学学院。第二年，他在日内瓦大学创立了心理学实验室。但弗洛诺瓦并不是作为一名实验心理学家而崭露头角的。和其至交威廉·詹姆斯（William James）一样，弗洛诺瓦很快就对心理学实验室的不足感到不满，希望心理学包含整个人格及其超越维度。对弗洛诺瓦而言，问题在于如何做到这一点。1896 年，他在一篇论心理学实验室的论文中指出：“在保育室中或所谓灵媒降神会上待一个小时就会暴露出许许多多的心理学问题，并且都是很重要的问题，而这些问题却在心理学实验室里花上几年都无法解决。”[72]

1895 年，弗洛诺瓦遇到了灵媒埃莉斯·穆勒（Élise-Catherine Müller），他称其为海伦·史密斯，并花费数年研读其唯灵论浪漫故事。在故事中，海伦自称是玛丽·安托瓦内特（Marie Antoinette）和印度公主西曼迪尼（Simandini）的转世，并经常前往火星。除了火星语，据称她还会说梵语。弗迪南·德·索绪尔（Ferdinand de Saussure）和梅维恒（Victor Henry）都曾对她的作品非常着迷，后者甚至还写了一整本关于她的火星语的书。[73] 弗洛诺瓦称其唯灵论浪漫故事接近于梦。他通过潜意识孵化的概念对这些故事的创作进行了解释。这些故事的内容中包含了匿忆（cryptomnesias），该术语是弗洛诺瓦创造的，用来表示被遗忘的记忆重新浮现的方式，但并没有得到认可。由于受到潜意识想象的作用，这些记忆经常会以一种被破坏和发展的形式浮现。弗洛诺瓦发展了皮埃尔·让内关于潜意识冥想的概念后，声称这些记忆在潜意识表层下持续增长，灵媒的作品仅代表隐形的潜意识梦境突然在意识中爆发出来。这种幻想具有两种功能：其一，它们是个体在生活中困境的补偿；其二，它们具有目的论功能。他把后一种功能称为目的论自动现象（teleological automatisms），指的是为未来做准备的、有益且具有保护性的冲动。

荣格对弗洛诺瓦的书非常感兴趣，因此写信给他，表示愿意将其翻译成德文，本译著或将成为荣格的第一本出版物。但遗憾的是，弗洛诺瓦已经指定了一名德国翻译。弗洛诺瓦的作品给荣格留下深

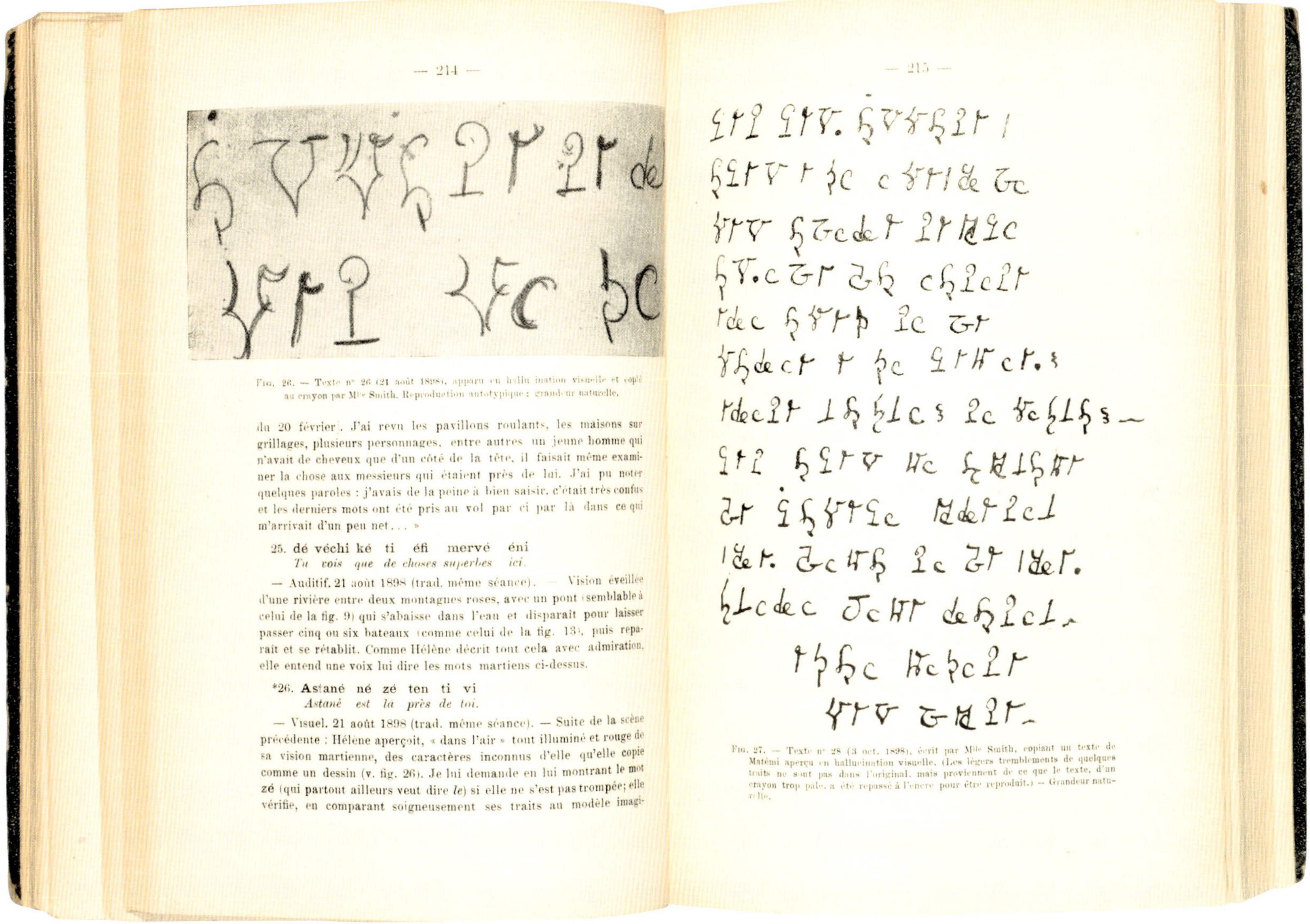
— 214 —

Fig. 26. — Texte n° 26 (21 août 1898), apparu en hallucination visuelle et copié au crayon par Mlle Smith. Reproduction autotypique ; grandeur naturelle.

du 20 février. J'ai revu les pavillons roulants, les maisons sur grillages, plusieurs personnages, entre autres un jeune homme qui n'avait de cheveux que d'un côté de la tête, il faisait même examiner la chose aux messieurs qui étaient près de lui. J'ai pu noter quelques paroles : j'avais de la peine à bien saisir, c'était très confus et les derniers mots ont été pris au vol par ci par là dans ce qui m'arrivait d'un peu net... »

25. **dé véchi ké ti éfi mervé éni**
Tu vois que de choses superbes ici.

— Auditif. 21 août 1898 (trad. même séance). — Vision éveillée d'une rivière entre deux montagnes roses, avec un pont (semblable à celui de la fig. 9) qui s'abaisse dans l'eau et disparaît pour laisser passer cinq ou six bateaux (comme celui de la fig. 13), puis reparaît et se rétablit. Comme Hélène décrit tout cela avec admiration, elle entend une voix lui dire les mots martiens ci-dessus.

*26. **Astané né zé ten ti vi**
Astané est là près de toi.

— Visuel. 21 août 1898 (trad. même séance). — Suite de la scène précédente : Hélène aperçoit, « dans l'air » tout illuminé et rouge de sa vision martienne, des caractères inconnus d'elle qu'elle copie comme un dessin (v. fig. 26). Je lui demande en lui montrant le mot **zé** (qui partout ailleurs veut dire *le*) si elle ne s'est pas trompée ; elle vérifie, en comparant soigneusement ses traits au modèle imagi-

— 215 —

Fig. 27. — Texte n° 28 (3 oct. 1898), écrit par Mlle Smith, copiant un texte de Matêmi aperçu en hallucination visuelle. (Les légers tremblements de quelques traits ne sont pas dans l'original, mais proviennent de ce que le texte, d'un crayon trop pâle, a été repassé à l'encre pour être reproduit.) — Grandeur naturelle.

荣格收藏的西奥多·弗洛诺瓦的《从印度到火星》印刷本。本页展示为火星文，这是海伦·史密斯（hélène Smith）通过幻视看到并记录下来的，还有音译及法语翻译（214-215 页）。JL

刻印象的地方是，他为灵媒提供了一种心理学的方法，该方法强调了潜意识中创造性想象的重要性。荣格后来承认自己采取了弗洛诺瓦的概念。[74] 几年后，荣格用了几场心理学史讲座来详细分析《从印度到火星》。[75]

1902 年，荣格完成了其医学论文《论所谓神秘现象的心理学和病理学》。为此，他回顾了与海伦·普莱斯维克参加的降神会并使用主要来源于让内和弗洛诺瓦作品中的框架重新进行了解释。弗洛诺瓦对荣格的作品予以赞许的评价回复，这是荣格的作品第一次获得如此意义重大的认可。[76] 荣格随后辞去了在伯霍兹利精神病院的工作，前往巴黎跟随让内学习。

让内当时的课程主要是对精神正常者和病人的情感进行实验和比较研究：

Fall von Somnambulismus bei einer Belasteten. (Spiritistisches Medium)

Nachstehenden Fall habe ich in den Jahren 1899 u. 1900 beobachtet. Da ich in keinem ärztlichen Verhältnisse zu Frl. S. W. stand, konnte eine körperliche Untersuchung auf hysterische Stigmata leider nicht vorgenommen werden. Ueber die Sitzungen führte ich ein ausführliches Tagebuch, das ich jeweils nach den Sitzungen ergänzte. Der nachstehende Bericht ist eine gedrängte Darstellung an Hand der Aufzeichnungen. Rücksichten auf die Familie u. die Person der Frl. S. W. ~~[illegible]~~ gebotene Änderung unwesentlicher Daten u. Weglassung verschiedener Details bei der Darstellung ihrer Romane, welche ~~aber~~ zum grossen Teil aus sehr intimen Angelegenheiten bestehen.

Fräulein S. W. 15½ Jahre alt, reform. ~~stammt aus belasteter Familie.~~

Der Grossvater väterlicherseits war sehr intelligent, Geistlicher, hatte häufig Wachhallucinationen (Meist Visionen, oft auch ganze dramatische Scenen mit Gesprächen. ~~[illegible]~~).
Bruder der Grossmutter imbecill, verschroben, ebenfalls Geisterseher.
1. Schwester des Grossvaters ~~ebenfalls~~ seltsam, eigentümlicher Charakter. +
Vater der Pat. eigentümliche originelle

+ Die Grossmutter väterlicherseits hatte im 20ten Jahre nach einer fieberhaften Krankheit (Typhus?) einen Anfall von Scheintod, in welchem sie 3 Tage lang dalag und aus dem sie erst allmählig erwachte, als man ihr den Scheitel mit einem glühenden Eisen brannte. Später hatte sie bei Gemüthsbewegungen Ohnmachtsanfälle, welche fast regelmässig von einem kurzen Somnambulismus gefolgt waren, in welchem die Frau prophezeyte etc.

荣格的著作《论所谓神秘现象的心理学和病理学》的手稿。该手稿被荣格清晰地复印了下来。左下角荣格亲笔写下的对海伦·普莱斯维克的祖母的补充内容被添加进出版版本中（CW 1，§ 37）。ETH-B

情绪研究中的大多困难都出自被很多哲学家置之于过度主观的观点中。我们必须从客观心理学的角度去看待它们，并将情绪视为一种现象的组合，当一个活生生的有意识的人发现自己处于一个特定的环境中时，就会产生情绪。当这个人很快发现自己身处于一个并不能适应的新环境中时，他会产生情绪，对此，他没有时间也没有精力去适应环境。因此，有意识生物的反映并不规律，我们可以在所有功能中找到同类的麻烦的组合……为了理解情绪，我们必须把它放回到同类的其他生理和心理现象的环境中去。如今，我们发现，在其他一些情况下，也会出现伴有功能显著增大和降低的同类不安，如在衰老带来的改变中，在睡眠和梦境中，在各种神经官能症中，特别是在前一年详细分析过的疲劳状态中。所有这些现象都属于同一类：它们呈现组织中高级功能的降低，只有低级功能得到提升，实际上这是一种分化，一种双面现象，包含神经紧张和心理紧张。[77]

这些观点为荣格的精神病理学研究提供了参考。回国后，他重新到伯霍兹利精神病院就职，并与弗朗茨·瑞克林（Franz Riklin）合作，致力于语言关联的分析工作。与其他同事一起，他们进行了一系列广泛的实验，并对这些实验进行了统计分析。荣格早期作品的概念根植于弗洛诺瓦和让内的著作，其中，他试图将威廉·冯特与德国精神病学家埃米尔·克雷佩林（Emil Kraepelin）的研究方法论结合起来。荣格同瑞克林（Riklin）采用的所谓的关联实验由弗朗西斯·高尔顿（Francis Galton）设计，并由冯特、克雷佩林和古斯塔夫·阿沙芬堡（Gustav Aschaffenburg）在心理学界和精神病学界发展起来。该研究项目由布

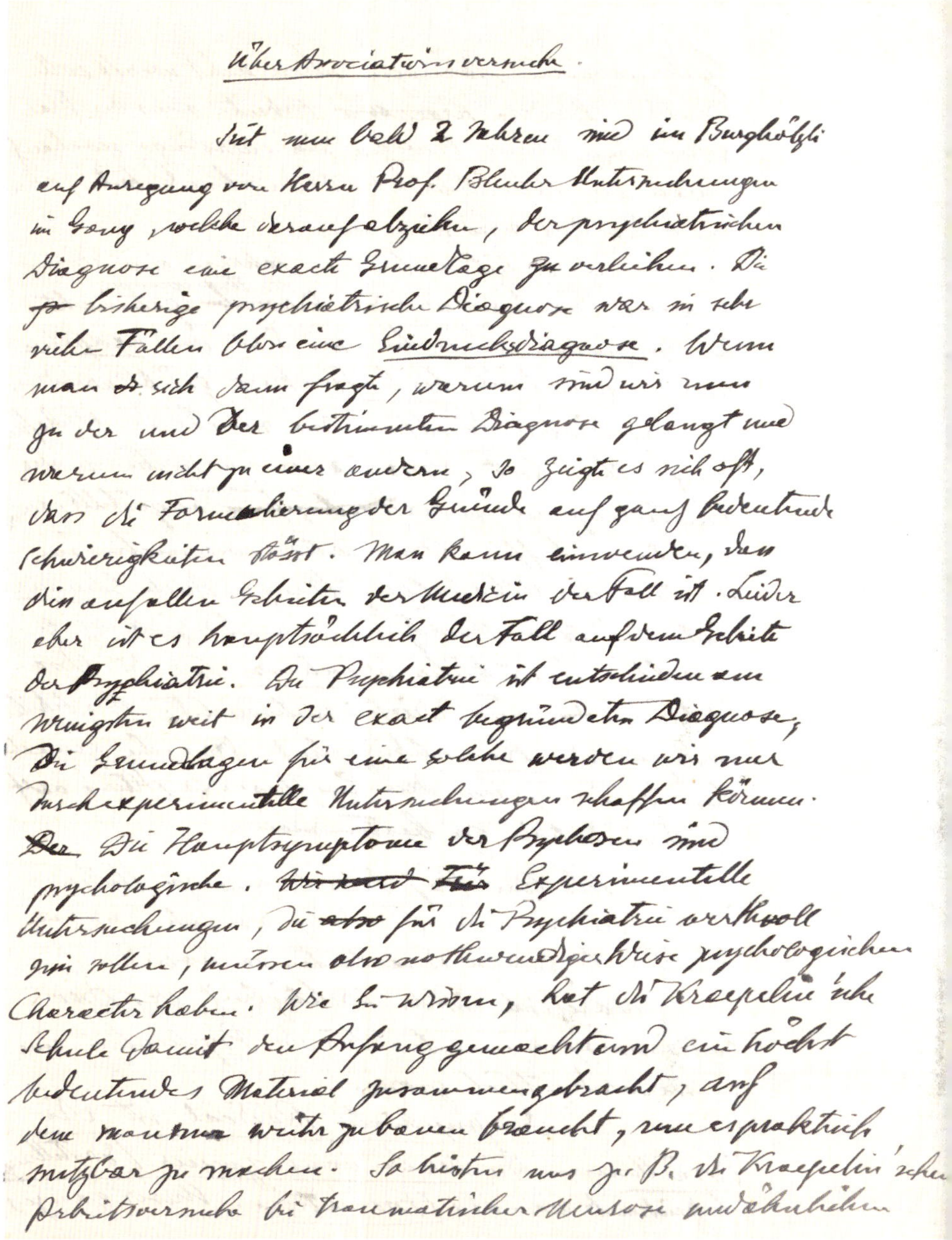
Über Associationsversuche.

Seit nun bald 2 Jahren sind in Burghölzli auf Anregung von Herrn Prof. Bleuler Untersuchungen im Gang, welche darauf abzielen, der psychiatrischen Diagnose eine exacte Grundlage zu verleihen. Die bisherige psychiatrische Diagnose war in sehr vielen Fällen bloss eine Eindrucksdiagnose. Wenn man sich dann fragt, warum sind wir nun zu der und der bestimmten Diagnose gelangt und warum nicht zu einer andern, so zeigt es sich oft, dass die Formulierung der Gründe auf ganz bedeutende Schwierigkeiten stösst. Man kann einwenden, dass dies auf allen Gebieten der Medizin der Fall ist. Leider aber ist es hauptsächlich der Fall auf dem Gebiete der Psychiatrie. Die Psychiatrie ist entschieden am weitesten weit in der exact begründeten Diagnose; die Grundlagen für eine solche werden wir nur durch experimentelle Untersuchungen schaffen können. Die Hauptsymptome der Psychosen sind psychologische. Experimentelle Untersuchungen, die für die Psychiatrie werthvoll sein sollen, müssen also nothwendigerweise psychologischen Character haben. Wie Sie wissen, hat die Kraepelin'sche Schule damit den Anfang gemacht und ein höchst bedeutendes Material zusammengebracht, auf dem man nun weiter zu bauen braucht, um es praktisch nutzbar zu machen. So bieten uns z. B. die Kraepelin'schen Arbeitsversuche bei traumatischer Neurose und ähnlichen

荣格：《论联想研究》（*On Association Researches*）（1904 年）。在本页中，荣格指出，在过去的两年里，在布鲁勒的建议下，他们一直在伯霍兹利诊所工作，试图为精神病诊断提供确切的基础。由于"精神病的主要症状是心理上的"，需要的是心理学的实验研究。在这方面，埃米尔·克雷佩林学派已经开始了这项工作，但必须在此基础上使其具有实际意义。ETH-B

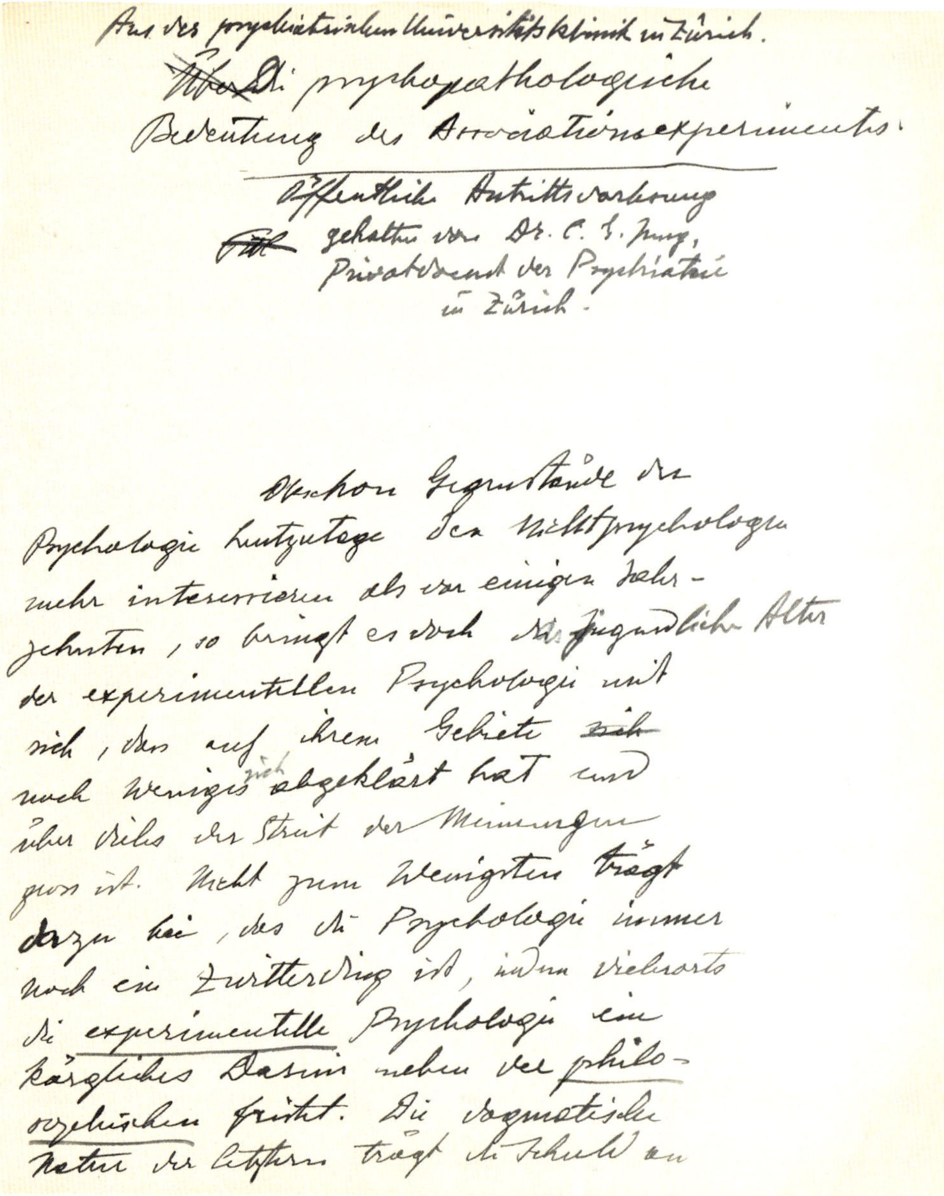
Aus der psychiatrischen Universitätsklinik in Zürich.

Die psychopathologische Bedeutung des Associationsexperimentes.

Öffentliche Antrittsvorlesung gehalten von Dr. C. G. Jung, Privatdocent der Psychiatrie in Zürich.

Obschon Gegenstände der Psychologie heutzutage den Nichtpsychologen mehr interessieren als vor einigen Jahrzehnten, so bringt es doch das jugendliche Alter der experimentellen Psychologie mit sich, dass auf ihrem Gebiete noch Weniges sich abgeklärt hat und über Vieles der Streit der Meinungen gross ist. Nicht zum Wenigsten trägt dazu bei, dass die Psychologie immer noch ein Zwitterding ist, indem vielerorts die experimentelle Psychologie ein kärgliches Dasein neben der philosophischen fristet. Die dogmatische Natur der letzteren trägt die Schuld an

荣格的论文《联想实验中的反应时间》(*On the Characteristics of the Reaction Time in the Associations Experiment*)(1905),使他在苏黎世大学获得精神病讲师资格(CW.2)。在其报告中,布鲁勒赞赏荣格对癔症和紧张症症状的成因提出见解,说道:“这是前无古人的。”(苏黎世国家档案馆)。ETH-B

鲁勒发起,旨在为鉴别诊断提供一种快速可靠的方法。伯霍兹利精神病院的团队没能想出这种方法,但他们被反映和延长反馈时间干扰的重要意义吸引了。荣格和瑞克林认为,由于情绪上压力情结的存在,才出现了受到干扰的反映,他们利用实验发展了情结的一般心理学。[78]

这项工作奠定了荣格日后作为精神病学领域一颗新星的声望。1907 年,他在自己的著作《早发性痴呆心理学》(*The Psychology of Dementia Praecox*)中将他关于情结的新理论运用于对早发性痴呆(后被称作精神分裂症)的心理发生的研究中用来证明,还用于证明妄想症形成是可以理解的。[79] 在 1909 年英译本的序言中,亚伯拉罕·布里尔(Abraham Brill)和弗雷德里克·彼得森(Frederick Peterson)写道,布鲁勒和荣格“通过试图深入了解症状对个人影响的奥秘，开创了精神病学的新纪元。”[80]荣格以弗洛诺瓦对待海伦·史密斯的通灵浪漫主义作品的方式来对待早发型痴呆症的幻想和妄想，认为它们揭示了潜意识的梦境，具有心理上的原因。此项研究的核心是 Babette Staub 的案例。她相信自己垄断了全世界的支票，认为自己是孤儿的女王，并拥有一座带有银矿的遥远小岛，她相信自己是世界的第三主人、天后、诺亚方舟、玛丽·斯图亚特（Mary Stuart）、席勒的钟［来源于席勒著名的诗句《钟声之歌》（*The Song of the Bell*）］、亚历山德拉皇后（Empress Alexandra）和罗蕾莱（Lorelei）。荣格从她的情况中看到了三种情结：对高贵的情结、受伤的情结和性欲情结。因此，她表面上没有意义的话语和杂乱的用词中隐藏着可理解性：它们由无意识情结组织起来。换言之，它们是可以被解读的。这些陈述是孤立的片段，亟须补充、破译、解码、关联并揭示。一个例子可能就足够了。对于她提到的席勒的“钟”，荣格写道：

> 此处参照的是成就的伟大性：席勒的代表作是其诗歌《钟声之歌》，这名患者同样取得了“最伟大的成就”，接近于席勒的“钟”。根据她的惯性思维和习惯用语，这样的简缩立即出现了，即患者是席勒的“钟”。由于她已经取得了最伟大的成就及最终的工作（“拯救世界于水火”），除了年纪渐增，没有任何更伟大的事业接踵而至。[81]

荣格对精神病学和心理学中的实验和统计方法中的局限性越来越感到失望。在福雷尔创建于伯霍兹利精神病院中，荣格做了催眠演示。这激发了他对疗法及将临床接触作为一种研究方法的兴趣。1906 年，荣格同弗洛伊德进行了交谈，并将他主编的《诊断协会研究》（*Diagnostic*

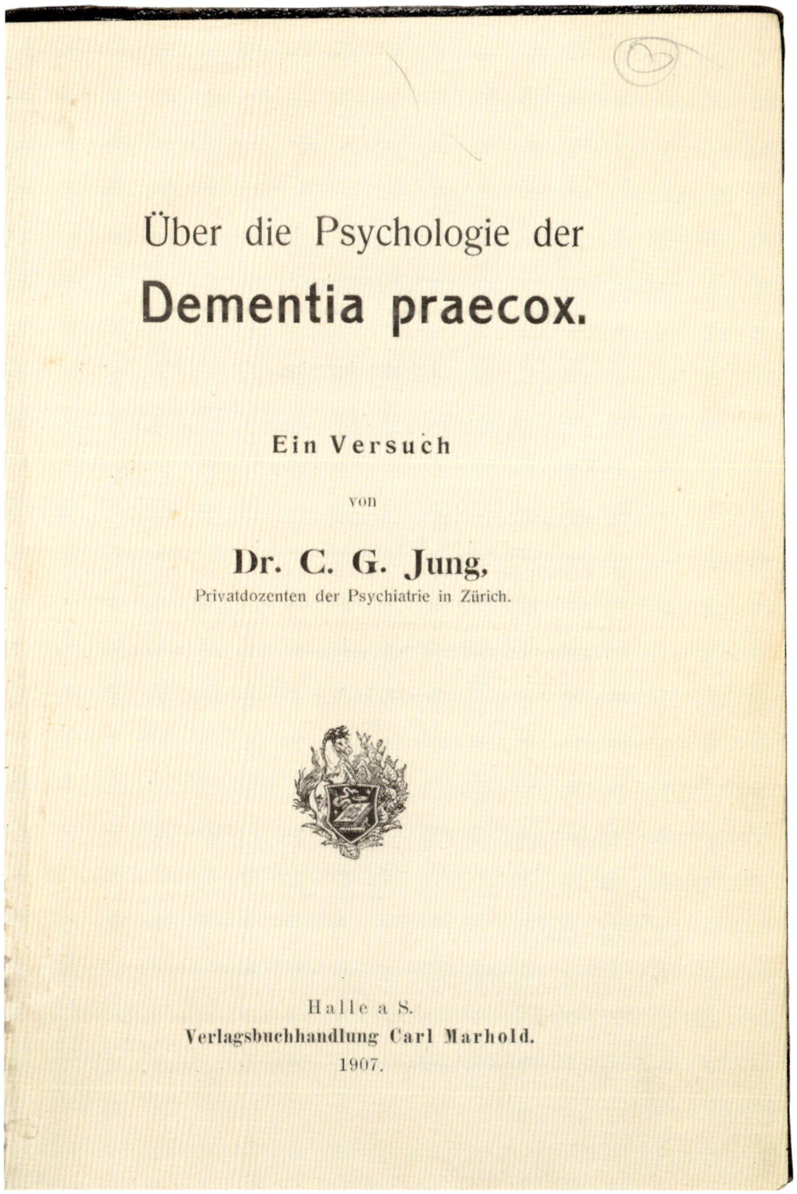

荣格：《早发性痴呆心理学》。JL

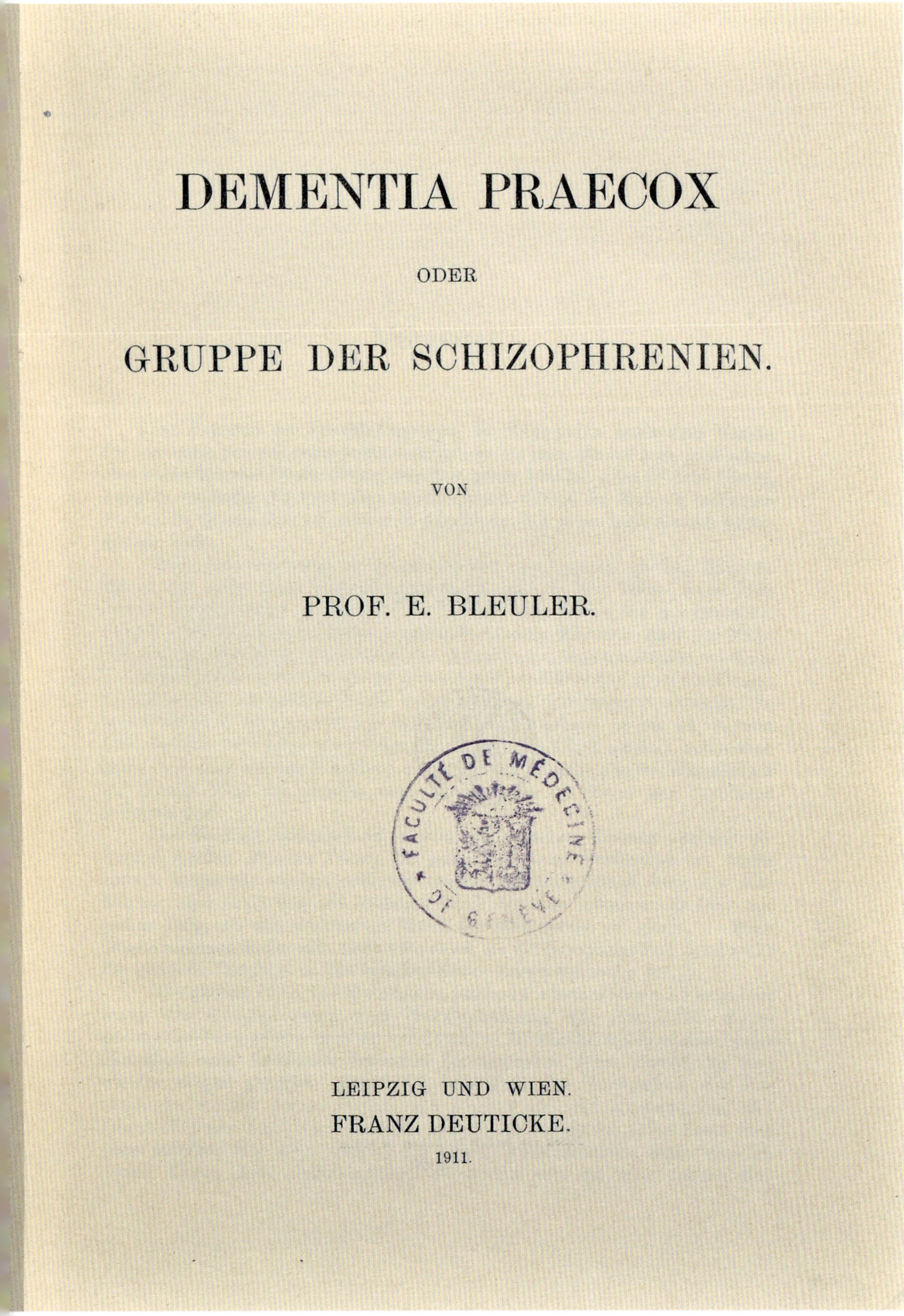

DEMENTIA PRAECOX

ODER

GRUPPE DER SCHIZOPHRENIEN.

VON

PROF. E. BLEULER.

FACULTÉ DE MÉDECINE DE GENÈVE

LEIPZIG UND WIEN.
FRANZ DEUTICKE.
1911.

尤金·布鲁勒:《早发性痴呆或精神分裂症族群》(*Dementia Praecox, or the Group of Schizophrenias*)。BPU

对页：荣格:《弗洛伊德学派的分裂》(*The Schism in the Freudian School*)。该手稿未经出版，是对莫尔霍夫(Mauerhofer)于1936年5月6日，即弗洛伊德80岁生日之际，发表于瑞士报纸《联邦报》上的回复。在该页中，荣格反对莫尔霍夫对他与弗洛伊德的描述，这仅是始于弗洛伊德发起的反对荣格运动的延续，荣格评论道，当由科学讨论变成关注对手的个人动机时，对此，他感到很遗憾。ETH-B

Association Studies）第一期作为礼物相赠，结果发现，弗洛伊德已经购买了这期杂志。[82]

荣格同弗洛伊德的关系已经被过于神化了。一个以弗洛伊德为中心的传闻中说弗洛伊德和精神分析是荣格著作的主要来源。这一传闻完全误解了荣格著作在20世纪思想史中的定位。在许多场合，荣格对此提出抗议。例如，在一篇写就于20世纪30年代而未发表的文章《弗洛伊德学派的分裂》中，他写道："我的作品绝非根植于弗洛伊德。早在我认识弗洛伊德前，我就有了自己的科学态度和情结理论。影响我的老师主要有布鲁勒、皮埃尔·让内和西奥多·弗洛诺瓦。"[83]弗洛伊德和荣格明显出自完全不同的思想传统，他们因在心理紊乱和精神疗法中的共同兴趣而相遇。他们意欲在新心理学的基础上形成一种科学的心理疗法，反过来，将心理学建立在对个人生活的深入临床调查上。

在布鲁勒和荣格的领导下，伯霍兹利成为精神分析运动的中心。1908年，《精神分析及精神病理学研究年鉴》(德文译作：*the Jahrbuch für Psychoanalytische und Psychopathologische Forschungen*，英文译作：*Yearbook for Psychoanalytic and Psychopathological Researches*）创刊，布鲁勒和荣格担任编辑。由于他们的倡议，精神分析学在德国精神病学界获得了认可。1909年，荣格因其联想研究获得克拉克大学荣誉学位。次年，国际精神分析协会成立，由荣格担任主席。他在与弗洛伊德合作期间成为精神分析运动的主要设计者。对荣格而言，在这个时期，机构活动和政治活动都非常激烈。这场运动被左倾意见和激烈的分歧困扰。

1911年，布鲁勒出版了他的著作《早发性痴呆或精神分裂症族群》(*Dementia Praecox, or the Group of Schizophrenias*)。他于1908年创造了"精神分裂症"这一术语。精神病学中很少有新术语能如此成功。埃米尔·克雷佩林于1893年提出了"早发性痴呆症"这一术语，它是精神退化过程的三种形式之一。布鲁勒认为应更改该术语，这是因为精神退化不总是早发

Das Schisma in der Freud'schen Schule.

~~eine Erwiderung~~ von C. G. Jung.

Freud sagte mir einmal, er habe erst am allgemeinen Widerstand, der sich erhob, als er die „Traumdeutung" publicierte, erkannt, wie wichtig und wie wesentlich seine Entdeckung sei. Angesichts der wenig höflichen Insinuationen ~~bezüglich meiner moralischen Persönlichkeit~~, welche Herr Maurerhofer in seinem Artikel zu Freud's 80ten Geburtstag (Bund 6 Mai) in bezug auf meine persönlichen Beziehungen zum Jubilar nicht glaubte unterlassen zu dürfen, könnte ich mich fast versucht fühlen dieses nicht ungefährliche Argument des damals schwer Angefeindeten mir zu eigen zu machen; umsomehr so, weil die Anspielungen Herrn Maurerhofers keineswegs neu, sondern vielfach wiederholte ~~und~~ darum längst bekannte Deutungen sind, die offenbar zum apologetischen Rüstzeug der Freud'schen Orthodoxie gehören. Ich habe es immer für einen bedauerlichen Mangel an Niveau gehalten, wenn eine wissenschaftliche Discussion auf das Gebiet persönlicher Motive abgeschoben wurde ~~und habe es deshalb~~. Überdies schien es mir auch nie, als ob eine solche ~~Angriffs oder Vertheidigungs~~ Strategie im Interesse der vertheidigten Sache läge. Einen ~~abweichenden~~ theoretischen Standpunkt aus der moralischen Zweifelhaftigkeit des Gegners zu erklären, ~~hat~~ ist stets eine bedenkliche Sache. Eine anständige, wissenschaftliche Discussion würde nämlich die Gründe des Gegners wägen und sich der persönlichen Verunglimpfung enthalten. Wenn Freud glaubt, meine Kritik seiner Lehre als Ausfluss ~~des~~ meines „Antisemitismus" ~~erklären~~ erledigen zu können, so ist das eine offenkundige Schwäche seiner Position, die seine Schüler und Anhänger ~~bemerkt~~ einem urtheilsfähigen Publicum bemerkbar allzudeutlich vorführten. ~~Man munkelt~~ Ich ~~mag~~ könnte jedesmal Antisemit sein, das würde keinen gewissenhaften und redlichen Forscher der objectiven Würdigung der Gründe entbinden, die mich zu einer kritischen

荣格收藏的伊拉斯谟的《谚语集》(*EpitomeAdages:Summaryl*) (Amsterdam:Ex Officiana Elzeveriana, 1563).JL

性的，并且尚有没有完全恶化的情况。对布鲁勒而言，精神分裂症是一种性质不明的身体退化过程。伴随症状是由心理造成的。荣格虽然同意这种疾病的产生有生理和心理因素，但他不同意布鲁勒对前者的强调，认为心理因素具有首要意义。[84]

1908 年，荣格在库斯纳赫特（Küsnacht）的苏黎世湖畔买下一些土地，并建造了一座房子，他将在那里度过余生。他仔细研究了建筑规划：如今他能够设计并委托建造一所曾梦到过的图书馆。[85]

在房子的入口处，荣格刻下这样一段铭文："Vocatus atque non vocatus deus aderit."——呼唤与否，神灵永在。这段话出自德尔斐神谕，在荷兰文艺复兴时期的人文主义者伊拉斯谟的作品《箴言集》（*Collectanea adagiorum*）（1519）中得以转载。这是一部带有注释的出自古典作家的谚语集，旨在帮助人们优雅地书写拉丁文。[86] 其原始资料出自修昔底德（Thucydides）的《历史》（*History*）：

因拉栖代梦人根据和约已被破坏和雅典人让他们陷落的事实，决意开战。但是，他们还是派人到德尔斐去问神，问如果开战对他们是否有利。据说，神的回答是，如果他们全力投入战争，胜利是属于他们的；并且允诺不论他们是否向神祈祷，神祇自会保佑他们。[87]

该神明的身份是毫无疑问的：它是阿波罗，准备在战争中施以援手。伊拉斯谟在谈及这句谚语时说："这个用法应该被理解为不求人但有可能发生的事情，且不管愿意与否，如老去、死亡和对罪犯的惩罚。"他注意到贺拉斯的《颂诗集》（*Odes*）和特伦斯的粗俗喜剧《太监》（*The Eunuch*）中对该谚语的影射。这句话出自颂歌《论财富的虚荣》（*On the Vanity of Riches*）：

……而卡戎不能
贿送回程
即便是足智多谋的普罗米修斯。
他持有坦塔罗斯及其
子孙，不管是否被召唤
都警惕于解除劳役
只有劳作完成，奴隶才能解脱。[88]

卡戎是哈德斯运送亡魂的船夫，等待被召唤的人物。

特伦斯的召唤得到了格那托（Gnatho）的回应，他是一位谄媚的侍从，他对雇佣兵塔拉索（Thraso）说："我的要求是，无论你在不在，你的房子都应该对我开放，应该有一个地方，不需要被邀请我即可自由出入。"[89] 这里等待召唤的人物是永存的谄媚者。他说，"如同哲学家流派是以人的名字命名一样，寄生虫叫作格纳托派！"[90]

荣格在 19 岁时得到一本 1563 年版的删节版《书信集》（*The Epitome*）。在最近的一封信中，他对这句话进行了深刻的理解：

它的意思是：是的，神将降临，但以何貌见人，及以何由出现？我刻下这段话在于提醒我和我的患者：敬畏上帝是智慧的开始（德文译作：Timor dei initium sapientiae；英文译作：The fear of God is the beginning of wisdom）。另一条不太重要的道路开启了，它并非接近"基督教"，而

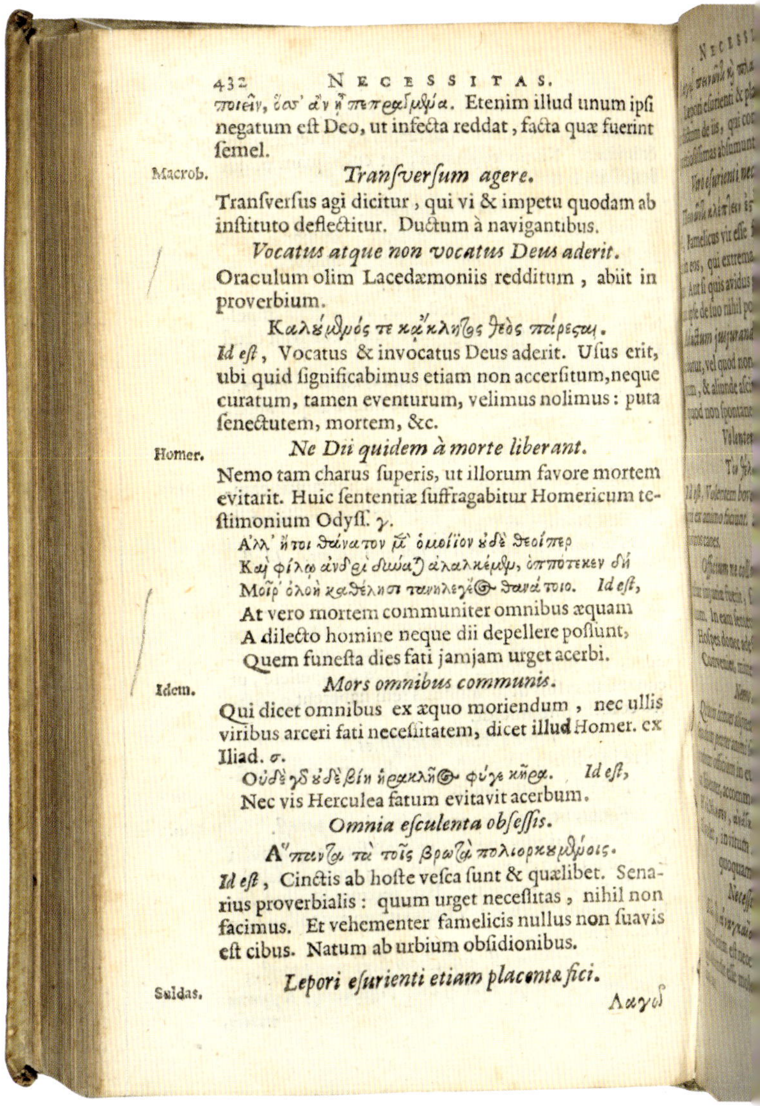
432 NECESSITAS.
ποιεῖν, ὅσ' ἂν ᾖ πεπραγμένα. Etenim illud unum ipſi negatum eſt Deo, ut infecta reddat, facta quæ fuerint ſemel.
Macrob. *Tranſverſum agere.*
Tranſverſus agi dicitur, qui vi & impetu quodam ab inſtituto deflectitur. Ductum à navigantibus.
Vocatus atque non vocatus Deus aderit.
Oraculum olim Lacedæmoniis redditum, abiit in proverbium.
Καλούμενός τε κἄκλητος θεὸς παρέσται.
Id eſt, Vocatus & invocatus Deus aderit. Uſus erit, ubi quid ſignificabimus etiam non accerſitum, neque curatum, tamen eventurum, velimus nolimus: puta ſenectutem, mortem, &c.
Homer. *Ne Dii quidem à morte liberant.*
Nemo tam charus ſuperis, ut illorum favore mortem evitarit. Huic ſententiæ ſuffragabitur Homericum teſtimonium Odyſſ. γ.
Ἀλλ' ἤτοι θάνατον μὲν ὁμοίϊον οὐδὲ θεοί περ
Καὶ φίλῳ ἀνδρὶ δύνανται ἀλαλκέμεν, ὁππότε κεν δὴ
Μοῖρ' ὀλοὴ καθέλῃσι τανηλεγέος θανάτοιο. *Id eſt*,
At vero mortem communiter omnibus æquam
A dilecto homine neque dii depellere poſſunt,
Quem funeſta dies fati jamjam urget acerbi.
Idem. *Mors omnibus communis.*
Qui dicet omnibus ex æquo moriendum, nec ullis viribus arceri fati neceſſitatem, dicet illud Homer. ex Iliad. σ.
Οὐδὲ γὰρ οὐδὲ βίη Ἡρακλῆος φύγε κῆρα. *Id eſt*,
Nec vis Herculea fatum evitavit acerbum.
Omnia eſculenta obſeſſis.
Ἅπαντα τὰ τοῖς βρωτὰ πολιορκουμένοις.
Id eſt, Cinctis ab hoſte veſca ſunt & quælibet. Senarius proverbialis: quum urget neceſſitas, nihil non facimus. Et vehementer famelicis nullus non ſuavis eſt cibus. Natum ab urbium obſidionibus.
Suidas. *Lepori eſurienti etiam placentæ fici.*
Λαγῷ

伊拉斯谟的《谚语集》中的"不可避免的情况"（necessitas），及其对"呼唤与否，神灵永在"的评论（432 页）。JL

vocatus atque non
vocatus deus aderit
C. G. Jung

是接近上帝本身，这似乎是一个终极问题。[91]

1925 年，这段铭文被放到了荣格的藏书票上，在其家族纹章上也能看见。[92] 这间房子的门槛同时也变成了本书的开端。

对页：荣格的书板。荣格家族的纹章起初是一只凤凰，但后来被荣格的祖父老古斯塔夫·荣格变更了。荣格对此描述如下："这些纹章的含义是共济会或玫瑰十字会。正如十字架和玫瑰花代表玫瑰狮子会的对立问题（'通过十字架到玫瑰'）。即基督与酒神元素，因此，十字架和葡萄是天堂和地狱的精神象征。统一的标志是金色的星星，即哲学家的金子。"（回忆录，232 页）。

集体无意识：内部的图书馆

1909 年，荣格辞去了在伯霍兹利精神病院的工作，全身投入于其不断增加的实践及研究兴趣中，他在苏黎世大学医学院的讲师职位依然保留。此举恰好与他的研究兴趣转向神话、民俗和宗教研究有关。19 世纪末，新成立的比较宗教学和民族心理学学科的学术研究出现了爆炸式增长。人们第一次开始收集和翻译初级文献，并将之纳入历史学的研究中。如今，荣格已经建造了一间大型私人图书馆，代表了这些学科的最高水平。与之相连的是一个起初被他称为"分析中心"的房间，他喜欢在这里写作。[93] 此后，这两个房间将成为荣格试图将理论和实践结合运用于心理学研究的场所，终其一生。

在此之前，他始终关注个体心理。如今，他从生物学家恩斯特·海克尔（Ernst Haeckel）的"生物发生律"（the biogenetic law）中推断出，个人的发展，即个体发育（ontogeny）再现了物种的发展，即系统发育（phylogeny）。他转向文化史，并试图将个人心理置于进化的基础上。如果要把神经症的理论置于进化和发展的层面上，那么必然要以系统发育为基础。1909 年 10 月 14 日，荣格在给弗洛伊德的信中写道："考古学，或更确切地说，神话学已经把我牢牢抓住了，它是一个奇妙的史料宝库。"[94] 几周后，他再次写信给弗洛伊德：

> 我这么长时间没有写作的原因之一是，我每晚都沉浸在符号的历史中，比如，沉浸在神话学和考古学中。我一直都在读希罗多德（Herodotus），有了一些绝妙的发现（例如：《帕普雷米斯的崇拜》第二卷）。我现在正在阅读老克鲁泽尔（old Creuzer）的 4 卷书，其中蕴含丰富的资料。我对考古学的所有（沉寂多年的）乐趣又重新焕发了生机。这为神经症理论的系统发育基础打开了宝藏匣。[95]

1909 年，荣格的书房。右上方的肖像是伊拉斯谟。下方是荣格的祖父和其第一任妻子维吉妮·德·拉索克斯（Virginie de Lassaulx）（并非荣格的祖母）的画像。在荣格的书桌上可以看到叔本华的画像。

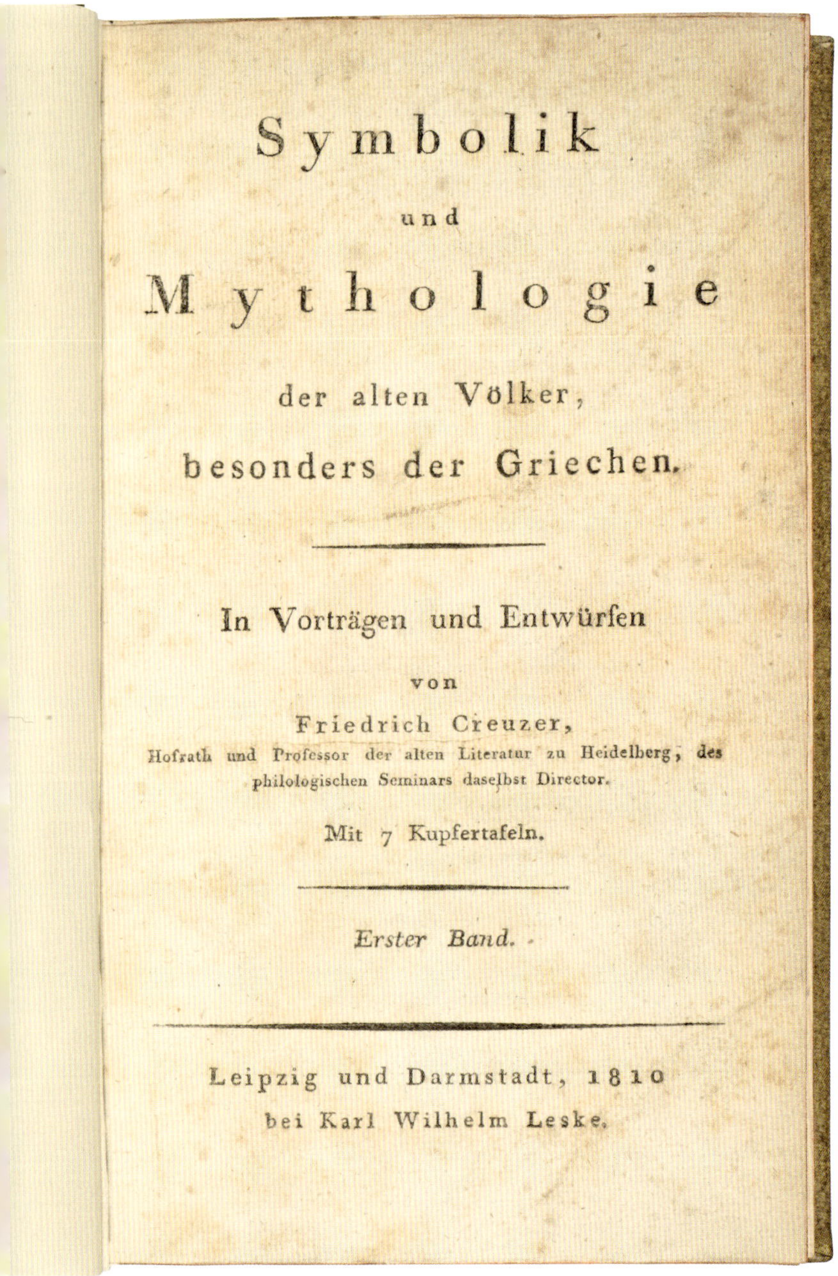

Symbolik

und

Mythologie

der alten Völker,

besonders der Griechen.

In Vorträgen und Entwürfen

von

Friedrich Creuzer,

Hofrath und Professor der alten Literatur zu Heidelberg, des philologischen Seminars daselbst Director.

Mit 7 Kupfertafeln.

Erster Band.

Leipzig und Darmstadt, 1810

bei Karl Wilhelm Leske.

荣格收藏的弗里德里希·克劳泽的《古代民族的象征与神话》（*Symbolism and Mythology of the Ancient Peoples*）复印本。

1925 年，他在研究中回顾了这个时代：

> 我对书籍感兴趣，我看了一本德国人写的《神话与象征主义》的书。我以最快的速度读完了这三四卷书，实际上，我疯狂地阅读，直到变得像原先在诊所里一样迷惑不解……现在，我仿佛置身于自己亲手创造的精神病院里一样。我穿梭于所有这些奇妙的形象中：人马族、宁芙（nymphs）、萨提尔（satyrs）、诸神与女神，仿佛他们是患者，而我正要分析他们。我在读希腊神话或黑人神话的时候，就像一个疯子在告诉我他的既往症一样——我在寻找其可能蕴含的含义时迷失了自我。[96]

这部著作由海德尔堡的哲学与古代史学教授格奥尔格·弗里德里希·克劳泽（Friedrich Creuzer）（1771—1858）写就。他在著作中的主要论点是，所有古代的宗教及哲学思想都采取了两种形式，即神话和象征。他认为，意象与隐喻是象征的第一要素，是一切表达的来源。寓言传达了普遍思想，象征是思想本身，被赋予可见性和人格化的特点。在他看来，神话是有声的象征，或者，用他的一个比喻来说，象征是蛹，而神话是蝴蝶。[97]

1909 年 12 月 2 日，荣格在写给弗洛伊德的信中谈及了他的研究的意义。

> 我总是更倾向于这样的感觉：对心理的完整理解（如果可能的话），只能通过历史或在其帮助下才能实现。就像只有在系统发育和比较解剖学的基础上才能理解解剖学和个体发育一样。鉴于这个原因，神话现在对我而言有了新的重要意义。我们现在从个体灵魂中发现的——一种被压缩的、未能充分发展的或片面分化的形式——可以在历史中看到它广泛蔓延着。[98]

这里的生物学为理解历史和神话，特别是心理学的意义提供了类比。神话和历史的研究对心理学的意义就像系统发育和比较解剖学的研究对生物学的意义一样。这很可能对科学心理学的学术研究具有首要意义，因为没有对历史的研究，就没有心理学。然而，只有历史研究也是不够的；必须展示出史料与同时期人的生活间的联系。随后，荣格指导其留在伯霍兹利精神病院的学生进行他的研究项目，去研究精神病患者的梦、幻想和妄想中可能存在的系统发育材料。

一名名叫约翰·霍内格的学生当即给出一篇重要的材料。1910 年 3 月，霍内格在纽伦堡举行的第二届国际精神分析大会上提交了一篇关于偏执性妄想形成的论文。[99] 论文中案例研究的对象是埃米尔·施维泽（Emile Schwyzer），出生于 1862 年。他是一名商店职员，没有接受过任何高等教育。他曾在巴黎和伦敦居住，在一次自杀未遂后，他被送进了伦敦的精神病院，为期一年半。此后，他去了苏黎世，并于 1901 年 10 月 7 日进入伯霍兹利精神病院。霍内格把他归为偏执性痴呆的病例。他指出，这项工作源于荣格的一个建议，并对该病例进行了两个月的研究。霍内格说，这个病例值得注意的地方是，它显示了对早期系统发育水平的回归，包括“对古代神话和哲学思想的一系列新创造”，而病人“对此并不怎么了解”。[100] 霍内格认为，这类母题的恢复表明，由于力比多的倒退，人类倒退到了童年。

1910 年，荣格读到了由阿尔布雷希特·迪特里克（Albrecht Dieterich）（1868—1908）创作的《密特拉教礼仪》。密特拉教是一种神秘的宗教，在公元 1 至 4 世纪的罗马帝国盛行。信徒们崇拜伊朗的密特拉神，并与早期基督教形成对立。它是一种禁欲主义宗教，有着复杂的入教仪式。迪特里克出版的文章是关于一种希腊魔法莎草纸的。它与密特拉教的联系为后来的学者们所争议。文中描述的密特拉教仪式与荣格同霍内格对施维泽的观察之间有着惊人的对应关系，荣格立刻就被吸引住了。正如他在《力比多的转化与象征》中写的那样：

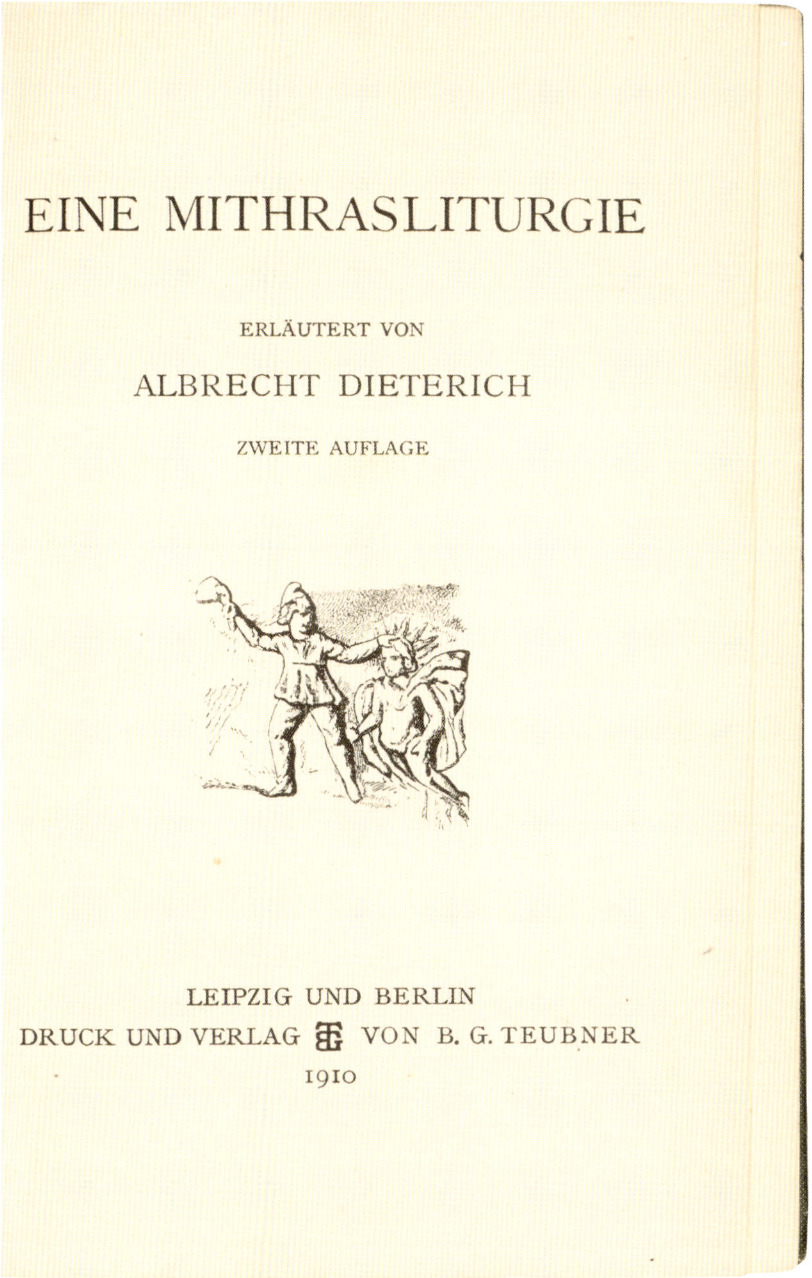
EINE MITHRASLITURGIE

ERLÄUTERT VON

ALBRECHT DIETERICH

ZWEITE AUFLAGE

LEIPZIG UND BERLIN

DRUCK UND VERLAG VON B. G. TEUBNER

1910

荣格收藏的阿尔布雷希特·迪特里克的《密特拉教礼仪》（*A Mithras Liturgy*）的复印本。JL

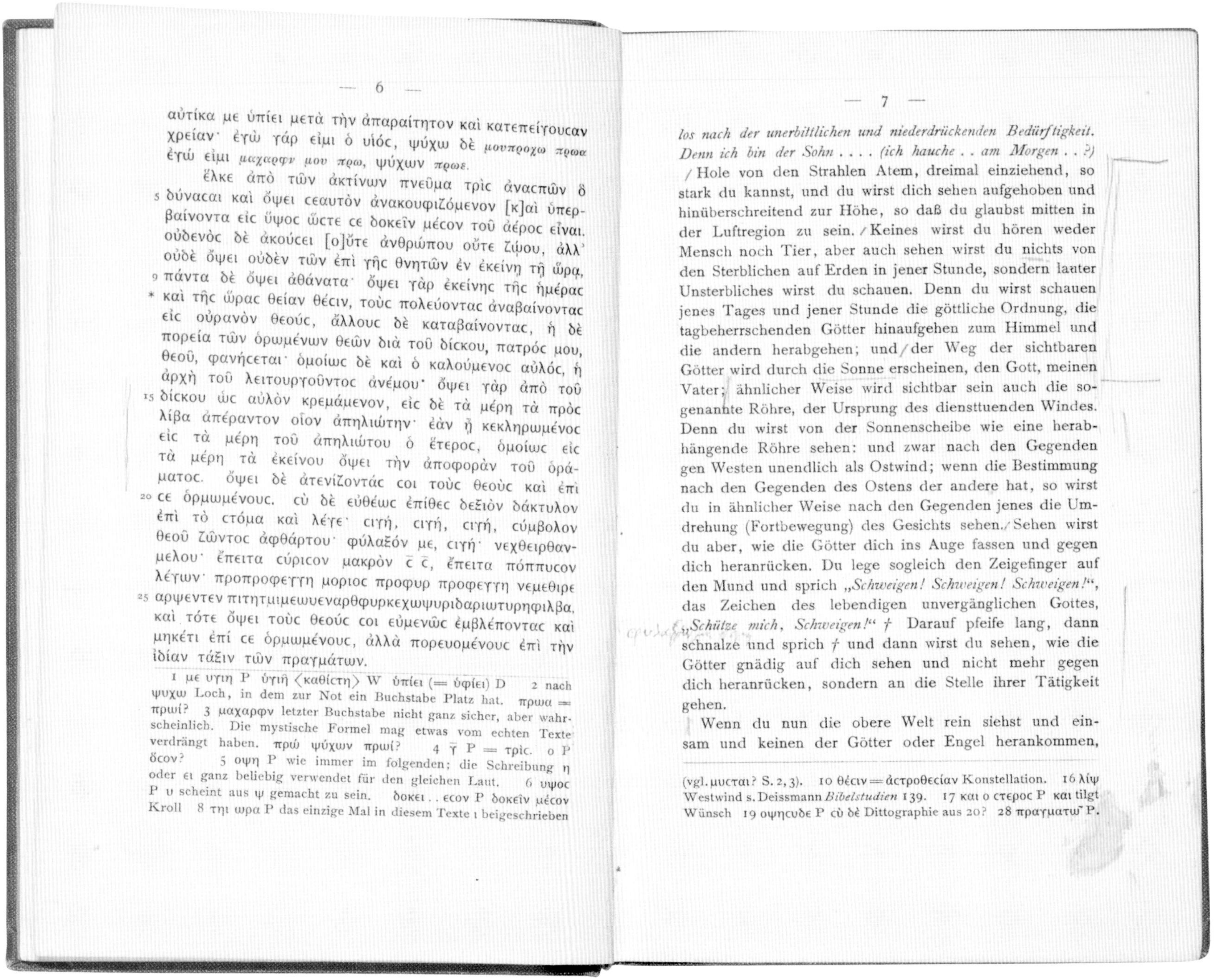

— 6 —

αὐτίκα με ὑπίει μετὰ τὴν ἀπαραίτητον καὶ κατεπείγουσαν χρείαν· ἐγὼ γάρ εἰμι ὁ υἱός, ψύχω δὲ *μουπροχω πρωα* ἐγώ εἰμι *μαχαρφν μου πρω*, ψύχων *πρωε.*

ἕλκε ἀπὸ τῶν ἀκτίνων πνεῦμα τρὶς ἀνασπῶν ὃ δύνασαι καὶ ὄψει σεαυτὸν ἀνακουφιζόμενον [κ]αὶ ὑπερβαίνοντα εἰς ὕψος ὥστε σε δοκεῖν μέσον τοῦ ἀέρος εἶναι. οὐδενὸς δὲ ἀκούσει [ο]ὔτε ἀνθρώπου οὔτε ζῴου, ἀλλ' οὐδὲ ὄψει οὐδὲν τῶν ἐπὶ γῆς θνητῶν ἐν ἐκείνῃ τῇ ὥρᾳ, πάντα δὲ ὄψει ἀθάνατα· ὄψει γὰρ ἐκείνης τῆς ἡμέρας * καὶ τῆς ὥρας θείαν θέσιν, τοὺς πολεύοντας ἀναβαίνοντας εἰς οὐρανὸν θεούς, ἄλλους δὲ καταβαίνοντας, ἡ δὲ πορεία τῶν ὁρωμένων θεῶν διὰ τοῦ δίσκου, πατρός μου, θεοῦ, φανήσεται· ὁμοίως δὲ καὶ ὁ καλούμενος αὐλός, ἡ ἀρχὴ τοῦ λειτουργοῦντος ἀνέμου· ὄψει γὰρ ἀπὸ τοῦ δίσκου ὡς αὐλὸν κρεμάμενον, εἰς δὲ τὰ μέρη τὰ πρὸς λίβα ἀπέραντον οἷον ἀπηλιώτην· ἐὰν ᾖ κεκληρωμένος εἰς τὰ μέρη τοῦ ἀπηλιώτου ὁ ἕτερος, ὁμοίως εἰς τὰ μέρη τὰ ἐκείνου ὄψει τὴν ἀποφορὰν τοῦ ὁράματος. ὄψει δὲ ἀτενίζοντάς σοι τοὺς θεοὺς καὶ ἐπὶ σε ὁρμωμένους. σὺ δὲ εὐθέως ἐπίθες δεξιὸν δάκτυλον ἐπὶ τὸ στόμα καὶ λέγε· σιγή, σιγή, σιγή, σύμβολον θεοῦ ζῶντος ἀφθάρτου· φύλαξόν με, σιγή· νεχθειρθανμελου· ἔπειτα σύρισον μακρὸν σ̄ σ̄, ἔπειτα πόππυσον λέγων· προπροφεγγη μοριος προφυρ προφεγγη νεμεθιρε αρψεντεν πιτητμιμεωυεναρθφυρκεχωψυριδαριωτυρηφιλβα, καὶ τότε ὄψει τοὺς θεούς σοι εὐμενῶς ἐμβλέποντας καὶ μηκέτι ἐπί σε ὁρμωμένους, ἀλλὰ πορευομένους ἐπὶ τὴν ἰδίαν τάξιν τῶν πραγμάτων.

1 με υγιη P ὑγιῆ ⟨καθίστη⟩ W ὑπίει (= ὑφίει) D 2 nach ψυχω Loch, in dem zur Not ein Buchstabe Platz hat. πρωα = πρωί? 3 μαχαρφν letzter Buchstabe nicht ganz sicher, aber wahrscheinlich. Die mystische Formel mag etwas vom echten Texte verdrängt haben. πρώ ψύχων πρωί? 4 γ̄ P = τρὶς. ο P ὅσον? 5 οψη P wie immer im folgenden; die Schreibung η oder ει ganz beliebig verwendet für den gleichen Laut. 6 υψος P υ scheint aus ψ gemacht zu sein. δοκει . . εσον P δοκεῖν μέσον Kroll 8 τηι ωρα P das einzige Mal in diesem Texte ι beigeschrieben

— 7 —

los nach der unerbittlichen und niederdrückenden Bedürftigkeit. Denn ich bin der Sohn . . . . (ich hauche . . am Morgen . . ?)

/ Hole von den Strahlen Atem, dreimal einziehend, so stark du kannst, und du wirst dich sehen aufgehoben und hinüberschreitend zur Höhe, so daß du glaubst mitten in der Luftregion zu sein. / Keines wirst du hören weder Mensch noch Tier, aber auch sehen wirst du nichts von den Sterblichen auf Erden in jener Stunde, sondern lauter Unsterbliches wirst du schauen. Denn du wirst schauen jenes Tages und jener Stunde die göttliche Ordnung, die tagbeherrschenden Götter hinaufgehen zum Himmel und die andern herabgehen; und / der Weg der sichtbaren Götter wird durch die Sonne erscheinen, den Gott, meinen Vater; ähnlicher Weise wird sichtbar sein auch die sogenannte Röhre, der Ursprung des diensttuenden Windes. Denn du wirst von der Sonnenscheibe wie eine herabhängende Röhre sehen: und zwar nach den Gegenden gen Westen unendlich als Ostwind; wenn die Bestimmung nach den Gegenden des Ostens der andere hat, so wirst du in ähnlicher Weise nach den Gegenden jenes die Umdrehung (Fortbewegung) des Gesichts sehen. / Sehen wirst du aber, wie die Götter dich ins Auge fassen und gegen dich heranrücken. Du lege sogleich den Zeigefinger auf den Mund und sprich „*Schweigen! Schweigen! Schweigen!*", das Zeichen des lebendigen unvergänglichen Gottes, „*Schütze mich, Schweigen!*" † Darauf pfeife lang, dann schnalze und sprich † und dann wirst du sehen, wie die Götter gnädig auf dich sehen und nicht mehr gegen dich heranrücken, sondern an die Stelle ihrer Tätigkeit gehen.

Wenn du nun die obere Welt rein siehst und einsam und keinen der Götter oder Engel herankommen,

(vgl. μυσται? S. 2, 3). 10 θέσιν = ἀστροθεσίαν Konstellation. 16 λίψ Westwind s. Deissmann *Bibelstudien* 139. 17 και ο στερος P και tilgt Wünsch 19 οψησυδε P σὺ δὲ Dittographie aus 20? 28 πραγματω P.

荣格收藏的《密特拉教礼仪》中表明涉及太阳阴茎的段落。JL

患者在太阳中看到的一根所谓竖立的尾巴（如：很像一根勃起的阴茎）。当患者前后摆动自己的头时，太阳中的阴茎也前后摆动，并产生了风。很长一段时间以来，这种奇怪的妄想都无法为我们所理解，直到我熟悉了密特拉教仪式的异象。[101]

那句令人疑惑的话是这么说的：“朝向西方的地区，仿佛吹动着无尽的东风。但如果另一股风朝向东方吹动，你将朝向那一边并以同样的方式看见相反的景象。”[102] 正如荣格评论的：

> 这句话可能是说视线跟随风向移动或被带到这里。看见的东西是管子，即“风的源头”，它转向东方和西方，由此产生了对应的风。我们的精神分裂症患者的幻想与管子的运动惊人的吻合。[103]

几年后，荣格引用了对施维泽的这一观察，作为其原型理论的证据。他在 1906 年对此进行了观察，并于 1910 年碰巧读到了迪特里克的书，该书排除了隐性记忆或心灵感应的可能性，从而为集体无意识提供了证据。[104] 荣格观点的核心是，现代人有可能自发地重现事先不了解的神话主题，随后他用集体无意识原型的标志性概念阐明了这一点。

对荣格而言，他在这一时期阅读的人类学书籍也为这一论点提供了重要支撑。1910 年，法国人类学家吕西安·列维－布留尔（Lucien Lévy-Bruhl）（1857—1939）发表了一篇题为《低等社会的心理功能》（*The Mental Functions in Inferior Societies*）的著作。[105] 列维·布留尔曾在巴黎高等师范学校学习哲学，并在 1896 年于索邦任教，成为社会学家埃米尔·涂尔干（Émile Durkheim）学派成员。列维·布留尔在他的书中强调了原始人和文明人的心理之间存在脱节。由于他们集体表征的性质，“原始人对任何事物的感知都与我们截然不同”。[106] 这不仅在于他们的集体表征与文明人的不同，而且他们的表征联系的方式也不同。他将此称为参与律（the law of participation）。在“原始人”的集体表征中，生命和事物既可以是自己也可以是其他东西。他们也给予和接受“神秘的力量、美德、品质、影响力，以使他们被外界感知，而不停留在他们所在的地方。”[107] 因此，他把“原始人”描述为生活在一种神秘的参与状态中。他们并不解决冲突，很少能够抽象和概括，并忽视了神秘事件的次要因素。

列维·布留尔举的一个对荣格来说特别重要的

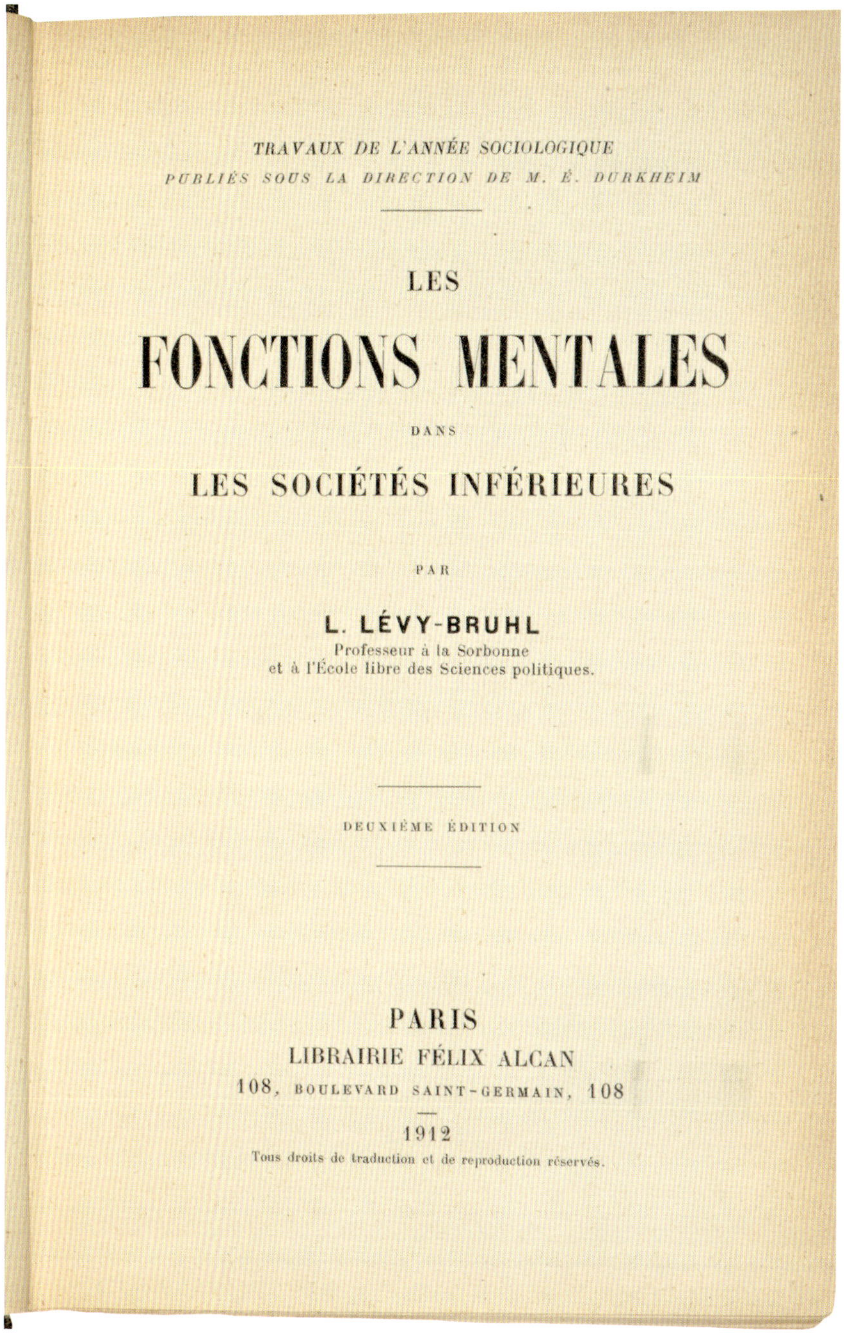

TRAVAUX DE L'ANNÉE SOCIOLOGIQUE
PUBLIÉS SOUS LA DIRECTION DE M. É. DURKHEIM

LES
FONCTIONS MENTALES
DANS
LES SOCIÉTÉS INFÉRIEURES

PAR

L. LÉVY-BRUHL
Professeur à la Sorbonne
et à l'École libre des Sciences politiques.

DEUXIÈME ÉDITION

PARIS
LIBRAIRIE FÉLIX ALCAN
108, BOULEVARD SAINT-GERMAIN, 108
1912
Tous droits de traduction et de reproduction réservés.

荣格收藏的吕西安·列维·布留尔的《低等社会的心理功能》的复印本。JL

原始神秘主义参与的例子是澳大利亚阿伦塔族土著人的圣物的意义。有关这些圣物的意义的信息来自斯宾塞和吉伦（Gillen）的《澳大利亚中部土著部落》一书（*The Native Tribes of Central Australia*）：

> 这些物品（长方形的木块或石块，一般都由神秘的图案装饰）被小心地保存起来，放在女人和孩子不敢接近的神圣场所。从逻辑思维的角度来看，很难准确地定位什么是圣物，什么不是圣物。个体的外部灵魂；祖先精神的载体，也可能是这些祖先自己的身体；图腾精华的提取；生命力的储存器——它们都是轮流和同时存在的，我可以注意到，围绕着圣物的深深的宗教崇拜，为保存它们而采取的谨慎措施，以及对它们的崇拜和预防措施。一个人如果拥有像圣蛇这样的圣物……就会不断地用手揉搓它，一边揉搓一边唱着圣蛇的阿尔赫林加历史，并逐渐感觉到他和这个神圣的物品之间存在着某种特殊的联系……[108]

荣格阅读的人类学著作激发了他意义深刻的一次回忆。在《回忆·梦·思考》中，他叙述了一段经历，标志着其童年的巅峰。荣格10岁的时候，在自己的铅笔盒上刻了一个小人，并为它制作了外衣和床。他还在一枚石头上绘画，并使其“归属于”这个小人。他把这个小人藏在阁楼里，这给他带来了极大的慰藉。有时，他还会用自己发明的一种秘密语言给他写信。他不明白自己为什么这样做，但这带给他一种安全感。[109]然而，他在1910年为写作《力比多的转化与象征》而阅读时，看到了有关澳大利亚圣物和阿尔勒斯海姆附近的灵魂石藏匿处的描述。这让他想起了他的小人和石头。“伴随着这一回忆，我第一次确信，灵魂中存在着古老的永久成分，它们可以从任何传统中渗透到个人灵魂中。”[110]他重申了现代“原始人”、史前人和儿童之间的刻板印象，他总结说，作为一个孩子，“我以我后来看到的非洲土著人的方式举行仪式，他们首先采取行动，事实上根本不知道自己在做什么”。[111]鉴于其原型和自我示范的特点，仔细研究这一经验是有益的。

正如荣格所叙述的那样，这次回忆形成了对原型存在的认识。为写作《力比多的转化与象征》而准备的阅读笔记已经保存下来，其中包含了对列维·布留尔《心理功能》的引用，包括上面提到的关于圣物的段落。[112]此外，荣格在该作品的复印本中也做了许多注释。荣格在其阅读笔记中将列维·布留尔引用的斯宾塞和吉尔的文章以及对他们作品的参考都复制了出来。荣格在其引用中强调道：

一个拥有像圣蛇一样圣物的人，用他的手不断地保护它……

（他）逐渐感到圣物带给他一种特别的品质，这种品质又由他传给圣物……他与他的祖先紧密地结合在一起。[113]

有迹象表明，列维·布留尔的工作是荣格有关圣物信息的最初来源。既然如此，这就出现了一个问题，即他对这一事件的解释与列维·布留尔的关系如何。对列维·布留尔而言，阿伦塔人用圣物进行的表演是神秘主义参与的一个例子，正如我们所看到的，他声称这种参与在现代社会中仍然以一种削弱的形式存在。列维·布留尔认为，这里的问题是一种特殊形式的心理的存在。然而，荣格也声称，重要的是他在童年所做的事与阿伦塔人的做法之间的相似性，而不光是如何做。他将此解释为表明灵魂中存在一种非时间性的成分，与德国民族学家和通才阿道夫·巴斯蒂安（Adolf Bastian）的“基本思想”相对应，即所有人共享的普遍思想。人们可以推测，正是通过结合巴斯蒂安和列维·布留尔的关键概念，荣格才得出了他的信念，即他后来称之为原型的东西。在后来的工作中，荣格沿用了列维·布留尔“神秘参与”的概念。

荣格在阅读比较宗教学、神话学和人类学的书籍时给他留下了一个问题，即如何组织和展示他的材料。解决方法以一篇文章的形式出现，这篇文章是由一位名叫弗兰克·米勒（Frank Miller）的年轻女性发表的，题为“潜意识创造想象的一些实例”（Some Instances of Subconscious Creative lmagination）。米勒是一位来自亚拉巴马州的美国服装讲师，曾短暂地当过弗洛诺瓦的学生。

《从印度到火星》出版后，弗洛诺瓦受到了灵媒的攻击。[114] 为了帮助她以前的老师，米勒寄给他一份关于自身经历的书面记录。其他人可能会从灵性上解释这些经历，但她展示了这些经历如何能被弗洛诺瓦的隐性记忆和潜意识阐述理论解释。但是，

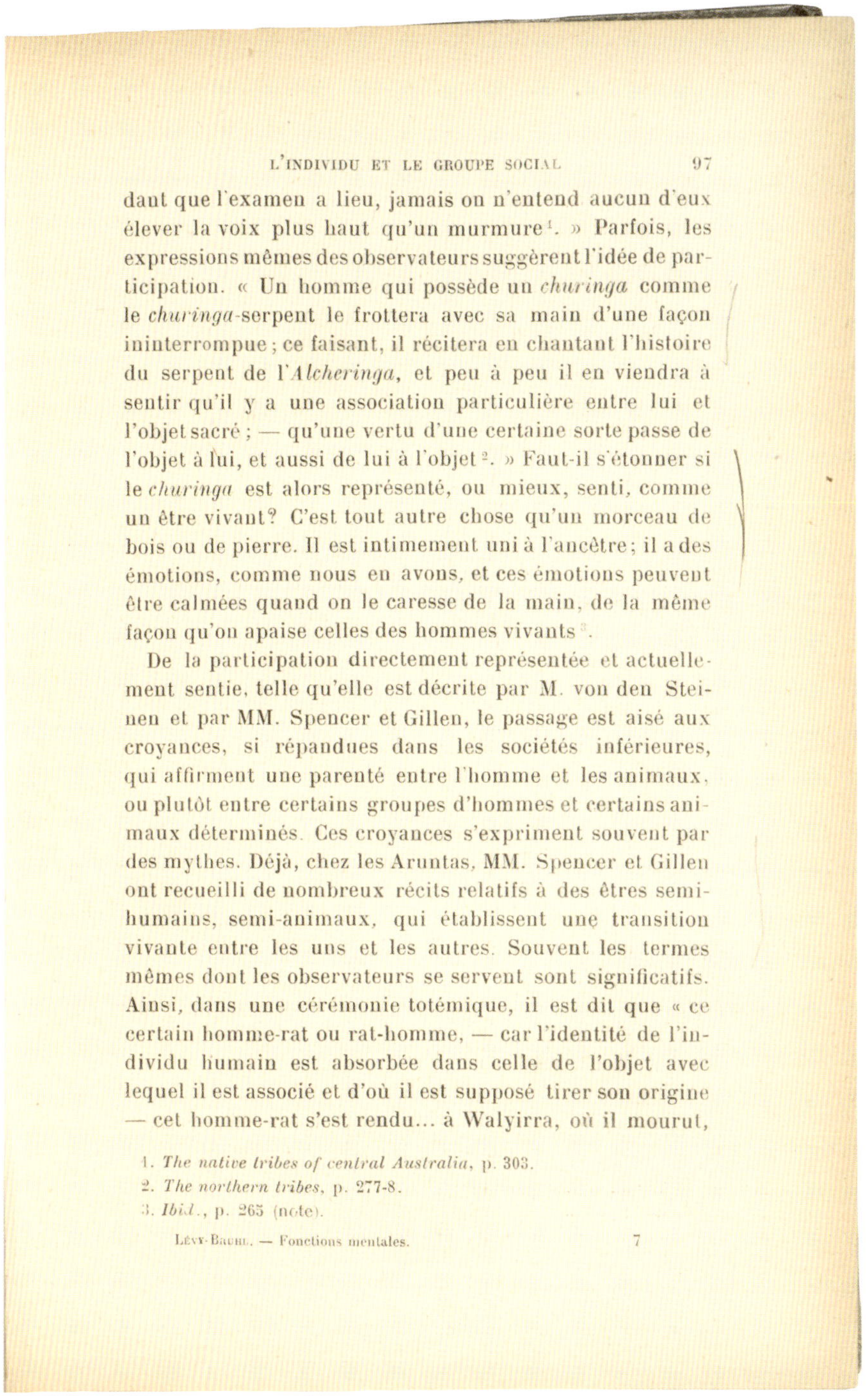
L'INDIVIDU ET LE GROUPE SOCIAL 97

dant que l'examen a lieu, jamais on n'entend aucun d'eux élever la voix plus haut qu'un murmure[1]. » Parfois, les expressions mêmes des observateurs suggèrent l'idée de participation. « Un homme qui possède un *churinga* comme le *churinga*-serpent le frottera avec sa main d'une façon ininterrompue ; ce faisant, il récitera en chantant l'histoire du serpent de l'*Alcheringa*, et peu à peu il en viendra à sentir qu'il y a une association particulière entre lui et l'objet sacré ; — qu'une vertu d'une certaine sorte passe de l'objet à lui, et aussi de lui à l'objet[2]. » Faut-il s'étonner si le *churinga* est alors représenté, ou mieux, senti, comme un être vivant? C'est tout autre chose qu'un morceau de bois ou de pierre. Il est intimement uni à l'ancêtre ; il a des émotions, comme nous en avons, et ces émotions peuvent être calmées quand on le caresse de la main, de la même façon qu'on apaise celles des hommes vivants[3].

De la participation directement représentée et actuellement sentie, telle qu'elle est décrite par M. von den Steinen et par MM. Spencer et Gillen, le passage est aisé aux croyances, si répandues dans les sociétés inférieures, qui affirment une parenté entre l'homme et les animaux, ou plutôt entre certains groupes d'hommes et certains animaux déterminés. Ces croyances s'expriment souvent par des mythes. Déjà, chez les Aruntas, MM. Spencer et Gillen ont recueilli de nombreux récits relatifs à des êtres semi-humains, semi-animaux, qui établissent une transition vivante entre les uns et les autres. Souvent les termes mêmes dont les observateurs se servent sont significatifs. Ainsi, dans une cérémonie totémique, il est dit que « ce certain homme-rat ou rat-homme, — car l'identité de l'individu humain est absorbée dans celle de l'objet avec lequel il est associé et d'où il est supposé tirer son origine — cet homme-rat s'est rendu... à Walyirra, où il mourut,

1. *The native tribes of central Australia*, p. 303.
2. *The northern tribes*, p. 277-8.
3. *Ibid.*, p. 265 (note).

LÉVY-BRUHL. — Fonctions mentales. 7

荣格收藏的吕西安·列维·布留尔的《低等社会的心理功能》中第 97 页的复印页。该页描述了圣物。JL

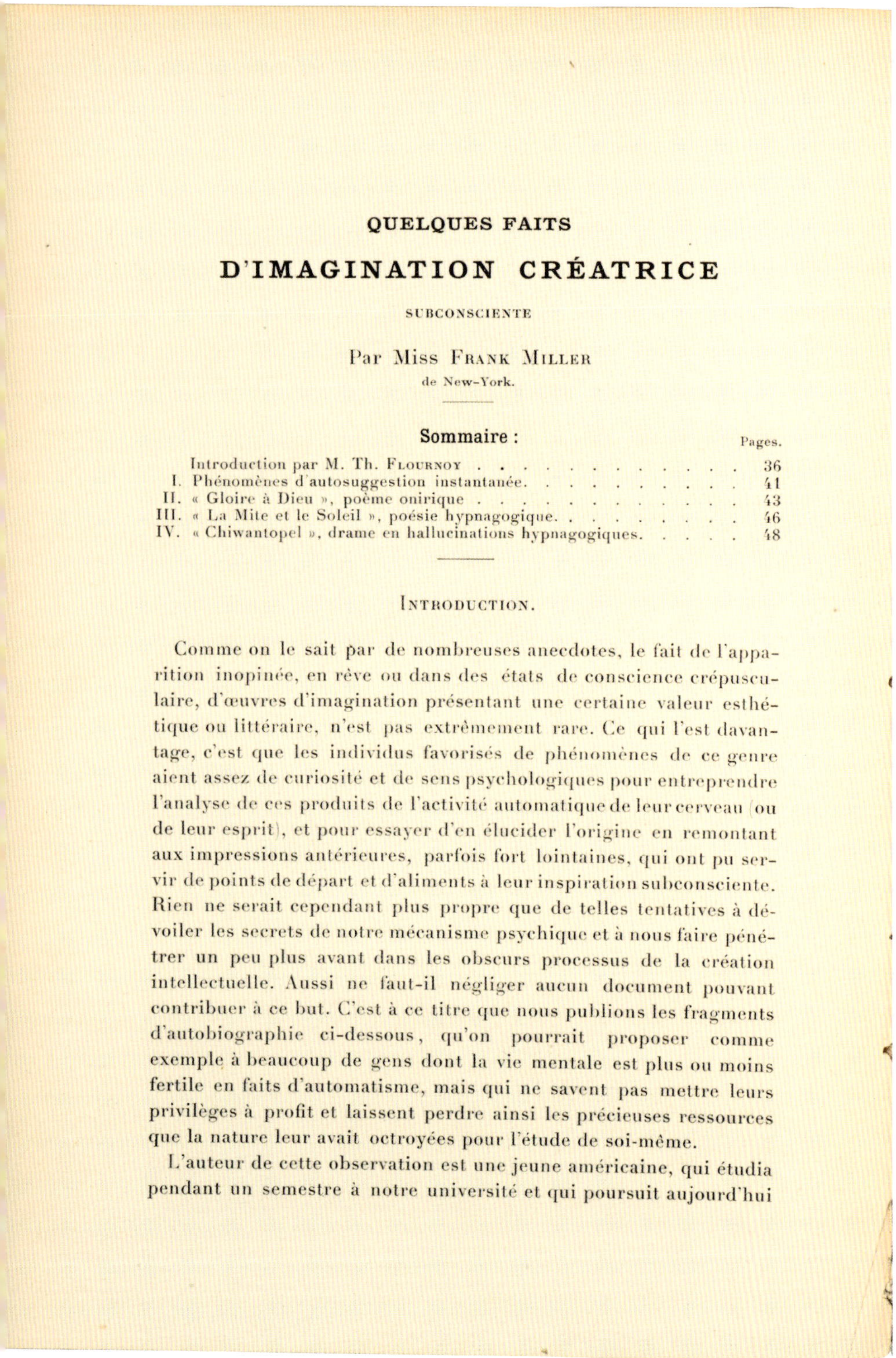

QUELQUES FAITS

D'IMAGINATION CRÉATRICE

SUBCONSCIENTE

Par Miss FRANK MILLER
de New-York.

Sommaire :

INTRODUCTION.

Comme on le sait par de nombreuses anecdotes, le fait de l'apparition inopinée, en rêve ou dans des états de conscience crépusculaire, d'œuvres d'imagination présentant une certaine valeur esthétique ou littéraire, n'est pas extrêmement rare. Ce qui l'est davantage, c'est que les individus favorisés de phénomènes de ce genre aient assez de curiosité et de sens psychologiques pour entreprendre l'analyse de ces produits de l'activité automatique de leur cerveau (ou de leur esprit), et pour essayer d'en élucider l'origine en remontant aux impressions antérieures, parfois fort lointaines, qui ont pu servir de points de départ et d'aliments à leur inspiration subconsciente. Rien ne serait cependant plus propre que de telles tentatives à dévoiler les secrets de notre mécanisme psychique et à nous faire pénétrer un peu plus avant dans les obscurs processus de la création intellectuelle. Aussi ne faut-il négliger aucun document pouvant contribuer à ce but. C'est à ce titre que nous publions les fragments d'autobiographie ci-dessous, qu'on pourrait proposer comme exemple à beaucoup de gens dont la vie mentale est plus ou moins fertile en faits d'automatisme, mais qui ne savent pas mettre leurs privilèges à profit et laissent perdre ainsi les précieuses ressources que la nature leur avait octroyées pour l'étude de soi-même.

L'auteur de cette observation est une jeune américaine, qui étudia pendant un semestre à notre université et qui poursuit aujourd'hui

荣格收藏的《心理学刊》（1905 年），介绍了弗兰克・米勒女士“潜意识中创造性想象的一些实例”。本页中，西奥多・弗洛诺瓦在介绍她时指出，尽管自发的幻想并不罕见，但具有这种能力并有兴趣和心理能力来加以分析，并将它们的来源追溯到以前经历中的人是很罕见的。JL

对荣格而言，她的文章提出了一个引人注目的例子，说明在一个当代人身上出现了神话般的幻想，他想到了把它作为一个范本：《力比多的转化与象征》成为一份长达 500 页、有关他从未见过的一个女人的研究。正如他在《力比多的转化与象征》中写的那样：

作品一开始就谈到了弗洛伊德对俄狄浦斯传说的提及给人留下的深刻印象，把它比作人们对古代纪念碑的第一印象。它的意义在于，它展示了过去的活生生的存在，弥合了将我们与古代分开的“深渊”。这种洞察力告诉我们，人类的冲突在任何地方都是一样的。它为现代性和古代性的相通提供了前景。对个体灵魂的研究可以让人掌握古代文化中生活的意义，并可以在自己文化之外提供一个坚实的观点，使人能够客观地理解它。”[115]

荣格区分了两种思维。荣格从威廉 – 詹姆斯等人那里得到线索，将受到指引的思维方式（directed thinking）和幻见的思维方式（fantasy thinking）进行了对比。前者是以言语表达且富有逻辑的，而后者是被动且与联想和想象相关的。前者以科学为例，后者以神话为例。荣格声称，古人缺乏指引的思维，而现代人却拥有这种思维能力。当思维不再受到指引，幻见的思维方式就会发生。《力比多的转化与象征》扩展研究了幻见思维和当代人梦境和幻想中持续存在的神话主题。荣格重申了史前、原始和儿童的人类学的观察误差（anthropological equation）。他认为，对当今成年人的幻见思维的阐释将同时使儿童、野蛮人和史前民族的思想变得明确。[116]

对荣格来说，神话是力比多的象征。他声称，世界上存在着典型的神话，它们在社会心理层面上与个人的情结相符。为了说明这一点，他援引了伟大的巴塞尔文化史学权威专家的话："雅各·布克哈特（Jacob Burckhardt）似乎怀疑过这一点，因为他曾经说过，古典时代的每个希腊人身上都有俄狄浦斯的影子，而每个德国人身上都有浮士德的影子。"[117]他随后引用了布克哈特一封信中的话：

> 你想在浮士德中找到什么，就必须以一种直观的方式寻找。浮士德是真正合法的神话，一个伟大的原始形象，每个人都必须以自己的方式再次直观地了解自己的存在和命运。让我做个比较：如果一个评论员把自己介于古希腊人和《俄狄浦斯传奇》之间，古希腊人为此会怎么说呢？对于《俄狄浦斯传奇》，每个希腊人心中都有一根俄狄浦斯之弦，渴望被直接触及，并按照自己的方式进行振动。而德意志民族和浮士德也是如此。[118]

因此，弗洛伊德将俄狄浦斯作为神经症的核心情结是大错特错的；其他悲剧性的命运，其他的神话，也同样重要，没有一个人比布克哈特更能证明这一点。布克哈特的这段话对荣格来说至关重要，他把布克哈特的术语 urtümliches Bild 或 Urbild（原始意象）加入了他的词汇表。荣格在《力比多的转化与象征》中进行分析时，其意图和背景并不令人感兴趣；相反，他的注意力集中在不同文化和时代的原始图像的作用，以及这些图像阐明人类力比多的前行和退行的方式上。英雄主义神话被赋予了中心地位。对荣格来说，这代表了个人试图独立并从母亲那里解放出来的生活。他把乱伦的主题解释为试图回到母亲身边获得重生。这一点在荷尔德林的诗中得到了更清晰的阐述，荣格用了十几页的篇幅来分析这些诗，他指出："这些诗句用微不足道的语言更清楚地描述了持续压抑和与日增长的与生活的疏离，以及逐渐深陷于个人存在的母性深渊。"[119]

荣格关于原始意象自发重现观点的核心是一个深刻的悖论。对这种意象的认识需要广泛而深入的古典人文主义学术研究；在 20 世纪可能没有其他心理学家能在这方面与荣格相提并论。与此同时，荣格的论文颠覆了古典人文主义的术语——这种思想、意象和概念可以不经事先学习就自发地出现，因为它们的来源是可以在个人的灵魂中找到的。这就提出了对创造力和作者身份的理解问题。

下面的例子说明了这一点。1910 年，荣格的同事阿方斯·梅德（Alphonse Maeder）发表了一个患有偏执性痴呆症的锁匠的案例，他在 19 岁时就已经疯了。荣格也曾遇到过这个年轻人。正如荣格

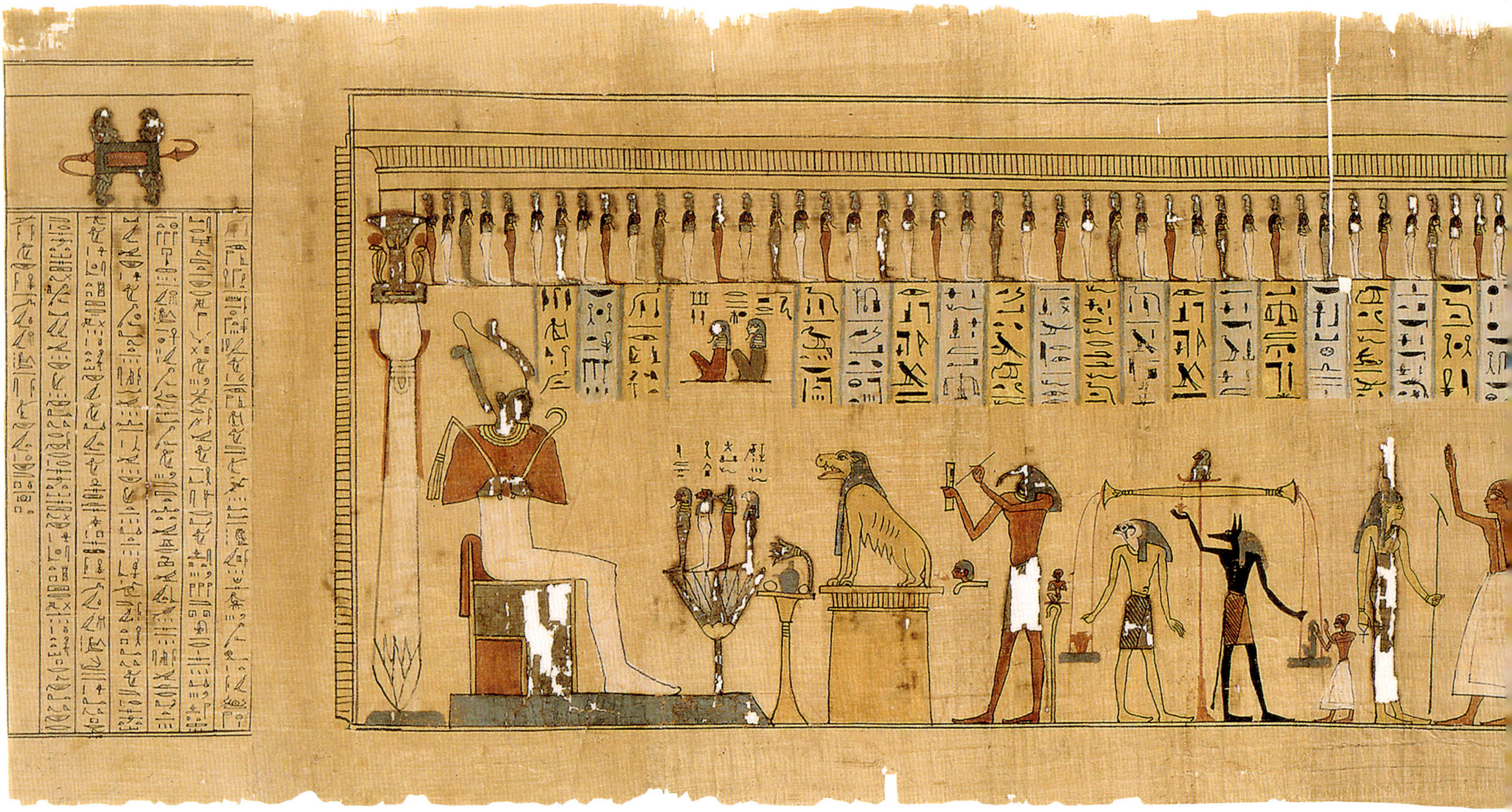

霍尔的《死者之书》(*Book of the Dead*)，纸莎草纸，公元前四世纪至公元前三世纪，底比斯。霍尔是阿蒙·拉和奥西里斯的祭司，埃及的葬礼文本包含帮助死者度过阴间的危险，到达来世的信息。这一页显示了心脏的称量。它描绘了在阿努比斯和荷鲁斯神的监督下的一对天平，死者的良心在上面被称量。人的心脏被放在一个天平上，玛特的羽毛放在另一个天平上。荣格在《力比多的转化与象征》(CW 13) 中多次引用了《埃及亡灵书》(*Egyptian Book of the Dead*)，他对埃及象形文字的迷恋在《红书》中的几幅画中得到了证明，他在画中设计并解释了自己的象形文字 (见下文，71，和《红书》，89-90，93-95)。

在 1916 年叙述的那样：

他是一个可怜的锁匠学徒，很小就得病了，而且不太聪颖。他有这样一种观念，即世界是他的图画书，他一边看一边翻动书页，与叔本华的“作为意志和观念的世界”完全相同，只是用原始的图画语言来表达。他的设想和叔本华的设想一样崇高，唯一的区别是病人的设想还停留在胚胎阶段，而在叔本华那里，同样的想法从设想变成了抽象的理念，并以一种普遍有效的语言表达出来。如果认为病人的观点具有个人的特点和价值，那是极其错误的，因为这将是赋予病人以哲学家的尊严。但是，正如我所指出的，只有他才是一个哲学家，他能将源于自然的愿景转化为抽象的理念，从而将其转化为普遍有效的语言……然而，通过夸大其成就的价值，将实际创造或发明愿景本身的额外优点赋予哲学家，则是错误的。这是一个原始的想法，在哲学家身上自然而然地

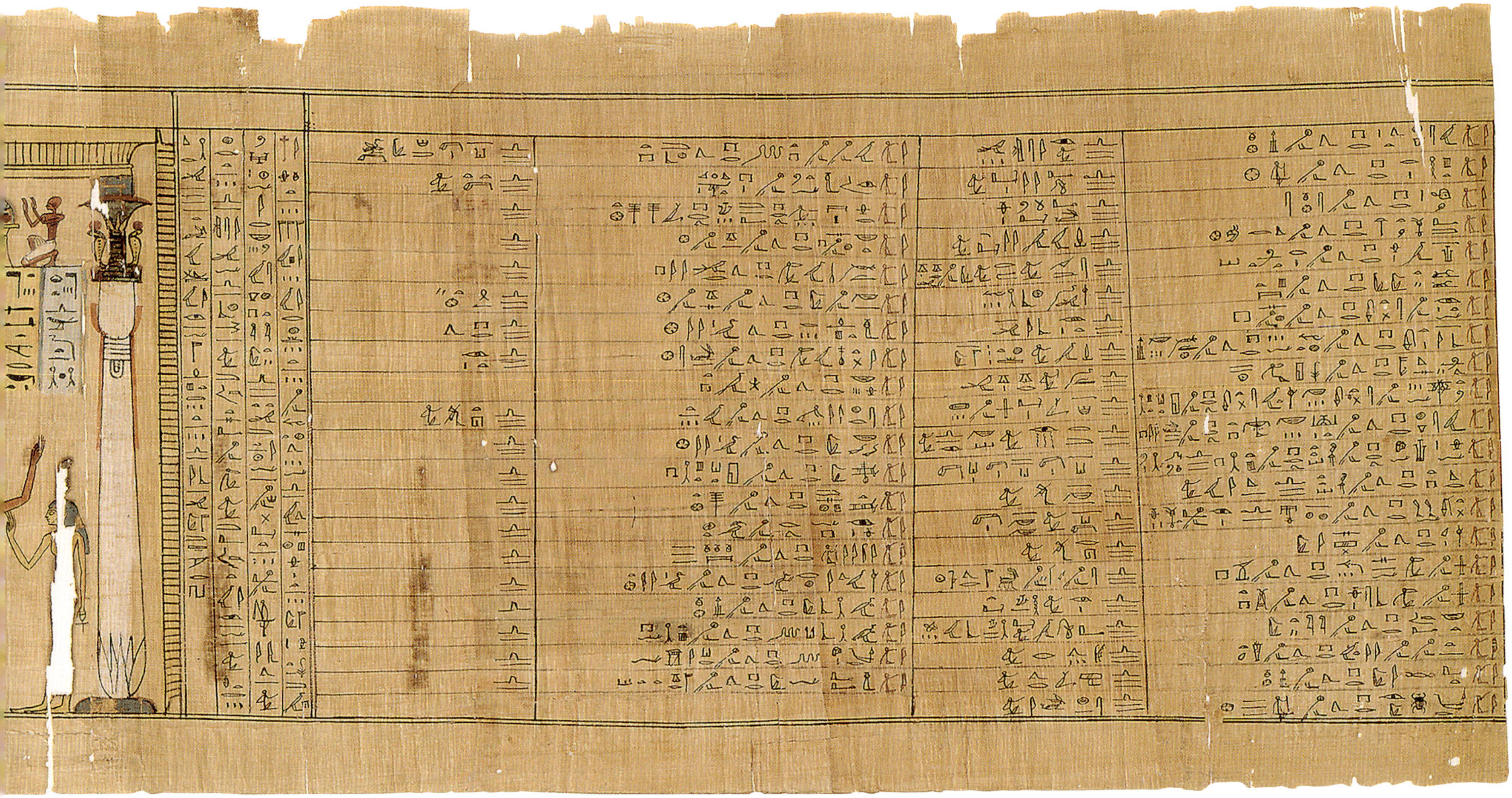

成长起来：只要是人类共同财产的一部分，原则上，每个人都有份。无论是对锁匠的学徒来说还是对叔本华来说，金苹果都是从同一棵树上掉下来的。[120]

一个疯子有一个愿景，对此，荣格凭借其哲学背景立即认识到这是叔本华的愿景。但对荣格来说，疯子和叔本华都不是这里的真正作者；相反，每个人都只是在其能力范围内阐述了他所能看到的事物的深刻性——人类共同继承的金苹果。他们之间的鸿沟就在这里。这一点在《力比多的转化与象征》中被概括为："如果世界上所有的传统都被一举摧毁，那么整个神话和宗教的历史将从下一代开始重新开始"。[121]

这种悖论在受众对荣格作品的接受过程中也显而易见，它在公众中的传播比在他渴望被接受的医学科学和学术领域的传播更广泛——这种模式一直延续至今。对许多人来说，荣格的作品被认为是在强调一种反智的立场：一切有意义的东西都可以在个人身上找

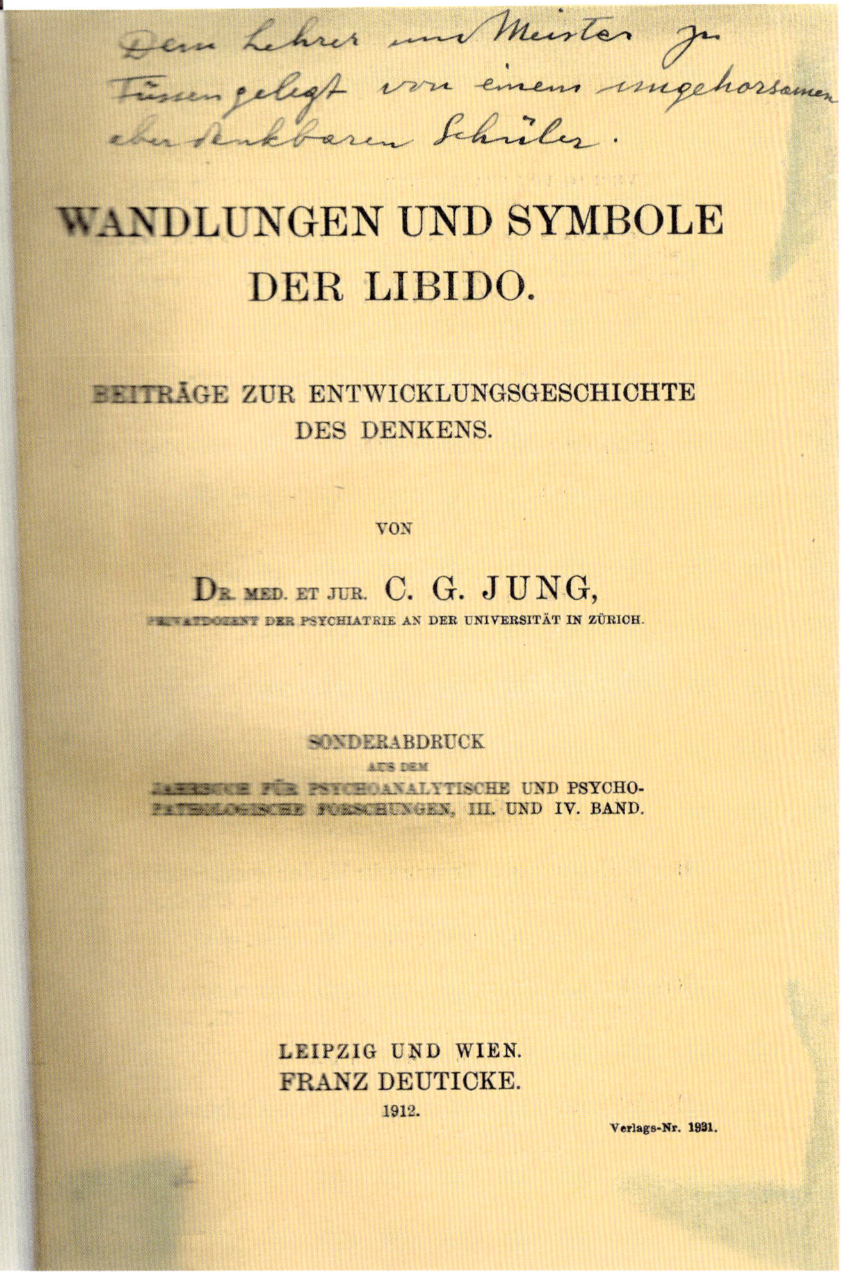
Dem Lehrer und Meister zu Füssen gelegt von einem ungehorsamen aber dankbaren Schüler.

WANDLUNGEN UND SYMBOLE DER LIBIDO.

BEITRÄGE ZUR ENTWICKLUNGSGESCHICHTE DES DENKENS.

VON

DR. MED. ET JUR. C. G. JUNG,
PRIVATDOZENT DER PSYCHIATRIE AN DER UNIVERSITÄT IN ZÜRICH.

SONDERABDRUCK
AUS DEM
JAHRBUCH FÜR PSYCHOANALYTISCHE UND PSYCHOPATHOLOGISCHE FORSCHUNGEN, III. UND IV. BAND.

LEIPZIG UND WIEN.
FRANZ DEUTICKE.
1912.

Verlags-Nr. 1931.

弗洛伊德收藏的荣格《力比多的转变与象征》的复印本，上有荣格的献词。
弗洛伊德博物馆

到，不需要学习。一方面，正如他在1932年所表达的那样：“我讨厌一切与大众有关的事物。任何大众化的事物都会变得平庸。总之，我不会宣扬歌德，而会宣扬一本烹饪书。”[122] 另一方面，正如阿妮拉·亚菲（Aniela Jaffé）所回忆的：“每当他发现他的思想已经深入人心时，他就会感到高兴。荣格夸张地说，‘人民’比知识分子更了解他。”[123]

荣格与弗洛伊德的关系从赠书开始，并以围绕荣格《力比多的转化与象征》的争论而断绝。1912年3月3日，荣格写信给弗洛伊德：

> 让查拉图斯特拉代我说：“如果一个人只做学生，这是对老师的不好的报答。那么，你们为什么不去摘取我的桂冠呢？你们尊重我；但如果有一天你们的崇拜坍塌了，那该怎么办？当心别被一尊倒下的雕像把你们砸死！”你们找到我的时候还没有找到自己。所有的信徒都是如此。现在我让你们丢开我，寻找你们自己吧；只有当你们都否认我时，我才会回到你们身边。”[124]

荣格以引用尼采的《查拉图斯特拉如是说》回复，在他寄给弗洛伊德的《力比多的转化与象征》的书稿上写道：“一个不听话但备加感恩的学生拜于老师的脚下。”正如荣格后来回忆的那样：

> 当我正在写我的关于力比多的书，并接近“牺牲”一章的结尾时，我预感到，它的出版将使我终结与弗洛伊德的友谊。因为我计划在书中写下我自己对乱伦的定义，这将是力比多概念的决定性转化，以及多个我与弗洛伊德不同的其他观点。[125]

1913年，荣格与弗洛伊德分道扬镳，他在写作中加入了一句醒目的对莎士比亚作品的引用，最后一句话是哈姆雷特说的“剩下的唯有寂静”（The rest is silence）。[126]

东方的文艺复兴

18 世纪末，大量欧洲人开始翻译和研究印度的哲学、宗教和文学作品。这对 19 世纪以来的欧洲思想发展起到了关键的促进作用。正如雷蒙·施瓦布（Raymond Schwab）证明的，真正的文艺复兴是东方世界的文艺复兴，因为只有东方的文艺复兴才能带来真正普遍意义上的人文主义的可能性。[127] 1785 年，东方学家、律师、亚洲协会创始人威廉·琼斯（William Jones）发表了《论希腊、意大利及印度诸神》（*On the Gods of Greece, Italy, and India*）一文，详细介绍了这些角色之间普遍存在的相似性。[128] 琼斯认为应通过自古以来在这些土地之间的联系来解释这一点。这篇文章对比较神话学的发展起到了关键作用。1804 年，阿夫拉姆·亚辛特·恩奎蒂尔·杜佩龙（Abraham-Hyacinthe Anquetil Duperron）将《奥义书》从波斯文翻译为拉丁文，即 *the Oupnek'hat*，为该书的首部译本。对杜佩龙而言，《奥义书》中展示出了所有智慧的一体性。在读了杜佩龙的译著后，叔本华称该书为“世界上最具价值和意义的书籍。它是我一生的慰藉，也将是我走向死亡的慰藉。”他甚至给他的狗起名为“阿特玛”，指的是《奥义书》中的阿特曼或自性。

1893 年，巴黎圣母院的大教堂里出现了一尊理性女神的石像。这座雕像是按印刷商默默罗妻子的样子制作的。（托马斯·卡莱尔（Thomas Carlyle）认为，在法国大革命期间树立的世俗女神中，她是最完美的女神，尽管她的牙齿有些歪斜。）荣格在 1928 年写道，他认为理性的象征性神化与杜佩龙的译本在时间上的同步具有重大意义，对于前者，他视为异常灾难，而后者，他认为该译著“给西方带来了东方的思想”。在他看来，后者弥补了前者的不足。[129] 该作品于 19 世纪由威廉·琼斯和恩奎蒂尔·杜佩龙等人首先创造并延续下去，直到马克斯·缪勒（Max Müller）创作的 50 卷丛书《东方的圣经》（*The Sacred Books of the East*）达到巅峰。这一版本的系列丛书在如今荣格图书馆中也能找到。

一个在他阅读印度材料时的例子是荣格在《广林奥义书》（*Brihadâranyaka Upanishad*）中对马的牺牲的解释。对荣格而言，马的形象代表力比多，它曾经属于母亲。两个容器间马的位置表明它们分别代表生产和吞噬母亲（devouring mother）。[130] 因此，这段文字表达的是必须牺牲婴儿时期对母亲的渴望。

荣格在该书中的理论对理解东方思想起着重要作用。从这个角度来看，其中阐述的主题和概念是人类集体系统遗传的一部分。实

荣格收藏的马克斯·缪勒等人的《东方的圣经》50卷复印本（牛津：牛津大学出版社，1879—1910）。本作者摄影。JL

际上，东方可以在西方的梦境、幻想和妄想中找出，并重新浮现。因此，对荣格而言，西方对东方的“发现”组成了“发现”集体无意识的重要一章。重要的是，荣格对印度文献不仅有着学术上的兴趣，还正如我们即将看到的，印度文献还将进入他的内在幻想之中。

对书的态度

荣格在1952年修订的《力比多的转化与象征》的序言中写道，在完成这项工作后，他意识到没有神话的生活意味着什么，没有与过去或与周围的当代世界建立联系的生活意味着什么。因此，他写下下面这段文字：

> 在某种力量的驱使下，我严肃地问自己：“你生活的神话是什么？”对这一问题，我回答不上来，并不得不承认我的生活中没有神话，甚至不是生活在神话中，而是生活在一个在理论上可能的、充满不确定的云雾中，我开始越来越不相信……因此，我用最自然的方式，以了解“我的”神话作为我的任务。我之所以将之称为一项任务，是因为我告诉自己，如果我没有意识到这一点，那么在治疗病人时，我怎么可能对个人因素，及对我的个人观察误差做出适当的考虑呢？这对了解一个人是至关重要的。[131]

对神话的研究向荣格揭开了其无神话性（mythlessness）。他随后开始探寻自己的神话，即他的“个人的观察误差”。在某种意义上，《力比多的转化与象征》把一切都解释为“力比多的象征”，但同时也没有解释什么，或者说，没有给他留下什么。荣格进行的自我试验是对《力比多的转化与象征》研究中提出的理论问题的部分直接回答。

1913年秋，荣格将证明这是关键性的。正如他在1925年回忆的，“我坐在一节火车中旅行，正读着手中的一本书。我开始陷入幻想，在我意识到之前，我已经到了要去的小镇。”[132] 在《红书》（*The Red Book*）中，他记下了接下来发生的事情：

> 我看到了一场可怕的洪水，它覆盖了北海和阿尔卑斯山之间的所有北方地区和低洼土地。它从英国一直延伸到俄罗斯，从北海海岸一直延伸到阿尔卑斯山。我看到黄色的波涛、浮动的瓦砾和数不尽的死尸。这一异象持续了2个小时，它令我困惑，让我

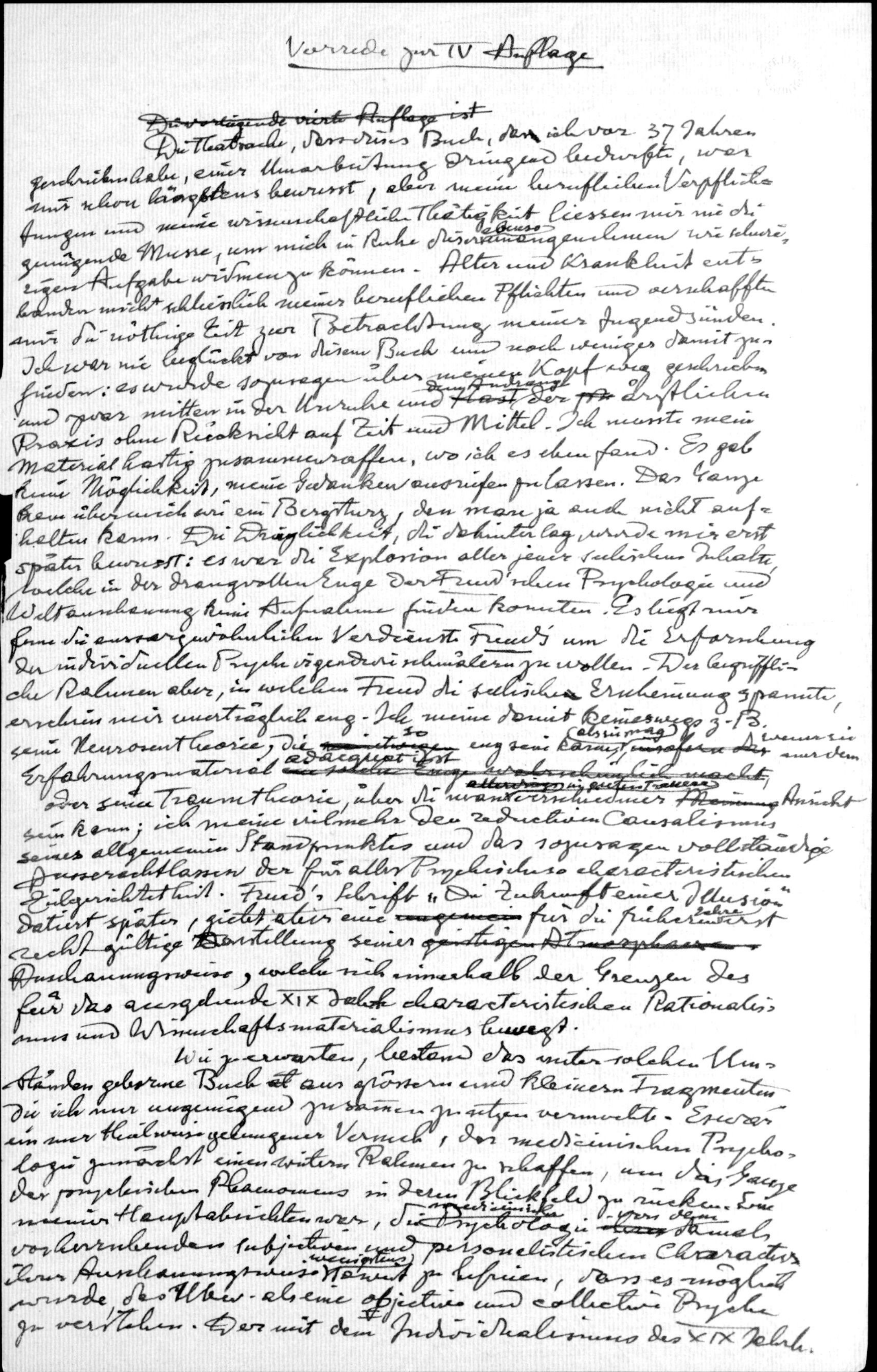
Vorrede zur IV Auflage

~~Die vorliegende vierte Auflage ist~~
Die Tatsache, dass dieses Buch, das ich vor 37 Jahren geschrieben habe, einer Umarbeitung dringend bedurfte, war mir schon längstens bewusst, aber meine beruflichen Verpflichtungen und meine wissenschaftliche Thätigkeit liessen mir nie die genügende Musse, um mich in Ruhe dieser ebenso unangenehmen wie schwierigen Aufgabe widmen zu können. Alter und Krankheit entbanden mich schliesslich meiner beruflichen Pflichten und verschafften mir die nöthige Zeit zur Betrachtung meiner Jugendsünden. Ich war nie beglückt von diesem Buch und noch weniger damit zufrieden: es wurde sozusagen über meinen Kopf weg geschrieben und zwar mitten in der Unruhe und dem Andrang ~~Hast~~ der ärztlichen Praxis ohne Rücksicht auf Zeit und Mittel. Ich musste mein Material hastig zusammenraffen, wo ich es eben fand. Es gab keine Möglichkeit, meine Gedanken ausreifen zu lassen. Das Ganze kam über mich wie ein Bergsturz, den man ja auch nicht aufhalten kann. Die Dringlichkeit, die dahinter lag, wurde mir erst später bewusst: es war die Explosion aller jener seelischen Inhalte, welche in der drangvollen Enge der Freud'schen Psychologie und Weltanschauung keine Aufnahme finden konnten. Es liegt mir ferne die aussergewöhnlichen Verdienste Freud's um die Erforschung der individuellen Psyche irgendwie schmälern zu wollen. Der begriffliche Rahmen aber, in welchen Freud die seelische Erscheinung spannte, erschien mir unerträglich eng. Ich meine damit keineswegs z.B. seine Neurosentheorie, die so eng sein kann, als sie mag, wenn sie nur dem Erfahrungsmaterial adaequat ist, oder seine Traumtheorie, über die man verschiedener Ansicht sein kann; ich meine vielmehr den reductiven Causalismus seines allgemeinen Standpunktes und das sozusagen vollständige Ausserachtlassen der für alles Psychische so characteristischen Zielgerichtetheit. Freud's Schrift „Die Zukunft einer Illusion" datiert später, giebt aber eine für die früheren Jahre recht gültige Darstellung seiner Anschauungsweise, welche sich innerhalb der Grenzen des für das ausgehende XIX Jahrh. characteristischen Rationalismus und Wissenschaftsmaterialismus bewegt.

Wie zu erwarten, besteht das unter solchen Umständen geborene Buch aus grösseren und kleineren Fragmenten die ich nur ungenügend zusammen zu setzen vermochte. Es war ein nur theilweise gelungener Versuch, der medicinischen Psychologie zunächst einen weitern Rahmen zu schaffen, um das Ganze der psychischen Phaenomens in deren Blickfeld zu rücken. Eine meiner Hauptabsichten war, die medicinische Psychologie von dem damals vorherrschenden subjectiven und personalistischen Character ihrer Anschauungsweise wenigstens so weit zu befreien, dass es möglich wurde das Unbewusste als eine objective und collective Psyche zu verstehen. Der mit dem Individualismus des XIX Jahrh.

荣格为《力比多的转化与象征》大幅修订的第四版撰写的前言手稿，改名为《转化的象征》。本页中，荣格陈述自己一直不满意的这部作品，就像在弗洛伊德心理学的束缚中精神内容无处爆发一样，他的目的是将医学心理学从其主观和个人的偏见中解放出来（CW 5，xxiii-iv）。ETH-B

难受。我难以解释这一异象。2 周后这异象再次出现了，比之前那次的情景更惨烈，内部的一个声音说道：“看吧，它真真实实地存在，并将会出现的。你不能怀疑这一点。”[133]

当 1925 年对此异象评论时，他说道：“我可以被当作被山环抱的瑞士，世界的淹没可能是我从前关系的碎片。”这使他对自己的状况做出了如下诊断：“我暗自想，‘如果这异象意味着什么，那么一定意味着我无药可救了！’我有一种感觉，我是一个过度补偿的精神病患者。”[134] 在这次经历之后，荣格害怕自己会发疯。起初，他主观且前瞻性地解释了这一点——也就是说，描绘了他的世界即将毁灭。对此，他进行了一次心理自查。在这个时代，自我试验被用于医学和心理学领域中。

荣格逐渐意识到《力比多的转化与象征》“可以被当作自我，对它的分析不可避免地导致对我自己无意识过程的分析”。[135] 他将自己的材料投射到弗兰克·米勒的材料中，因此在表面上分析她的幻想的同时，他实际上也是在分析自己的幻想。他现在转而分析自己的幻想，将这一切仔细地记录下来，在这一过程中，他不得不克服相当大的阻力。1925 年，他回忆道：“当时为了努力实现对自己最大限度的诚实，我非常仔细地写下了所有的东西，遵循古老的希腊指令，‘舍弃所有，始能接受’（give away all thou possess, then thou shalt receive.）。”[136] 这段话源自密特拉斯教。荣格在 1910 年 8 月 31 日致弗洛伊德的信中引用了这几句话，建议将其作为“精神分析的座右铭”。[137]

在研究其幻想时，荣格意识到他正在研究心灵神话的创造功能（myth-creating function of the mind）。他拿起一本自己曾在 1902 年遗落一旁的棕色笔记本，这本笔记本曾记下他内心深处的想法，现在他再次开始在上面

荣格自 1913 年秋天开始给他的灵魂写信，写下了他的幻想。

下图：1913 年 11 月 12 日的第一条记录，其中荣格对他的灵魂说话，告诉她他重新找到她的喜悦，以及他如何认识到一个人必须过自己的生活，这是通向神的唯一途径（《红书》，第 232 页）。

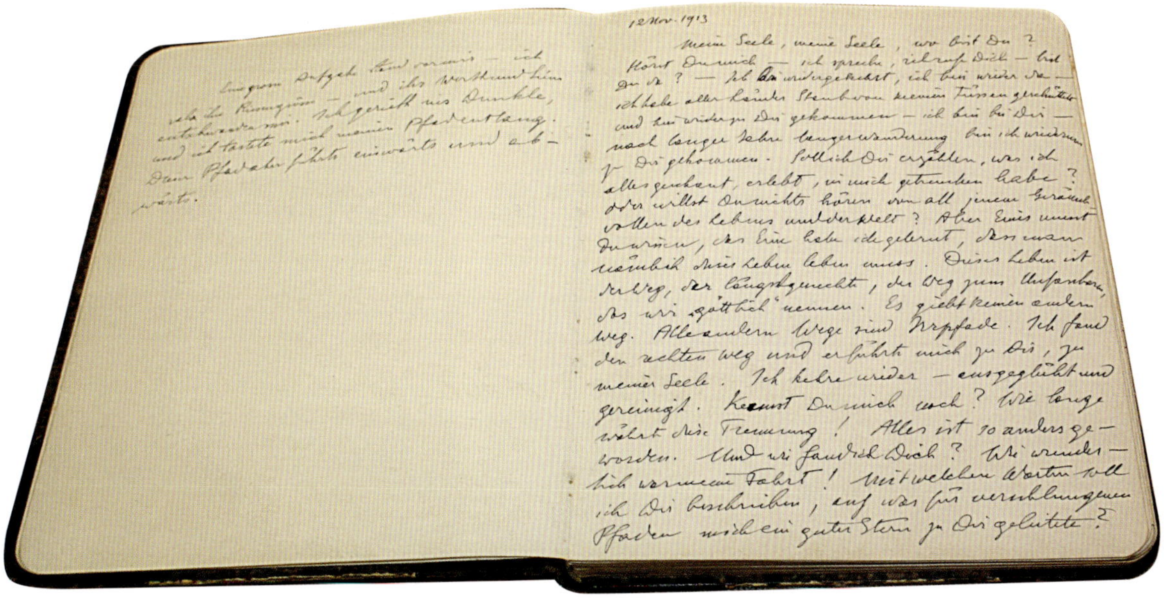

写作。[138] 1925 年，他回忆说，自己突然想到，他可以按顺序记下他的思考。他“在写自传材料，而非自传”。[139] 据他回忆，第一时期的写作止于 11 月份：“我不知道接下来会发生什么，我想，我或许需要更多的反思。我设计了这样一种无聊的方法，幻想自己在挖洞，并把这种幻想当作完全真实的存在来接受。”[140] 荣格在研究精神恍惚状态下的灵媒方面有着丰富的经验，在这种状态下，他鼓励灵媒产生清醒的幻想和视觉幻觉，并进行自动写作的实验。在荣格熟悉的各种历史传统中，也曾使用过视觉化冥想。

在第一段幻想中，荣格发现自己在一个黑暗的山洞里，看到一块红色的石头，他试图穿过泥潭到达那里。这块石头盖住了岩石上的一个开口。他把耳朵贴在开口处，可以听到溪流的声音，还看到一具死尸顺流而过，身上还有一处黑色的刀疤。一轮红日在溪流底部闪烁着，墙上有蛇向太阳爬去，最终盖住了太阳。鲜血喷薄而出，然后，开始消退。他想知道自己看到的是什么。[141]

几天后，他梦到自己必须杀死齐格弗里德（Siegfried），这位现身于《尼伯龙根之歌》（*Nibelungenlied*）中的英雄王子。[142] 瓦格纳在《尼伯龙根的指环》（*The Ring of the Nibelung*）中创作了这些史诗。荣格在《力比多的转化与象征》中对将齐格弗里德作为力比多象征的心理学解释，并主要引用了瓦格纳的剧本。荣格在梦中发现自己和一名青年身处山中。他们听到了齐格弗里德的号角，[143] 指示自

对页：“未来的地狱之路”（“Descent into Hell in the Future”）一章的细节，描绘了荣格自 1913 年 12 月 12 日起进入洞穴的第一次视觉幻想（《红书》，第三章，左页）。

《英雄之死》（*Murder of Hero*）一章的细节，描绘了屠龙英雄齐格弗里德的棺材（《红书》，第四章，左页）。

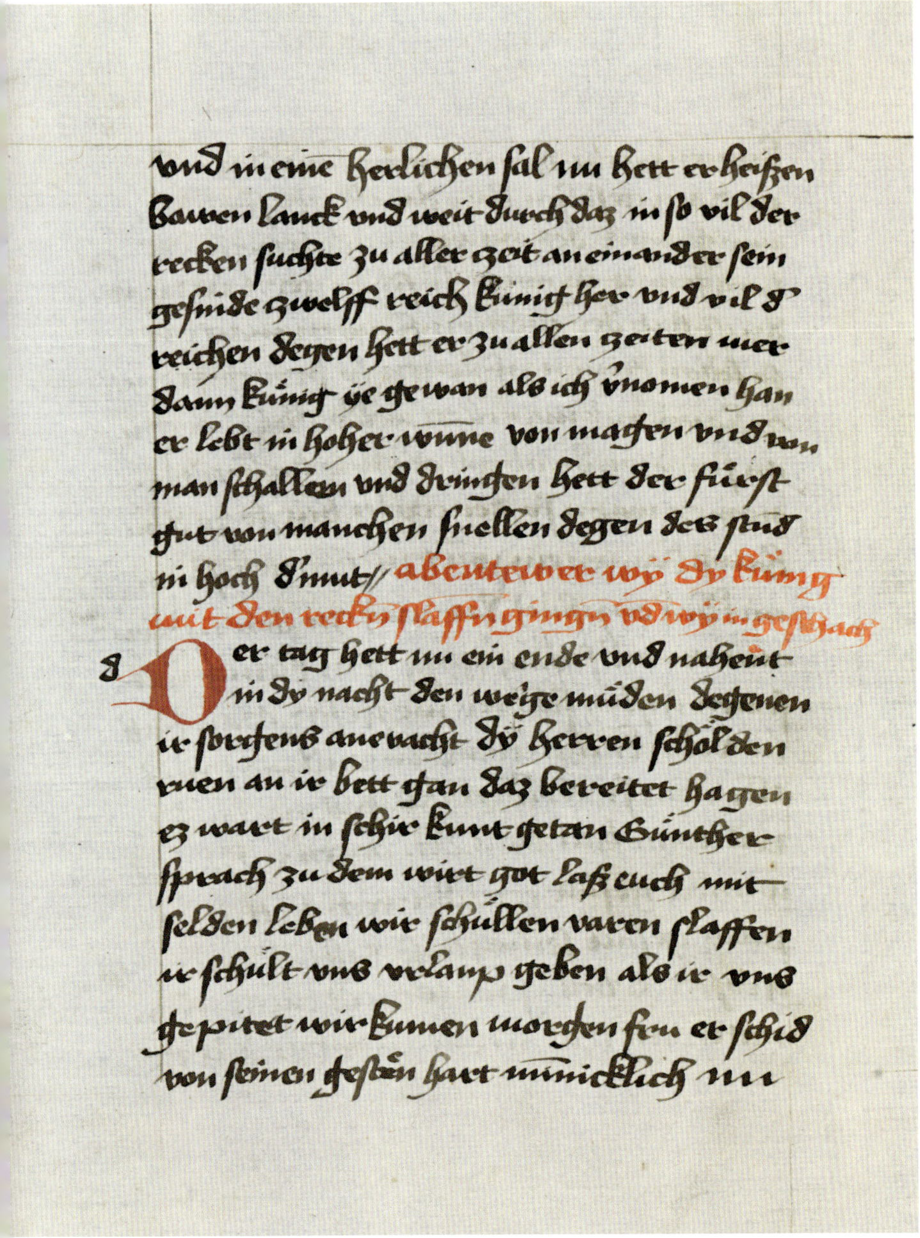

vnd in eine herlichen sal im hett er heissen
bauen lanck vnd weit durch daz im so vil der
recken suchte zu aller zeit aneinander sein
gesinde zwelff reich kunig her vnd vil d'
reichen degen hett er zu allen zeiten wer
dann kunig ye gewan als ich vnomen han
er lebt in hoher wunne von massen vnd von
man schallen vnd drincken hett der fuerst
gut von manchen snellen degen des sind
in hoch d'mut// abenteuwer wy dy kunig
mit den recken slaffen gingen vnd wy in gescheach
8 Der tag hett im ein ende vnd nahent
in dy nacht den weigemuden degenen
ir sorgens ane nacht dy herren schol den
ruen an ir bett gan daz bereitet hagen
ez waret in schir kunt getan Gunther
sprach zu dem wirt got lass euch mit
selden leben wir schullen varen slaffen
ir schult vns erlaub geben als ir vns
gepitet wir kumen morgen fru er schied
von seinen gesten hart minicklich im

上图：12 世纪的《尼伯龙根之歌》的手稿，巴伐利亚，15 世纪的第二季度，这是一部以齐格弗里德为主角的史诗，他夺取了尼伯龙的宝藏。

上图，右图：《英雄之死》一章的细节，描绘了齐格弗里德被杀的情景（《红书》，第五章，右页）。

己必须杀死他。当他们向他开枪后，一场大雨倾盆而下。醒来后，荣格觉得，如果他不弄清楚这个梦的含义，他就会自杀。

从 1913 年 12 月起，荣格继续采用同样的程序：在清醒状态下有意唤起一个幻想，然后像进入戏剧一样进入幻境。这些幻想可以被理解为一种以图画形式出现的戏剧化思维。在阅读他的幻想作品时，荣格对神话研究的影响是显而易见的。一些人物和概念直接来自他阅读的作品中。荣格幻想的形式和风格证明了他对神话和史诗世界的迷恋。在《黑书》（*Black Books*）中，荣格将他的幻想写成了有日期的条目，同时还对他的精神状态和在理解这些幻想时遇到的困难进行了反思。1913 年 12 月，他将第一本《黑书》称作“记录了我做过最困难实验的书”[144] 这些书是对自我实验（self-experimentation）的记录，同时也是文学研究。他试图找到合适的语言来表达他的洞察力，恢复他自己的灵性体验，并最终恢复神性。

从 1913 年秋天到 1914 年夏天，他仍然不确定他所做事业的意义和重要性，也不确定其不断发展的幻想的意义。与此同时，他继续发展自己的心理学理论。在 1913 年举办的慕尼黑精神分析大会上，他就心理类型进行发言。[145] 荣格对比了癔症和精神分裂症的临床图像。他说明，癔症是由力比多

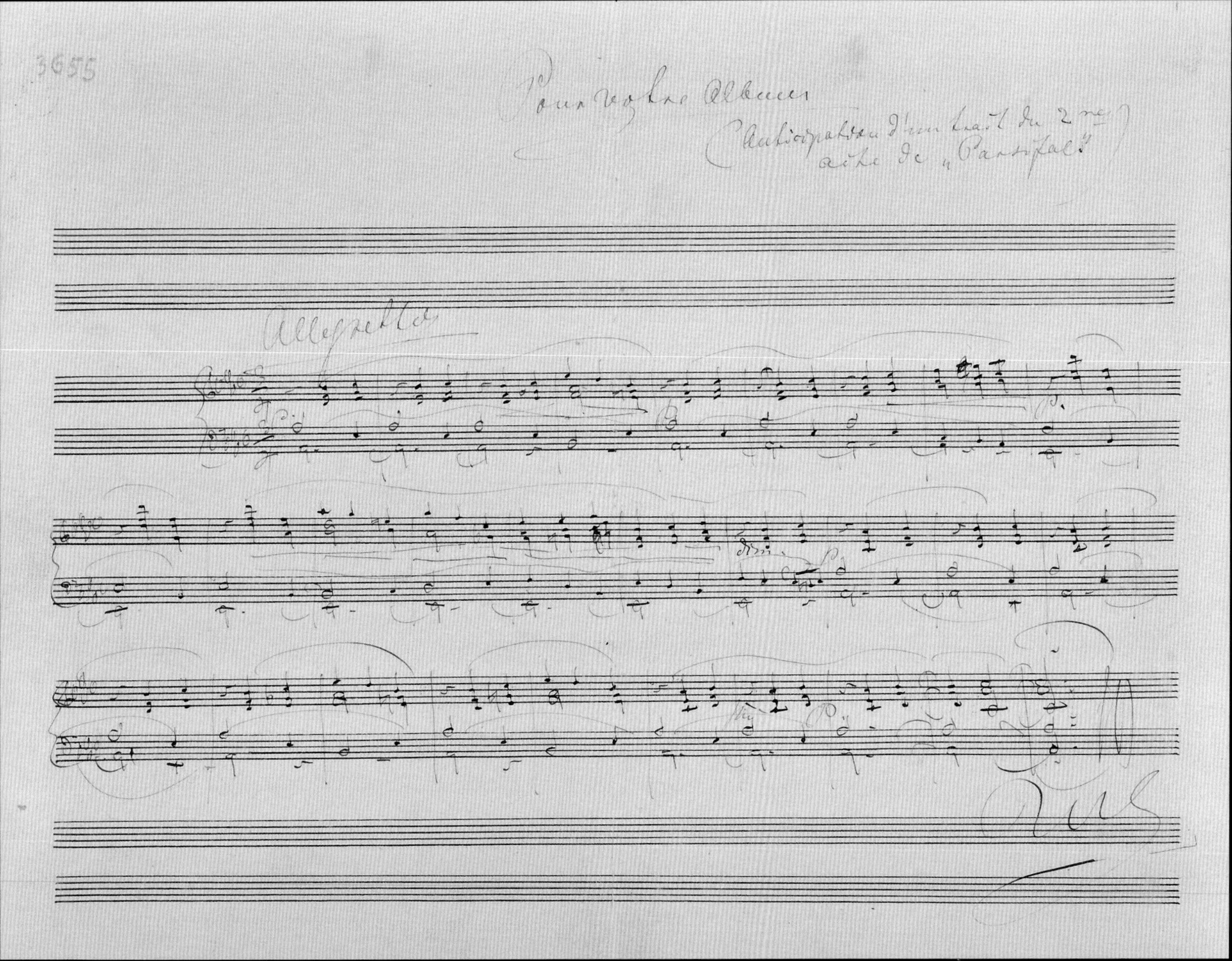

理查德·瓦格纳为《帕西法尔》(*Parsifal*)所作的配乐，基于沃尔夫拉姆·冯·埃申巴赫13世纪的史诗《帕西法尔》，描述了英雄对圣杯的追求。在1914年1月14日的一个幻想中，荣格的“自我”发现自己变成了戏剧中的帕西法尔(《红书》，第302页)。在《心理学类型》中，荣格提出了对帕西法尔的心理学解释(CW 6, SS 371-72)。

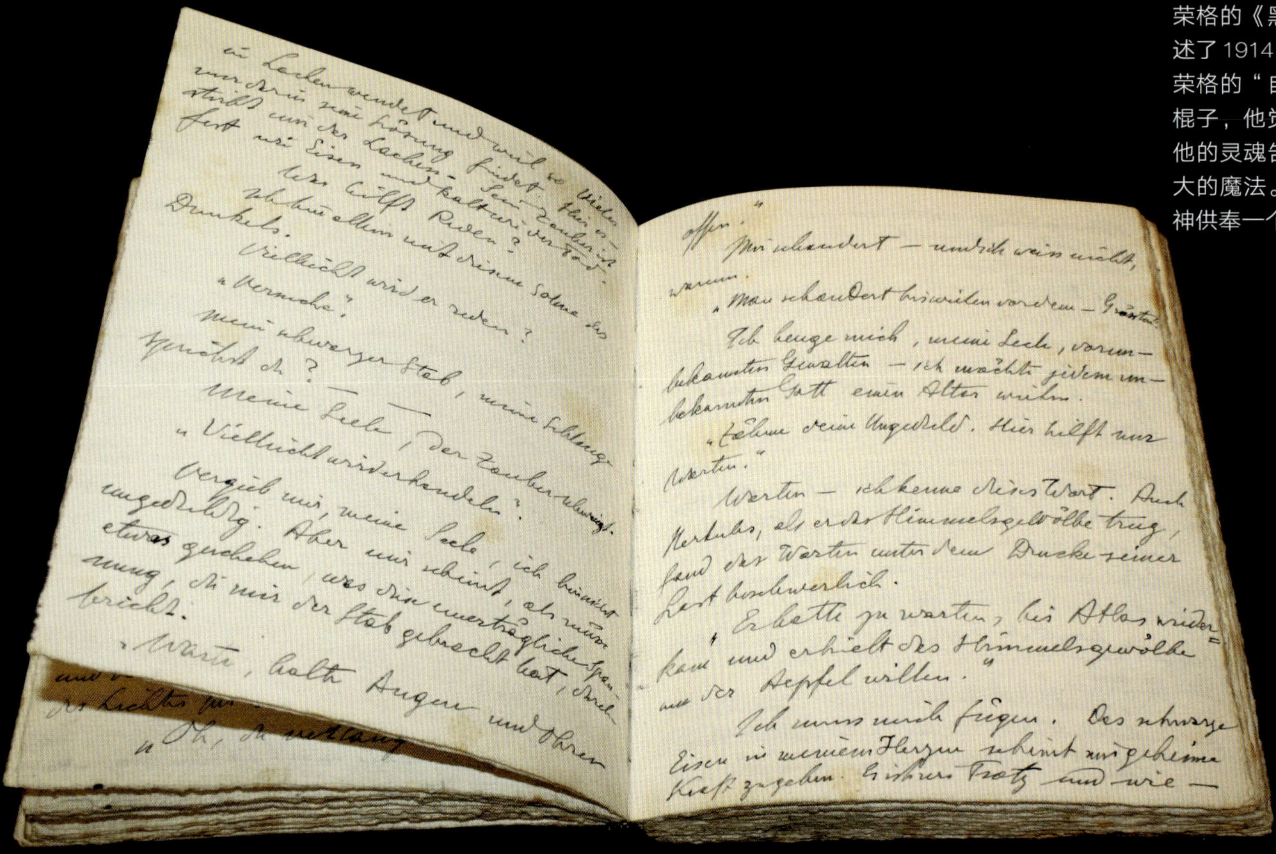

荣格的《黑书》第 4 卷。这几页描述了 1914 年 1 月 23 日的一个幻想。荣格的“自我”收到了一根神奇的棍子，他觉得自己难以承受它，而他的灵魂告诉他，这根棍子具有强大的魔法。他想为每一位不知名的神供奉一个祭坛。FWJ

《黑书》中的三卷。本书作者摄影。FWJ

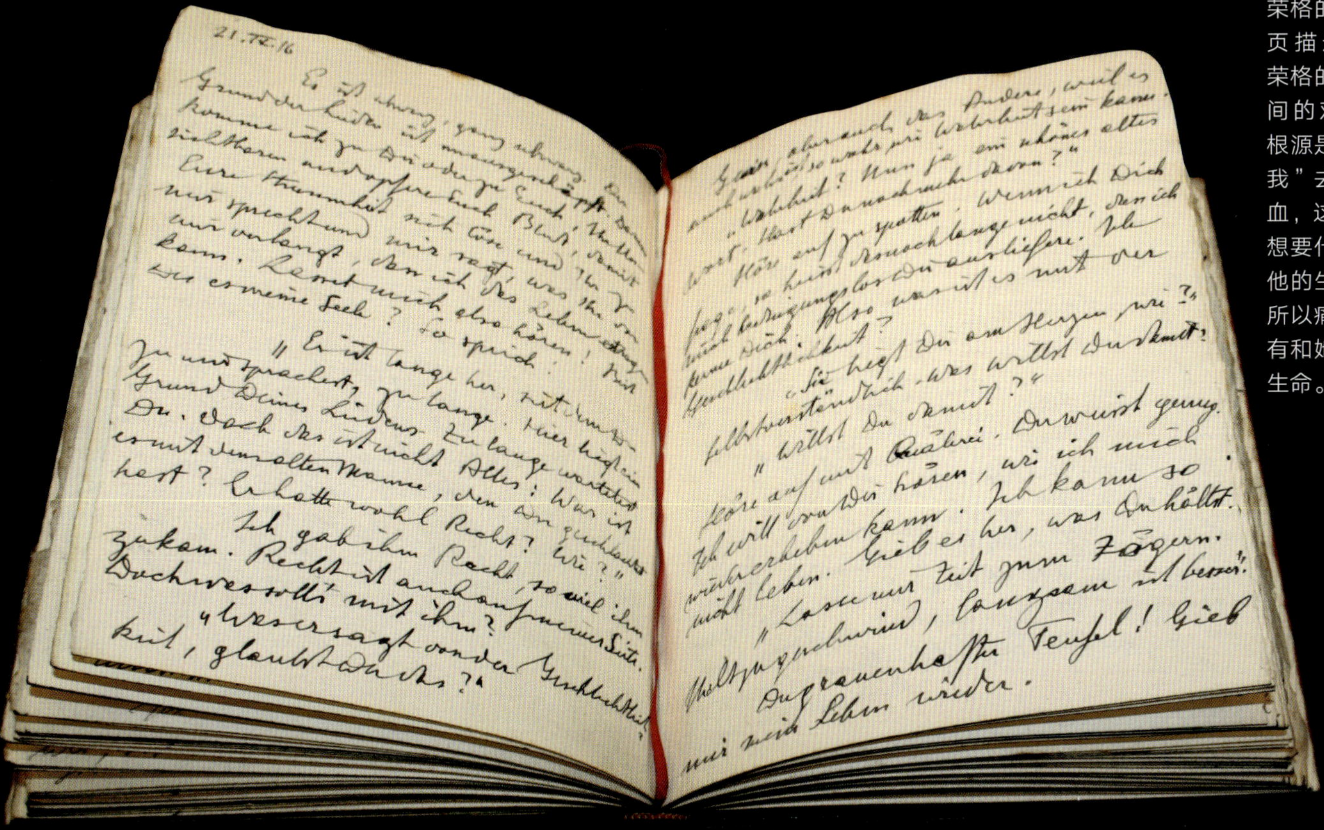

荣格的《黑书》第 6 卷。这几页描述了 1916 年 9 月 21 日荣格的“自我”同他的灵魂之间的对话。他写道，痛苦的根源是无穷无尽的。他的“自我”去找那些黑人，给他们献血，这样他们就能告诉他他们想要什么，如此一来就可以过他的生活。他的灵魂说，他之所以痛苦是因为他已经很久没有和她说话了。他想恢复他的生命。FWJ

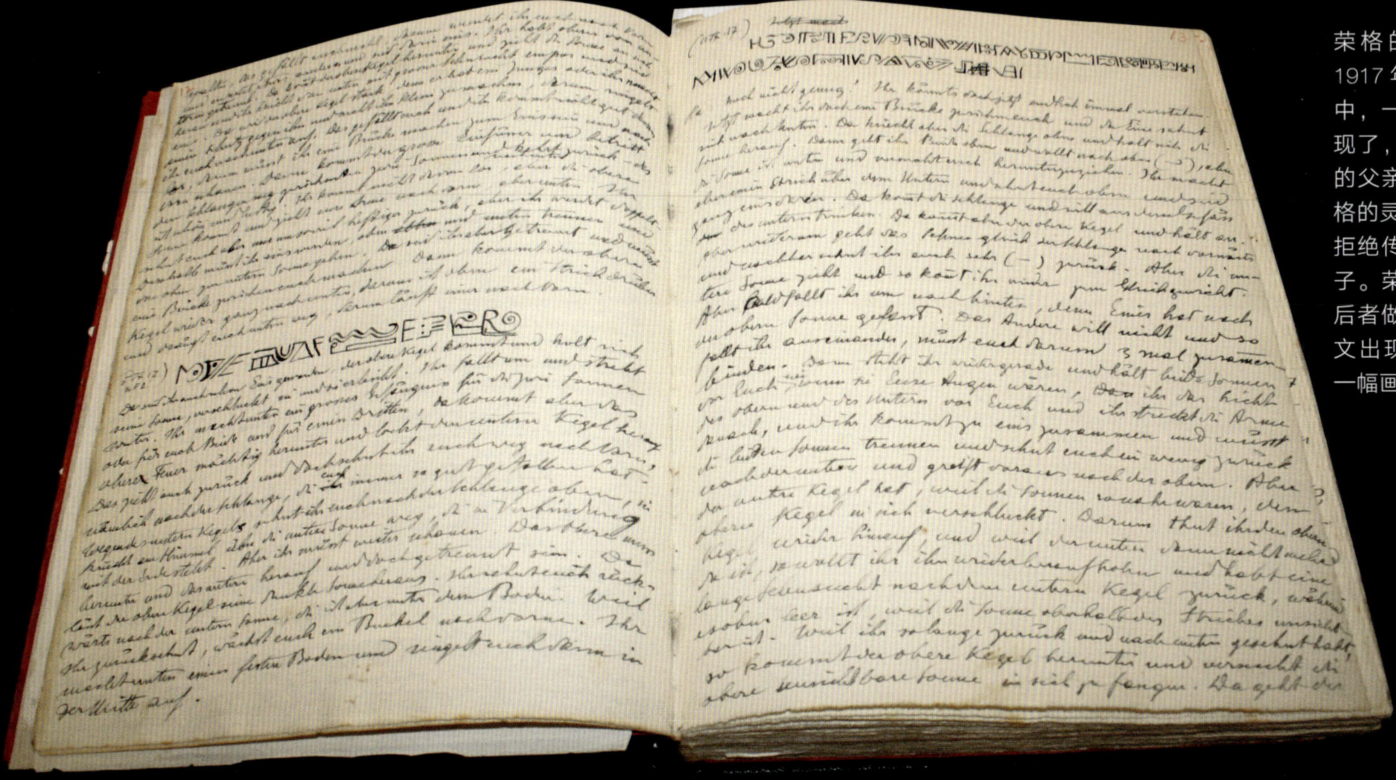

荣格的《黑书》第 7 卷。在 1917 年 10 月 7 日的一段幻想中，一个叫 Ha 的黑魔法师出现了，他自我介绍说是斐乐蒙的父亲。他的秘密是符文，荣格的灵魂想要学习符文。但 Ha 拒绝传授，只是展示了一些例子。荣格的灵魂要求 H 解释，后者做出了解释。本页中的符文出现在《红书》第 94 页的一幅画中。FWJ

Vortrag - Ψa Congress München. 7/8 Sept. 1913.

Zur Frage der psychologischen Typen.

Wenn wir den allgemeinen Aspect von Hysterie und Dementia praecox vergleichen, so fällt uns, wie allgemein bekannt, ihr ~~characteristisches~~ Verhalten zum Object als besonders characteristisch auf. Die Hysterie hat in der Regel eine über die Norm hinausgehende Intensität der Beziehung zum Object, die Dementia praecox eine die Norm nicht erreichende Stärke der Gefühlsbeziehung. Im persönlichen Verhältniss macht sich dies durch die Thatsache geltend, dass wir bei der Hysterie einen gemüthlichen Rapport mit den Patienten haben, bei der Dementia praecox jedoch nicht. Von den Einschränkungen dieser Regel soll hier nicht die Rede sein. Auch in der sonstigen Symptomatologie der beiden Krankheitstypen tritt der Unterschied klar zutage. Was die intellectuellen Symptome der Hy. anbelangt, so handelt es sich um Phantasiegebilde, die aus der individuellen Vorgeschichte des Falles allgemein menschlich begreiflich sind, bei der Dem. pr. hingegen haben die Phantasiegebilde einen Character, der demjenigen der Träume viel verwandter ist, als ~~dem des~~ der Psychologie des normalen Wachzustandes; zudem ist ein starker Einschlag völkergeschichtlicher Psychologie an Stelle des individuellen Erinnerungsmaterials unverkennbar. Die bei der Hysterie so reichlichen körperlichen Symptome, die sich in der Regel

Mörner
Chamberlain
Biographie
Goethe.
Kraus Heim-
Persönlichkeit
Graphologie

的离心运动（centrifugal movement of the libido）造成的，而精神分裂症是由力比多的向心运动（centripetal movement of the libido）造成的，从而总结了二者的不同。离心运动，即主体的兴趣主要指向外部世界，被称为外倾（extraversion）。向心运动，即主体的兴趣指向自我，被称为内倾（introversion）。

精神分裂症和癔症等障碍的存在，其中外倾或内倾占主导地位，引发了是否存在“正常人类型”的问题。他声称沿着这一方向做过最佳观察的是威廉·詹姆斯（William James），[146]他的描述展示了，不同的心理类型源于对力比多的不同认识。荣格还补充了更多相同之处，例如，威廉·奥斯特瓦尔德（Wilhelm Ostwald）将人划分为古典主义和浪漫主义，威廉·沃林格（Wilhelm Worringer）将过程分为抽象和移情（abstraction and empathy），尼采将阿波罗式和酒神式进行对比，弗兰茨·尼古劳斯·芬克（Franz Finck）对及物和不及物动词的对比，以及奥托·格罗斯（Otto Gross）对两种精神病态性人格卑劣（psychopathic inferiority）的区分。通过叙述，我们不难发现荣格的分类并没有多少新意。然而，他声称通过他的力比多理论，能够对产生这种类型差异的机制做出解释。荣格认为，弗洛伊德的工作是外倾理论的一个例子，而阿德勒的工作是内倾理论的例子。他们的心理是这样一种事实的例证，即心理学常将他们的类型的真实情况视作普遍有效的。因此，需要一种对这两种类型都公正的心理学。

1914 年 2 月 12 日，荣格发表关于“梦的问题”的演讲，其中阐述了对弗洛伊德的梦学说理论（Freud’s dream theory）的批评。[147]他批评了弗洛伊德对梦中显性和隐性内容的区分，及其为了隐性内容而忽略显性内容的做法。在有意识的状态下，通常一句话也包含了它的意义；荣格通过类比，声称“无意识的句子”也是如此。而弗洛伊德认为梦中表现出的潜在愿望已被审查，并通过抑制而被凝聚和掩饰了，荣格声称弗洛伊德的“审查”反而表示寻求某种合适表达的努力。同样，他认为弗洛伊德的“凝聚工作”（work of condensation）实际上是在为特定的内容选择和构建合适的表达方式：“当一个新的心理元素试图获得表达时，我们就会参考毗邻的相似材料，并选择合适的类比，以找到一个正确的或可能准确的表达。”因此，弗洛伊德的梦学说受到了文学阐释学的批评。通过对比，荣格声称梦的真实意义是对问题的象征性解决。他用尽可能包含更多意义的术语将其描述成“未来是黑暗的”，因此，问题就在于：在不同的可能性中，决定哪一个是最好的。如果一个人无法理解自己的梦，那么梦经常只是代表一个问题或与之有关的象征性影射。只要梦把潜意识的信息带到意识之中，那么它就具有补偿功能；只要梦象征性地指代一种解决的方法，它就具有引领功能。

荣格于 1913 年 9 月 7—8 日，在 Munich Psychoanalytic Congress 上宣读的《论心理类型的问题》（*On the Question of Psychological Types*）的手稿（CW 6）。ETH-B

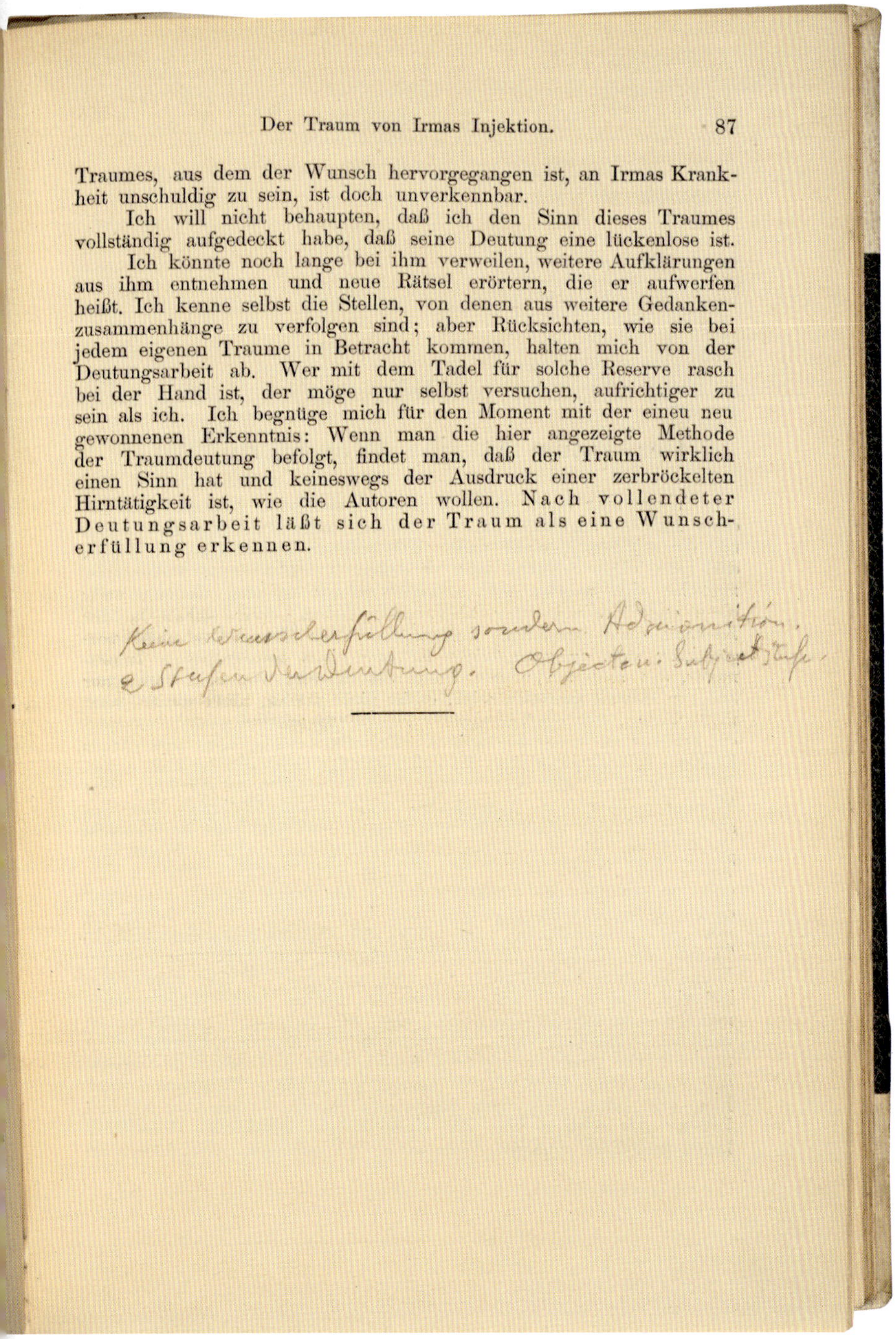
Der Traum von Irmas Injektion. 87

Traumes, aus dem der Wunsch hervorgegangen ist, an Irmas Krankheit unschuldig zu sein, ist doch unverkennbar.

Ich will nicht behaupten, daß ich den Sinn dieses Traumes vollständig aufgedeckt habe, daß seine Deutung eine lückenlose ist.

Ich könnte noch lange bei ihm verweilen, weitere Aufklärungen aus ihm entnehmen und neue Rätsel erörtern, die er aufwerfen heißt. Ich kenne selbst die Stellen, von denen aus weitere Gedankenzusammenhänge zu verfolgen sind; aber Rücksichten, wie sie bei jedem eigenen Traume in Betracht kommen, halten mich von der Deutungsarbeit ab. Wer mit dem Tadel für solche Reserve rasch bei der Hand ist, der möge nur selbst versuchen, aufrichtiger zu sein als ich. Ich begnüge mich für den Moment mit der einen neu gewonnenen Erkenntnis: Wenn man die hier angezeigte Methode der Traumdeutung befolgt, findet man, daß der Traum wirklich einen Sinn hat und keineswegs der Ausdruck einer zerbröckelten Hirntätigkeit ist, wie die Autoren wollen. Nach vollendeter Deutungsarbeit läßt sich der Traum als eine Wunscherfüllung erkennen.

Keine Wunscherfüllung sondern Admonition. 2 Stufen der Deutung. Objectiv- Subjectstufe

荣格收藏的 1909 年版弗洛伊德的《梦的解析》。对于弗洛伊德有关艾尔玛之梦（dream of Irma's injection），荣格在发表的论文中说道，所有的梦都代表对幼年期期望的满足，荣格提出："不存在对期望的满足，只有训诫。解释的水平。主观与客观的水平。"（87）JL

1914 年 4 月 20 日，荣格辞去了国际精神分析学会主席一职。4 月 30 日，他辞去了苏黎世大学医学院讲师的职位。他回忆道，自己在大学中身处一种暴露的地位中，除非找到一个新的方向，否则给学生上课是不公平的。[148] 7 月 10 日，苏黎世精神分析协会以 15 票对 1 票的表决结果脱离了国际精神分析学会。根据会议记录，此次脱离的原因在于弗洛伊德建立的一种正统观念阻碍了自由独立的研究。此后，该协会更名为"分析心理协会"。荣格积极参与到该协会的工作中，每两周都会现身会上。他依旧忙于治疗工作。因此，他白天从事工作并照料家人，到了晚上则沉浸于自我探索中。

6 月 28 日，奥匈帝国的继承人弗朗茨－斐迪南大公（Archduke Franz Ferdinand）被 19 岁的塞尔维亚学生加夫里洛·普林西普（Gavrilo Princip）刺杀。8 月 1 日，第一次世界大战爆发。几年后，荣格对罗马尼亚比较宗教学学者米尔恰·伊利亚德（Mircea Eliade）说道：

> 作为一名心理学家，我担忧起来，我想知道我自己是不是正在"变成精神分裂症"，正如我们当时所说的……我正准备在亚伯丁的会上讲精神分裂症，我不断对自己说："我将说的是我自己！在读完这篇论文后我很可能会疯掉。"大会将于 1914 年 7 月举行——正好是我在三个梦中看到自己在南部海域航行的那个时期。7 月 31 日，当我结束讲座后，立即从报纸上知悉世界大战爆发了。
>
> 最后，我想通了。当我第二天在荷兰上岸时，我高兴万分。如今，我确信自己没有受到精神分裂症的威胁。因为我明白了，我的梦和我的幻觉是从集体无意识的底层来的。我现在要做的是深

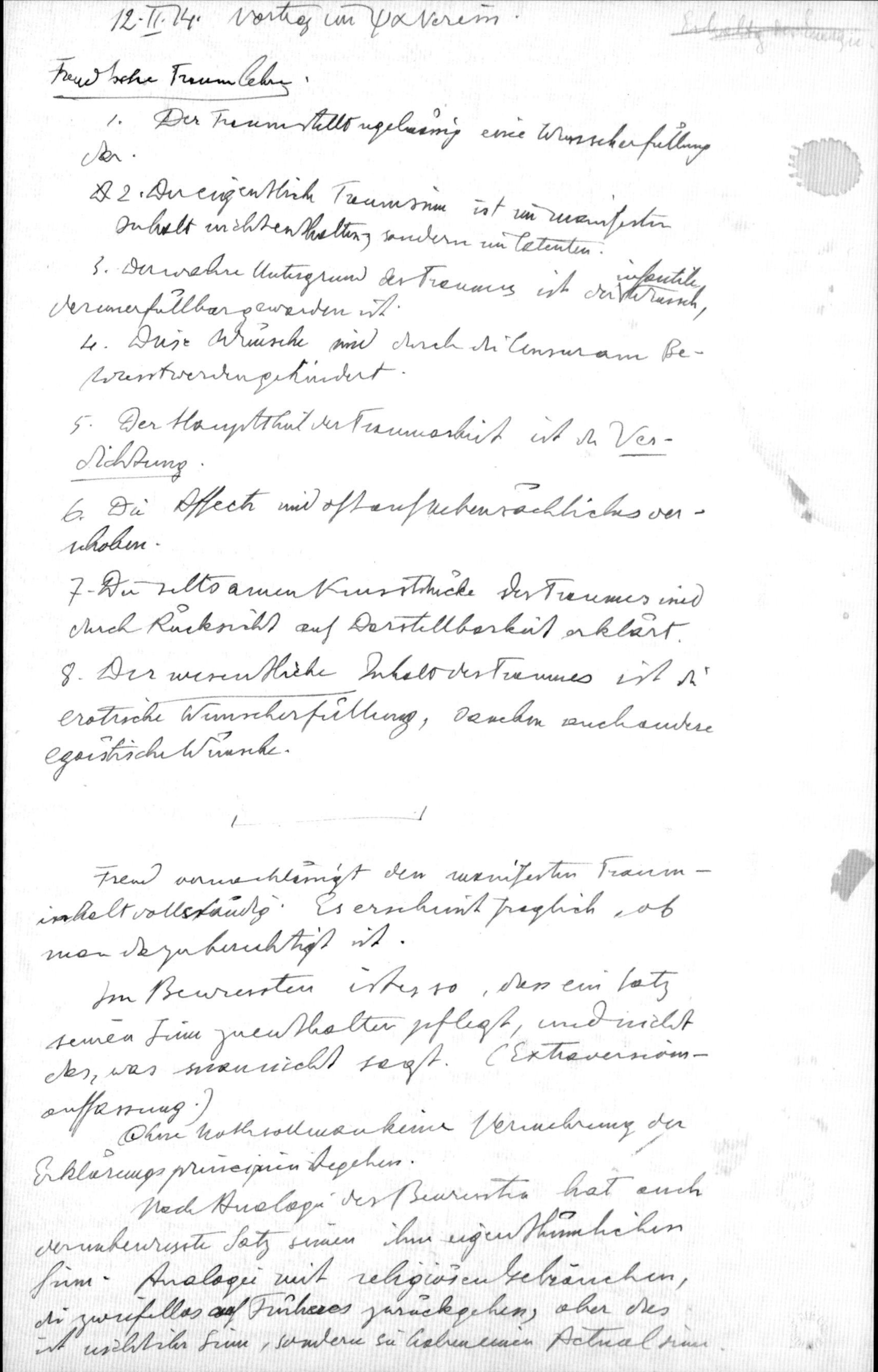

12.II.14. Vortrag im ΨA Verein.

Freud'sche Traumlehre:

1. Der Traum stellt regelmässig eine Wunscherfüllung dar.

2. Der eigentliche Traumsinn ist im manifesten Inhalt nicht enthalten, sondern im latenten.

3. Der wahre Untergrund des Traumes ist der infantile Wunsch, der unerfüllbar geworden ist.

4. Diese Wünsche sind durch die Censur am Bewusstwerden gehindert.

5. Der Haupttheil der Traumarbeit ist die Verdichtung.

6. Die Affecte sind oft auf Nebensächliches verschoben.

7. Die seltsamen Kunststücke des Traumes sind durch Rücksicht auf Darstellbarkeit erklärt.

8. Der wesentliche Inhalt des Traumes ist die erotische Wunscherfüllung, daneben auch andere egoistische Wünsche.

Freud vernachlässigt den manifesten Trauminhalt vollständig. Es erscheint fraglich, ob man dazu berechtigt ist.

Im Bewussten ist es so, dass ein Satz seinen Sinn zu enthalten pflegt, und nicht das, was man nicht sagt. (Extraversionsauffassung.)

Ohne Noth soll man keine Vermehrung der Erklärungsprincipien begehen.

Nach Analogie des Bewussten hat auch der unbewusste Satz seinen ihm eigenthümlichen Sinn. Analogie mit religiösen Gebräuchen, die zweifellos auf Früheres zurückgehen, aber das ist nicht ihr Sinn, sondern ein lebendiger Actualsinn.

荣格于 1914 年 2 月，在苏黎世精神分析协会更名前发表的《论梦》（*On Dreams*）的演讲手稿。荣格经常凭借几页笔记进行演讲。ETH-B

und setzte sich wieder auf den grossen Stein nieder und sann nach. Plötzlich sprang er empor, —

„Mitleiden! Das Mitleiden mit dem höheren Menschen! schrie er auf, und sein Antlitz verwandelte sich in Erz. Wohlan! Das — hatte seine Zeit!

Mein Leid und mein Mitleiden — was liegt daran! Trachte ich denn nach Glücke? Ich trachte nach meinem Werke!

Wohlan! Der Löwe kam, meine Kinder sind nahe, Zarathustra ward reif, meine Stunde kam: —

Diess ist mein Morgen, mein Tag hebt an: herauf nun, herauf, du grosser Mittag!“ — —

Also sprach Zarathustra und verliess seine Höhle, glühend und stark, wie eine Morgensonne, die aus dunklen Bergen kommt.

Moral
Der Löwe schreckt das menschliche weiter weg

Eigentlich um nun die gewonnene Einsicht in die menschliche Natur

* * *

wirklich zu leben und nicht bloss zu denken. Daraus würde ein Kampf mit dem Löwen entstehen

Ende von Also sprach Zarathustra

und aus seiner Überwindung würde der [illegible], eben das Kind entstehen. Das fällt aber schon in die Krankheit.

化和验证这一发现。而这正是我四十年来一直在努力做的事情。[149]

就在这一刻，荣格认为他的幻想所描述的事情不是发生在自己身上的，而是发生在欧洲，换句话说，这些幻想是对某个集体事件的预知。意识到这一点后，他试图去理解他所经历的其他幻想是否以及在多大程度上是真实的，并去理解个体的幻想和公众事件之间所存在的对应关系的意义。荣格找来了从 1913 年 11 月至 1914 年 2 月的主要幻想（大体上有其中的 35 个），并添加了第二层评论及抒情阐释。

荣格在反思自己落入洞穴的幻想时，认为那是预示着潜藏在未来的谋杀。圣甲虫代表死亡，是我们重生及创造新生的必经之路。世界上正在发生杀戮，因为人们并不知道他们的兄弟正是他们自己。人们试图杀死心中的英雄，却反而杀死了自己的兄弟。遮盖住太阳的巨蛇是邪恶的思想和感受。他从中得出以下教训：为了内在的能力，我们必须接受自己的无能，这导致对细微之物的评价及限制。如果一个人把英雄主义放在一边，他就陷入了我们尘世的泥潭，即几个世纪以来压在我们身上的瓦砾。必须克服英雄主义并接受我们的无能。[150] 同样地，我们如今理解了刺杀齐格弗里德的梦是预示着，我们的上帝需要被打倒，他们需要获得重生。[151] 人民杀死他们的国王是因为他们不能杀死他们的神——他们没有意识到他们应该杀死自己内心的神。神会变老，伟大的真理会变成谎言。齐格弗里德是荣格的力量、勇气和骄傲。雨表示死亡之后的解决方法，标志着重生。对于后来的每一段幻想，荣格都以类似的方式进行，试图通过阅读这些幻想来掌握个人与世界上发生的事情之间的联系，从而理解自己内心各种心理学原理的运作方式。

1914 年 11 月，荣格深入研究了尼采的《查拉图斯特拉如是说》。他后来回忆说："精神一把抓住了我，把我带到一个沙漠之国，在那里，我读到了《查拉图斯特拉如是说》。"[152] 这对《红书》的结构和风格的形成产生了强烈的影响。像尼采在《查拉图斯特拉如是说》中所做的那样，荣格把自己创作的内容分成了一系列由短章组成的书。但《查拉图斯特拉如是说》宣告了上帝的死亡，而《红书》则描绘了上帝在灵魂中的重生。还有迹象表明，荣格读过但丁的《神曲》，这为其作品的结构提供了依据，而且他意识到自己正在踏上但丁之前走过的路。在 1935 年的一次演讲中，他说：

荣格收藏的尼采《查拉图斯特拉如是说》最后一页印刷版（Leipzig:C.G. 瑙曼 ,1901)。荣格指出："现在要真正活出对人性的洞察力，而不只是去思考。因此，挑起了与狮子的决斗，从决斗胜利中，今天的孩子——永恒少年（拉丁文：puer aeternus）诞生了。然而，这已经出现在病患中了。" JL

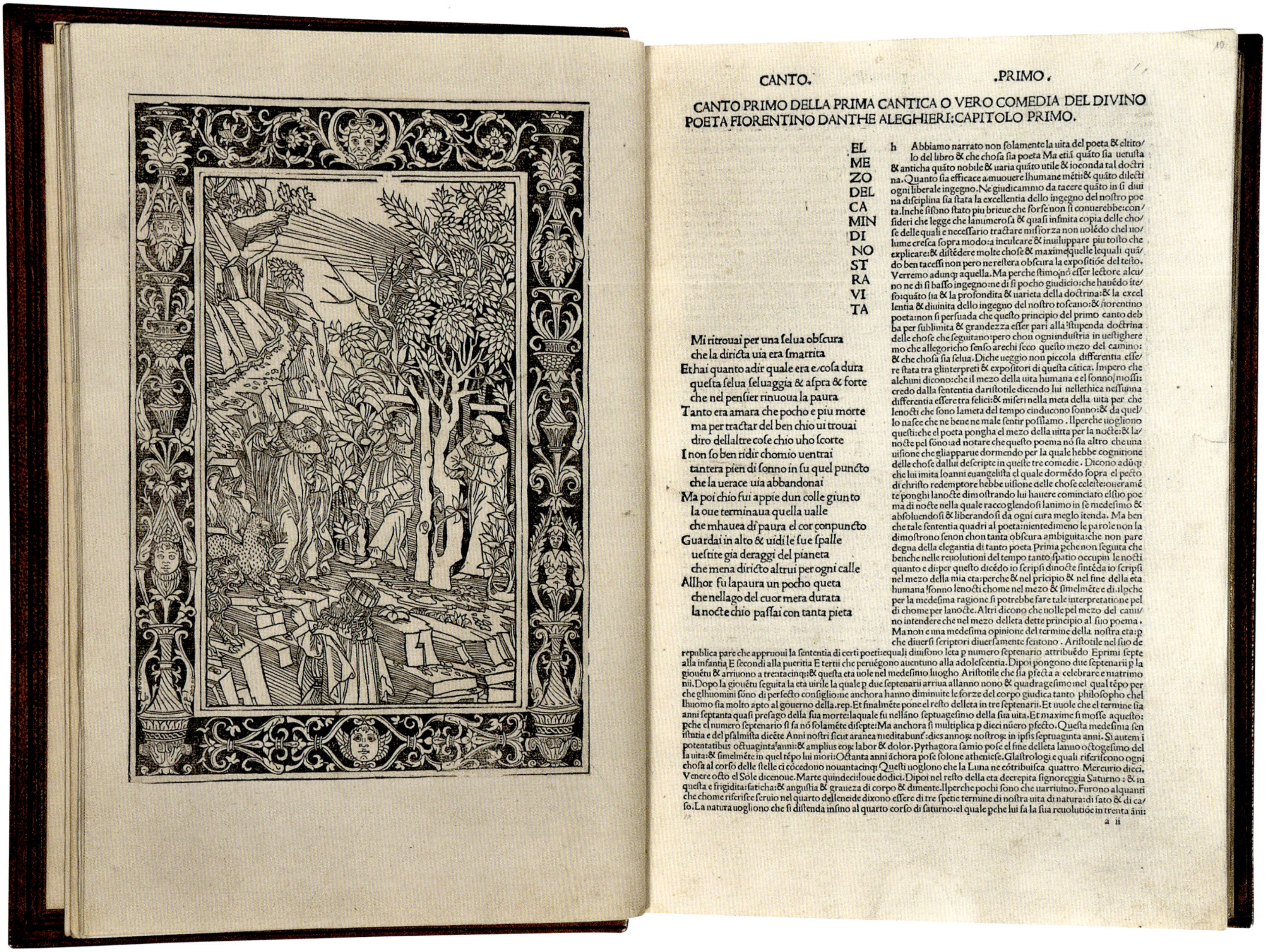

但丁:《神曲》，附有克里斯托弗罗·兰迪诺（Cristofo Landino）的评论（Brescia: Boninus de Boninis, 1487）。木刻版画描绘了第一个地狱，迷失在森林中的诗人。MBF

在三十五岁左右存在一个时刻，此时，事情开始发生变化，这是生命的阴影面、走向死亡的第一个时刻。但丁显然发现了这一点，读过《查拉图斯特拉如是说》的人都会知道，尼采也发现了这一点。当这个转折点到来时，人们以几种方式迎接它：有些人转身离开；有些人陷入其中；还有一些人在外界遇到一些重要的事情。当山重水复疑无路时，命运一定会把转折点赋予我们。[153]

1913 年 12 月 26 日，荣格在其当时创作的《黑书》（用德语翻译）中题写了一句源于《神曲》中的话：“我是这样一个人，当我受爱激励，并注意于此，我便会如它在我心中支配的方式，将它布置一番。”（《炼狱篇》，第二十四首，第 52～54 行）“接下来，如同光焰总是跟随火焰，精神总是跟随它新的形式。”（《炼狱篇》，第二十五首，第 97～99 行）[154] 几年后，荣格针对但丁的作品指出，现代个人主义的诞生始于对女性的崇拜，“这大大强化了人的灵魂，成为一种心理因素，因为对女性的崇拜即是对灵魂的崇拜。这一点在但丁的《神曲》中得到了最优美和完美的表现”。[155]

《红书》中也描写了荣格进入地狱的过程。然而，但丁可以利用一个既定的宇宙观，而《红书》则试图塑造一个个人的宇宙观。荣格作品中斐乐蒙的角色与尼采作品中的查拉图斯特拉和但丁作品中的维吉尔有着相似之处。这本书的主题是荣格如何重新找回自己的灵魂，克服当代精神异化的弊病。这最终是通过使上帝的新形象在他的灵魂中重生，并以心理学和神学宇宙论的形式发展新的世界观来实现的。

理智牺牲

早在 1912 年的一篇论文中，荣格就认为，任何想“了解人类灵魂的人都不会从实验心理学中发现什么”。[156] 在一段表示远离图书馆和学术研究的段落中，他建议：

> 人们对精确科学闭口不谈，收起学者的长袍，告别书房，带着人类的心灵在世界中游荡，穿过恐怖的监狱、疯人院和医院，穿过单调的郊区酒吧、妓院和赌场，穿过优雅社会的沙龙、证券交易所、社会主义会议、教堂、教派的复兴和狂喜，以自己的身体体验各种形式的爱、恨和激情。[157]

1913 年秋季的《黑书 II》中的条目显示了他有意退出学术研究，这是一种自觉的“告别科学”。12 月 30 日，他写道，“种种事件引领我停止对科学的努力，对这种努力我曾坚信不疑。我想通过它为人类服务，而现在，我的灵魂，你把我引向这些新事物。我感觉科学大部已然中断。我想，为了灵魂和她的生命，必须如此。”[158] 一年后，荣格在评论这个时期的自己时指出，这与布莱兹·帕斯卡（Blaise Pascal）的“心有其理，理智对其一无所知”[159] 相呼应。“光有学识是不够的；心的知识能带来更深刻的洞察力。学识是属于这个时代的精神，但这种精神根本无法把握梦想，因为灵魂无处不在，而学术知识却不在其中。”[160] 他对自己早期的作品进行了尖锐的批评：“我不得不接受，我以前所称的灵魂根本不是我的灵魂，而是一个死的系统，一个我从所谓的经验和判断中拼凑出来的死的系统。”[161]

然而，这一举动比乍看之下更为复杂。荣格远离学术和思想，寻找他的灵魂，寻找上帝，寻找自我。他有意识地遵循了基督教传统中的理智牺牲（sacrificium intellectus，又译作：知性牺牲）。1921 年，在讨论经院哲学时，荣格以强烈呼应自己事业的方式将德尔图良的牺牲理智（sacrificium intellectus）描述为：“对他而言，通过牺牲理智，纯粹的理智发展道路关闭了；这迫使他承认灵魂中的非理性动力是他存在的基础。”[162]

荣格在 1913 年 12 月 28 日的一段幻觉中上演了这一原理学术的转折点。荣格的“自我”迷失在一片森林里，无意中发现一片沼泽和一座城堡。他想找个地方过夜。一个仆人带他走进城堡，他便进入了一位学者的图书馆。荣格对这位学者及其理想中对科学服务的描述非常同情，暗示了某种程度的自我描写：

> 这是一个学者的书房，四面墙上都有书架，还有一张大书桌，一位身着黑色长袍的老人坐在那里。他招手示意我走近些。房间里的空气很凝重，老者似乎略显疲惫。他并不乏庄严，他似乎是那种被赋予声望之人。他具有学者那种谦虚的怯懦的神态，早已被广博的知识压得一无所有。我认为他是一个真正的学者，他在浩瀚的知识面前学会了极大的谦虚，并且不知疲倦地把自己交给了科学和所要研究的材料，焦急而平等地进行评估，就好像他本人必须代表科学真理进行工作一样。[163]

随后发生了一个意想不到的小插曲。他被安排到某处下榻。但他突然发现，这位学者把他的女儿藏在这里，就像童话故事里交代的那样。他无法入睡，随后他的女儿出现在他的面前。他大吃一惊：

> 不可能的——这是一个残酷的错误——小说想要成真——难道它要发展成愚蠢的鬼故事吗？我被诅咒成什么乱七八糟的东西了吗？是我的灵魂里蕴含这般小说的才华吗？这也必然是我的无妄之灾吗？我真的在地狱里——这死后最糟糕的觉醒，即将在这待人借阅的图书馆里重生吗？难道我对我那个时代的人和他们的品位如此蔑视，以至于我必须生活在地狱

“森林中的城堡”细节（《红书》，5）

> 里，写出那些我早已唾弃的小说？难道人类低于平均水平的品位也要求圣洁和无懈可击，以使我们可以不说任何坏话而不必在地狱里赎罪吗？[164]

他不仅把学术放在了一边，而且还发现自己被卷入他所鄙视的流行浪漫小说中。那个少女说她是真实存在的。她告诉他，那个学者把她囚禁了起来。荣格的“自我”问自己能为她做些什么。她回答道，他已经为她做过了——他这样认真地对待她，就是已经把她从平庸中解救出来了。她告诉他：

> 童话是小说的伟大之母，甚至比你们这个时代最热衷于阅读的小说更具有普遍意义。而且你也知道，几千年来一直被大家挂在嘴边的东西，尽管被无休止地重复，却仍然最接近人类的终极真理。[165]

这表明荣格对童话的重要性及其所包含的智慧的重新评价。它们以一种自发、未经调解的方式展示了原始意象或原型。因此，荣格认为从心理学角度来看，它们比高级艺术更有价值。这种对“借阅图书馆的作品”并对其进行重新评价的做法延伸到了当代的通俗小说之中，荣格正是在莱特·哈葛德（Rider Haggard）的《她》（*She*）和皮埃尔·伯努瓦（Pierre Benoit）的《亚特兰蒂达》（*L’Atlantide*）等作品中找到了原型戏剧的明确

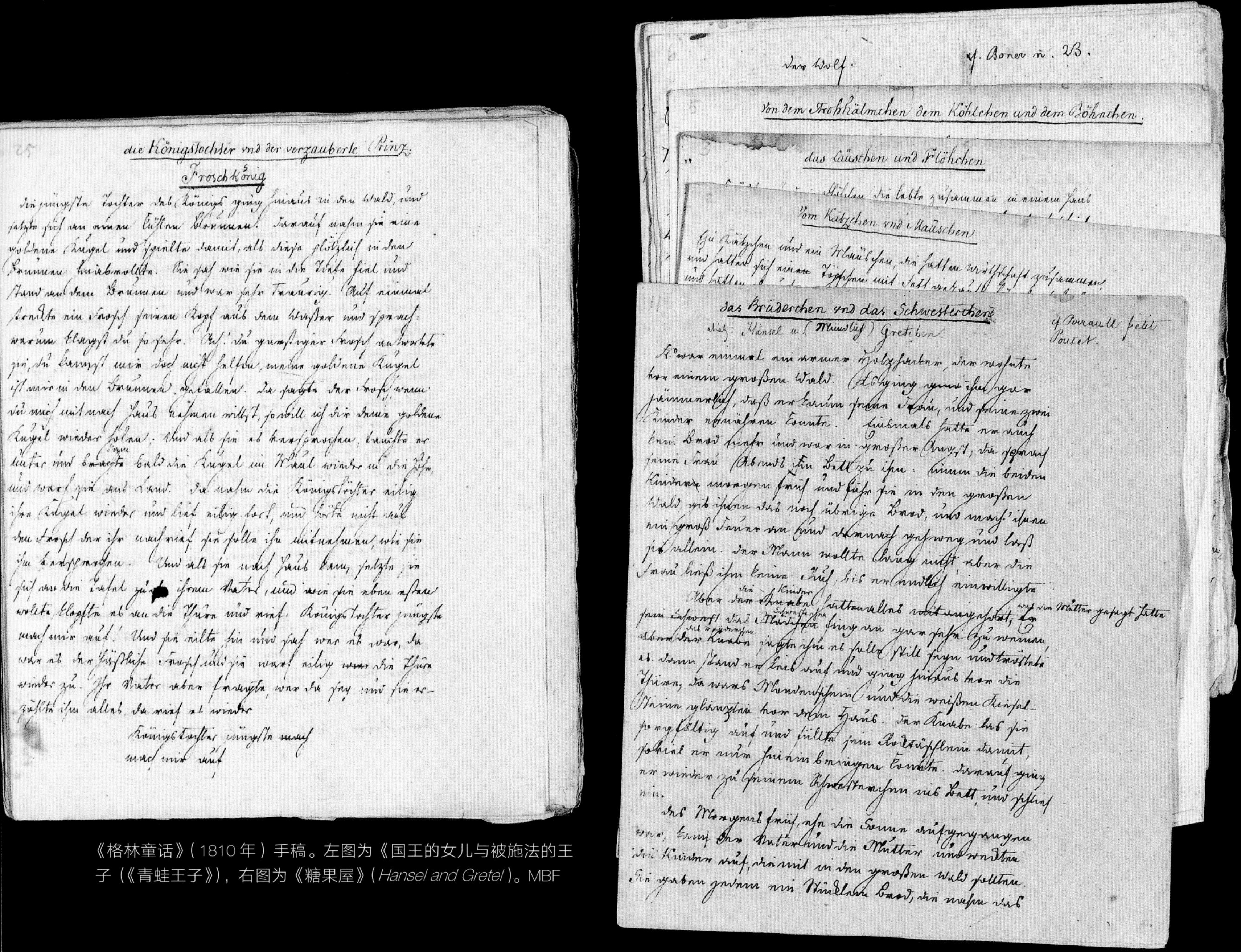

《格林童话》（1810 年）手稿。左图为《国王的女儿与被施法的王子（《青蛙王子》），右图为《糖果屋》（*Hansel and Gretel*）。MBF

范例。荣格利用流行小说验证了戏剧中自性化进行中的心理动力绝不仅限于少数人。[166]

阅读课

在对平常事物重新进行评估过程中，荣格也对如何阅读有了新的理解。这件事从1913年12月30日荣格“与阿蒙尼乌斯的偶遇”开始，时间为公元三世纪，阿蒙尼乌斯是利比亚沙漠中的一名隐修士。大致在这一时期，亚历山大城历史上出过三位名叫阿蒙尼乌斯的人物。阿蒙尼乌斯是公元三世纪的一名基督教哲学家，曾经被认为引起中世纪福音书的分裂；阿蒙尼乌斯·塞特斯，出生于基督教家庭，但后来转向希腊哲学，他的作品表现了由柏拉图主义到新柏拉图主义的过渡；公元五世纪的新柏拉图主义者阿蒙尼乌斯试图调和亚里士多德理论和《圣经》之间的差异。在亚历山大城，新柏拉图主义和基督教之间存在着某种调和，后来一些阿蒙尼乌斯的门徒皈依了基督教。荣格在幻觉中遇见的阿蒙尼乌斯在亚历山大城中是一位修辞学家，他在那里教授希腊哲学和斐洛（Philo）的作品。他父亲的一个被释放的奴隶向他传授了基督教，阿蒙尼乌斯皈依了基督教，并意识到他在以前的哲学研究中一无所获，而是陷入了文字游戏中。如今他把时间花在福音书上，并不断从中获得新的意义。荣格的“自我”告诉他，他发现这些书的局限性，而阿蒙尼乌斯告诉他这取决于如何阅读它们：

> 首先，你必须知道一件事：一连串的词语并不只有一个意思。然而，人们努力只给这些词赋予一个意思，为的是得出一种明确的语言……在对神圣思想具有更高级别的洞察力上，你会认识到这些文字还有更多的含义。只有全知全能的人才能知道这些文字的所有含义。我们倾向于试图掌握更多的含义。[167]

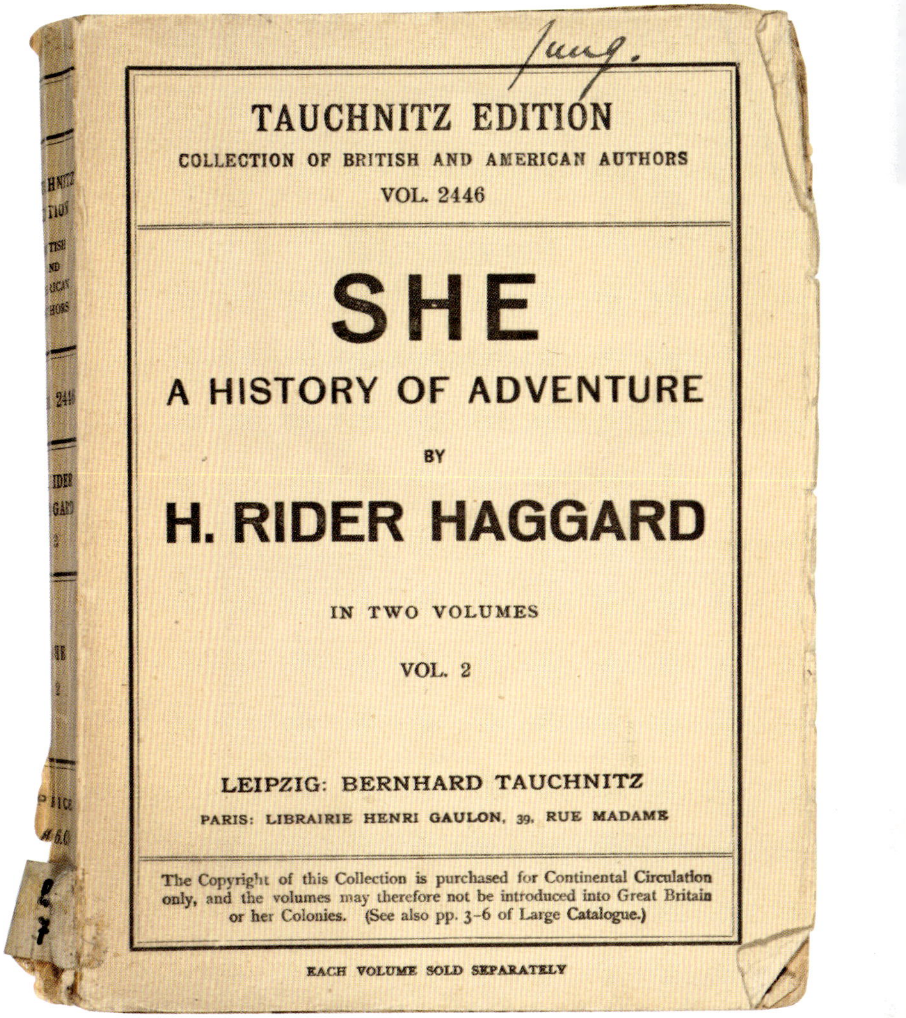

荣格收藏的莱特·哈葛德的《她》。JL

Livre XIV.

Léonce, évêque arien d'Antioche, étant mort Eudoxe s'empara du siège. Aetius vient se joindre à lui

Concile des demi-ariens à Ancyre

Les ariens proposent que l'on retranche les mots à la querelle : consubstantiel, substance. Mais le concile de Rimini déclara qu'il n'avait pas besoin d'une nouvelle formule et les évêques catholiques condamnèrent Valens, Ursace. Le concile finit p. tant par un esprit d'accommodement et la formule de Valens pouvait être diversement expliquée. (XIV)

Pendant que les Occidentaux étaient assemblés à Rimini les Orientaux l'étaient à Séleucie

St Athanase disparaît dans tout cela

l'arianisme lui même se divise, ceux-ci aetiens, anoméens — on dépose les évêques, on en introduisait d'autres

XXV. Commencement de St Martin

Paris. figure p. la première fois. — lettre synodale d'un concile de Paris par laquelle les évêques de Gaule répondent aux évêques d'Orient qui avaient écrit à St Hilaire p. lui découvrir l'artifice des hérétiques à découvrir à diviser l'Orient d'avec l'Occident sous prétexte du mot de substance. Les évêques de ce synode veulent garder le mot οὐσία (substance)

Macédonius déposé de Constantinople nie la divinité du St Esprit qui n'est plus qu'une créature semblable aux anges, mais d'un rang plus élevé

Ces nouveaux hérétiques furent appelés Pneumatomaques c'est à dire ennemis du St Esprit

traité d'Athanase p. défendre le St Esprit (XXXI)

阿蒙尼乌斯表示，重要的是不要成为“文字的奴隶”，他告诉荣格，他已经花了很多年来舍却所学，并补充说，作为一个成功的讲师，舍却所学特别困难。

荣格曾在苏黎世大学的演讲中获得成功。1912 年的《纽约时报》报道称“他的课堂中挤满了学生，他们渴望了解在许多人看来是奇迹般的治疗方法。他的诊所挤满了那些让其他医生束手无策的医疗案例”。[168] 因此，这些对话似乎引起了荣格的共鸣，他似乎将阿蒙尼乌斯的指示铭记于心。几个月后，他于 1914 年 4 月 30 日辞去了在大学的职务。一年后，荣格在对这些讨论内容进行反思后，得出了以下教训：

> 你迫切需要那个只有一个含义的词，因此，你就摆脱了无尽的含糊不清。这个词就成了你的神，它使你不会受到无数种可能的解释的影响。这个词成了一种保护你的魔法，足以抵抗无数撕咬你灵魂、让你魂飞魄散的魔鬼。如果你能在最后说出：就是这样也只有这样，你才能得救。你念出这咒语，万恶终被驱散。正因如此，人们才会搜寻并创造文字。[169]

因此，人们需要洞察这些保护性的文字的魔力，趋于对不确定性心存崇敬：“毫不含糊是轻而易举的，引向死亡。然而，模棱两可是生活的方式。”[170]

重新鉴赏象征主义是通向模棱两可的途径。正如荣格所评论的，“如果文字是一个符号，它就没有任何意义。但如果文字是一种象征，它就具有任何含义”。[171] 对有意识的头脑来说，象征是陌生的，但接受象征就像推开门进入一个意料之外的房间。荣格赋予象征主义以救赎的意义：“救赎是一条漫漫长路，把人引向多扇大门。这些大门是象征。”[172] 他在心理类型中试图用概念性的语言来表示这一点。他把符号（代表已知的某件事）从象征（代表未知的某件事）中区分出来。象征还具有历史性，因为象征只有在“蕴含意义”时才具有生命。[173] 这种活的象征解释了那些意义尚不明确的无意识因素。然而，“一旦它的意义孕育而出，一旦找到比迄今为止所接受的符号能更好地表述所寻求、期望或预言的事物的表达方式，那么，这个象征就死了。”[174] 某物是象征与否很大程度上取决于人们对它的态度；荣格称之为“象征态度”。在多个象征组成的例子中，荣格提到了宗教创始人所经历的矛盾，在文学的例子中，例如，浮士德通过与魔鬼的契约获得了重生，以及尼采的《查拉图斯特拉如是说》中关于“最丑陋的人”的章节。[175]

在与阿蒙尼乌斯相遇两周后，荣格的“自我”发现自己身处一个图

古斯塔夫·福楼拜（Gustave Flaubert）对《圣安东尼的诱惑》（*The Temptation of Saint Antony*）的注释（1846—1849 年），载于《心理学与炼金术》（CW 12）。MBF

丁文羊皮纸《旧约》中的《诗
》，出自 12 或 13 世纪康斯坦
湖地区。MBF

INCIPIT LIBER PSALMORUM DAVID REGIS.

EATUS VIR

qui non abiit in consilio impiorum et in via peccatorum non stetit et in cathedra pestilentie non sedit. Sed in lege dñi voluntas eius et in lege eius meditabitur die ac nocte. Et erit tanquã

Dñica Invitat. Venite exultemus dño Jubilemus deo salutari nostro.

书馆中，那里发生的事情表明他恢复了一种宗教态度，与学术研究对立。对图书馆的描述阐释了荣格对学术的脱离及可能含有的自我批评的成分。“气氛令人不安——学者的野心——学者的自负——受伤的学者的虚荣心。”[176] 图书馆馆员问他想要看什么书时，荣格“自我”的回答令馆员和他自己都大吃一惊，他要看托马斯·厄·肯培（Thomas à Kempis）的《效法基督》（*The Imitation of Christ*）。馆员告诉他，这本书很少有人找，而且他也没有想到他会读这本书。荣格的“自我”回答说，他是为了祈祷或其他类似的事才阅读它，而非出于学术兴趣。他告诉馆员，他非常重视科学，但有时科学会让我们生病。在这些时候，像《效法基督》这样的书就显得尤为重要。馆员回答他说，这些书已经过时了，我们不能再从基督教的教义出发。荣格的“自我”说，我们仍然没有完成基督教的任务。他认为，大多数人在青春期放弃了宗教，这几乎是一个非常理性的时期。馆员说如今的宗教缺乏意义，尼采和歌德创作的祈祷书更接近真实。荣格的“自我”说，尼采的真理对他而言太过于偏激和具有煽动性。它对那些尚未获得自由的人来说是好的，但对那些需要被禁锢的人来说却并非如此。有些人需要更压抑的东西。尼采的观点太过乖戾。真理蕴于其中。

一年多后，在对这件事的反思中，荣格意识到，神性想要与他一起生活，他反思道：要树立一个与神性共处的典范，即基督。尽管人们可以脱离基督，但基督教却无法脱离人们。基督教的尽头是十字架。如果他试图效仿基督，则将永远无法达到自己的目标，即悬挂在他自己的两个对立面之间，就像基督被悬挂在他自己的对立面之间一样，因此，他将终止他的时代。基督没有效仿过任何人，却在荣格身上获得了自己的生命。因此，真正意义上的模仿基督并不在于模仿某个人，而是走自己的路，这意味着不再称自己为基督徒。他决定融入日常生活，从那里出发。[177]

第二天晚上，一群死去的再洗礼派教徒（Anabaptists）来到这里，领头的是一个叫以西结（Ezechial）的人。他们正在去耶路撒冷的路上，去“最神圣的墓穴”前祈祷。荣格的“自我”要求与他们同行，但以西结告诉他这是不可能的，因为他有一副身体。很快，警察赶来了，将荣格的“自我”送进了精神病院。他转向托马斯·厄·肯培寻求指导：

对这种新出现的情况，他会怎么说呢？我打开了小册子，目光停留在第 13 章上，上面写着：“只要我们生活在地球上，我们就无法逃避诱惑。人无完人，也没有圣人永远都是神圣的，永不受诱惑。是的，

托马斯・肯培（Thomas à Kempis）:《效法基督》（*Augsburg:Günther Zainer*, 1473）。MBF

我们很难能不受诱惑。”[178]

智慧的托马斯，你总能想到正确的答案。那疯狂的再洗礼派教徒一定没有如此学识，否则他将平静地过完一生。他也本能够从以下诗句中读到它：对所有事物的厌倦导致对生命的厌倦——当一个人对生命感到厌倦时，死亡的时机就成熟了。（rerum omnium satietas vitae fact satietatem-satietas vitae tempus maturum mortis affert.）这一知识显然使我同社会相互抵触。[179]

这句话引自西塞罗（Cicero）的《论老年》（*Cato the Elder on Old Age*），表达了对老年的赞颂。[180] 在这里我们看到这样一个例子，虽然荣格的自我调查标志着远离学术，但他的幻想和他对这些幻想的反思显然仍是一个学者的幻想，而且明显地以他广泛的学术阅读为标志，并归功于他的学术阅读。实际上，荣格的自我试验大多是在其书房中进行的。另一个例子是他与吉尔伽美什（Izdubar）的邂逅。

荣格的“自我”发现自己身处一个贯穿山脊的峡谷间。他看见一个人，他头顶牛角，身穿盔甲，手握板斧。这便是吉尔伽美什。荣格的“自我”求他饶过一命。他告诉吉尔伽美什，他来自西方，并向他讲述太阳落山，地球是圆的，及宇宙的空荡。吉尔伽美什想知道他的知识是从哪里获得的，以及是否存在一片不朽的土地，太阳将在那里重生。荣格的“自我”说道，他来自一个科学的世界。当吉尔伽美什得知我们永远无法接近太阳，也不可能获得不朽的能力时，满是焦虑。他砸烂了板斧，随后把它扔向太阳，之后，他倒下了，中了这科学的毒。荣格的“自我”告诉他，他们在他的土地上都多多少少中了毒。他对使吉尔伽美什倒下感到后悔，想知道是否应该为他寻求帮助。吉尔伽美什想知道荣格的“自我”是否有治愈他的咒语。荣格的“自我”说道，吉尔伽美什的祭司说出了与之不同的真理。吉尔伽美什想知道是否存在两种真理。荣格的“自我”说他们的真理源自外部事物，而吉尔伽美什祭司说的真理源自内部事物。荣格的“自我”拿出火柴生起火来，吉尔伽美什感到很惊讶。然而，荣格的“自我”告诉他西方科学没有找到阻止死亡的方法。吉尔伽美什想知道荣格是如何和有毒的科学生活在一起的。荣格的“自我”回复说，他们早就习以为常，并学会了吞下科学的毒药。吉尔伽美什问道，他们是否拥有上帝。荣格的“自我”说没有，只有文字。吉尔伽美什说他也没见过上帝。荣格的“自我”说道，科学从他们那里夺走了信仰，他并不能忍受，这也是他前来东方寻找他们失去的光明的原因。荣格的“自我”渴望着吉尔伽美什的真相。吉尔伽美什告诉他要小心，因为他可能会被蒙蔽。在这次相遇之后，荣格的“自我”试图为吉尔伽美什寻求帮助，并最终意识到可以通过将吉尔伽美什视为一个幻想来找到解决方案。他把吉尔伽美什放在地毯上的一个蛋中，并为他的重生念了咒语。咒语的形式本身与吠陀经的形式相呼应。不出意料地，吉尔伽美什获得了再生，并像太阳一样从蛋壳中迸发出来。

Izdubar 是现在的吉尔伽美什（Gilgamesh）人早期的名字。荣格的吉尔伽美什像与威廉·罗雪尔（Wilhelm Roscher）《希腊罗马传记与神话辞典》（*Detailed Lexicon of Greek and Roman Mythology*）中的吉尔伽美什形象相像。[181] 然而，吉尔伽美什这个名字是基于一个错误的铭文。1906 年，彼得·延森（Peter Jensen）写道：“现在已经确定吉尔伽美什是史诗的主角，而不是之前假设的吉斯楚巴尔或吉尔伽美什。”[182] 荣格曾在 1912 年的《力比多的转化与象征》中讨论过吉尔伽美什史诗，使用的是修正后的形式，他多次引用了延森的作品。荣格使用早期的形式是为了表明他的人物虽然

西塞罗：《论老年》（*De Senectute*），羊皮纸手稿，出自 15 世纪的意大利。MBF

O Tite si quid ego te adiuto curamve
levasso. Que te nunc coquit, ver
satque in pectore fixa. Et quid de
primeris en quid erit premii?
Licet enim mihi versibus
isdem affari te Attice:
quibus affatur Ennius
flamineum. Ille vir
haud magna cum re, sed plenus
fide. Quamquam certe scio non ut
flamineum sollicitari te o atti
ce sic noctesque diesque. Novi enim
moderationem animi tui, et e
quitatem: teque non cognomen
solum ab athenis deportasse, sed
humanitatem et prudentiam in
telligo. Et tamen suspicor te

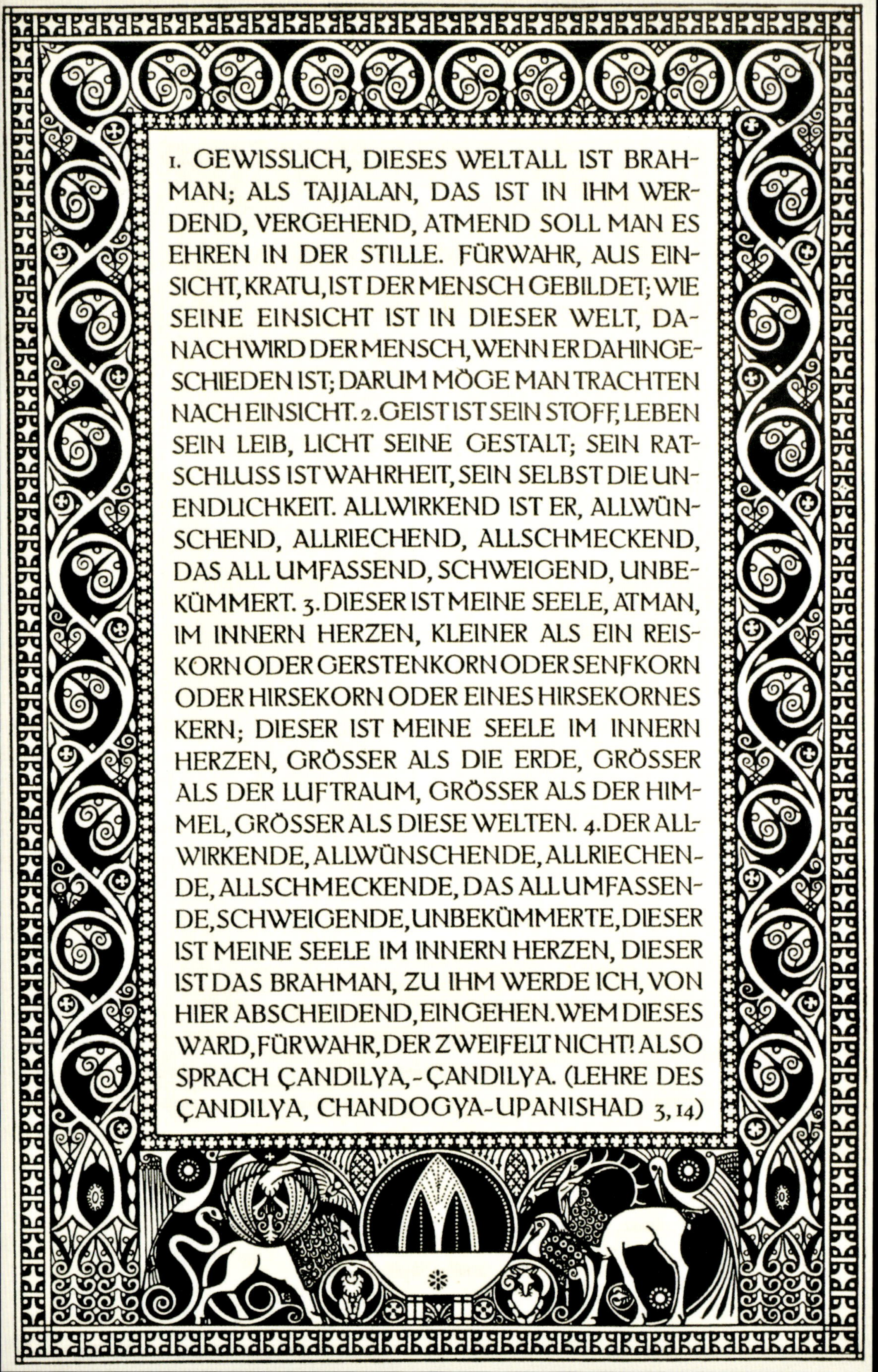
1. GEWISSLICH, DIESES WELTALL IST BRAHMAN; ALS TAJJALAN, DAS IST IN IHM WERDEND, VERGEHEND, ATMEND SOLL MAN ES EHREN IN DER STILLE. FÜRWAHR, AUS EINSICHT, KRATU, IST DER MENSCH GEBILDET; WIE SEINE EINSICHT IST IN DIESER WELT, DANACH WIRD DER MENSCH, WENN ER DAHINGESCHIEDEN IST; DARUM MÖGE MAN TRACHTEN NACH EINSICHT. 2. GEIST IST SEIN STOFF, LEBEN SEIN LEIB, LICHT SEINE GESTALT; SEIN RATSCHLUSS IST WAHRHEIT, SEIN SELBST DIE UNENDLICHKEIT. ALLWIRKEND IST ER, ALLWÜNSCHEND, ALLRIECHEND, ALLSCHMECKEND, DAS ALL UMFASSEND, SCHWEIGEND, UNBEKÜMMERT. 3. DIESER IST MEINE SEELE, ATMAN, IM INNERN HERZEN, KLEINER ALS EIN REISKORN ODER GERSTENKORN ODER SENFKORN ODER HIRSEKORN ODER EINES HIRSEKORNES KERN; DIESER IST MEINE SEELE IM INNERN HERZEN, GRÖSSER ALS DIE ERDE, GRÖSSER ALS DER LUFTRAUM, GRÖSSER ALS DER HIMMEL, GRÖSSER ALS DIESE WELTEN. 4. DER ALLWIRKENDE, ALLWÜNSCHENDE, ALLRIECHENDE, ALLSCHMECKENDE, DAS ALL UMFASSENDE, SCHWEIGENDE, UNBEKÜMMERTE, DIESER IST MEINE SEELE IM INNERN HERZEN, DIESER IST DAS BRAHMAN, ZU IHM WERDE ICH, VON HIER ABSCHEIDEND, EINGEHEN. WEM DIESES WARD, FÜRWAHR, DER ZWEIFELT NICHT! ALSO SPRACH ÇANDILYA, - ÇANDILYA. (LEHRE DES ÇANDILYA, CHANDOGYA-UPANISHAD 3, 14)

荣格收藏的《出自〈奥义书〉与〈吠陀〉中印度一元论基础》（Die *Grundworte des Indischen Monismus aus den Upanishads des Veda*）的复印本，保罗·多伊森（Paul Deussen）译，恩斯特·特·佩尔特（Ernst te Peerdt）评论［Jena：台里乌司（Eugen Diederichs），1914］本卷精选了《奥义书》中的部分内容，含有木刻版画，部分版画与荣格《红书》中的相似。JL

与巴比伦史诗有关，但这种阐述更加自由。

荣格在文本第二层的评论中对这一情节进行了反思，他意识到，通过把它视为绝对的死亡——通过把他解释为一个幻想，为他的神找到了救赎。神的毁灭——通过将他们解释为幻想——实际上是通过学术研究使他们予以保留。[183]

除了巴比伦史诗之外，荣格还引用了四份印度的参考资料，在缮写版《阿塔瓦维达》(*Atharvaveda*) 4.1.4 中描绘了吉尔伽美什的再生，这是一种促进阳刚之气的颂歌，援引了牛神普拉雅帕蒂（Prajapati）；[184]《百道梵书》(*Satapatha-brâhmana*) 2.2.4 为火供（Agnihotra），即吠陀的火祭仪式提供了宇宙论的依据；[185] 以及祈祷主的名字（Brahmanaspati），[186] 即祈祷与崇拜之主；“金蛋”的名字（hiranyagarbha），即梵天出生的起源。[187] 对这些参考的研究暗示着荣格转向印度文献，以加深他对在他灵魂中神之重生的理解，以及对重生的宇宙性意义的理解。在荣格 1917 年 4 月 17 日所写的梦书（他在其中记录了 1917 年至 1925 年期间的梦境）中，在与一个梦有关的条目中，他提到了他“在《红书》中与印度的集体无意识的关系”。[188] 在《红书》中，我们看到了许多直接引用的印度文献，这些文献构成了所引用的欧洲来源以外的主要内容。因此，除了主要引用《圣经》和《次经福音书》之外，印度文献构成了另一个关键的圣经来源。它们对荣格的作用是使基督教经文相对化，并提供一个更广泛的神话和神学背景。

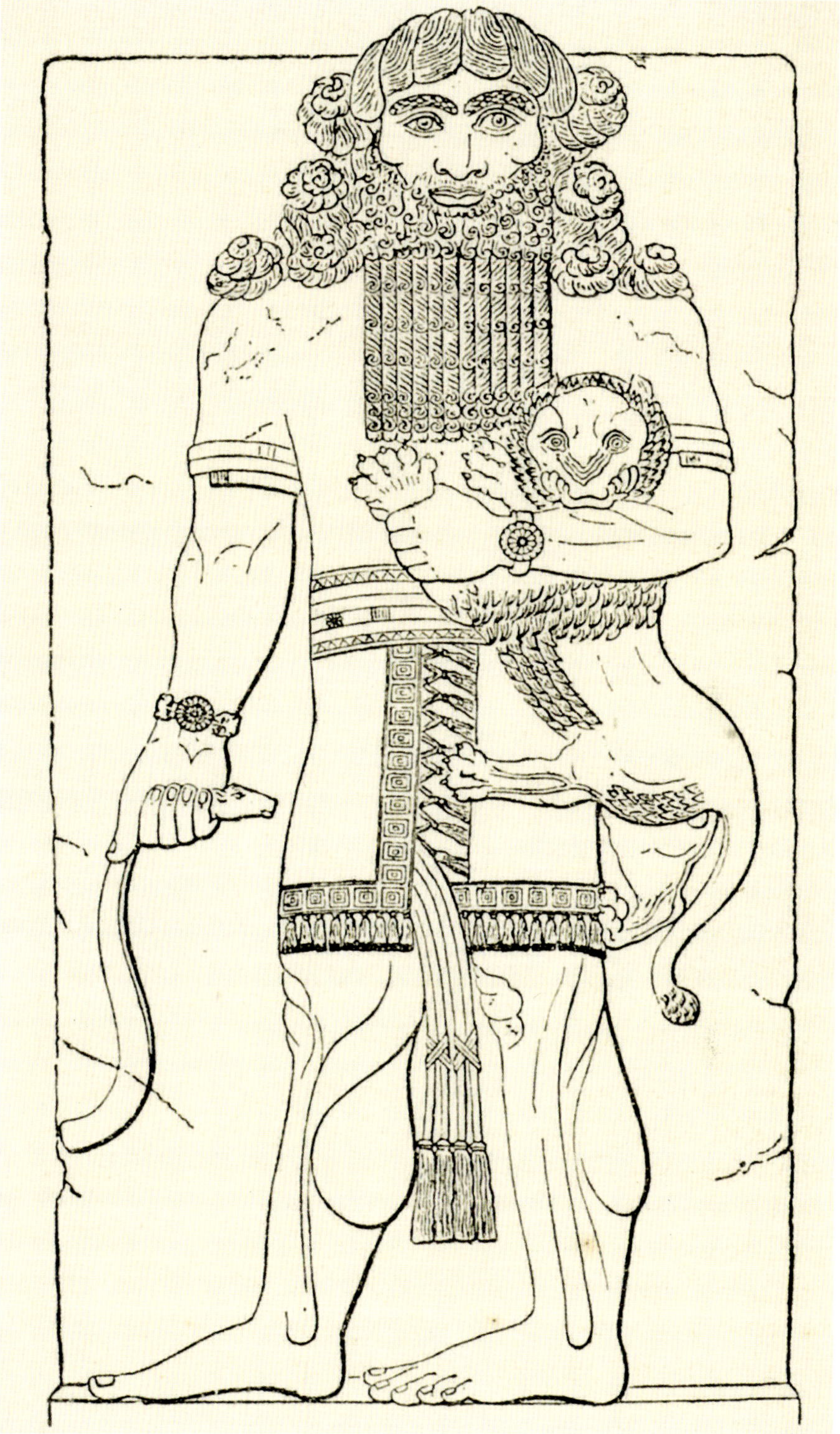

荣格收藏的威廉·罗雪尔：《希腊罗马传记与神话辞典》中有关吉尔伽美什的图像，反映了其与一头狮子和一条蛇的关系，(Leipzig:B.G.Teubner,1884-1937)，第二卷，第 776 页。这幅插图来自卢浮宫中的一尊塑像。JL

95～99 页：这些《红书》中的画出自一组画，描绘了吉尔伽美什被放入一枚蛋中得以重生（45, 54, 59, 60, 64）。配文是使其重生而吟诵的咒语。

atharva-veda 4,1,4.

am / du bis d' her d' aufgangs.
am / du bis d' stern d' ostens.
am / du bis die blume / die üb' alle
bluehl.

am / du bis d' hirs' / d' aus d' walde
bricht.
am / du bis d' gesang / d' ferne ueb'
das wass' toent.
am / du bis ende v' anfang.

brahmanaspati.

kom̄e zu uns/die wir willig sind aus eigen- will-·
kom̄e zu uns/die wir di- versteh- aus eigen- geiste·
kom̄e zu uns/die wir di- wärm- am eigen- feu°·
kom̄e zu uns/die wir di- heil- aus eigen° kun-·
kom̄e zu uns/die wir di- erzeug- aus eigen- leibe·
kom̄e/kind/zu vat° u- mutt°·

hiranyagarbha

wir fragt' die erde·
wir fragt' d' hĩmel·
wir fragt' das mēr·
wir fragt' d' wind·
wir fragt' das feu'·
wir sucht' di' bei all' völkern·
wir sucht' di' bei all' könig'·
wir sucht' di' bei all' weis'·
wir sucht' di' in unserm eigen' kopf u' herz'·
u' wir fand' di' im ei·

çatapatha-brâhmaṇam 2,2,4.

坠入地狱

古典主题也能在《红书》中找到自己的呈现方式。荣格的自我实验被认为是坠入冥界的过程。1910 年前后，他同友人阿尔伯特・奥利（Albert Oeri）及安德烈亚斯・维舍尔（Andreas Vischer）出海旅行，在此期间，奥利读到了《奥德赛》中关于喀耳刻（Circe）的章节，以及“冥府卷”（the nekyia），即进入冥府的相关内容。荣格指出，不久后，他“如同奥德赛一样，被命运赋予‘冥府卷’”。[189] 1913 年 12 月 21 日，荣格与《奥德赛》中的人物在幻觉中相遇。在遇到《圣经》里的莎乐美（Salome）和以利亚（Elijah）后，荣格凝视着一块石头，从中看到了“尤利西斯同他在公海上航行”。当他同莎乐美和以利亚交谈过后，荣格再次盯着一块水晶，并再次想到尤利西斯，以及他是如何通过塞壬（sirens）的岩石岛的画面，怀疑自己是否应该这样做。荣格在对这篇文章的评论中写下：这一画面表明呈现在他面前的道路是漫长的漂流。尤利西斯在特洛伊使出诡计时就迷失了方向，但如果没有奥德赛，尤利西斯不会变成现在的样子。[190]《奥德赛》的手稿标题为“奥德赛的冒险”（The adventures of the Odyssey）；在校对稿中被重命名为“伟大的奥德赛”（The great Odyssey）。荣格建议安妮拉・亚菲可以将《奥德赛》中的诗句“从死亡之爪下幸运逃生”用作《回忆・梦・思考》（*Memories, Dreams, Reflections*）的座右铭。[191]

荣格的冥界、他的地狱并非是指死后的生活，而是今生中的一种状况：

> 你认为地狱的本质是什么？地狱是，当深渊靠近，你将不再或无法做任何事。你无法再得到你能得到的一切。地狱是，当你必须思考和感受一切你知道自己并不想要做的事情。地狱是，当你知道你必须做的也是你想做的，而且你要为此负责。地狱是，当你知道你所计划的任何重要的事又是可笑的，任何美好的事又是糟糕的，任何好事又是坏事，任何崇高的事又是低劣的事，任何令人愉悦的事又令人蒙羞。[192]

因此，对荣格而言，分析的任务是使一个人能够下到他自己的地狱里，面对他自己，然后再返回世间。在《红书》中，荣格通过极端经历，试图达到他最内在的本质。在其深处，我们并不会找到纯粹的经验本身，没有“原始的尖叫”，而是《圣经》和古典的形象。1930 年，荣格在讨论

对页上图：《红书》（154）中斐乐蒙的画像。画像中的希腊文写道：“先知之父，敬爱的斐乐蒙”（Father of the Prophet,beloved Philemon.）画像左边的英文出自《薄伽梵歌》第四章，7～8 首。克里希那（Krishna）正在引导阿周那（Arjuna）认识真理的性质。这段引文隐含地将斐乐蒙同克里希那联系了起来。

对页下图：描绘了《薄伽梵歌》梵文手稿的插画中的克里希那，印度，1750 年。MBF

the bhagavadgita says: whenever there is a decline of the law and an increase of iniquity/then i put forth myself. for the rescue of the pious and for the destruction of the evildoers/for the establishment of the law i am born in every age.
ΠΡΟΦΗΤΩΝ ΠΑΤΗΡ ΠΟΛΥΦΙΛΟΣ ΦΙΛΗΜΩΝ
Ich gehe meine
straße weiter. ein
feingeschliffen°/in
zehn feuern ge-
härtet° stahl/im
gewande gebor-
g-/is mein beglei-
t°. ein panz°hemd

3

前页绘画的局部细节。

幻觉作品时对此悖论评论指出，诗人们求助于神话人物的事实为他们的经验提供了适当的表达，这并不意味着他们使用的是二手的、非独创性的材料，而这正是他们形成无意象的原始经验的唯一途径："但丁在天堂、炼狱及地狱的所有意象里粉饰他的经验……布莱克将印度的幻想世界、《旧约》和《启示录》融入他的工作中。"[193]

除了荷马时代的背景外，荣格还从奥维德（Ovid）的《变形记》（*Metamorphoses*）中汲取灵感。1914年的某时，荣格梦到一个长着翠鸟翅膀、背着一幅牛角的老人飞动着。他画下这幅画，在此期间，他发现在他花园里的湖岸边有一只死去的翠鸟。[194] 在苏黎世附近翠鸟是很少见的。荣格意识到这个人物是斐乐蒙。在此可以简述一下奥维德关于斐乐蒙和博西斯（Baucis）的故事。朱比特（Jupiter）与墨丘利（Mercury）伪装成凡人，在弗里吉亚的山里散步。他们想找个地方歇歇脚，却足被一千户人家拒绝。最终，一对老夫妇接纳了他们。这对老夫妇年轻时在他们的小屋里结婚，白头偕老，并坦然接受了他们的贫穷。他们准备了一桌食物招待客人。在吃饭的时候，只要他们看见酒壶变空就主动续满。为了感恩他们的客人，他们决定宰杀他们唯一的一只鹅。这只鹅向众神寻求庇佑，众神说它不应被杀死。这时，朱比特和墨丘利现身了，告诉这对老夫妇说他们的邻居将受到惩罚，而他们则将逃过一劫，并让这对老夫妇随他们爬山。当他们到达山顶的时候，这对老夫妇看见自己小屋外围的整个村庄都被洪水淹没，只有他们的小屋完好无损。这座小屋后被改成了一座寺庙，拥有大理石的石柱和金顶。众神问他们想要什么，斐乐蒙回答说他们想成为众神的祭司，在朱比特和墨丘利的神殿里服务，另外，他们希望能一起死去。他们的愿望得到了满足，死后化身为两棵并排而立的树。

斐乐蒙和博西斯的形象在歌德的《浮士德》第二部第五幕里有着非常明显的刻画。一个曾被斐乐蒙和博西斯救过的流浪者拜访了他们。浮士德正在海上开垦的土地上建造一座城市。浮士德接着告诉梅菲斯特说，他想让斐乐蒙和博西斯搬家。梅菲斯特就带了三个壮汉烧了这间小屋，屋内的斐乐蒙和博西斯也葬身火海。浮士德告诉他，他只想让他们换个地方住。

在1914年1月27日的一次幻觉中，荣格的"自我"去寻找一位魔法师。[195] 他来到了斐乐蒙和博西斯的家。他们正照料郁金香。斐乐蒙是一位退休的魔法师，他在一扇橱柜中放了一根魔法棒。他经常通过魔法达成实际的目的。荣格的"自我"请求斐乐蒙教他魔

对页：奥维德《变形记》的拉丁文羊皮纸手稿，那不勒斯，ca.1480.MBF

PVBLII OVIDII NASONIS MAGNI OPE RIS METAMORPHOSEOS LIBER PRIMVS

In primo que massa rudis fit aut chaos olim
Secernit: mundumq; uiris construxit habendum
Et iamiam notus magna feritate lychaon
Fit lupus: hinc mortale genus iouis ira sub undis
Obruit: hoc reparat cum coniuge Pyrrha superstes
Gignitur & terra phython: peneida daphnen
Phebus amat frustra: rapitur ioue flebilis Io
Pellice donatur uno custodia fida
Argi tacci uolucris aptantur sydera pennis
In uno fremens plangit tandem noua uacca fit Io.
Pascitur hac Epaphus: cuius conuitia phaethon
Ad Clymenen referens patrios adit impiger ortus.

PROPOSITIO ET INVOCATIO PRIMVM C

IN NOVA FERT ANIM
VS MVTATAS DICERE FORMAS
CORPORA DII CEPTIS
NAM VOS MVTASTIS ET ILLAS
ASPIRATE MEIS PRIM
A Q; AB ORIGINE MVDI
AD MEA PERPETVV DED
VCITE TEMPORA CARMEN

DE CHAO MATERIA ELEMENTARI ET MVNDI OPIFICIO ET VNICO DEO VEL NATVR

Ante mare & terras & quod tegit omnia celum A
Vnus erat toto nature uultus in orbe
Quem dixere chaos: rudis indigestaq; moles
Nec quicq nisi pondus iners congestaq; eodem
Non bene iunctarum discordia semina rerum

法。斐乐蒙说道，魔法是与生俱来的，是一个人所知的反面，其中没有什么可被理解的。

一年后反思这段经历，荣格意识到，没有什么神奇的做法可以让人学习。一个人只能理解符合理性的东西，而魔法则不然。然而，如果一个人开启了自身的混沌（chaos in oneself），就需要魔法。他认为绝大部分的世界对我们来说都不是不可理解的，而魔法就是要让它变得不可理解。斐乐蒙的重要性在于他领会了众神。他的秘密是，他是一个情人——他的灵魂的情人——他把分离的东西结合起来。与基督不同，他不是救世主。他能自我滋养，并让其他人也这样做。[196]

对荣格而言，斐乐蒙代表着卓越的洞察力，对他来说就像一位大师（guru）。他们会在花园里交谈。他回忆说，斐乐蒙是从以前出现在他幻想中的以利亚的形象中演变而来的：

> 斐乐蒙是个异教徒，他带来了带有诺斯替主义色彩的埃及——希腊氛围。……正是他教会了我精神的客观性及精神的真实性。通过与斐乐蒙的对话，我澄清了自己与思想对象之间的区别……在心理学上，斐乐蒙代表了卓越的洞察力。[197]

随着在幻觉中与斐乐蒙的接触，荣格发现斐乐蒙的形象也发生了变化。《红书》的第三部分写于1917年，题为《审视》（*Scrutinies*），其中，荣格对这一变化进行了反思：

> 他第一次出现在我面前时，是一个住在远方的魔法师，但后来我感觉到他的平易近人，自从上帝进入天庭后，我认识到，斐乐蒙（ΦΙΑΗΜΩΝ）令我陶醉，并赋予我一种语言，这是一种对我而言很陌生的语言，也是一种具有不同表现力的语言。当上帝返回天庭后，这一切都消失了，只有斐乐蒙将这种语言保留了下来。但我觉得他和我走了不同的--条路。本书中前半部分的绝大多数内容可能是斐乐蒙带给我的。因此，我仿佛陶醉其中。但我现在注意到斐乐蒙采取了与我不同的方式。[198]

这一点为这本书作者身份的问题带来了有趣的变化。在1916年年初写在第一版《黑书》中的《向死者的七次布道》（*Septem Sermones*）中，正是荣格的“自我”对死者说话，这些死者在两年前从耶路撒冷的旅行中回来，没有找到他们所寻找的东西。

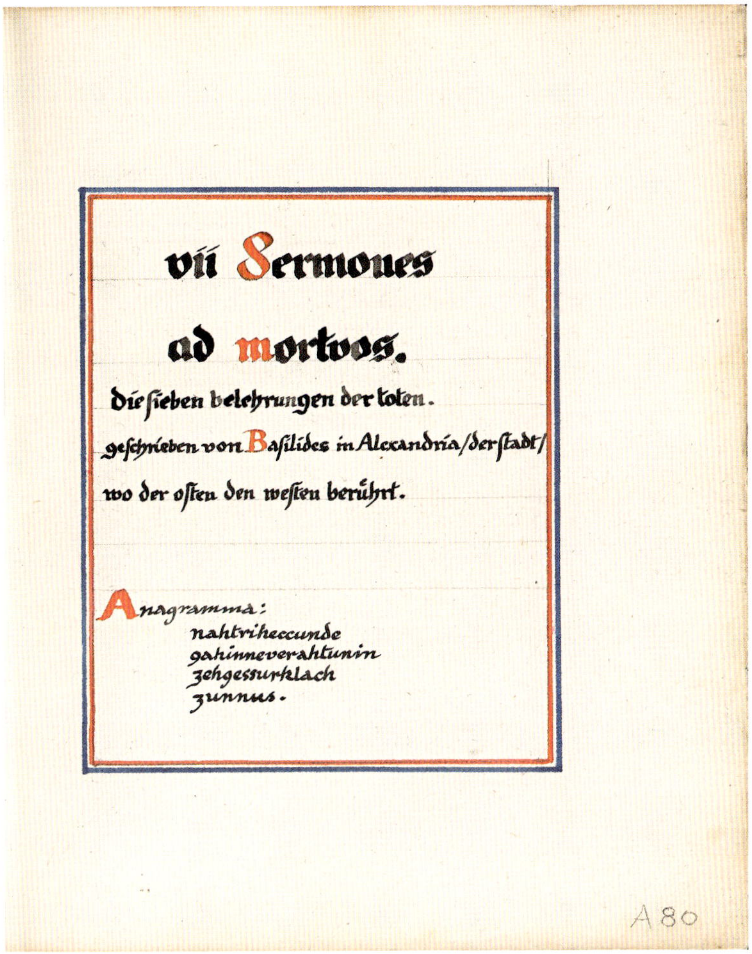

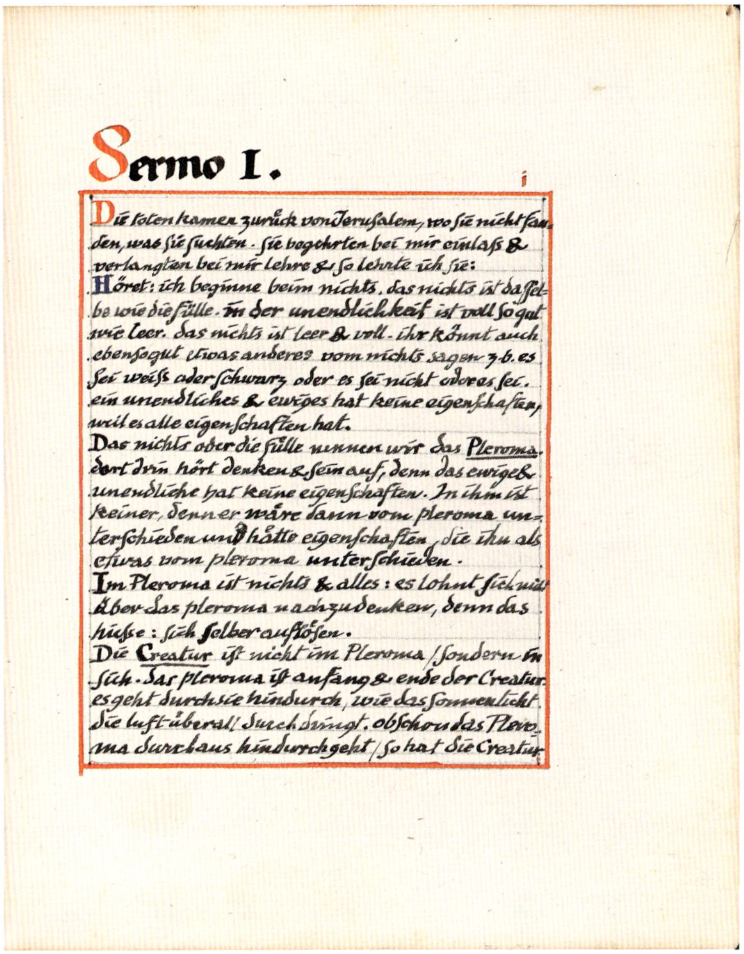

荣格的《向死者的七次布道》缮写卷的书名页和扉页。拉丁文的变位词写道：”卡尔・古斯塔夫・荣格于 1916 年在库斯纳特。” FWJ

荣格用化名私下出版了《向死者的七次布道》：该篇被认为是亚历山大港的巴西利德斯（Basilides of Alexandria）所写。1917 年秋天，在准备写作《审视》时，斐乐蒙指示说：“归功于巴西利德斯似乎代表了对传统文学化名的使用，而归功于斐乐蒙似乎涉及对作者身份问题的深刻考虑。正如葡萄牙诗人费尔南多・佩索阿（Fernando Pessoa）的异名一样，荣格意识到，在他身上存在着另一种预示性的声音。此外，他在其患者的梦和幻觉中发现了相似的形象，他明白，这个形象并不只属于他。1928 年，荣格在《自我与无意识》一书中将这一形象称为“神力人格”（mana personality）。他认为，当一个人实现了阿尼玛的整合后，就会面临另外一个形象，即神力人格。当阿尼玛失去权力（hermana），同化它的人必须接纳他，因此成为神力人格，成为一个具有非常意志和智慧的人。然而，这一形象是“集体无意识的主导者，是公认以英雄、酋长、魔法师、药师和圣人的形式出现的强大的男人的原型，是人和精神的领主，是神之伙伴”。[199] 因此，在阿尼玛的整合及获得权力过程中，人们不可避免地认同了魔法师的形象，并面临着区分自己和该形象的任务。

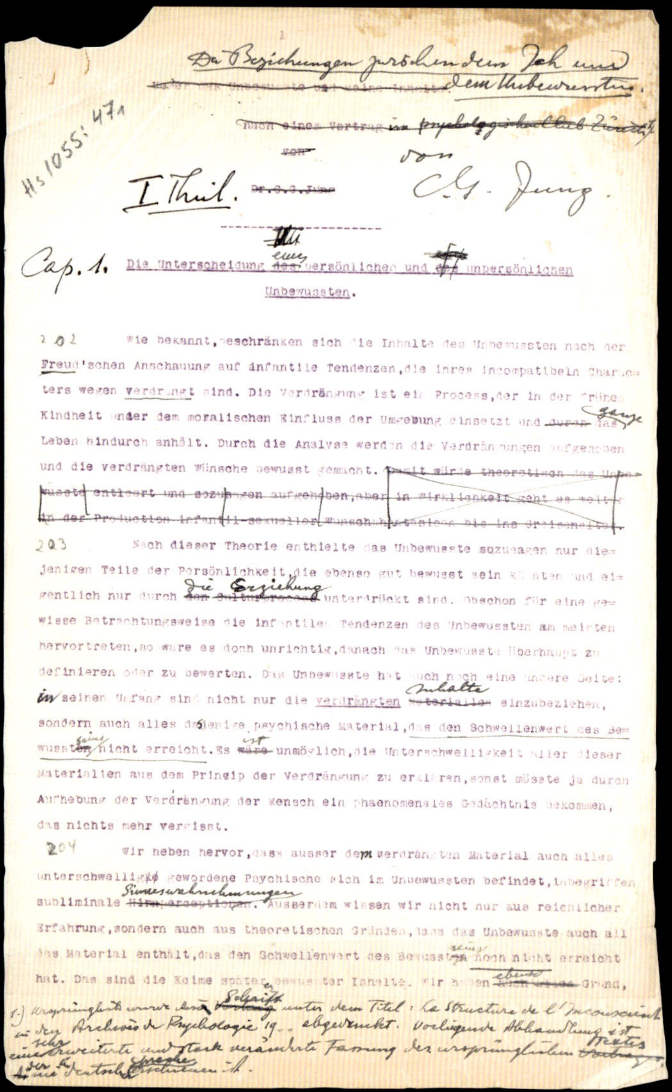
Hs 1055: 471

1

Die Beziehungen zwischen dem Ich und dem Unbewussten.

Nach einem Vortrag in psychologischen Zürich

I Theil. von C. G. Jung.

Cap. 1. Die Unterscheidung eines persönlichen und unpersönlichen Unbewussten.

202 Wie bekannt, beschränken sich die Inhalte des Unbewussten nach der Freud'schen Anschauung auf infantile Tendenzen, die ihres incompatibeln Characters wegen verdrängt sind. Die Verdrängung ist ein Process, der in der frühen Kindheit under dem moralischen Einfluss der Umgebung einsetzt und das ganze Leben hindurch anhält. Durch die Analyse werden die Verdrängungen aufgehoben und die verdrängten Wünsche bewusst gemacht. ~~Damit würde theoretisch das Unbewusste entleert und sozusagen aufgehoben, aber in Wirklichkeit geht es weiter in der Production infantil-sexueller Wunschphantasien bis ins Greisenalter.~~

203 Nach dieser Theorie enthielte das Unbewusste sozusagen nur diejenigen Teile der Persönlichkeit, die ebenso gut bewusst sein könnten und eigentlich nur durch die Erziehung unterdrückt sind. Obschon für eine gewisse Betrachtungsweise die infantilen Tendenzen des Unbewussten am meisten hervortreten, so wäre es doch unrichtig, danach das Unbewusste überhaupt zu definieren oder zu bewerten. Das Unbewusste hat auch noch eine andere Seite: in seinen Umfang sind nicht nur die verdrängten Inhalte einzubeziehen, sondern auch alles dasjenige psychische Material, das den Schwellenwert des Bewusstseins nicht erreicht. Es ist unmöglich, die Unterschwelligkeit aller dieser Materialien aus dem Princip der Verdrängung zu erklären, sonst müsste ja durch Aufhebung der Verdrängung der Mensch ein phaenomenales Gedächtnis bekommen, das nichts mehr vergisst.

204 Wir heben hervor, dass ausser dem verdrängten Material auch alles unterschwellig gewordene Psychische sich im Unbewussten befindet, inbegriffen subliminale Sinneswahrnehmungen. Ausserdem wissen wir nicht nur aus reichlicher Erfahrung, sondern auch aus theoretischen Gründen, dass das Unbewusste auch all das Material enthält, das den Schwellenwert des Bewusstseins noch nicht erreicht hat. Das sind die Keime später bewusster Inhalte. Wir haben ebenso Grund,

1.) Ursprünglich wurde diese Schrift unter dem Titel: La Structure de l'Inconscient in der Archives de Psychologie 19.. abgedruckt. Vorliegende Abhandlung ist eine sehr erweiterte und stark veränderte Fassung des ursprünglichen Textes der in deutscher Sprache erschienen ist.

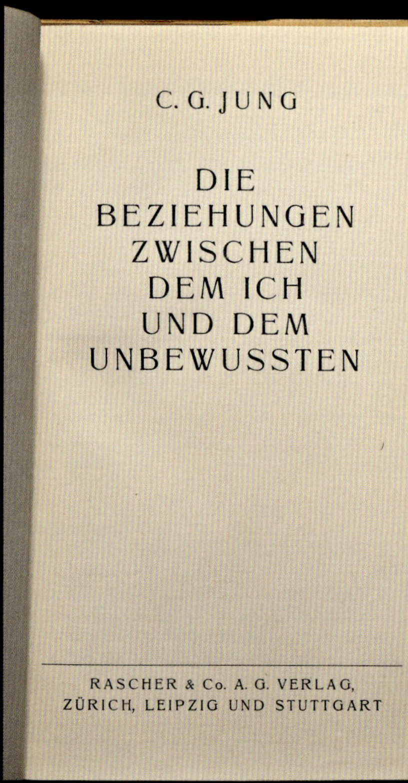

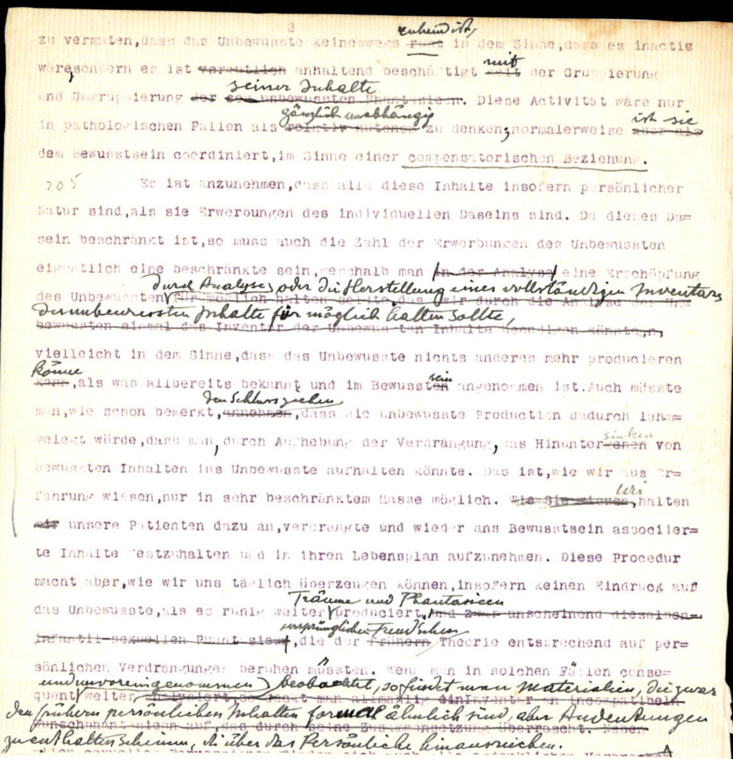
2

zu vermuten, dass das Unbewusste keineswegs unbeweglich ist in dem Sinne, dass es inactiv wäre, sondern es ist anhaltend beschäftigt mit der Gruppierung und Umgruppierung seiner Inhalte. Diese Activität wäre nur in pathologischen Fällen als gänzlich unabhängig zu denken; normalerweise ist sie dem Bewusstsein coordiniert, im Sinne einer compensatorischen Beziehung.

205 Es ist anzunehmen, dass alle diese Inhalte insofern persönlicher Natur sind, als sie Erwerbungen des individuellen Daseins sind. Da dieses Dasein beschränkt ist, so muss auch die Zahl der Erwerbungen des Unbewussten eigentlich eine beschränkte sein, weshalb man eine Erschöpfung des Unbewussten durch Analyse, oder die Herstellung eines vollständigen Inventars der unbewussten Inhalte für möglich halten sollte, vielleicht in dem Sinne, dass das Unbewusste nichts anderes mehr producieren könne, als was allbereits bekannt und im Bewusstsein angenommen ist. Auch müsste man, wie schon bemerkt, den Schluss ziehen, dass die unbewusste Production dadurch lahmgelegt würde, dass man, durch Aufhebung der Verdrängung, das Hinuntersinken von bewussten Inhalten ins Unbewusste aufhalten könnte. Das ist, wie wir aus Erfahrung wissen, nur in sehr beschränktem Masse möglich. Wir halten unsere Patienten dazu an, verdrängte und wieder ans Bewusstsein associierte Inhalte festzuhalten und in ihren Lebensplan aufzunehmen. Diese Procedur macht aber, wie wir uns täglich überzeugen können, insofern keinen Eindruck auf das Unbewusste, als es ruhig weiter Träume und Phantasieen produciert, die der ursprünglichen Freud'schen Theorie entsprechend auf persönlichen Verdrängungen beruhen müssten. Wenn man in solchen Fällen consequent und unvoreingenommen weiter beobachtet, so findet man Materialien, die zwar den frühern persönlichen Inhalten formal ähnlich sind, aber Andeutungen zu enthalten scheinen, die über das Persönliche hinausreichen.

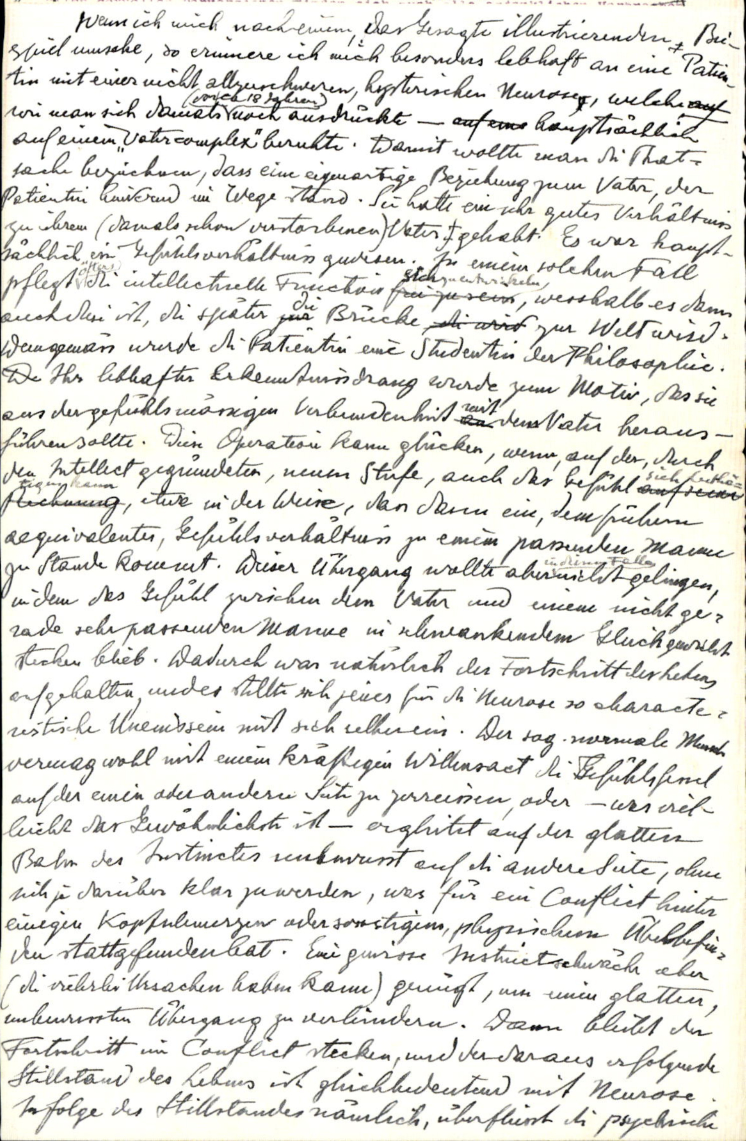
Wenn ich mich nach einem, das Gesagte illustrierenden Beispiel umsehe, so erinnere ich mich besonders lebhaft an eine Patientin mit einer nicht allzuschweren, hysterischen Neurose, welche – wie man sich damals (vor ca 18 Jahren) noch ausdrückte – hauptsächlich auf einem „Vatercomplex" beruhte. Damit wollte man die Thatsache bezeichnen, dass eine eigenartige Beziehung zum Vater, der Patientin hindernd im Wege stand. Sie hatte ein sehr gutes Verhältnis zu ihrem (damals schon verstorbenen) Vater gehabt. Es war hauptsächlich ein Gefühlsverhältnis gewesen. In einem solchen Fall pflegt öfters die intellectuelle Function sich zu entwickeln, welche dann auch später die Brücke zur Welt wird. Dementsprechend wurde die Patientin eine Studentin der Philosophie. Ihr lebhafter Erkenntnisdrang wurde zum Motiv, das sie aus der gefühlsmässigen Verbundenheit mit dem Vater herausführen sollte. Diese Operation kann glücken, wenn, auf der, durch den Intellect gegründeten, neuen Stufe, auch das Gefühl sich bethätigen kann, etwa in der Weise, dass dann ein, dem frühern aequivalentes, Gefühlsverhältnis zu einem passenden Manne zu Stande kommt. Dieser Übergang wollte aber in diesem Falle nicht gelingen, indem das Gefühl zwischen dem Vater und einem nicht gerade sehr passenden Manne in schwankendem Gleichgewicht stecken blieb. Dadurch war natürlich der Fortschritt des Lebens aufgehalten, und es stellte sich jenes für die Neurose so characteristische Uneinssein mit sich selber ein. Der sog. normale Mensch vermag wohl mit einem kräftigen Willensact die Gefühlsfessel auf der einen oder andern Seite zu zerreissen, oder – was vielleicht das Gewöhnlichste ist – er gleitet auf der glatten Bahn des Instinctes unbewusst auf die andere Seite, ohne sich je darüber klar zu werden, was für ein Conflict hinter einigen Kopfschmerzen oder sonstigen, physischen Übelbefinden stattgefunden hat. Eine gewisse Instinctschwäche aber (die vielerlei Ursachen haben kann) genügt, um einen glatten, unbewussten Übergang zu verhindern. Dann bleibt der Fortschritt im Conflict stecken, und der daraus erfolgende Stillstand des Lebens ist gleichbedeutend mit Neurose. Infolge des Stillstandes nämlich, überflutet die psychische

如果一个人放弃战胜阿尼玛的话，那么，也就不再拥有魔法师的形象了，他将意识到，神力真正属于“人格的中点”（midpoint of the personality）——自性。

20世纪20年代，荣格在波林根（Bollingen）的苏黎世湖上游区域买了一些土地。他觉得有必要用石头表达自己内心深处的想法，并建造一个完全原始的住所：“然而，文字和纸张对我而言似乎还不够真实，我还需要更多的东西。”[200] 他必须在石头上做出忏悔。塔楼代表自性化。多年以来，他在塔楼里进行雕刻及绘制壁画，包括绘制一幅斐乐蒙的作品。荣格明确地将他的斐乐蒙与歌德《浮士德》第二部分中的人物联系起来，他在塔楼的墙壁上刻下这样一段铭文：“斐乐蒙的圣坛——浮士德的忏悔（Philemon's Shrine-Faust's Repentance；塔楼中的一幅壁画是斐乐蒙的肖像画）。”1942年1月5日，他在给保罗·施密特（Paul Schmitt）的信中写道：

> 你真是一语中的：突然间，我惊恐地意识到，我已经将浮士德当作我的所有物，更是把他当作斐乐蒙与博西斯的拥护者和复仇者，他不像超人一般的浮士德，在冷酷无情、不尽堕落的时代里，是诸神之主……我想知道，歌德本人是否知道他为何要把这两个老者叫作“斐乐蒙”和“博西斯”。浮士德对这些第一父母犯下罪行（斐乐蒙[201]和博西斯）。不过在正确理解这个秘密前，我们必须将一只脚放在坟墓里。[202]

通过歌德对古典人物斐乐蒙和博西斯的召唤，浮士德的遗产得到了救赎，这代表了从歌德到奥维德的转移。荣格在《回忆》中叙述道：

> 当浮士德因傲慢和自我膨胀，导致斐乐蒙和博西斯被杀时，我感到内疚，就像我帮助谋杀了这两位老者一样。这一奇怪的想法向我发出警告，我认为我有责任为这一罪行负责，或避免其重演。[203]

在古典教育的滋养下，荣格的个人神话在《红书》中得以综合阐释，并详细阐述了大量经典神话中的人物。荣格心理学本身来源于此，形成了新的《变形记》。1940年，荣格与匈牙利古典主义作家卡尔·凯伦依（Karl Kerényi）合作编写了《圣婴》（*The Divine Child*）。荣格在其文章《儿童原型心理学》（*On the Psychology of the Child Archetype*）中阐述了神话和心理学之间的关系。当有人提出对解释作用的质疑时，他回应称：“即使是最好

对页为荣格的《自我与无意识》的手稿和扉页。荣格取自一份演讲的手稿：《论无意识及其内容》（*On the Unconscious and Its Contents*），其版本在1916年以《无意识的结构》（CW 7）发表，并进行了大量的修改。他在早期的文字中经常以这样的方式重新创作。ETH-B,MBF

的解释也不过是成功地翻译成另一种隐喻的语言而已。（实际上，语言本身不过是一种形象！）在最好的情况下，一个人会将深化继续下去，并赋予其现代的形式。”[204] 因此，心理学本身就是现代神话：

> 作为关于灵魂的生命表达之一，心理学以象征和概念运作，而这些象征和概念又源自原型结构，因此相应地产生了一种有点抽象的神话形式。因此，心理学将神话中的古语翻译成现代神话——当然，它还没被承认是现代神话——这构成了神话“科学”的一种要素。这一看似无望的工作是一个从古至今生息不断的谜，使具有相应气质的人得到满足。[205]

手抄本

荣格于 1915 年完成了约 1000 页的手稿后，打印出来并发给一些同事征求意见。后来，人们本以为他会准备一份整洁的排版稿寄给印刷厂。但让人意想不到的事情发生了，荣格开始进行缮写的实验。为了考虑这项工作的意义，我们需要研究一下书籍的历史。

荣格:《红书》的印刷稿。FWJ

BIBLIA,
Das ist/
Die gantze
Heilige Schrifft
Alten und Neuen Testaments/
Verteutscht durch
D. Martin Luther.
Jetzo abermal
Nach dem letzten im Jahr 1545. noch bey Desselben Lebzeiten ausgegangenem/ so wol unterschiedlich-andern best-gehaltenen Exemplarien fleissigst durchsehen:
In richtiger Ordnung der Bücher mit des sel. Manns Vorreden/ oder/ wo deren keine vorhanden/ mit jedwedes Summarischem Inhalt/ gewöhnlicher Ein- und Abtheilung der Capiteln und Versiculn;
Samt zweyfachen theils zum Gedächtniß/ theils zum Verstand der Haupt-Sachen selbst dienenden Summarien; häuffigen/ nicht nur auff die Worte des Texts/ sondern auch auff sonderbahre Lehr-, Trost- und Erinnerungs-Pünctlein gerichteten/ und zu weiterer Erklärung dienlichen Concordantzien; doppelter Bemerckung der Zeit nach der Welt Alter und Christi Geburt; des Ubersetzers kurtz- und erbaulichen Glossen; Anweisung der üblichen Sonn- und Fest-täglichen Episteln und Evangelien; auch vorangefügten nützlichen Registern/ u. f.
Zumalen mit Matthäi Merians sel. schönen lebhafften Original-Kupffer-Stücken gezieret; und durch Zugabe des III. und IV. Buchs Esrä und III. der Maccabäer vermehret.
Franckfurt am Mayn/
In Verlegung Matthäi Merians sel. Erben.
Druckts Johann Philipp Andreä.
Im Jahr Christi M. DCC. IV.

荣格收藏的马丁·路德（Martin Luther）翻译的圣经复印本，附有瑞士艺术家和雕刻家马特乌斯·梅里安（Matthäus Merian）的木刻版画（Frankfurt: Johann Philipp Andrea, 1704）。JL

20 世纪 50 年代，法国史学家吕西安·费弗尔（Lucien Febvre）注意到，“在西方社会，书籍是相对新鲜的事物。书籍出现于 15 世纪中期，并因受到基于不同原则的新发明的威胁而拥有不确定的未来”。[206] 几十年后，一语成谶。如今，在 Kindle、iPad、谷歌图书及 torrents 的时代，书籍的确成了濒危物种。在他的经典文章《机械复制时代的艺术作品》（*The Work of Art in the Age of MechanicalReproduction*）中，沃尔特·本杰明（Walter Benjamin）指出，在我们这个时代，弥散的是艺术的氛围。[207] 大量的复制品将独特之物取而代之。如今，实际上，机械复制品本身正在衰落。

从修道院时代开始，滥觞于罗马帝国覆灭到 12 世纪，修道院垄断了书籍的生产和书籍文化。在修道院的决议中描述了分配给智力工作的小时数，抄写工作就在这些小时中进行。流传下来的大部分作品都是宗教作品。在 13 世纪早期，大学的兴起产生了一个新的阅读群体，却仍以神职人员为主。写作用具或文具商行形成，负责抄写手稿。在这一时期，抄写员和插图师被分开。一组人负责抄写手稿的同时，另一组人负责给手稿绘制插图和装饰。抄写最多的一本书是但丁的《喜剧》（*Commedia*）。这部作品没有手稿留存，却有超过 600 本手抄本存世，其中一些还附有插图。正是诸如此类的作品因书籍的出现而绝迹。正如费弗尔所写的那样：

> （书籍是）西方文明最有力的工具之一，它将有代表性的思想家们分散的思想汇集在一起。它为研究提供了重要的服务，将研究结果从一个研究者立即传递给另一个研究者。它源源不断地将所有领域中具有最崇高的创新精神的作品汇集起来。书籍不仅在学术界的小圈子里，还在更远的地方创造了新的思维习惯。印刷书是一种掌握整个世界的最有效的手段。[208]

正如史学界指出的，书籍在科学革命和新教的发展过程中发挥了重要作用，并迎来了现代化的时代。然而，所留存下来的是附带插图的手稿。抄写员宣布失业了，或许仍在寻找印刷员的岗位。

18 世纪 80 年代，英国灵视诗人、画家威廉·布莱克（William Blake）（1757—1827）试图以绘制插图的方式复原插画手稿。布莱克将印刷书视作工业革命将艺术变成商品的结果。他宣称，“消亡吧，印刷书！”相反，他提倡一种带有插画的印刷模式，“一种将画家和诗人相结合的方式”。正如他所说的：“一种印刷方式，既是字母印刷，又是雕刻，其风格比以往任

《拉丁圣经》（Strasbourg: Heinrich Eggestein, 1470 年前）海因里希·艾格斯坦（Heinrich Eggestein）（约 1415—约 1488）与约翰内斯·古腾堡（Johannes Gutenberg）相识，是欧洲最早的印刷商之一。MBF

第 106 页：1824 年，威廉·布莱克受委托为但丁的《喜剧》绘制插图，到 1827 年去世时，他已经完成了 102 幅水彩画。这里的第一幅画描绘的是《地狱》第三节的内容，维吉尔带领但丁穿过地狱之门，卡戎将在那里渡过亚基隆河。地狱之门上方刻着这样几句话：“离开一切希望，你将进入。”泰特博物馆

第 107 页：第二页是《神曲》第四节《炼狱》的插画，描述了维吉尔带领但丁爬上炼狱山（Mount Purgatory）。泰特博物馆

第 108～109 页，威廉·布莱克：《天堂与地狱的婚姻》。该作品现存 12 册，这里的插图来自 H 册，是第一次印刷的三个完整版本中的一个。第一幅插图是封面，第二幅是第三版。菲茨威廉博物馆

Leave every Hope you who in Enter
HELL Canto 3

Canto 4

THE
MARRIAGE
of
HEAVEN
and
HELL

As a new heaven is begun, and it is now thirty-three years since its advent: the Eternal Hell revives. And lo! Swedenborg is the Angel sitting at the tomb; his writings are the linen clothes folded up. Now is the dominion of Edom, & the return of Adam into Paradise; see Isaiah XXXIV & XXXV Chap:

Without Contraries is no progression. Attraction and Repulsion, Reason and Energy, Love and Hate, are necessary to Human existence.

From these contraries spring what the religious call Good & Evil. Good is the passive that obeys Reason. Evil is the active springing from Energy.

Good is Heaven. Evil is Hell.

Der·weg·des kommenden

isaias dixit: quis credidit auditui no-
stro & brachium domini cui revel-
atum est? et ascendet sicut virgultu-
m coram eo & sicut radix de terra sitie-
ti. non est species ei neque decor & vidimus eum & non erat aspectus & desideravi-
mus eum: despectum & novissimum virorum virum dolorosum & scientem infirmi-
tatem & quasi absconditus vultus eius & despectus unde nec reputavimus eum.
vere languores nostros ipse tulit & dolores nostros ipse portavit & nos putavimus
eum quasi leprosum & percussum a deo & humiliatum. cap. liii/i-iv.
parvulus enim natus est nobis & filius datus est nobis & factus est principa-
tus super humerum eius & vocabitur nomen eius admirabilis consiliarius
deus fortis pater futuri saeculi princeps pacis. caput IX. vi.
ioannes dixit: et verbum caro factum est & habitavit in nobis & vidimus glor-
iam eius gloriam quasi unigeniti a patre plenum [um] gratiae & veritatis. ioan. cap. i/xiiii.
isaias dixit: laetabitur deserta & invia & exultabit solitudo & florebit quasi
lilium. germinans germinabit & exultabit laetabunda & laudans. tunc
aperientur oculi caecorum & aures surdorum patebunt. tunc saliet sicut cer-
vus claudus & aperta erit lingua mutorum: quia scissae sunt in deserto aquae
& torrentes in solitudine & quae erat arida erit in stagnum & sitiens in fontes a-
quarum. in cubilibus in quibus prius dracones habitabant orietur viror calami
& iunci. & erit ibi semita & via sancta vocabitur. non transibit per eam pollutus & haec
erit vobis directa via ita ut stulti non errent per eam. cap. xxxv. in eam prop. script. a C. G. Jung anno Dni
mcmxv in dom. s. Kusnacht turic.

何一种都更具装饰性，更统一，更宏伟。”[209] 因此，正如布莱克所指出的，创作这些作品的目的是为了让图片“在印刷时完美地烘托诗中人物和动作，如果没有这些诗，也就不会有这些创作”。[210] 关键是综合图像和文字并独特地加以结合。

布莱克以一种全新的插图印刷形式，用黄铜雕刻并在背面书写。他在《天堂与地狱的婚姻》中对自己的目标做出如下描述：

> 人具有不同于其灵魂的身体，这一观念将被抹去；对于这一点，我将通过冥界的方法，即腐蚀——地狱里的补品和医药——融化表面，揭示隐藏其下的无限性。如果清洗了感知的大门，那么人类对万物的感觉将是无限的。因为人类已经将自己封闭起来，直到他们透过洞穴里狭窄的缝隙看到一切。[211]

这些作品的目标就是开启“感知的大门”。《天堂与地狱的婚姻》约出版于 1790 年，其宣传费用为 7 先令 6 便士——约合今天的 700 美元。

荣格在 1915 年某个时候，拿起他的印刷稿，并开始将其誊抄在羊皮纸上。该部作品的排版类似于中世纪的插图手稿，采用了花体字，以一张缩写表为首。荣格将“来者之路”（the way of what is to come）（实际为《红书》）定为第一本书的标题，并在其下引用了《以赛亚书》和《约翰福音》中的一些内容。因此，该书是一本预言性的作品，概述了世界正在发生的事情的象征意义及其影响。但与此同时，荣格也在避免将自己变成一位先知：“这里只有一条路，即你们的路。你们在找寻道路？我劝你们不要走上我的道路。那可能对你们是一条错误的道路。望每个人都走上他自己的路。我不会成为救世主，不是立法者，也不是你们的导师。”[212] 这种紧张的氛围贯穿于整部作品。

荣格使用了一些绘画、艺术装饰的首字母及装饰性的边框来解释这些文字。起初，这些绘画都直接用来描述文本。后来，这些绘画变得更加具有象征意义，可以被看作其本人活跃的想象。羊皮纸呈现高度渗漏性。同年的晚些时候，荣格委托书商埃米尔·斯蒂尔利（Emil Stierli）制作了一本超过 600 页的大型对开本，用红色皮革装订。

荣格后来将羊皮纸插入对开本中，接在《红书》之后。文

荣格：缮写版《红书》中的缩写词索引表（i,Verso，背面，即打开书的左手页）。

对页：缮写版《红书》扉页（i,recto，正面，即打开书的右手页）。在第一个字母 D 的上方是行星的占星学符号，太阳位于双鱼座和水瓶座之间，代表赤道的衰退。

LIBER-NOVVS
E. STIERLI, ZÜRICH

缮写版《红书》。在插
页和 191 页的文字和图
约有 400 页空白页。

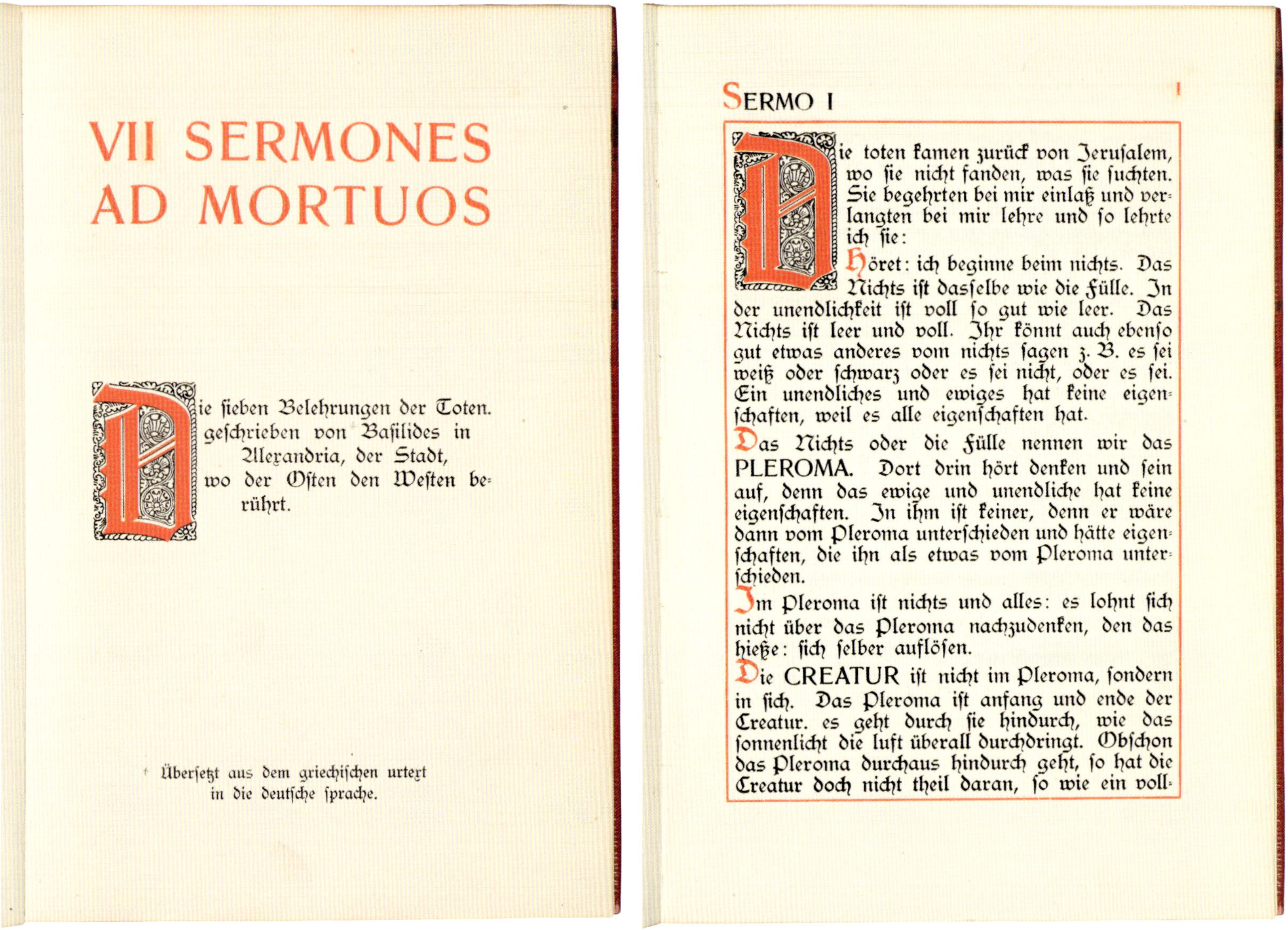

1916年年初，伊迪斯·洛克菲勒·麦考密克（Edith Rockefeller McCormick）捐赠了36万瑞士法郎，用于在苏黎世建立心理学俱乐部。为感谢此举，荣格私下印刷了《向死者的七次布道》。JL

字与图像的结合让人想起了威廉·布莱克的插画作品，至于后者的作品，荣格也有一定的了解。在《心理类型》中“诗歌中的类型问题”的结尾部分，荣格引用了布莱克在《天堂与地狱的婚姻》中的叙述：有这么两类人，他们是多产者和毁灭者，而宗教试图调和二者，对此，他评价道，这句话总结了他之前讨论的所有问题，这样的评价令人震惊。[213] 他在《心理学与炼金术》（*Psychology and Alchemy*）中复制并提及了布莱克的两幅绘画，一幅是《雅各的梦》（*Jacob's Dream*），另一幅是他为《炼狱》第四节所做的插图，荣格将其描述为“指明道路的灵魂向导”。这是对这幅图的一个有趣的误读；这幅图实际呈现的是维吉尔带领但丁等上炼狱之山。[214] 正如布莱克的作品或古典插图手稿中所呈现的，文字与图像互相所属，不可分割。“来者之路”在第一句和第一幅图像中均有体现。荣格用不同的文字进行了实验。花体缮写既是一种评论，也是一种解释。所谓文字即图像，图像亦是文字。

从荣格的来访者克里斯蒂安娜·摩根（Christiana Morgan）写于20世纪20年代的日记中可以得知，荣格此举的原因。她记录了荣格的话：

> 我建议你把这一切都尽可能用工整的字迹写下来——装帧成一本精美的书。这看起来好像你在使幻想变得平庸——但你需要这样做——如此一来，你就从它们的力量中解脱出来了。比方说，如果你通过双眼去看它们，它们就不再吸引你。你不应试图让幻象再次出现。在你的幻想中想象它的样子，再试着画出来。然后，当把这些东西画在一些珍贵的本子上的时候，你可以时不时拿起本子翻上一翻，对你而言，这本书就是你的教堂——你的大教堂——你精神的沉寂之所，你将在这里获得精神的重生。如果某人告诉你，此举是病态的或神经质的，你从而信服了他的话——那么，你将丢失你的灵魂——因为这本书就是你的灵魂。[215]

此处的第一个理念是，书把人从对自己幻想的迷恋中解脱出来，从由其束缚及为之束缚之中解脱出来。作为对个人宗教性的表达，书成了灵魂在物质中的化身，是形式和内容的结合。因此，我们便可以理解，人们不愿仅出版文本是因为，它会将这些事物分离开来。文字和图像将被分开，从而该作品将不再独具一格。

1916年，荣格尝试出版这部作品中的一部分，即《向死者的七次布道》，该书以诺斯替主义创世神话的形式展示了一种心理学的宇宙观。在荣格的幻想中，他的灵魂诞生了一个新神，是青蛙之子，被他称为阿布拉克萨斯（Abraxas）。对荣格而言，阿布拉克萨斯是一个掌管所有存在的对立面的神。阿布拉克萨斯在阿尔布雷希特·迪特里克的研究报告《阿布拉克萨斯：晚期古代宗教史研究》（*Abraxas: Studies on the Religious History of Late Antiquity*）[216]中有所体现。荣格从巴西利德斯那里借用了该形象，对他而言，阿布拉克萨斯是创世主，以具有一条蛇尾的鸟头人身的形象出现。1932年，荣格写道："阿布拉克萨斯意味着开始和结束，是生命和死亡，因此，它由一个可怕的形象表示。它之所以是一个怪物，是因为它是一年中草木的生命，它是春秋、冬夏，既是也不是自然。"荣格将这一形象视作基督教上帝与撒旦结合的化身，从而描述了西方上帝形象的转变。

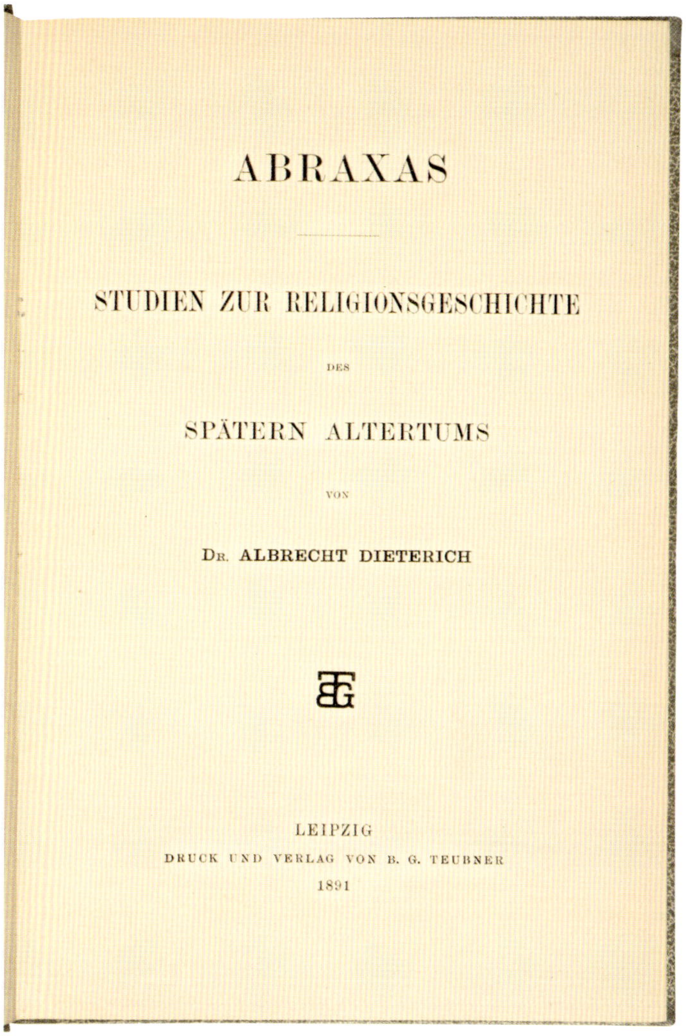

荣格收藏的阿尔布雷希特·迪特里克：《阿布拉克萨斯：古代晚期宗教史研究》复印本。JL

最近恢复的诺斯替版《犹大福音》，于 2006 年首次出版。科普特纸莎草，《塔卡丘斯法典》（*codex Tchachos*），埃及，三四世纪。这里的插图是最后一页，其中犹大将耶稣交给了大祭司（见《犹大福音》（*Gospel of Judas*）[由鲁道夫·卡瑟（Rudolphe Kasser），马文·迈耶（Marvin Meyer）及格雷戈尔·伍斯特（Gregor Wurst）与弗朗索瓦·瓜达尔（Francois Guadard）共同编写。] 荣格在《红书》手稿中写道："犹大是救赎工作链条上必要的一环。"（241）梅塞纳斯基金会，巴塞尔

荣格在准备创作《力比多的转化与象征》前阅读了诺斯替教的文献——主要是从牧师对这些作品的评论中找到的。1915 年一月和十月，在服兵役期间，荣格进一步仔细研究了诺斯替教的作品。在完成《黑书》第五、六卷中的《死者七讲》后，荣格将它誊写出来成为一本单独的书，并对其顺序进行了微调。他在该标题下添加了以下题记："死者的七个指示。由巴西利德斯于亚历山大港写作，此港是东方与西方的结合之处。"[217] 然后，他将该书私下印刷，并在题词中添加道："由原作的希腊文翻译为德文。"这部传说体现了 19 世纪末古典学术对荣格的影响。他将印刷本赠予朋友和知己。在赠予阿方斯·梅德的复印本中他写道：

> 我不能冒昧地附上自己的名字，而是选择以一位生活在基督教早期，被基督教掩盖的伟人的名字代替。当我备感压力之时，它就像一枚成熟的果实，出乎意料地落到我的腿上，在我无限感伤之时，它又为我点亮了宽慰与希望之光。[218]

几年后，即 1948 年，在埃及的纳哈马迪发现的 50 篇文献中，其中 13 篇手抄本改变了人们对诺斯替主义的理解。

通过时任荣格研究院（Jung Institute）院长的梅尔（C. A. Meier）的谈判，研究院使用捐赠资金从比利时商人艾伯特·艾德（Albert Eid）的遗产中购买了这些手抄本中的第一本。为了纪念荣格对诺斯替主义的兴趣，该手抄本被命名为荣格手抄本，并于 1953 年授予荣格，1955 年出版。该手抄本后来被赠予开罗的科普特博物馆（Coptic Museum）。在授予手抄本的致辞中，荣格指出了这些作品对当代心理学的重要性，并解释了荣格研究院为什么会对获取及翻译诺斯替教的原始文本感兴趣："如果我们寻求真正理解当代人的心理，那么，就必须绝对了解他们精神的历史。"[219]

1916 年 1 月 16 日，在创作《向死者的七次布道》时，荣格以象征的形式画出草图，清晰表现了文字与图像之间不可分割的联系。随后，他开始把它画下来，并命名为 Systema Munditotius（整个世界的系统）。他在题词中写道："这是我在 1916 年创造的第一个曼陀罗，尽管我完全没有意识到它意味着什么。"矛盾的是，整个世界的体系作为对宇宙论的刻意描绘，却同传统的西藏曼荼罗在形式上有很多共同点。他于 1917 年开始将曼陀罗视为对"自性"的描绘。正如荣格所回忆的那样：

> 直到现在，我才逐渐明白曼陀罗是什么："形成、转化、永恒心灵的永恒重现。"而这就是自性，即人格的整体性，当一切顺利时，它是和谐的，但它不能承受任何自我的欺骗。我的曼陀罗图像是关于自性状态的密码，每天都会传递给我。[220]

第二句话来自《浮士德》。梅菲斯特对浮士德说，指引他去圣母的领地：

> 梅菲斯特：你最后看到一只发光的宝鼎
> 就知已到了最深最深的底层。
> 你凭借鼎光会看到那些母亲：
> 他们或坐，或立，或行，
> 皆相时而动。造型、改变，
> 含有长远意义的长远消遣。
> 所有造物主的形象在四处飘荡，
> 他们看不见你，只看见影子。
> 因为非常危险，所以你要镇静，
> 朝着那只宝鼎，径直走去，
> 用钥匙将之触碰！[221]

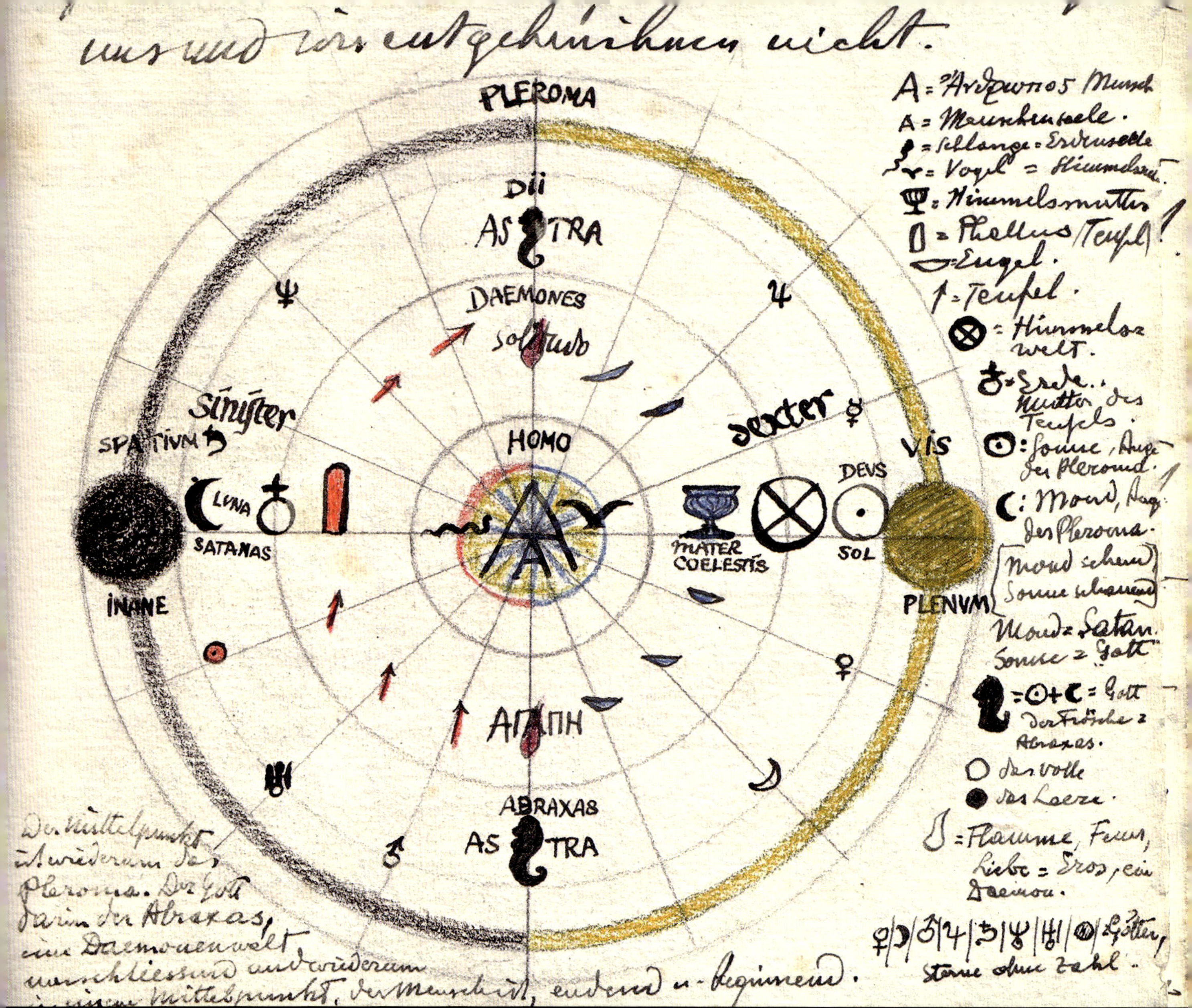

上图:《万物体系》1916 年 1 月 16 日手稿，出自《黑书》第 5 部，第 169 页。FWJ

对页图:《万物体系》(罗伯特・欣肖)。1955 年，匿名发表于《你 "Du"》杂志专门为艾诺斯会议出版的专刊上。在 1955 年 2 月 11 日给沃尔特・科尔蒂（Walter Corti）的信中，荣格明确表示他不希望自己的名字出现在这幅图中（JA）。他在信中补充了以下评论：它描绘了宏观世界中微观的二律背反及其本身的二律背反。在最上面，长有翅膀的蛋中男孩的形象，被称为埃里卡帕奥斯或芬尼斯，因此让人联想到俄耳甫斯神的精神形象。他在深处的黑暗对立面在这里被称为阿布拉克萨斯。他代表了世界的主宰，即物质世界的主宰，是一个具有矛盾性质的世界创造者。生命之树从这里萌芽，标记为 "vita"（生命），而它上面的对应物是一颗由七枝烛台组成的会发光的树，标记为 "ignis"（火）和 "Eros"（爱）。它的光芒指向圣童的精神世界。艺术和科学也属于这个精神领域，前者表现为有翅膀的蛇，后者表现为有翅膀的老鼠（类似于挖洞的活动！）。烛台是基于精神数字三的原则（两组三处小火焰，中间一处大火焰），而阿布拉克萨斯的下层世界的特征是五，这是自然人的数字（有两组五米射线）。自然界的伴生动物是一个邪恶的怪物和一只幼虫。这象征着死亡和重生。曼陀罗的另一种是水平对应。在左边，我们看到一个表示身体或血液的圆圈，并从圆圈中升起一条蛇，它盘绕着菲勒斯，即繁殖原则。蛇是黑暗的，也是光明的，象征着地球、月亮和宇宙空间的黑暗领域（因此称为撒旦）。充满光明的领域位于右边，来自明亮的圆圈 "frigus sive amor dei"（冷，或上帝的爱），圣灵的鸽子张开双翼，智慧从双杯中向左右涌出。（由锯齿线或射线构成的大圆球代表内在的太阳；在这个球体中，宏观世界被重复，但像镜子中的上下区域被颠倒。这种重复应被设想其在次数上是无限的，并随着达到真正的微观，即内在的核心而次数减少。

（文字和图像的再创作，亚菲编，第 75 页

Systema munditotius.

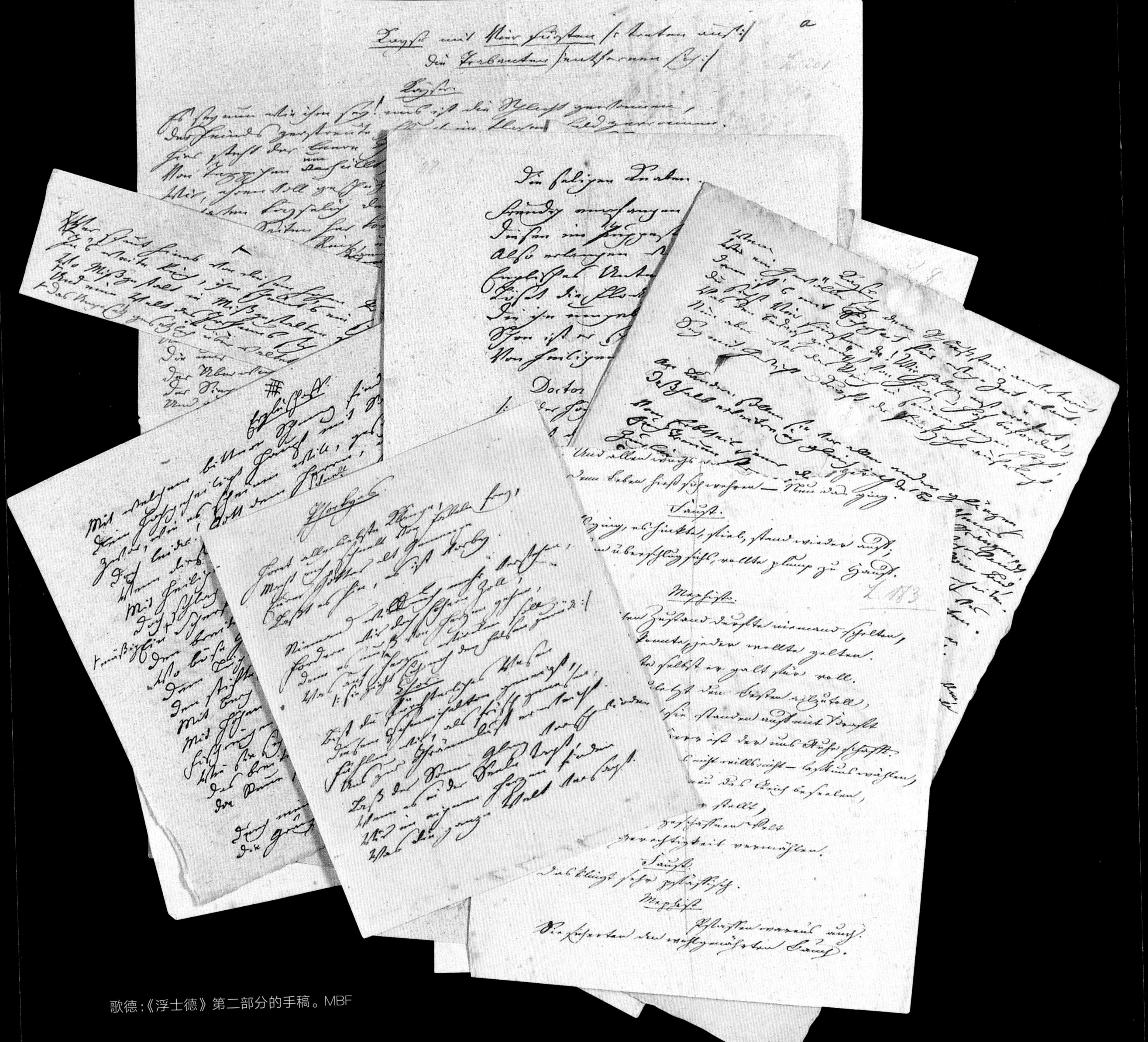

歌德：《浮士德》第二部分的手稿。MBF

1921 年，荣格将其对自性的观念等同于印度教中“我”（Atman）/ 梵（Brahman）的概念，并做出以下定义：

> 由于“我”只是我的意识领域的中心，它并不等同于我的心理的整体，它只是其他复合体中的一个。因此，我区分了“我”和“自性”，因为“我”只是我的意识的主体，而“自性”是我整个的主体：因此它也包括无意识的心理。从这个意义上来说，自性将是一种（理想的）伟大，它包容并包含我。在无意识的幻想中，自性常常作为超级的或理想的人格出现，就像浮士德之于歌德，查拉图斯特拉之于尼采。[222]

因此，浮士德和查拉图斯特拉的形象在这里构成了自性表现的重要典范。

1916 年荣格私下出版的《向死者的七次布道》有可能是为出版《红书》而进行的一次试水。荣格以前的一些心理分析的同事如果读到这本书，会认为荣格终于消失在弗洛伊德所说的“神秘主义的黑泥潮”（black mud tide of occultism）中了。其他人会认为他走得还不够远。他的同事约瑟夫·朗（Josef Lang）在日记中指出，这本书似乎仍有太多的“科学制造”，而且荣格的“神话性的表述并不尽然流畅”。朗写道：“在我看来，这不是他创造性无意识的直接产物，而是荣格的一次失败，这使他必须拥有心理上的附庸。”[223]

1924 年，荣格让卡里·贝恩斯（Cary Baynes）再次复印这个缮写的版本，并重新打字。这表明，对他来说，把它作为一个独特的对象留给少数人分享是不够的，他还希望把它带给更多的人。这一点说明整个作品中具有一种批判性的紧张关系：一方面是对其灵魂重生的陈述，这一点是只对其自身而言，而另一方面是向公众传达这种愿望。写给“我的朋友”，这是一本写给别人看的书。作品中的这种紧张关系也在荣格对如何处理这种关系的考虑中得以重现。这里我们看到了插图书与印刷书之间的紧张关系，这种关系把我们带到了西方文化中的首要发展中出现的对立的核心。

直到他生命的最后一年，歌德才最终完成了《浮士德》的第二部分。荣格在其生命的最后时刻，试图完成《红书》的誊写。在又誊写了二十多页之后，在写下一个古老的字体后，他终于中断了句子，并以平常的习惯，写下后记，寄语最终的读者——那个将在偶然间看到被保密许久的作品的陌生人。正如他写道：

第 122 页：荣格：《红书》的结语，第 190-191 页。

1959

Ich habe an diesem Buch 16 Jahre lang gearbeitet. Die Bekanntschaft mit der Alchemie 1930 hat mich davon weggenommen. Der Anfang vom Ende kam 1928, als mir Wilhelm den Text der „Goldenen Blüthe", eines alchemistischen Tractates sandte. Da fand der Inhalt dieses Buches den Weg in die Wirklichkeit und ich konnte nicht mehr daran weiterarbeiten. Dem oberflächlichen Betrachter wird es wie eine Verrücktheit vorkommen. Es wäre auch zu einer solchen geworden, wenn ich die überwältigende Kraft der ursprünglichen Erlebnisse nicht hätte auffangen können. Mit Hilfe der Alchemie konnte ich sie schliesslich in ein Ganzes einordnen. Ich wusste immer, dass jene Erlebnisse Kostbares enthielten und darum wusste ich Nichts Besseres als sie in einem „kostbaren" d. h. theuren Buch aufzuschreiben und die beim Wiederdurchleben auftretenden Bilder zu malen – so gut dies eben ging. Ich weiss, wie erschreckend inadaequat diese Unternehmung war, aber trotz vieler Arbeit und Ablenkung blieb ich ihr getreu, auch wenn ich nie eine andere

Möglichkeit

1959年我花了16年创作这本书。1930年，我了解了炼金术，这使我不再创作本书。并于1928年停止创作，当时卫礼贤给我寄来了《金花的秘密》，这是一篇有关炼金术的论文。而本书的内容在其中找到了现实方式，我不能再继续创作下去了。对于肤浅的观察者而言，这是疯狂的。如果我不能吸收原始经验的强大力量，它也会发展成一个整体。在炼金术的帮助下，我最终将它们整合成一个整体。我始终知道这些经验包含一些珍贵的东西，因此我知道没有什么比把它们写成一本“珍贵”，即昂贵的书更好的了，再配上通过我的再体验而描绘出来的图像。我知道对于这项工作所做的准备是多么不充分，尽管道阻且长，我仍然坚持这样做，即使另一种可能性从来没有……

对于肤浅的人而言，它像癫狂之作。如果我没能吸收原始经验中的强大力量，它也可能已经成为一部完整的作品。在炼金术的帮助下，我终能把它们整合为一个整体。我一直都知道这些经验蕴含着一些宝贵的内容，我只知道用一种“珍视的”方式将之付诸笔尖。也就是说，我将尽最大可能把它制成书籍，并通过重新经历一切，从而绘出涌现的意象。[224]

在完成他的实验上已别无他径。

那么，缮写对荣格的意义是什么？《红书》的缮写手稿是对宗教改革前期的回归。荣格试图找回西方文化中自印刷术、印刷书时代之前、科学与宗教分裂之前、现代理性的崛起与“时代精神”的胜利之前所失去的东西。正如荣格在文中所表达的：“我必须追回自己内心中的中世纪。因为，我仅仅完成了别人心目中的中世纪。”[225]《红书》的缮写书卷不仅提出了某些主题，如对现代性和理性的批判、试图恢复符号、试图为灵魂找到合适的表达方式等，还试图在其形式上体现这些被恢复的主题，通过回到插图手稿，阐明对印刷书的批判。因此，荣格对出版问题的犹豫是在这种紧张关系及其踌躇不定中产生的。因此，通向书籍之门的书房变成了一个容器，用来容纳书籍与看得见的阐释及听得见的灵魂权威之间的不可分割的联系。

从幻觉体验到心理学

《红书》是在语言危机中出现的，同时也是在寻找与灵魂对话的合适表达方式中出现的。在荣格 1916 年以后的出版物中，他回归概念性语言试图以读者可以接受的方式来传达他在幻觉经验中的一些见解。同时，他的语言变得更加多变，带有其在文学尝试中的某些痕迹。一改《早发性痴呆或精神分裂症族群》等作品中的有序结构，意象、比喻和拟人逐渐在荣格的作品中扮演起重要的角色。一改论证逻辑，他的作品中趋于遵循一种对意象的联想型逻辑。1928 年，荣格指出，他摒弃了抽象的术语，因为对于这些曾无法触及的问题，知识性的表述是没有用的。

因此，他指出：“我对指出有可能通向这种经验的途径更感兴趣，而并非制定思想公式，由于缺乏经验，这些公式必然只是空洞的文字网。”[226] 拟人化的语言被赋予了特别的意义。1939年，荣格指出，他在他的术语中使用了拟人化的表达手法，这是因为“无意识在梦中会自发地将某些充满情感的内容人格化”。[227] 这种方法在荣格关于炼金术的作品中最为明显。1955—1956年间，他在《神秘参与》（*Mysterium Coniunctionis*）中言简意赅地指出：“概念是创造出来的，是可以商议的：意象即生命。”[228] 因此，荣格并非像他在1912年以前的作品中表现的那样只对心理现象进行远距离的描述，而是越来越多地试图通过他的写作唤起有关的经验。其作品在世界范围内引起的共鸣，在很大程度上是由想象唤起的风格特征赋予的。

1916年，荣格写了一些文章和短篇著作，其中，他试图将《红书》中的部分主题以当代心理学的语言表现出来，并对其活动的意义和普遍性进行反思。这些文章分别是“无意识的结构”（Structure of the Unconscious）、“超越功能”（Transcendent Function）（仅于1957年出版）及《无意识心理学》（*The Psychology of the Unconscious Processes: An Overview of the Modern Theory and Method of Analytical Psychology*）。《无意识心理学》是荣格与瑞士的Rascher Verlag合作出版的第一部书，自此，这家出版社便成为其毕生的合作单位。荣格与经营者马克斯·拉舍尔（Max Rascher）维持了良好的合作关系，并经常受邀为出版社出谋划策。[229]

重要的是，正是在这些作品中，他提出了其成熟心理学的主要组成部分的最初轮廓。荣格在其1911年和1914年出版的作品中，主要关注的是建立一个关于人类一般功能及对精神病理学的结构性说明。除了他早期的情结理论外，我们看到他已经提出了以下概念：由神话形象构成的系统获得的无意识，无性的精神能量，内倾和外倾的一般类型，梦的补偿性和前瞻性功能，以及对幻想的合成和建设性方法。虽然他还在详细扩展和发展这些概念，但是在这些论文中，另一个关注点开始强烈地涌现出来，即试图提供一个关于更高级发展的时间性说明，他称之为自性化过程（individuation process）。这是荣格自我实验的核心理论成果。对自性化过程的全面阐述，以及对其历史和跨文化的比较，将在他的余生中留下浓墨重彩的一笔。

11月，荣格在黑里绍（Herisau）服兵役时，写下了《超越功能》，其中他描述了激发和发展幻想的方法，他后来将这种方法称为积极想象（active imagination），并解释了其在治疗上的原理。

他指出，分析面临的一个关键问题是，在分析中获得的一种

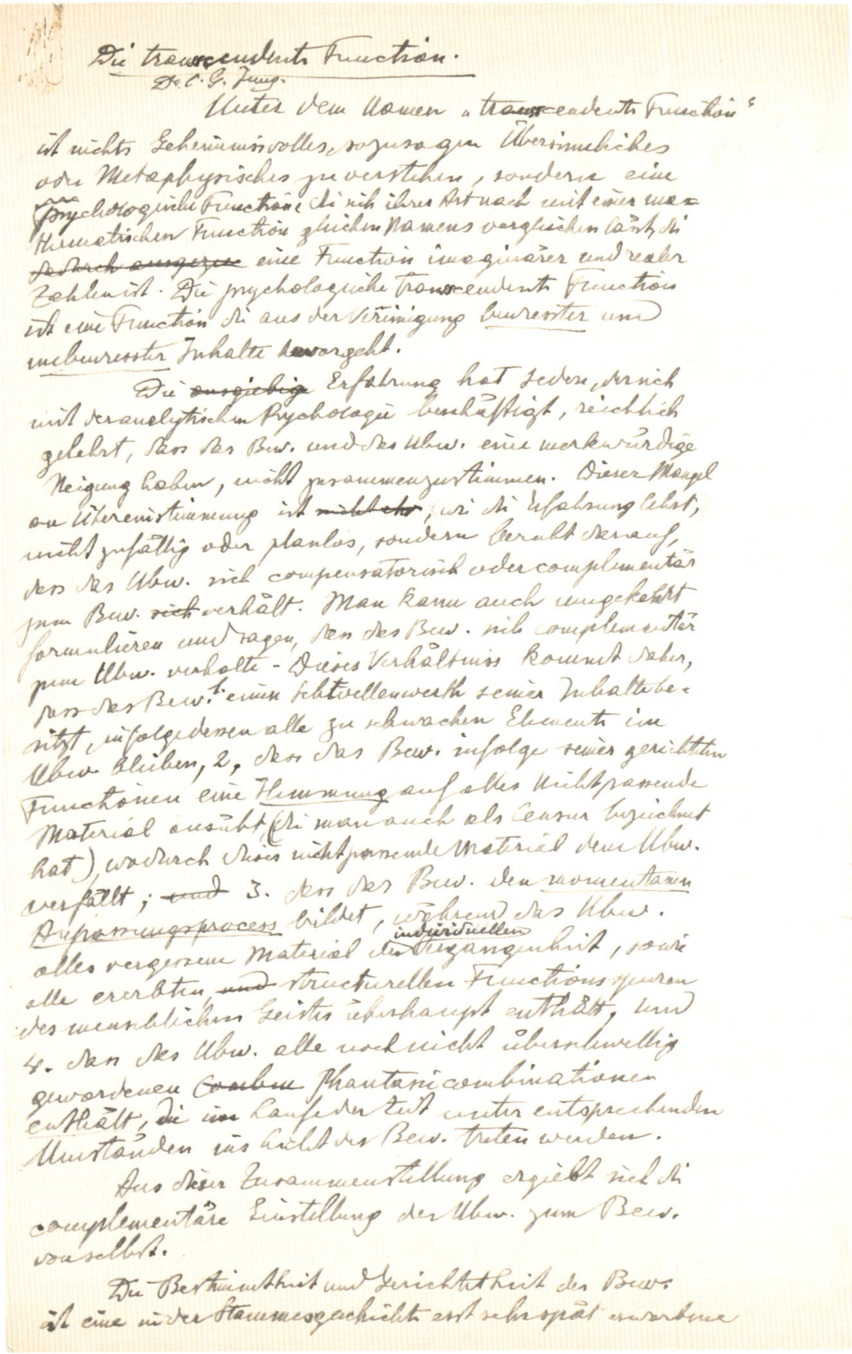
Die transcendente Function.
Dr. C. G. Jung.

荣格的“超越功能”的手稿（1916年）。本页中，荣格将“超越功能”定义为意识和无意识内容的结合，并解释了无意识与意识的互补关系。ETH-B

新态度通常会变得陈旧。因此，需要用无意识的材料来补充有意识的态度，并纠正其片面性。但由于睡眠中能量的张力很低，而梦是无意识内容的低级表达，因此，必须求助于其他来源，即自发幻想（spontaneous fantasies）。

荣格描述了他诱导自发幻想的技巧：“训练首先包括消除批判性注意力的系统练习，从而在意识中产生一个真空。”[230] 一个人开始集中于一种特定的情绪，并试图尽可能地意识到与之相关的所有幻想和联想。这样做的目的是让幻想自由发挥，而在自由联想的过程中不脱离最初的情绪。这导致了对情绪的具体的或象征性的表达，其结果是使情绪更接近于意识，从而使它更容易被理解。只要这样做，就能产生一种富有活力的效果。个体可以根据自己的倾向画画或雕刻。一旦这些幻想产生并得到体现，可以采用以下两种方法：创造性构想和理解。两者缺一不可，都是产生超越功能的必要条件，而超越功能是由意识和无意识内容的结合而产生的。荣格指出，对某些人而言，在写作中很容易注意到“另一个”声音，并从“自我”的立场去回答它：“这就好像是两个人之间的对话。”[231] 这种对话导致了超越功能的产生，从而扩大了意识。

《无意识心理学》是一部重要之作。它对集体（collective）、超主体性（suprapersonal）、绝对无意识（absolute unconscious）进行了阐述——这些术语可互换使用（后者曾被卡鲁斯使用）。荣格认为，人需要把自己与无意识分开，把无意识作为明显与自己分离的东西呈现。至关重要的是，将自我与非自我——集体心理或绝对无意识——区分开来。这种无意识的内容在《力比多的转化与象征》一书中被荣格称为典型神话

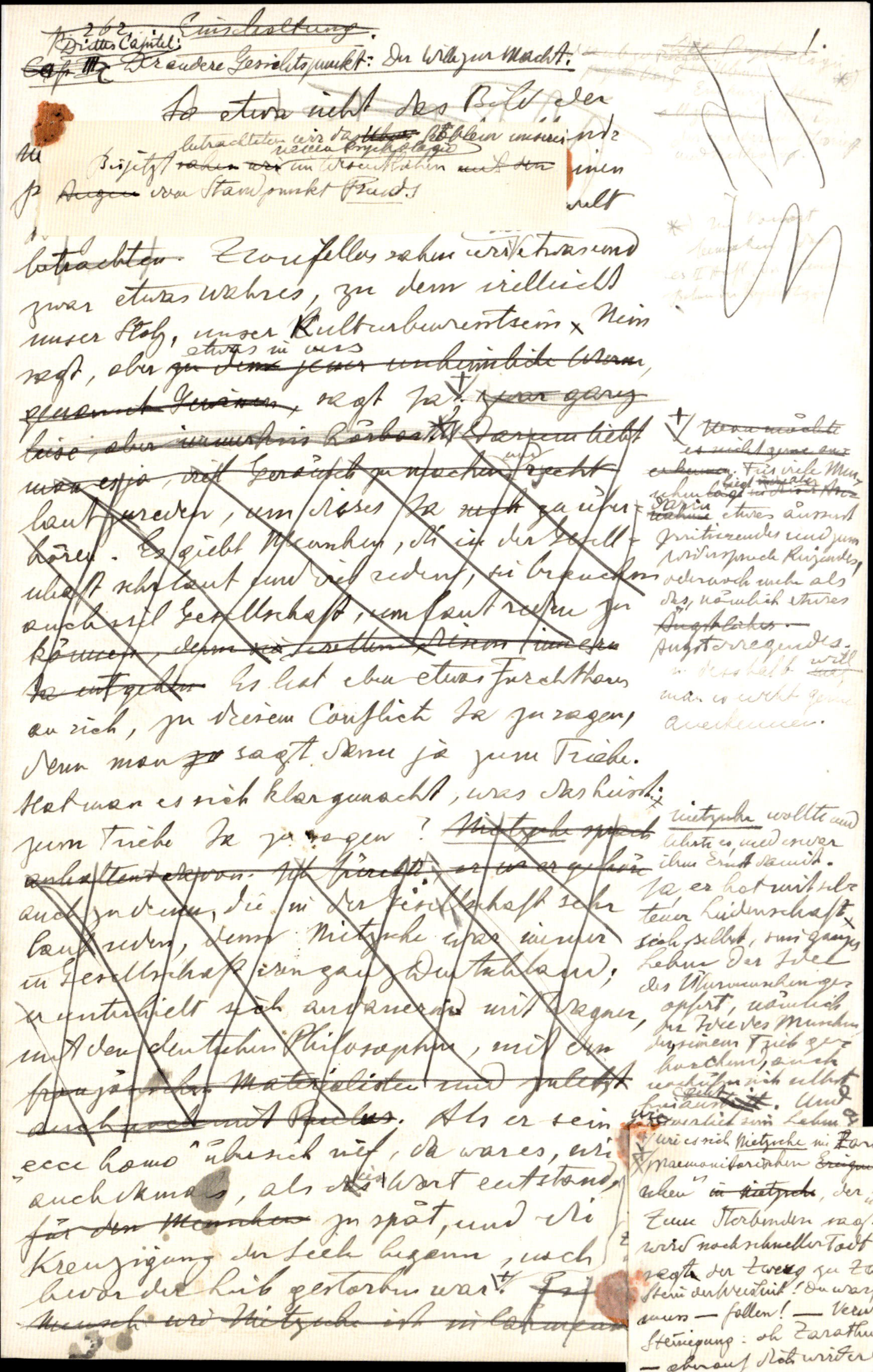
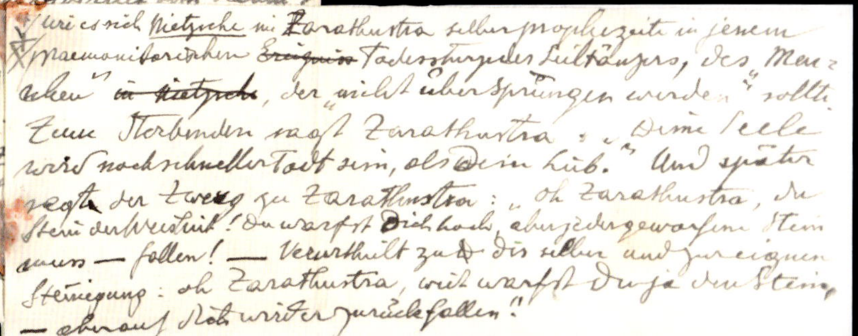

Drittes Capitel.
Der andere Gesichtspunkt: Der Wille zur Macht.

Bisjetzt betrachteten wir das Problem unserer Psychologie vom Standpunkt Freuds betrachten. Zweifellos sahen wir Wesentliches, etwas wahres, zu dem vielleicht unser Stolz, unser Kulturbewusstsein Nein sagt, aber etwas in uns sagt Ja. … Es hat aber etwas Furchtbares an sich, zu diesem Conflict Ja zu sagen, denn man sagt dann ja zum Triebe. Hat man es sich klar gemacht, was das heisst: zum Triebe Ja zu sagen? … Als er sein „ecce homo" über sich rief, da war es, … als das Wort entstand, zu spät, und die Kreuzigung der Seele begann, noch bevor der Leib gestorben war.

Nietzsche wollte und lebte es, und er war ihm Ernst damit. Ja er hat mit sehr teurer Leidenschaft sich selbst, sein ganzes Leben der Idee des Übermenschen geopfert, nämlich der Idee des Menschen, der seinem Trieb gehorchend, auch über sich selbst hinausgeht. Und …

wie es sich Nietzsche im Zarathustra selber prophezeite in jenem … Todessturz des Seiltänzers, des Menschen, der nicht übersprungen werden sollte. Dem Sterbenden sagt Zarathustra: „Deine Seele wird noch schneller todt sein, als dein Leib." Und später sagte der Zwerg zu Zarathustra: „oh Zarathustra, du Stein der Weisheit! Du warfst Dich hoch, aber jeder geworfene Stein muss — fallen! — Verurtheilt zu dir selber und zur eigenen Steinigung: oh Zarathustra, weit warfst Du ja den Stein, — aber auf Dich wird er zurückfallen!"

荣格于 1917 年创作的《无意识心理学》第三章“另一种观点：权力意志”（The Other Point of View：The Will to Power）的手稿本页中，荣格提出了这样一个问题：像尼采那样对本能说“是”意味着什么？用自己的一生去换非凡的想法，他的灵魂先于躯体死亡，正如《查拉图斯特拉如是说》中查拉图斯特拉对走钢丝者的预言一样。ETH-B

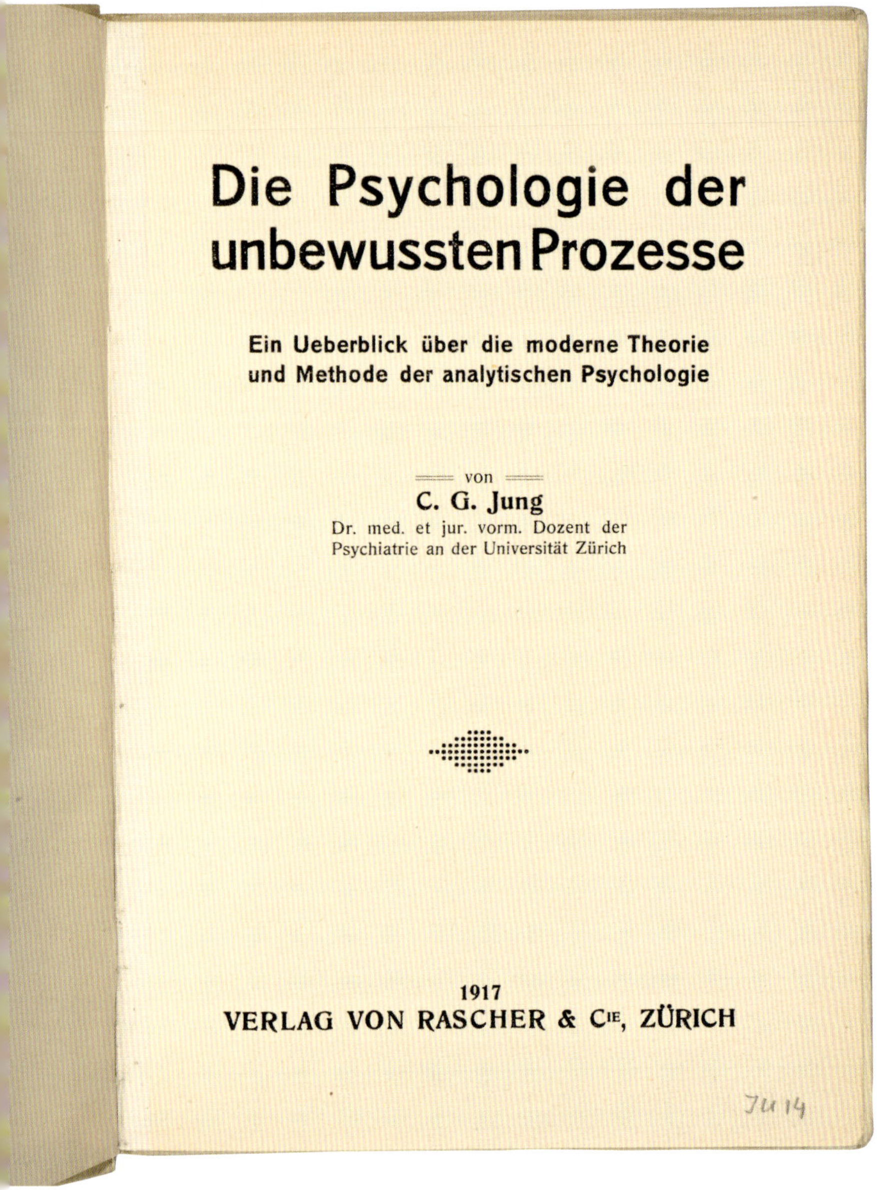
Die Psychologie der unbewussten Prozesse

Ein Ueberblick über die moderne Theorie und Methode der analytischen Psychologie

von

C. G. Jung

Dr. med. et jur. vorm. Dozent der Psychiatrie an der Universität Zürich

1917

VERLAG VON RASCHER & Cie, ZÜRICH

Ju 14

荣格于 1917 年创作的《无意识过程的心理学》的标题页。ETH-B

（typical myths）或原始意象（primordial images）。他还将这些称为“优势遗传物”（dominants），即“统治力量，也就是主导法则和规范的意象，即意象序列中的平均规律性，这是大脑从世俗过程的序列中得到的”。[232] 我们需要特别注意这些优势遗传物。特别重要的是“将神话或集体心理内容从意识对象中分离出来，并将其巩固为个人心理之外的心理现实”。[233] 这使人们能够接受我们祖先历史中被激活的遗留物。个体与非个体的区分促进了能量的释放和生命的重生。

由于集体无意识中出现的人物没有个体的起源，因此寻求联想不会有什么帮助。荣格提出，精神治疗师需要将它们“放大”，找到它们的历史意义并建立与之相似之处。1935 年，他在描述其梦境分析方法的过程中，采用下述方式解释了这一点：

> 我对待这个梦，就像对待我不能正确理解的文本一样，比如拉丁文、希腊文或梵文文本，其中某些词我不知道，或者文本以较为零散的形式呈现，我采用了语言学家的方法，这远非自由联想，或是选用一个被称为放大法的逻辑原则。这只是用于寻求相似之处。比方说，当面对一个你以前从未见过的、非常罕见的词时，你就会试图找到一个平行文本，也许是平行应用（parallel applications），其中也出现了这个词，然后你再把在其他文本的知识中建立的公式放入新的文本。如果你能使新文本整体可读，你就会说，“现在我们可以读懂它了”。这就是我们学习阅读象形文字和楔形文字铭文的方法，也是我们解读梦的方法。[234]

对荣格而言，“语言学方法”——经典的比较学术——实际上已经成为一种心理治疗技术，而且是一种将其独特的心理治疗方法与其他方法区分开来的技术。荣格的图书馆是他的分析中心的一个重要辅助工具，而且有不少轶事表明，在治疗过程中，他把手伸向书架，让书去展示与患者的幻想惊人的相似之处。一方面，尽管集体无意识的内容是自发出现的，但另一方面，精神治疗师需要借用学术知识并凭借学术能力来正确认识它们。房子、图书馆和书的门槛对进入其中的人而言，是被照亮的、交叉索引的精神入口。

1921年，《心理类型》面世，标题为海因里希·海涅（Heinrich Heine）所著《德国》（*Germany*）中的一句警语：

> 柏拉图和亚里士多德！这不仅仅是两种体系，它们是两种不同人性的类型，自古以来，在各种伪装下，它们或多或少地相互对立着。尤其是整个中世纪世界都被这种冲突困扰，该冲突一直持续到今天，构成了基督教会历史的基本内容。尽管有时打着其他名号，事实上我们谈论的也总是柏拉图和亚里士多德。幻想而神秘的、柏拉图式的天性从他们灵魂的无底深渊中透露出基督教思想和相应的符号。实用而有序的、亚里士多德式的天性从这些思想和符号中建立起一个固定的系统——教条和崇拜。最后，教会囊括了这两种天性，其中一种在神职人员中根深蒂固，另一种在修道院中扎根，但两者之间的竞争不断。[235]

《心理类型》采用了这种古老的冲突，并试图通过心理学的视角来阐明其动态性。从一开始，荣格就指出，尽管这项工作是从其临床观察中产生的，但他并不是在展示案例材料，而是在展示从案例中抽象出来的见解如何与现有知识相联系。同时，这种方法也有助于表明心理学广泛的应用领域。本书长达600页，详细讨论了大量的文献，考虑到神学、诗歌、美学、哲学、传记和精神病学领域的类型冲突。

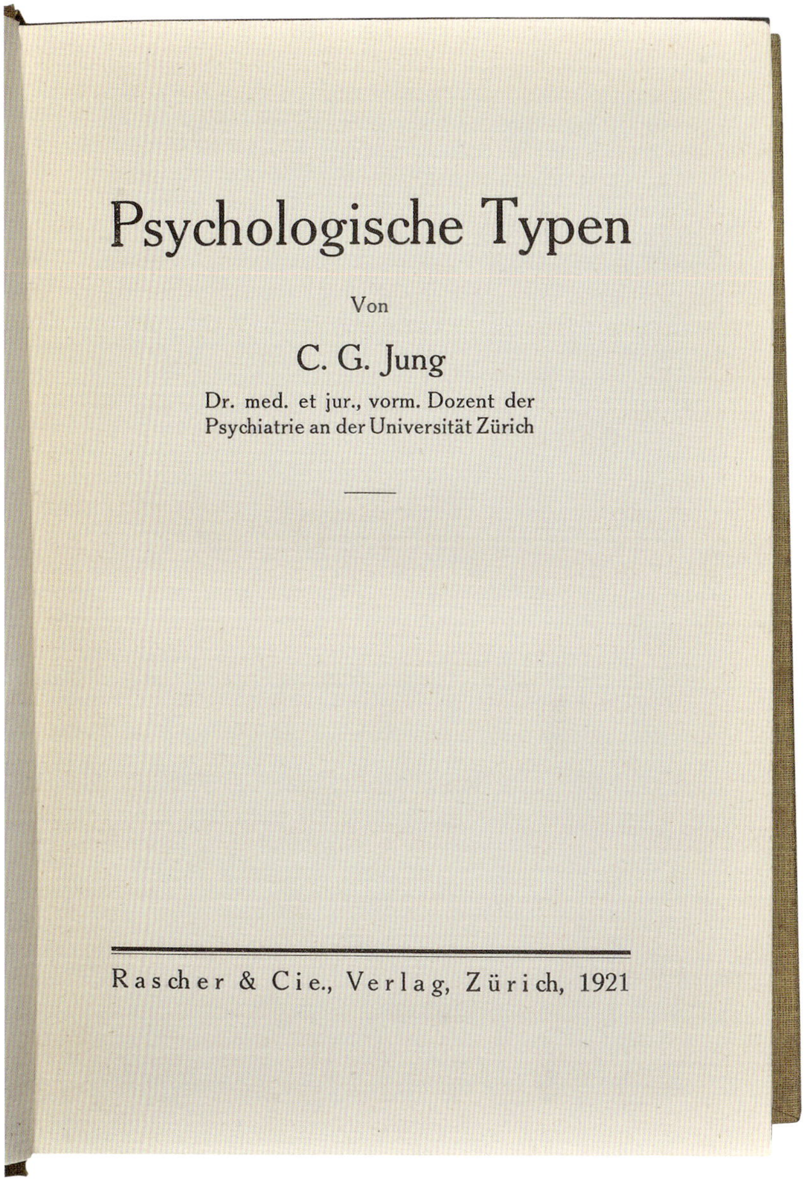

荣格的《心理类型》的标题页。ETH-B

Das Problem der psychologischen Einstellung.

Introversion und Extraversion

M.D. LL.D.

Zurich (Switzerland)

Einleitung.

Plato und Aristoteles! Das sind nicht bloss die zwei Sys

dern auch die Typen zweier verschiedener Menschennaturen,die sich,se

licher Zeit,unter allen Kostümen,mehr oder minder feindselig entgege

Vorzüglich das ganze Mittelalter hindurch,bis auf den heutigen Tag,w

chermassen gekämpft,und dieser Kampf ist der wesentlichste Inhalt de

chen Kirchengeschichte. Von Plato und Aristoteles ist immer die Rede

auch unter andern Namen. Schwärmerische,mystische,platonische Nature

baren aus den Abgründen ihres Gemütes die christlichen Ideen und die

荣格的《心理类型》手稿。该手稿的标题为“内倾与外倾”，后被划掉了，改为“心理学态度问题：情结心理学的建议”。这两个标题在出版版本中都被否掉了。海因里希·海涅的引文是在右边的排版中添加的。本页中，荣格介绍了他对两种类型存在的观察，指出正确判断一个人的类型是很困难的（CW 6，§ § 1ff.）。

对页：荣格拥有的卡尔·斯皮特勒的《普罗米修斯和埃庇米修斯》。（*Ein Gleichnis*）[Prometheus and Epimetheus:An Allegory](Jena: Eugen Diederichs 1923). 荣格给斯皮特勒寄了一本《心理类型》，但斯皮特勒对荣格的分析不以为然，在一次演讲中称，他的小说没有任何意义（《回忆、梦、思考》207）。JL

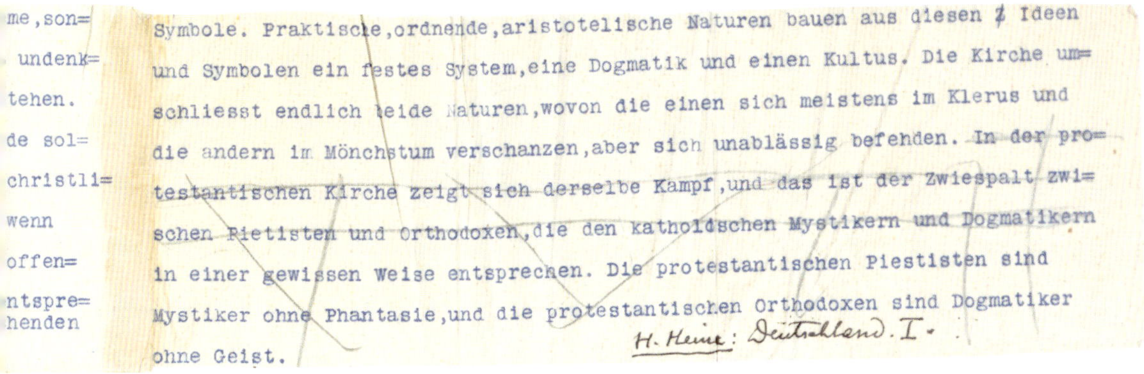

me,son=
undenk=
tehen.
de sol=
christli=
wenn
offen=
ntspre=
henden

Symbole. Praktische,ordnende,aristotelische Naturen bauen aus diesen Ideen
und Symbolen ein festes System,eine Dogmatik und einen Kultus. Die Kirche um=
schliesst endlich beide Naturen,wovon die einen sich meistens im Klerus und
die andern im Mönchstum verschanzen,aber sich unablässig befehden. In der pro=
testantischen Kirche zeigt sich derselbe Kampf,und das ist der Zwiespalt zwi=
schen Pietisten und Orthodoxen,die den katholischen Mystikern und Dogmatikern
in einer gewissen Weise entsprechen. Die protestantischen Piestisten sind
Mystiker ohne Phantasie,und die protestantischen Orthodoxen sind Dogmatiker
ohne Geist.
H. Heine: Deutschland. I.

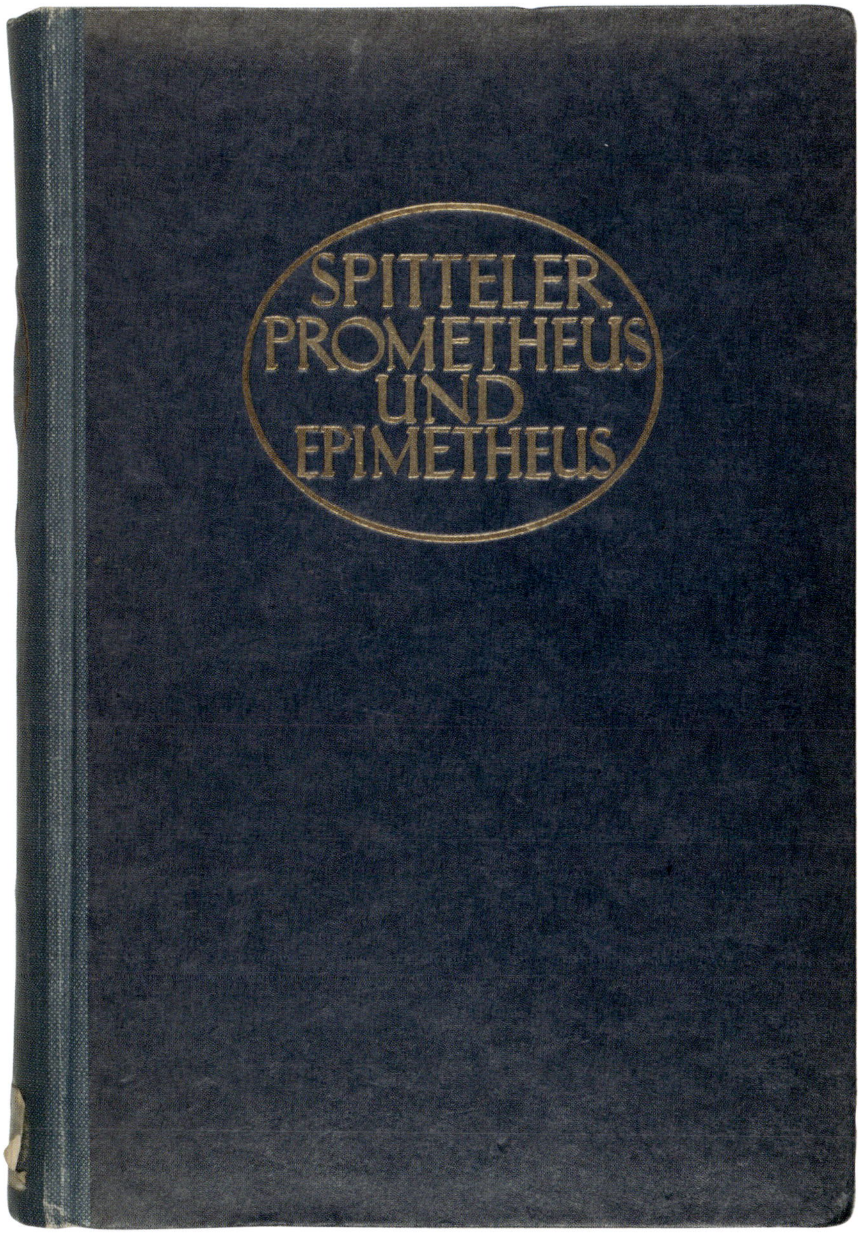

荣格从每一篇文章中都发现了恰当的描述和见解，但最终发现他们对这个问题的处理都有这样或那样的不足，并且已经成熟，可以被“客观”心理学取代。他展示了类型冲突的问题如何能解释各种历史冲突，如神学史上的唯名论和现实主义之间的冲突。在300多页的历史回顾之后，荣格才充分展示了自己的心理类型学系统及感觉、思维、感知和直觉等心理功能之间的相互作用。正如海涅所说，如果这两个不同的系统之间存在冲突，贯穿了人类历史，由西方典籍中的两个关键人物的书所定义，那么荣格就不得不对付这些文献，试图提炼出一个真正普遍的科学观点来。这位心理学家必须从对这两个系统的描述中把真正重要的东西与特异性的东西分开。荣格的分析同时有助于将心理学置于历史之中——这表明他所指出的东西一贯以这样或那样的形式出现，而如今需要被提高到一个普遍性的科学水平，而且是独立于个别研究者的类型学特性的科学之外。

其中有一章是关于诗歌中的类型问题，重点分析了斯皮特勒（Spitteler）的

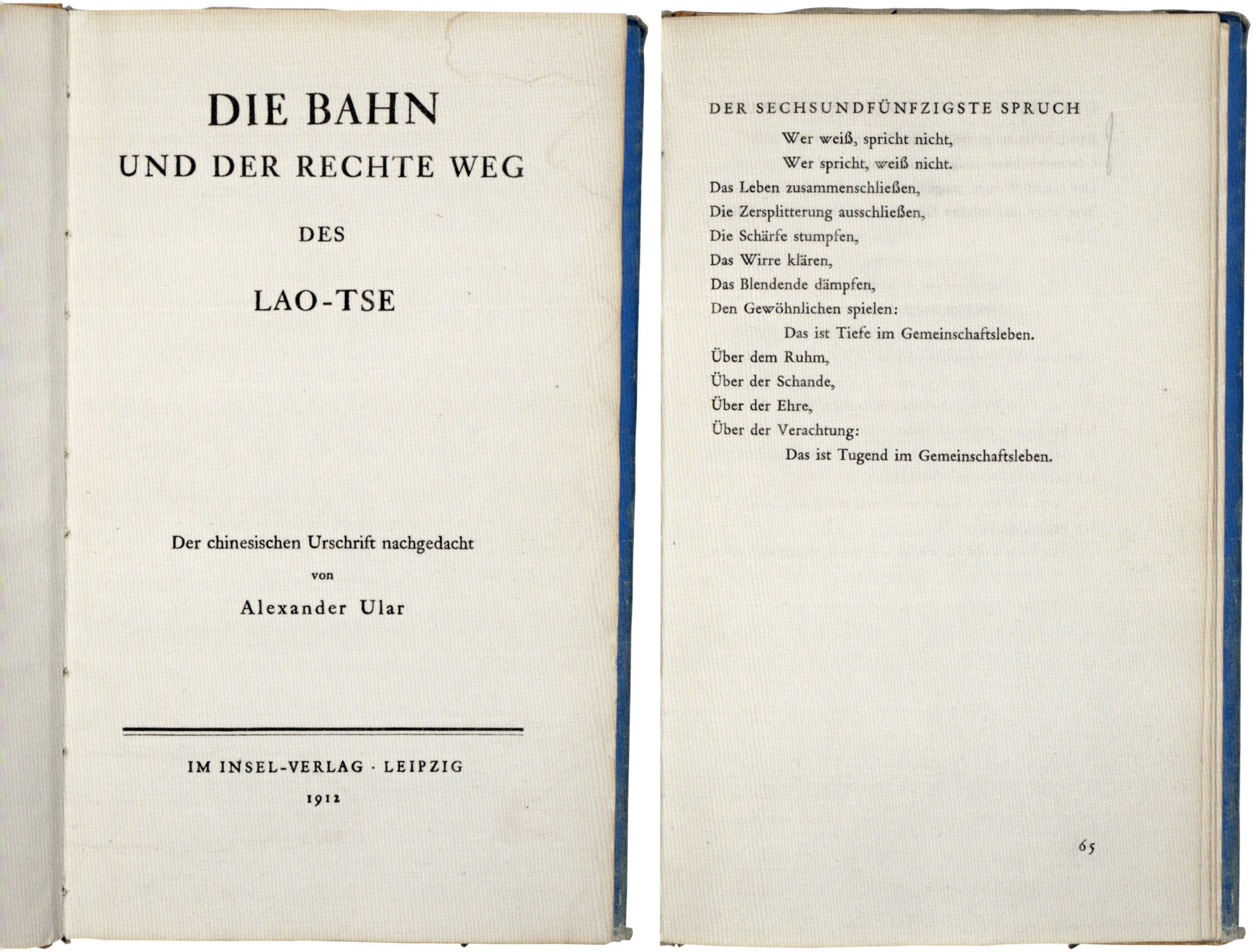

荣格收藏的《老子的道与正道》复印本（*The Path and the Right Way of Lao-Tse*）第 65 页。荣格在空白处写了这样一句话："知道的人，他不说，/ 说话的人，不知道。" JL

《普罗米修斯和埃庇米修斯》、歌德的《普罗米修斯》《奥义书》《道德经》《黑马牧人书》（*The Shepherd of Hermas*）、迈斯特·埃克哈特的布道及安吉鲁斯·西里西斯（Angelus Silesius）的诗。这里的问题不是对类型的描述，而是如何通过调和象征的出现来解决对立面的冲突——这是《红书》的核心主题。本章同时提出了对荣格在创作《红书》时所借鉴的一些资料的思考，他借此机会以一种暗示性的方式提出了其中的一些概念。

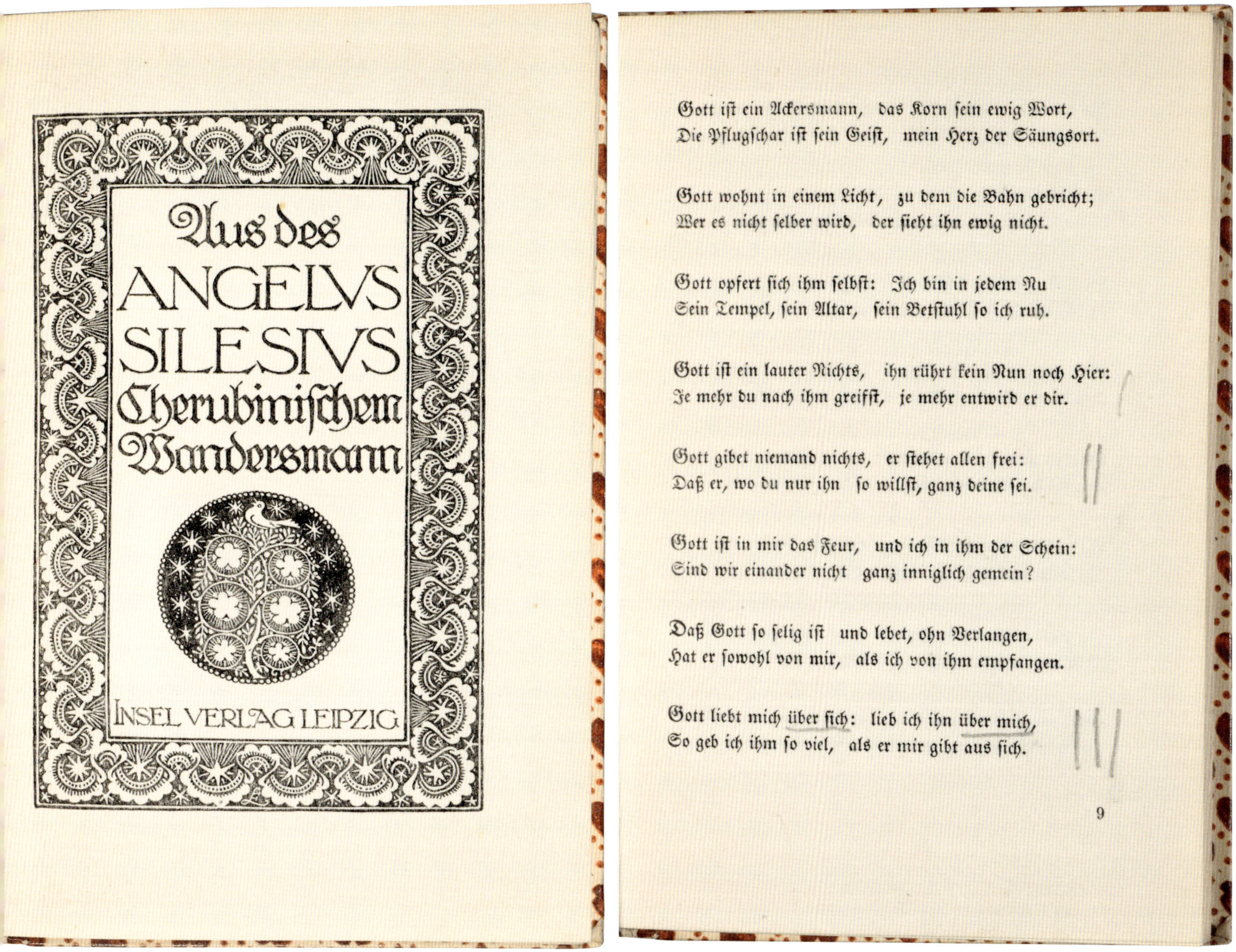

Aus des
ANGELVS
SILESIVS
Cherubinischem
Wandersmann

INSEL VERLAG LEIPZIG

Gott ist ein Ackersmann, das Korn sein ewig Wort,
Die Pflugschar ist sein Geist, mein Herz der Säungsort.

Gott wohnt in einem Licht, zu dem die Bahn gebricht;
Wer es nicht selber wird, der sieht ihn ewig nicht.

Gott opfert sich ihm selbst: Ich bin in jedem Nu
Sein Tempel, sein Altar, sein Betstuhl so ich ruh.

Gott ist ein lauter Nichts, ihn rührt kein Nun noch Hier:
Je mehr du nach ihm greifst, je mehr entwird er dir.

Gott gibet niemand nichts, er stehet allen frei:
Daß er, wo du nur ihn so willst, ganz deine sei.

Gott ist in mir das Feur, und ich in ihm der Schein:
Sind wir einander nicht ganz inniglich gemein?

Daß Gott so selig ist und lebet, ohn Verlangen,
Hat er sowohl von mir, als ich von ihm empfangen.

Gott liebt mich über sich: lieb ich ihn über mich,
So geb ich ihm so viel, als er mir gibt aus sich.

9

这本书收获了很多好评。《泰晤士报文学增刊》称赞荣格是一位伟大的作家，将他与陀思妥耶夫斯基（Fyodor Dostoyevsky）、莎士比亚和托尔斯泰相提并论。荣格的成就之处在于创作了一系列出色的对特性的研究，丰富了我们对“我们的同伴”[236]的理解。这部作品对人格心理学产生了巨大的影响，也是一部荣格在学术心理学研究中的作品。该作品对人类学也产生了重要的影响，其中，荣格强调了感知的主观性条件，从而加深了人们对文化差异的感知。[237]

荣格收藏的安吉鲁斯·西里西斯（Silesius）的《切鲁比尼克漫游者》（*Cherubinic Wanderer*）印刷本。安吉鲁斯·西里西斯是安吉鲁斯·西里修斯（Angelus Silesius）的笔名（1624—1677）。荣格将这首诗的最后一节划了出来，这节诗中写道：“上帝爱我胜过他自己：我爱他胜过我自己／所以我给了他多少，他就给我多少。”1921 年，荣格指出，艾克哈特努力表达的东西是：“安吉鲁斯·西里西斯用动人心弦的诗句唱出来，它以天真简单的方式描绘了上帝的相对性。”（CW 6，§ 432）JL

把心理学当作文学？

荣格接触赫尔曼·黑塞（Hermann Hesse）的文学作品最为深入。1916 年，荣格的助手约瑟夫·朗（Josef Lang）为黑塞进行了精神分析，二人建立了深厚的友谊。朗送给黑塞一本荣格的《向死者的七次布道》，书中的某些概念，特别是荣格对阿布拉克萨斯神的描述被黑塞运用进其小说《德米安》（*Demian*）之中。小说的主人公埃米尔·辛克莱（Emil Sinclair）遇到了马克斯·德米安（Max Demian）这个神秘人物，他从德米安那里了解到了阿布拉克萨斯。这部小说最初是以埃米尔·辛克莱为笔名出版的。朗告诉黑塞，当荣格看到这本小说时，认为其中蕴含着非同寻常的东西，但“令他感到不安的是这些东西可能出现在分析之外”。[238] 朗随后告诉荣格，黑塞写下了本书，于是，荣格写信给黑塞：

> 你的书像暴风雨之夜里射出的灯塔之光，令我为之触动。一本好书就像人之一生，必须有一个结尾。你的书有一个至善至美的结尾，书中的一切事物都终归于此，开篇所书之物再次开始——伴随着新生儿的降生和觉醒。圣母为他在寻找自己时的孤独所受孕。当外壳破裂时，她将“老去之人”带入死亡，并在新而永恒的单体中植入个体的神秘。当一个人获得新生，其母亲也将在世上一个女性的身上轮回重生。[239]

荣格意识到黑塞是如何以文学的形式提出了与自己在《红书》中相近的概念的。当他认识到这种相似性之后，继而在信中提出了一个共同的构想：

> 我可以告诉你一个关于德米安的小秘密，你便成了这个秘密的见证者，然而，关于这个秘密的含义，你却对读者避而不谈，又或许，你也对自己密而不语。对此，我可以说一些令你满意的话，但我同马克斯·德米安是朝夕相处的好朋友，他最近邀我参与他的私人事务——这是个大秘密。[240]

也许是为了听听荣格从他们共同的朋友那里了解到了什么秘密，黑塞于 1921 年 2 至 4 月期间，同荣格进行了几次分析性会谈。对于黑塞后来创作的小说《悉达多》（*Siddhartha*）和《荒原狼》（*Steppenwolf*），荣格后来提到，“在一定程度上，这些小说是我同黑塞某些谈话内容的直接或间接的结果”。[241] 实际上，很多人都将黑塞的小说视作对荣格心理学的最通俗易懂的介绍。在给荣格留下深刻印象的同时，黑塞逐渐感到自己与荣格在对艺术的理解上存在着一条难以逾越的鸿沟。正如他在后来写到的，“我开始意识到，对分析师而言，

荣格收藏的赫尔曼·黑塞的《德米安》的复印本。JL

Demian

Die Geschichte einer Jugend

von

Emil Sinclair

O. Fischer Verlag
Berlin

*

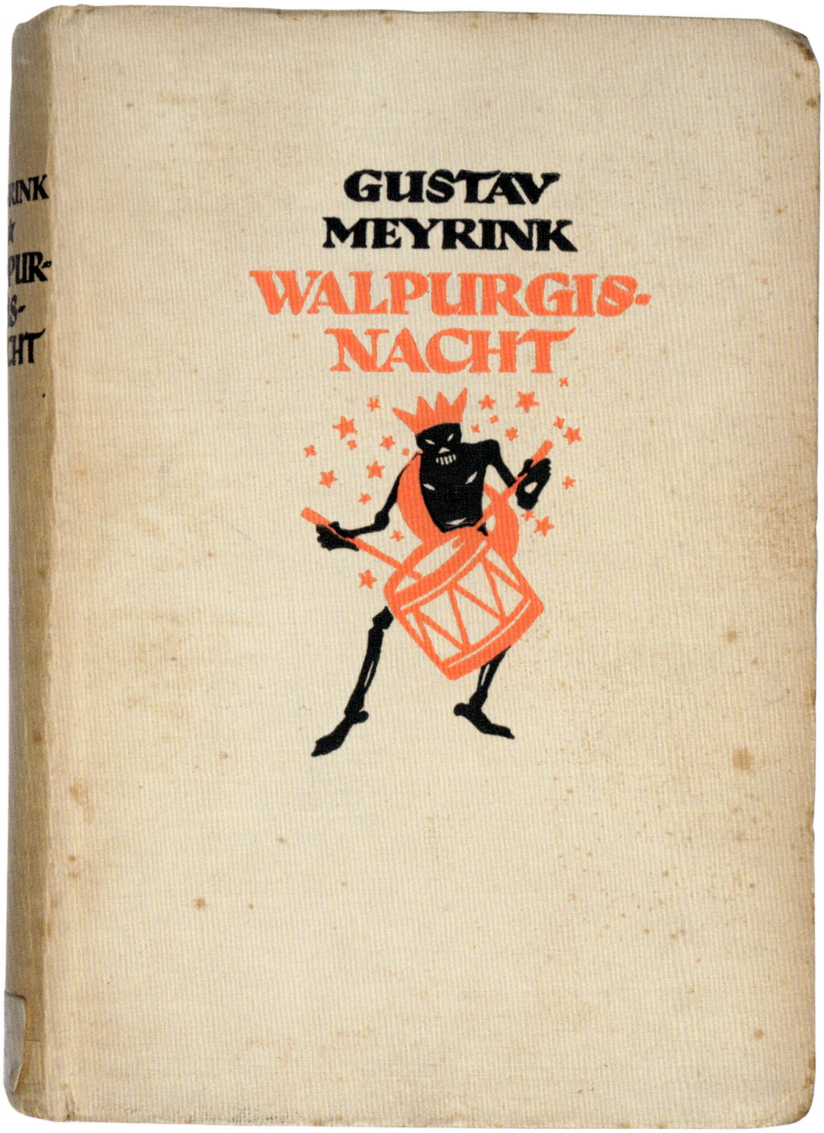

荣格收藏的古斯塔夫·梅林克的《沃普尔吉斯之夜》（*Walpurgisnacht*）(Leipzig：Kurt Wolff,1917)。小说以第一次世界大战期间的布拉格为背景，讲述了 Zrcadlo（镜子）的故事，他就像一面镜子，迫使人们审视自己的灵魂。塔迪厄斯·哈尔伯德（Thaddaeus Halberd）是一个有能力这样做的精神炼金术士，还有一对夫妇完成了“化学的婚姻”（Chymical Marriage）。JL

很难与艺术建立真正的关系：他们缺乏对艺术的感知”。[242] 在他们的分析性会谈结束的几年后，黑塞同荣格通过写信探讨了各自对艺术创造中升华作用的理解。[243]

让荣格感到亲近的另一位当代小说家是奥地利的古斯塔夫·梅林克（Gustav Meyrink）。1921 年，荣格在提到超验功能和无意识幻想时指出，在文学作品中可以找到材料经过审美阐述的例子，而且“从所有这些例子中，我想单独挑出梅林克的两部作品来引起你们的特别注意：《魔像》（*The Golem*）又译作《机器人》《戈伦》和《绿面人》（*The Green Face*）”。[244] 同年，梅林克的另一部作品《白色多米尼克》（*The White Dominican*）面世了，这部作品给荣格带来了更加强烈的印象。卡利·贝恩斯（Cary Baynes）记录了 1922 年同荣格的一次讨论：

> 在梅林克的另一本书《白色多米尼克》中，你说他使用了与你在第一次异象中看到的完全相同的象征，向你揭示了你的无意识。你还说，他曾提到过一部包含某些神秘内容的“红书”，而你正在写作的有关无意识的书，你已将其称为“红书”。[245]

《白色多米尼克》一书记叙了克里斯托弗（Christopher）的精神之旅，他寻求摆脱世界的“美杜莎的首级”（“medusa head” of the world）。“创始人”（founding father）告诉克里斯托弗，“任何人只要拥有这部朱红的书，一种不朽的植物，唤醒属灵的气息，包含拯救生命的秘密，将同尸身分离……它之所以被称为朱红的书，是因为根据中国古代的信仰，红色是那些达到至善之人的服饰颜色，这些人是为了拯救人类而留在世间”。[246]

因此，黑塞的《德米安》和梅林克的《白色多米尼克》给荣格带来了挑战——以小说的形式呈现《红书》中材料的可能性。关键是，荣格决定不这样做。如同卡利·贝恩斯提到的，“你说梅林克可以把他的材料以小说的形式表示，但你只能统帅科学和哲学的方法，而你无法将这些方法放进小说的模具里”。[247]

1922 年，荣格在位于苏黎世的德国语言文学学会（Society for German Language and Literature）上发表了题为《分析心理学与诗歌艺术作品的关系》（*Relation of Analytical Psychology to Poetic Art Works*）的论文。他首先指出，艺术实践和其他人类活动一样，具有心理学的性质，可以从心理学的角度来探讨。同时，至于艺术本身是什么，这只能从审美的角度来探讨。荣格采用了以下的比喻批评了弗洛伊德对艺术的归纳分析：“对尼采的大脑进行解剖可以让我们看到他死于何种非同寻常的麻痹症。但这与查拉图斯特拉有什么关系呢？”[248]他将这两种类型的作品进行了区分：第一类是完全出自作者的意图，可以不受弗洛伊德分析中净化方法的影响；第二类是作者主动采取的意图。后者的例子是歌德的《浮士德》的第二部分和尼采的《查拉图斯特拉如是说》。第一类作品来自作者的个人无意识，而第二类作品则来自集体无意识。在第二类作品中，创作过程包括对原型形象的无意识激活。原型在我们身上释放出比我们自己更强大的声音：

> 任何用原始意象说话的人，都会有无数种声音；他使人陶醉，令人折服。……他将我们的个人命运转化为人类的命运，并在我们身上唤起所有那些有益的力量，这些力量曾使人类在每一次危险中找到避难所，并在漫漫长夜中存活下来。[249]

创作这些作品的艺术家培育了这个时代的精神，弥补了当下的片面性。荣格含蓄地声称，伟大的艺术是源自集体无意识的艺术。尽管《红书》中充满了补偿性的原始意象，但荣格并没有把他自己的材料作为“艺术”来介绍，而是试图通过挖掘它来了解一般创造性作品中的心理学观点。荣格实际上提出了一种新的创造力与文学灵感的理论。一个伟大的艺术家就像一个媒介，他为原始意象提供声音和合适的表达。

1930 年，荣格在苏黎世大学[250]的德国文学教授埃米尔·埃尔马廷格（Emil Ermatinger）编辑的一期《哲学与文学科学》（*Philosophy and the Science of Literature*）上发表了关于心理学与诗歌的论文。在这篇文章中，荣格将他早先对分别来自个人无意识与集体无意识的艺术作品的区分细化为心理学作品和幻想作品。这些心理学作品和幻想作品的作者与“生

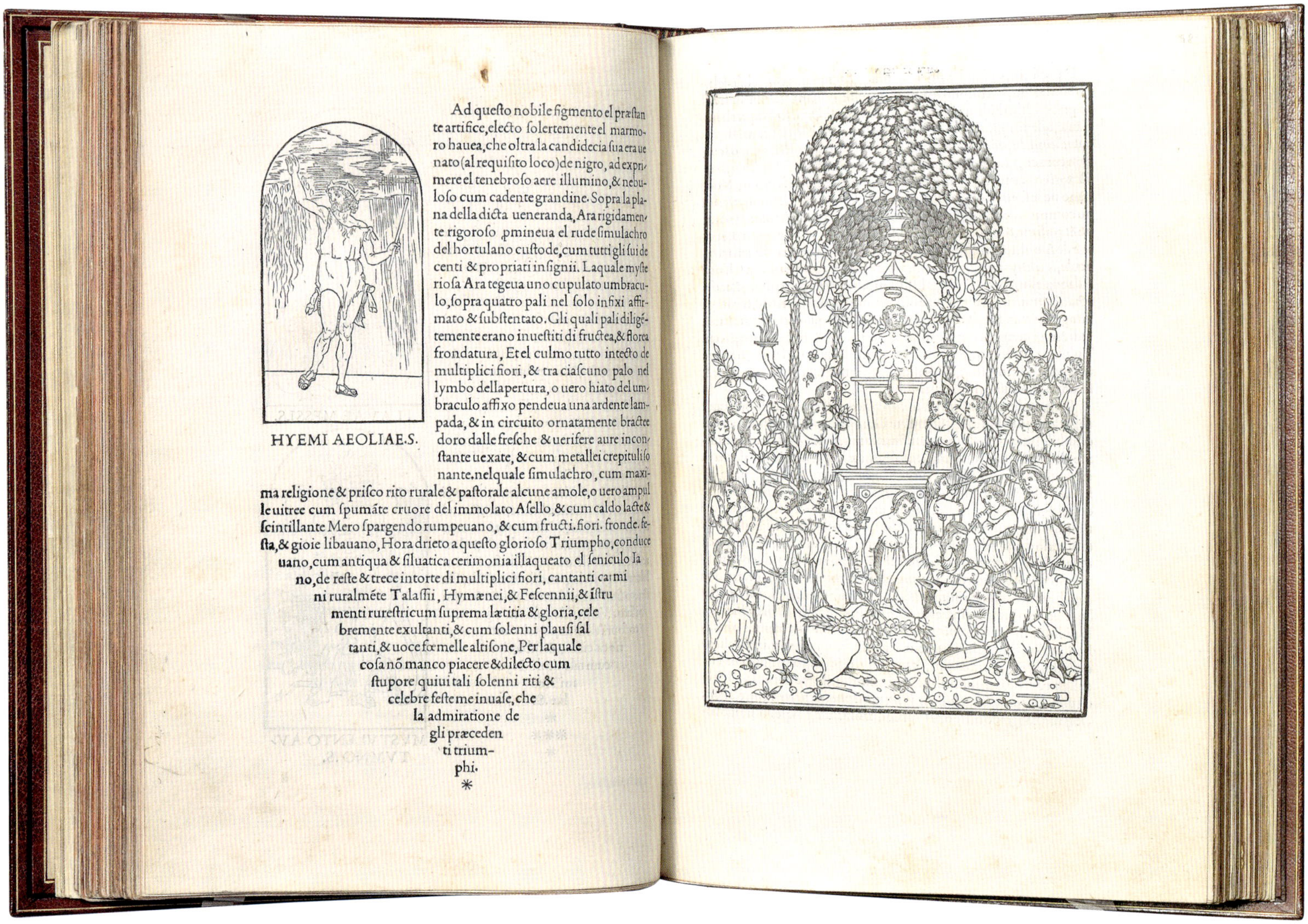

弗朗切斯科·科隆纳:《寻爱绮梦》(Venice: Aldeanuce, 1499年,第一版)。1921年,荣格读到科隆纳的作品,并“在其迷宫中迷失了方向”。后来,他对纽约摩根图书馆看到的第一版木刻板画充满了敬佩之情:“我感觉,而非认识到,越来越多的东西是我后来在研究炼金术时碰到的。”的确,我甚至不能说这本书在多大程度上使我开启了盛大的艺术之旅。……就像每一个适当的梦一样,《寻爱绮梦》也是有两面性的:它是中世纪在文艺复兴边缘的画面——两个时代之间的过渡,因此在今天具有高度的相关性。(琳达·菲尔兹-戴维:《寻爱绮梦》[New York: Pantheon,1950], CW 18, § 1749)。MBF

命的黑夜面”有联系,就像先知和预言家。[251] 他们回应了社会的心理需求。其带来的对集体无意识的证明,弥补了他们所处时代的缺陷。这类作品的例子包括荣格已经指出的一些作品和其他一些作品,如《黑马牧人书》,但丁的《喜剧》和《浮士德》的第二部分,尼采的《查拉图斯特拉如是说》,瓦格纳的《尼伯龙根的指环》,斯皮特勒的《奥林匹斯的春天》(*Olympian Spring*),弗朗切斯科·科隆纳(Francisco Colonna)的《寻爱绮梦》,威廉·布莱克的作品,霍夫曼(E. T. A Hoffmann)的《金碗》(*The Golden Bowl*),莱特·哈葛德的《她》(*She*),伯努瓦的《亚特兰蒂达》(*A'tlantide*)、库宾的《另一面》(*The Other Side*),[252] 梅林克的《绿脸》,格茨(Goetz)的《无境之境》(*Realm without Space*),以及巴拉克(Ernst Barlach)的《死亡之日》(*The Dead Day*)。在这份名单中包括了莱特·哈葛德和伯努瓦等作家的作品（而没有莎士比亚），表明了这不是西方作品集的汇编，而是西方作品新的概念。荣格后来将莱纳·玛利亚·里尔克（Rainer Maria Rilke）加入了这万神殿（pantheon）之中。“里尔克和我一样，都汲取过集体无意识的深层泉水。他是一个诗人或幻想家，我是一个心理学家和经验主义者。然而，其中也不乏少许批评：他发现里尔克是“半个行吟诗人，半个僧侣”，而缺失“肉体、重量、阴影”。[253] 荣格对深层次的未经调解和自发表达的评价使他重视某些天真烂漫的作品。他基本上远离当代文学，于 1928 年写道：“当代文学，尤其是德国文学，对我来说是精神无聊和精神折磨的缩影。”[254] 他给英国艺术史家和小说家赫伯特·里德（Herbert Read）写信说：

> 我觉得自己并不自然地被人们所谓的“文学”吸引，但我被真正的小说，即被虚构的创作所奇怪地吸引着。只要幻想不是被智力上预想的私生子强迫和屈服，它就是无意识头脑的合法和真实的后代，到目前为止，它为我提供了关于超越作家意识的事物的纯粹信息。[255]

因此，荣格发现，比起当代文学，他在通俗小说中更容易找到无意识的自发表达，其中隐含地将艺术性视为有意识意图的作用。

1932 年，荣格被授予新设立的苏黎世州立文学奖。正如他对一位记者所说，这意味着“我在自己的国家不再是一个预言家。一个充满希望的预言家的职业生涯被画上了一个可悲的句号。当一个人失去了一个完美的抱怨理由时，总是感到悲哀”。[256]

1933 年，托马斯·曼（Thomas Mann）移居瑞士，定居在库斯纳特，离荣格居住的地方很近。荣格很敬仰曼，曼是卡尔·凯伦依的好朋友，但他对曼有一种奇怪的矛盾心理，这使他退缩了。虽然他认为曼有着很高的文化修养和惊人的洞察力，但他觉得曼在生活中并没有体现出这一点。荣格觉得，曼就像一个南美的吸血鬼，可以把他吸干。[257] 让人遗憾的是，由于缺少对曼的洞察力的更进一步观察，致使荣格对其留下了虚幻印象。[258]

荣格深入触及现代主义文学是通过同詹姆斯·乔伊斯的接触。1919 年，乔伊斯的捐助人伊迪丝·洛克菲勒·麦考密克（Edith Rockefeller McCormick）请乔伊斯参与荣格的精神分析，并解释说她会为此付款，但乔伊斯拒绝了。他在《芬尼根的守灵夜》（*Finnegans Wake*）中隐晦地提到了这件事，写道：

> –你有介于专家自恋和精神错乱之间的同性恋式的对共情的投注。给你自己去做精神分析吧！
>
> –哦，求求你，我不想从你们那里得到任何专家式护理下产生的共情，我可以随时让自己尽情愉悦（你们所有人终将竹篮打水一场空！），我不会受你们的影响，也不受任何其他游手好闲之徒的滋扰。[259]

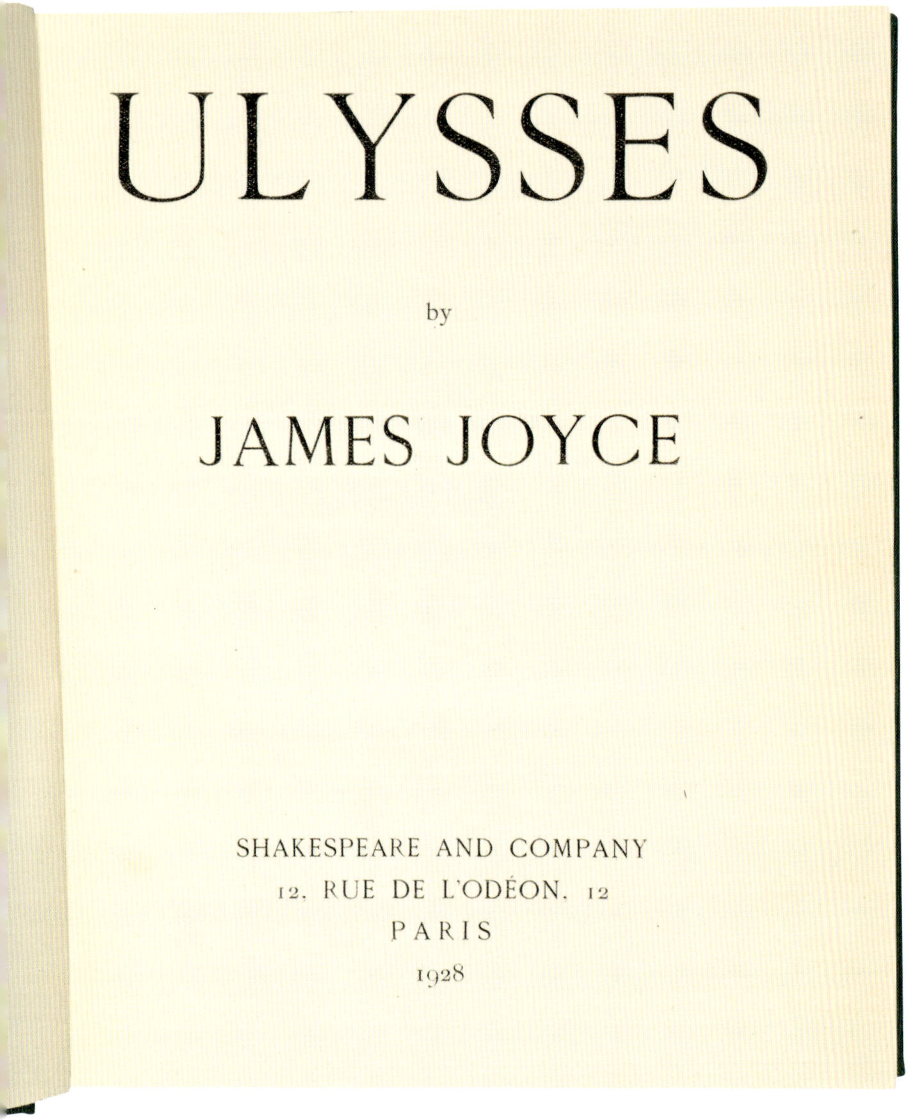

荣格收藏的乔伊斯《尤利西斯》的复印本。JL

1930 年，出版商丹尼尔·布罗迪（Daniel Brody）听了荣格题为“作者的心理学”的演讲（大概是他的“心理学与诗歌”的另一个版本），他认为荣格很像在说乔伊斯。布罗迪请荣格为斯图尔特·吉尔伯特（Stuart Gilbert）的《詹姆斯·乔伊斯的〈尤利西斯〉》的译文写一篇序言。荣格同意了。这篇序言非常关键，布罗迪把它送给了乔伊斯。乔伊斯认为这是对他的一种敌意又粗鲁的攻击，但希望能将之出版。乔伊斯对一位通讯员说：“他在读《尤利西斯》时似乎从头到尾都没有一丝笑容，在这种情况下，唯一的办法是换酒。[260] 荣格随后将序言中的措辞改得平和了一些，并以“尤利西斯：一段独白”为名发表在一个期刊上。这篇文章略带讽刺，是荣格写过的最不寻常的文章之一。他没有像一个客观的心理学家那样对待这部作品，而是写下了他的主观反应，他在一段话的开头写下了配得上法国先锋派作家雷蒙·格诺（Raymond Queneau）的组诗，旨在可让读者按任何顺序阅读：[261]

> 这本书也可以倒着读，因为它没有后面也没有前面，没有上文也没有下文。一切都可以轻而易举地发生在之前，或者可能发生在之后。你可以倒着读任何一段对话，因为你不会错过插科打诨的重点，同样令人愉快。每个句子都在讲笑话，但放在一起就没有什么意义了。你也可以在一个句子的中间停下来——前半部分仍然有足够的意义，或者至少看起来有意义。整部作品像一只被切成两截的虫子，它可以根据需要长出一个新的头或新的尾。乔伊斯思想的这一奇特神秘的特征显示出他的作品适合冷血动物，特别是蠕虫家族阅读。如果蠕虫被赋予了文学的力量，它们会用交感神经系统来写作，因为它们缺乏大脑。我怀疑这种情况发生在乔伊斯身上，我们这里说的是关于本能思考的例子，大脑活动受到严重限制，被限制在感知过程中。[262]

在《尤利西斯》中，荣格接触到“世界上徒劳和低劣的摩诃婆罗多”（a mahabharata of the world's futility and squalor），[263] 发现他的神经症患者的抱怨和精神分裂症的语言都有一个非常熟悉的回声（familiar echo）。荣格指出，“每当我读《尤利西斯》时，我的脑海中就会浮现一幅由卫礼贤出版的中国画，画中的瑜伽士正在冥想，他的头顶上长出五个人形，每个人的头顶上又长出五个人形”。[264] 由于艺术家是他们那个时代“精神的秘密”无意的代言人（unwitting mouthpieces），荣格觉得，《尤利西斯》取得了成功，因此他不得不对乔伊斯进行评论。这部作品不符合荣格的任何美学范畴；相反，他认为它破坏了意义和美的标准，并呈现一种“感觉的萎缩”（atrophy of feeling）。他怀疑这可能是对我们这个时代的多愁善感的一种补偿，这个问题他留给未来去判断。乔伊斯在 1914 年至 1921 年期间一直在创作《尤利西斯》，这时是荣格创作《红书》的关键时期。在《尤利西斯》中，荣格仿佛看到了亚里士多德对他一直深耕的神秘主义的嘲弄与扬弃。在 1934 年的一次研讨会上，他将《尤利西斯》中缺乏象征主义归因于乔伊斯没有正视材料，而是与之保持一致。换言之，乔伊斯没有像荣格那样参与其中。[265]

荣格与乔伊斯的交往并没有就此结束。1934 年，乔伊斯不情愿地把他的女儿露西娅送到荣格那里，并把她转到库斯纳赫特的布鲁纳疗养院。[266] 荣格与她一起工作了大约四个月，在此期间，他请卡利·贝恩斯陪伴她并对她进行观察。卡利·贝恩斯的公寓就像苏黎世的外籍人士的沙龙，乔伊斯和他的妻子经常来这里。[267] 尽管最初有了一些改善，但荣格最终并没有在露西娅早期的医生之后有什么进展。1934 年 12 月，荣格与乔伊斯讨论了他女儿的问题。当荣格指出她诗中的精神分裂症的元素时，乔伊斯却反驳说这是一种新文学的预言。荣格后来说，乔伊斯和露西娅“就像两个人到了河底，一个掉下去，另一个跳下去”。[268] 荣格给帕特里夏·哈钦斯（Patricia Hutchins）写道：

> 她绝对是他的“灵感女神”，这就解释了他为什么顽固地不愿意承认她患有精神疾病。他自己的阿尼玛，即无意识的心理，与她是如此牢固地联系在一起，以至于承认她有精神疾病就是证明自己同样患有潜在的精神疾病。他的“心理风格”绝对是精神分裂症，但不同的是，普通患者无法控制自己以这样的方式说话和思考，而乔伊斯是自愿的，而且是用他所有的创造力供其发展，这就解释了为什么他自己没有越界，他的女儿却越界了。因为她不像她父亲那样是个天才，而只是个疾病的受害者。[269]

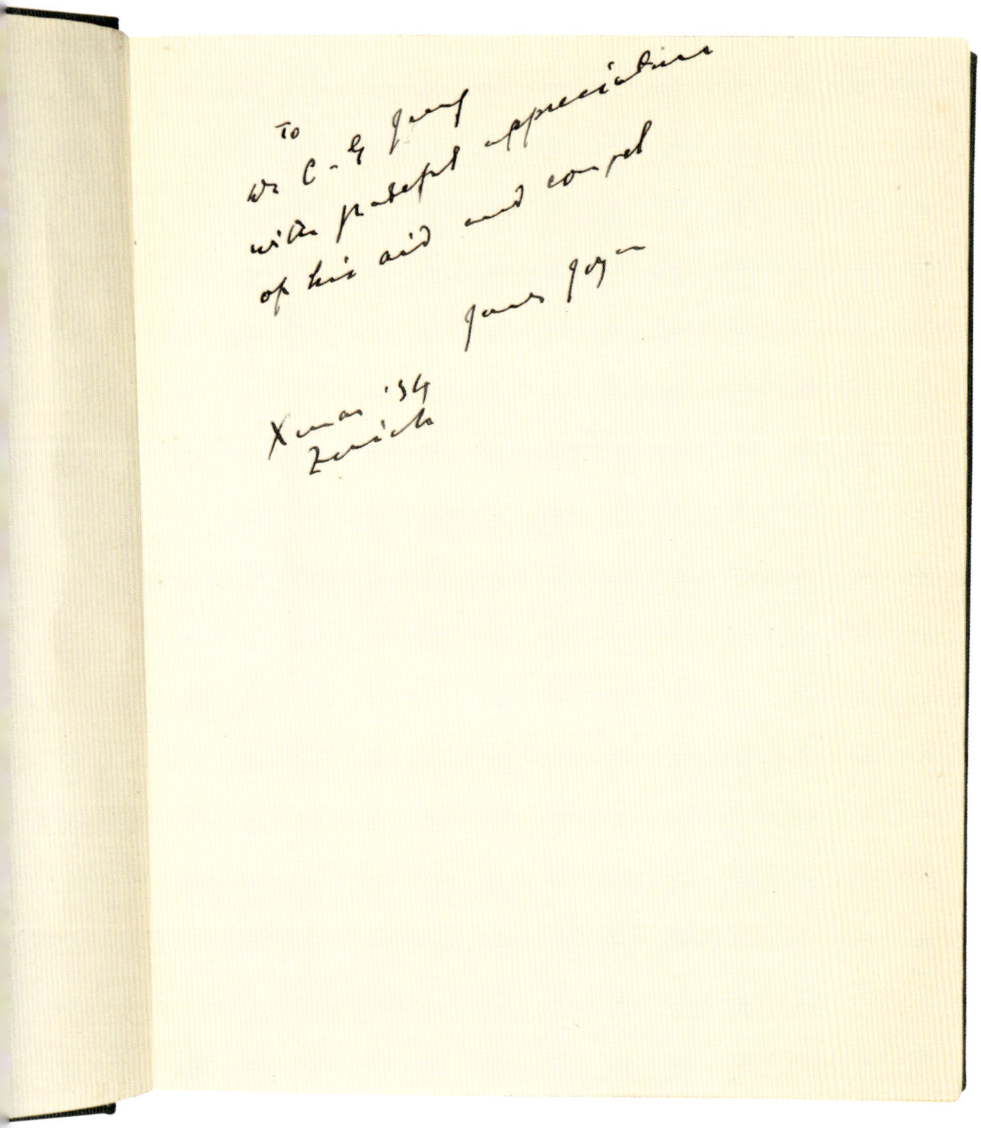

乔伊斯在他的《尤利西斯》的印刷本中写给荣格的献词。JL

对页：荣格对谈及奈瓦尔的笔记手稿。本页中，荣格提出了一些奈瓦尔的梦境及对其的解释。ETH-B

令人震惊的是，至于乔伊斯对荣格阅读《尤利西斯》的看法，乔伊斯在给荣格的书中题写了献词：致荣格博士。感谢他的帮助和建议。Xmas'34. 詹姆斯－乔伊斯。

1945 年，在苏黎世心理学俱乐部的一次谈话中，荣格对“疯狂与创造力的关系”这一主题进行了拓展。讨论的核心是法国浪漫主义诗人热拉尔·德·奈瓦尔（Gérard de Nerval）（1808—1855）[270] 的长篇小说《奥雷利亚》（*Aurélia*）。荣格对梦境和幻觉经历的描述非常有名，因此他对《奥雷利亚》感兴趣也就不奇怪了：

> 我们的梦是第二生命。我从未能够穿透那些将我们与无形世界隔开的象牙或角质的大门而不浑身发颤。我们的睡眠起初是死亡的意象；一种朦胧的麻木感笼罩着我们的思想，我们不可能确定“我”何时在另一种形式下继续生存的任务。一个模糊的地下洞穴慢慢变亮了，那些生活在边缘地带的苍白、严肃的不动的形象从阴影和夜色中脱离出来。然后，画面出现了，新的光亮照亮了这些奇怪的幽灵，并赋予它们片刻生机。精神世界在我们面前展开。[271]

奈瓦尔以斯威登堡的幻觉、阿普列尤斯（Apuleius）的《金驴记》（*The Golden Ass*）和但丁的《喜剧》为范本，在《奥雷利亚》中描述了“一场完全发生在我灵魂深处的重病”。[272] 这部作品适用于心理传记式的阅读方式。荣格在演讲开始时说，他旨在让他的听众能够读懂这本书。他拥有本书的三本印刷本，其中两本有注释，一本是法文，另一本是德文译本（由阿尔弗雷德·库宾绘制）。通过奈瓦尔的象征主义，荣格又回到了熟悉的领域。在他的演讲中，他用法语阅读了奈瓦尔的《奥雷利亚》的节选，并对其进行了评论。

21 III 1942

Gérard de Nerval.

G. d. N. Pseudonym von G. de Labrunie geb. 23 V. 1808, gest. 25 I 1855. „Vers dorés", schöne lyrische Gedichte. Übersetzte Gedichte von Klopstock, Goethe und Heine. 1828 Faustübersetzung. „Loreley, Souvenirs d'Allemagne". 1848–50 Scènes de la vie Orientale – 1855 Le rêve et la vie. posthum. 1852–3 Aurelia. Auf seinem Leichnam gefunden. Suicid in kalter Jannarnacht, in Gässchen, urspr. rue de la Tuerie genannt. Am Eingang des Gasse Antiquitätenladen mit Mumie. Am Canalgitter aufgehängt mit Corsettschnur.

Aurelia: Anfang: Le Rêve est une seconde vie.

Ubw: „C'est un souterrain vague qui s'éclaire peu à peu, et où se dégagent de l'ombre et de la nuit les pâles figures immobiles qui habitent le séjour des limbes. – . . le monde des Esprits s'ouvre pour nous. p. 26–28

Intermezzo in Italien. plötzlicher Libidoentzug. Zusammentreffen mit A. p. 30–32.

p. 8. Traum: Expos. Sein vergangenes u. jetziges Leben.
Schürzung d. Knotens: Sucht seinen Raum. Verirrt sich.
Peripetie o. Katastrophe: Absturz des Daemons im Innenhof. (galéries centrales!)
keine Lysis.

Daemon: teintes vermeilles. Flügel von 1000 Farben. Cauda pavonis (continet omnes colores) Übermenschlich gross. Eros o. Feuer. Selbst, das ihn enthält.

Der Träumer zieht sich aus seinem Leben zurück, das ist zugleich eine Katastrophe für das Selbst, welches im Innenhof gefangen bleibt. Es kann sich nicht mehr entfalten wie die cauda pavonis. Engel der Melancholie = Geisteskrankheit senkt sich auf ihn. p. 9 → 32

nach dem Traum. Gehoben wegen Annäherung des Ubw, wie früher. Vorahnung des Todes. Orient = Deutschland, wo oft, wenn etwas verrückt. Land des Ubw. Stern seines Schicksals, Fixpunkt, Ziel. Halt am Dreiweg = Hekate, will nicht weiter, bleibt bei der Antike: Warum Apostel: Auseinandersetzung mit dem Christentum. Heiden. Standpunkt „Je n'appartiens pas à ton ciel! Dans cette étoile sont ceux qui m'attendent. Ils sont antérieurs à la révélation. Auch Aurelia dabei. Romanmotiv: Aug. Fest u. théras gamos.
Sein Ziel die antike Welt. (Faust class. Walpurgisnacht. Tannhäuser Venusberg. Alchemie: Poliphile, Hof der Venus. 7. Götter.

他对这些材料如此投入，以至于在读完这些节选的内容后，还经常用法语谈论。[273] 对荣格而言，奈瓦尔的小说中描写了冥界，一个坠入无意识的过程，但结局并不太好：奈瓦尔上吊自杀。荣格对其演讲进行下述评价：

> 这个梦的开端尤为值得注意，那是一个关于宏伟建筑和坠落的折翼魔鬼的梦。这个梦没有分裂。魔鬼代表着自性，它不再拥有能舒展羽翼之所。梦前出现的灾难性事件是阿尼玛在“une personne ordinaire de notre siècle”（我们这个世纪中的普通人）中的投射，诗人无法与之完成神秘主义的工作，因此抛弃了奥雷利亚。从而，他失去了自己的“立足点”（pied à terre），集体无意识乘虚而入。他患上精神疾病的经历是对原型形象的极大程度的描绘。在他患上精神疾病之时，真正的奥雷利亚似乎已经死去，因而，他将无意识同现实联系起来，与此同时，同化原型内容的最后时机也失去了。[274]

因此，荣格将《奥雷利亚》作为一个警世故事，来告诫内在旅行中可能出现的错误。

荣格对文学的观点对文学研究产生了影响；1934年，英国古典主义学者、文学评论家莫德·鲍特金（Maud Bodkin）（1875—1967）[276] 出版了一部有影响力的著作《诗歌中的原型形式：想象的心理学研究》。由于接近主题文学批评，荣格的作品也在加拿大文学批评家诺思洛普·弗莱（Northrop Frye）的原型批评中发挥着重要作用。

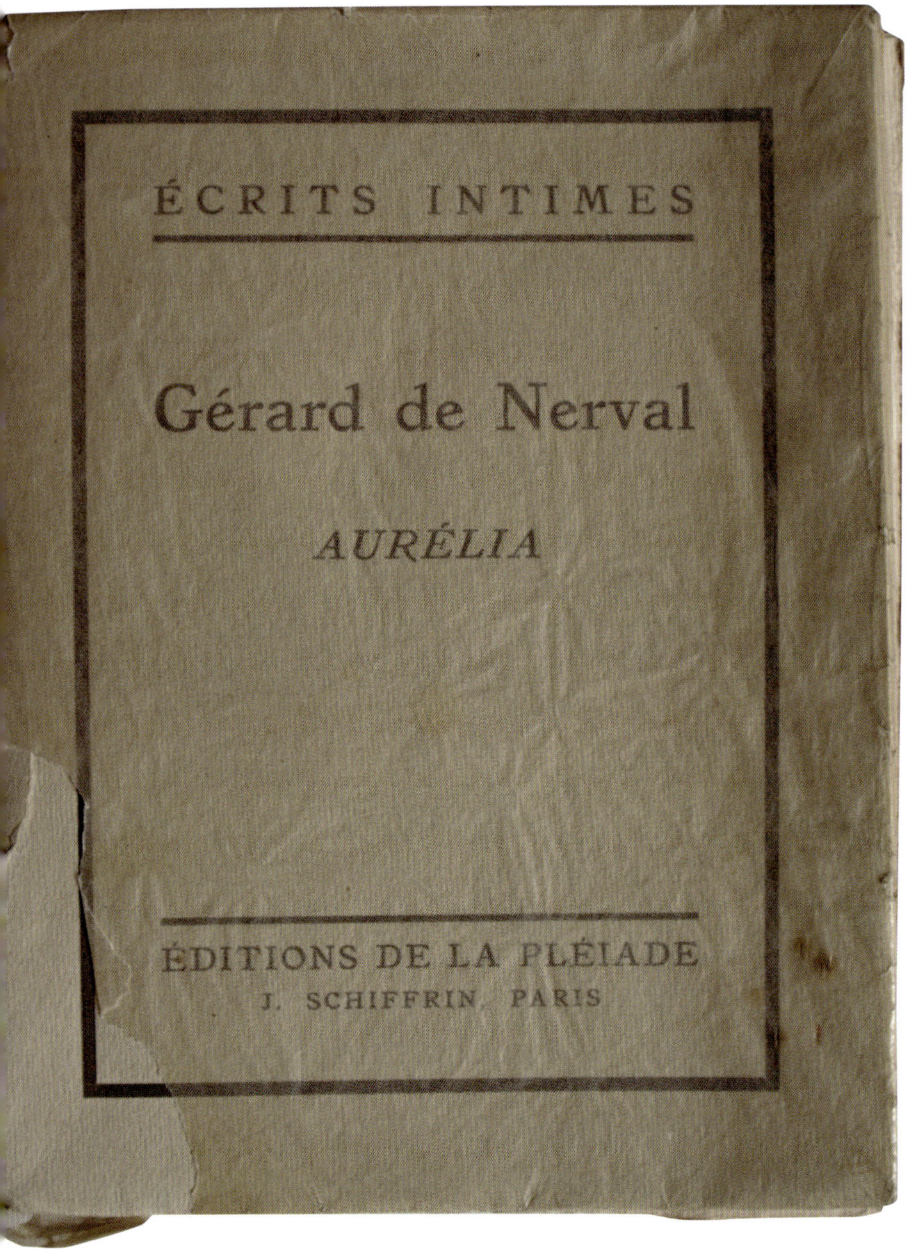

荣格收藏的奈瓦尔《奥雷利亚》的复印本。JL

对页：荣格《红书》中的黄色城堡曼陀罗，第 161 页。当他在《太乙金华宗旨》中匿名转载时，荣格将中心图像比作北京的皇城、《启示录》中的天国耶路撒冷和印度教中默鲁山上的梵天之城。关于这幅画，见 John Peck，"The Visio Dorothei: Desert Context, Imperial Setting, Later Alignments: Studies in the Dreams and Visions of Saint Pachomius and Dorotheus,Son of Quintus," Diploma Thesis,C.G.Jung Institute(Zurich, 1992),183-85.

朝向东方

20 世纪 20 年代，正如《黑书》中所记录的那样，荣格活跃的想象力减少了，但他继续从事将文本转录进缮写卷中的工作。1928 年，他创作着一幅黄色城堡的画作。[277] 在他看来，这幅画别有一番中国特色。与此

1928. als i. dieß bild malte / welch' das goldene wohlbewehrte schloß zeigt / sandte mir Richard Wilhelm in Frankfurt d- chinesisch- / tausend Jahr alt- text vom gelb- schloß / d- keim d' unsterblich- körpers. ecclesia catholica et protestantes et seclusi in secreto. aeon finitus.

荣格收藏的卫礼贤、荣格：《太乙金华宗旨》(*The Secret ofthe Golden Flower: A Chinese Book of Life*)。JL

同时，他从卫礼贤那里收到了一本《太乙金华宗旨》(*The Secret of the Golden Flower*，又译作《金花的秘密》)，后者邀请他为本书撰写一篇心理学评论。如今，人们对卫礼贤印象最深的是他对《易经》的翻译，他在将中国思想引入欧洲和美洲方面发挥了关键作用。

卫礼贤被称为“中国内在世界的马可波罗”。[278]

1899 年，卫礼贤以传教士的身份来到中国，但很快就对学习中国文化和宗教充满了浓厚的兴趣。1911 年，他遇到了劳乃宣先生，并跟随他学习，1913 年，二人开始翻译《易经》；劳乃宣也开始创作这部作品的中文版本。1924 年，卫礼贤返回法兰克福，次年，成立了一个中国研究院。他于 20 世纪 20 年代早期，在赫尔曼·凯瑟琳创办于达姆斯塔特(Darmstadt)的“智慧学校”与荣格相遇，1923 年，荣格邀请他在心理学俱乐部演讲。

荣格为卫礼贤送给他的一些文本的图片、他本人正在创作的画作及文中的一般概念之间的相似之处所震撼。他在缮写卷中为这幅画写下如下说明：

> 当我在画这幅画时，画面展现了一个坚不可摧的金色城堡，卫礼贤从法兰克福向我寄来了这本关于金色城堡、这不朽之躯的中国千年文献。Ecclesia catholica ct protcstantes et seclusi in secreto. Aeon finitus.(神秘的天主教和新教的教堂。一个时代的结束。)[279]

在 1938 年版的序言中，荣格谈到他读到《太乙金华宗旨》是多么具有决定性的意义：

> 自 1913 年以来，我一直在研究集体无意识的过程，并得到了在我看来在多

个方面值得怀疑的结果。这些结果不仅远远超出了“学术”心理学所知道的一切，而且还超越了任何医学、纯粹的个人心理学的界限。它们使我面对着一个广泛的现象学，迄今已知的类型和方法不能再适用于它。根据15年的努力，我得出的结论似乎没有结果，因为结论本身没有得到比较的可能。我不知道，通过什么人类经验的领域，让我在一定程度上相信我的发现。我必须说——这些唯一的类比——它们在时间跨度上相去甚远——被发现散落在异教研究者的研究报告中。这种联系丝毫没有减轻我的任务；相反，它令任务变得复杂，因为诺斯替教系统中只包含一小部分直接的精神体验，而大部分的是推测和系统化的校订。由于我们只拥有很少的完整文本，而且大部分已知的内容来自基督教反对者的报告，至少可以说，我们对这种奇怪而混乱的文献的历史和内容了解不足，而这种文献又是如此难以评估。此外，考虑到我们与那个时代至少相隔1700～1800年的事实，来自这方面的支持对我来说似乎异常冒险。同样，这些联系大部分是附属性的，在最重要的地方却留下空白，因此，我发现不可能运用诺斯替教的材料。

卫礼贤给我寄来的文本帮助我脱离了这一困境。其中包含的内容正是我长期以来在诺斯替教中徒劳无功地寻找的。因此，该文本为我提供了一个喜人的机会，至少以临时形式发表了我调查的一些主要的结论。[280]

在对《太乙金华宗旨》的评论中，荣格第一次写到了曼陀罗的意义，并匿名展示了他自己在《红书》中的三幅画，作为欧洲曼陀罗的例子，还进行了评价。荣格后来回忆说，对安妮拉·亚菲而言，“令我做梦都想不到的是，这一文本让我对自己关于曼陀罗及围绕曼陀罗的想法进一步确信。这是突破自我孤立状态的第一件事。我开始意识到这一相似性；我可以在某人和某事之间建立联系”。[281] 同时，作品的形式也很关键：荣格没有揭示自己的实验或其患者案例的全部细节，而是用与中国文本的相似之处作为谈论它们的间接方式。这种寓言式的方法现在成为他的首选形式。他没有直接写下自己的经历，而是评论了神秘实践中的相似发展。

对荣格来说，卫礼贤的工作提供了“一个阿基米德支点，我们西方人的思维方法可以从其根基抬起”。[282] 1929年5月25日，荣格给卫礼贤写信道：“仿佛是命运安排，让我们成为支撑东西方之桥的两座桥墩。”[283] 荣格将卫礼贤的工作在文化和历史上的意义比作恩奎蒂尔·杜佩龙的工作。[284] 荣格与卫礼贤的合作直到1930年后者的离世才中断。然而，之后的另一

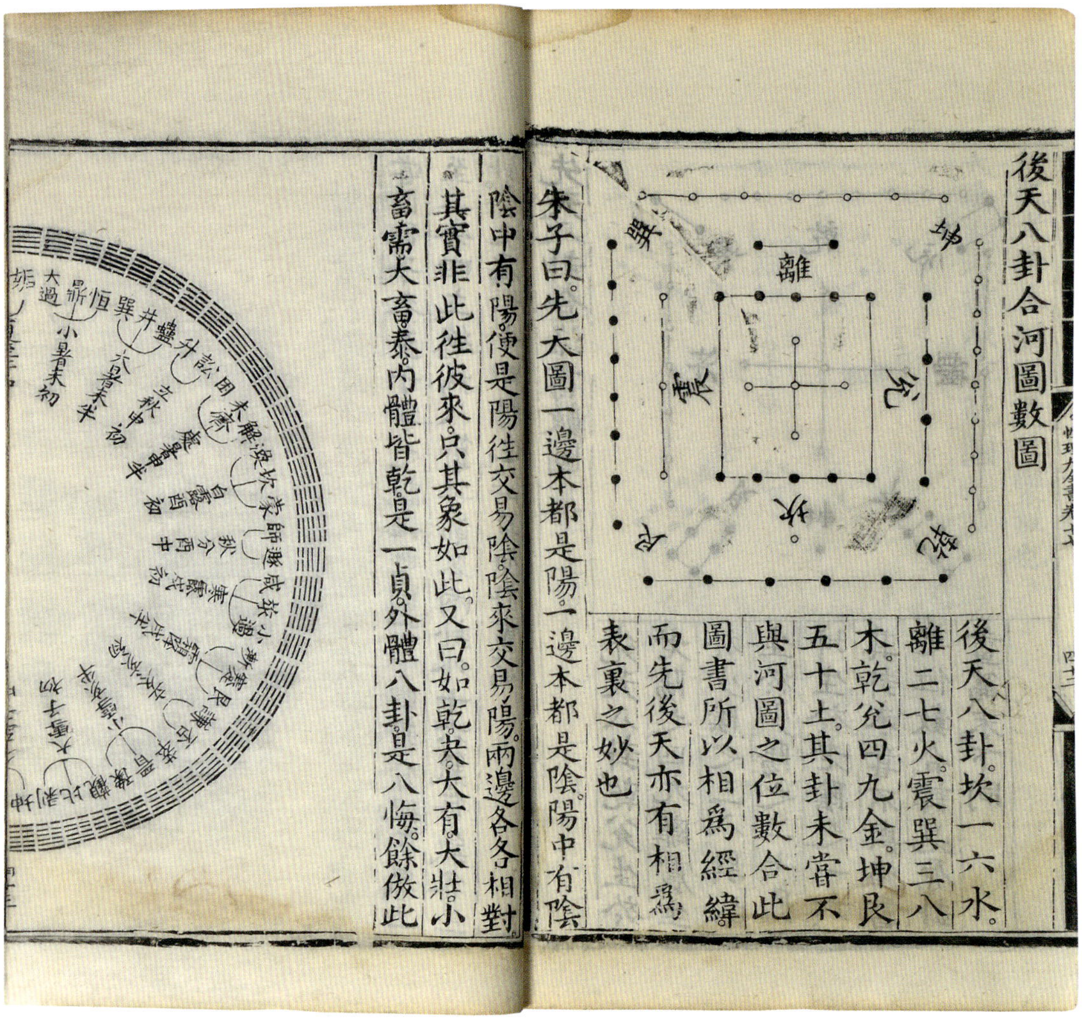
後天八卦合河圖數圖
後天八卦坎一六水
離二七火震巽三八
木乾兌四九金坤艮
五十土其卦未嘗不
與河圖之位數合此
圖書所以相爲經緯
而先後天亦有相爲
表裏之妙也
朱子曰先天圖一邊本都是陽一邊本都是陰陽中有陰
陰中有陽便是陽往交易陰陰來交易陽兩邊各各相對
其實非此往彼來只其象如此又曰如乾夬大有大壯小
畜需大畜泰內體皆乾是一貞外體八卦是八悔餘倣此

《易经》中六爻的介绍，载于《性理大全书》（*Sing-li ta'suan shu*）
宋代哲学家的作品，木刻手稿，北京，1415.MBF

件事对英语世界产生了重要影响。卫礼贤的《易经》译本超过了现有的英译本，这给荣格留下了深刻的印象，于是，荣格请卡利·贝恩斯将卫礼贤的译本翻译成英语。她于1925年开始这项工作，并最终于1950年出版。在序言中，贝恩斯通过卫礼贤译作之中的独特方面证明译文的水准。她补充说：“在我翻译的过程中，我发现了一种对我欠缺中文知识的真实的补偿，即通过我对荣格工作的不断了解而获得了接触其哲学的机会。这给了我一把进入《易经》原型世界的钥匙。”[285] 荣格本人也对翻译问题发表过评论，这在他对解释学的理解中具有一定启发。1937年，他写信给贝恩斯：

> 我不应介意胡适对《易经》的评价。……我不介意卫礼贤是否将90%的心血投入到他的评价中……没有一本译成外语的译本可以称得上是绝对正确的解释。问题在于，中国的象形文字总是被读者重新解释，中国读者也是如此。这正是古文字的特殊优点，它们的意义从来都不是固定的。它们是永恒的生命。……现在，即使卫礼贤对文本的翻译不是很准确，也没有关系，因为《易经》的价值在于你可以把一些东西放进去。它让你产生想象，并帮助你实现你

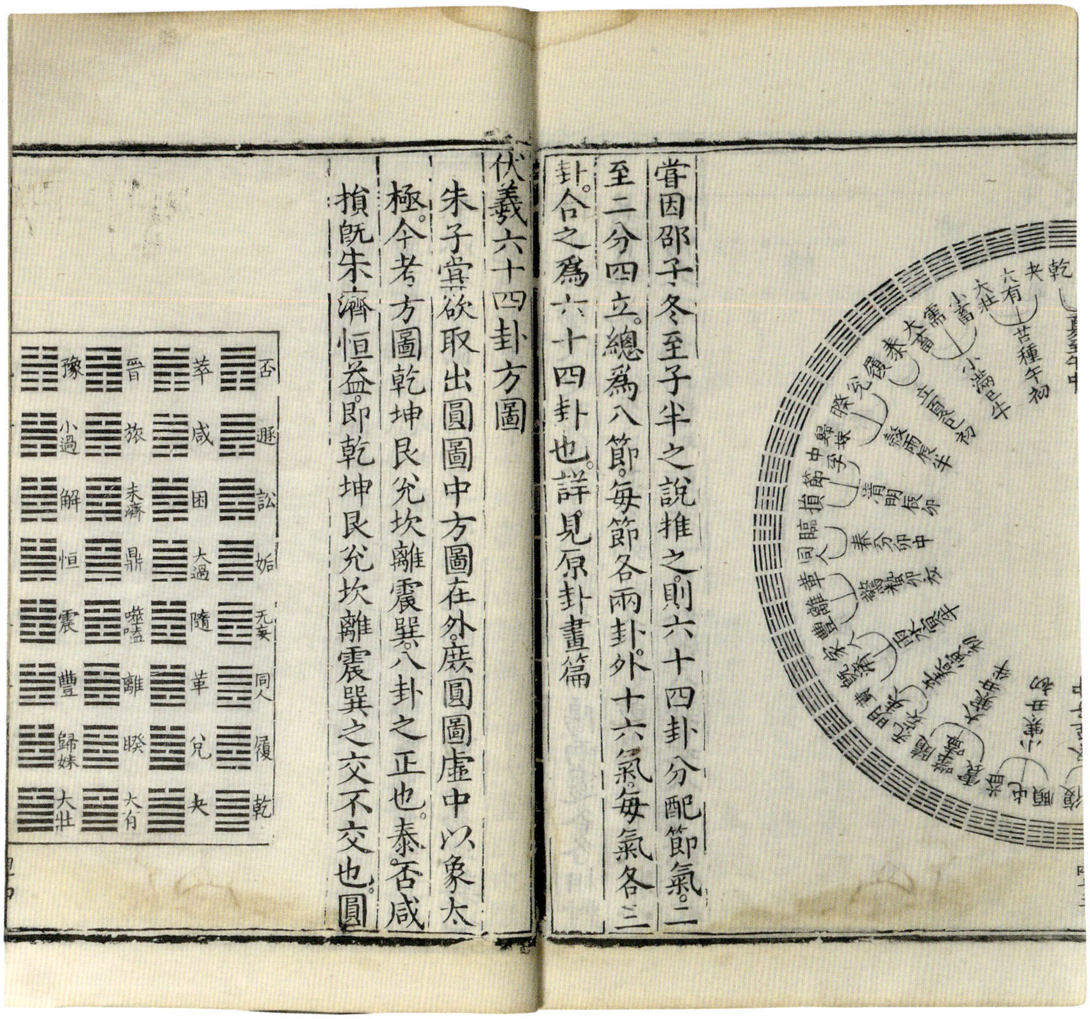

> 自己的想法，这才是最重要的。哪怕翻译是错误的，它仍然会产生这样的效果，而实际上它确实产生了这样的效果，那么拥有这样一本书是非常值得的。[286]

这封信有助于解释荣格对这些文字的态度，以及他所认为的，要使当代读者理解所需的对自由的诠释。对他而言，卫礼贤的翻译不能仅靠文本的准确性去评判，还要从他对材料理解的准确度上去评价。

荣格为英文版添加了一篇序言，指出詹姆斯·理雅各（James Legge）的英文版本未能使这部作品变得容易理解。相比之下，卫礼贤曾投教劳乃宣，多年来都在使用《易经》。随后，通过对《易经》本身发问，他展示了他试图呈现给西方思想的想法是怎样的，并讨论了由此产生的第五十卦“鼎卦”（The Cauldron），由此，展示了怎样在实际生活和工作中运用《易经》。荣格的运用方式为卡利·贝恩斯所极大地震惊，因为，她认为该文本的主要价值在于其对中国哲学产生的影响，而非占卜的用途。1946年1月23日，她给荣格写信：

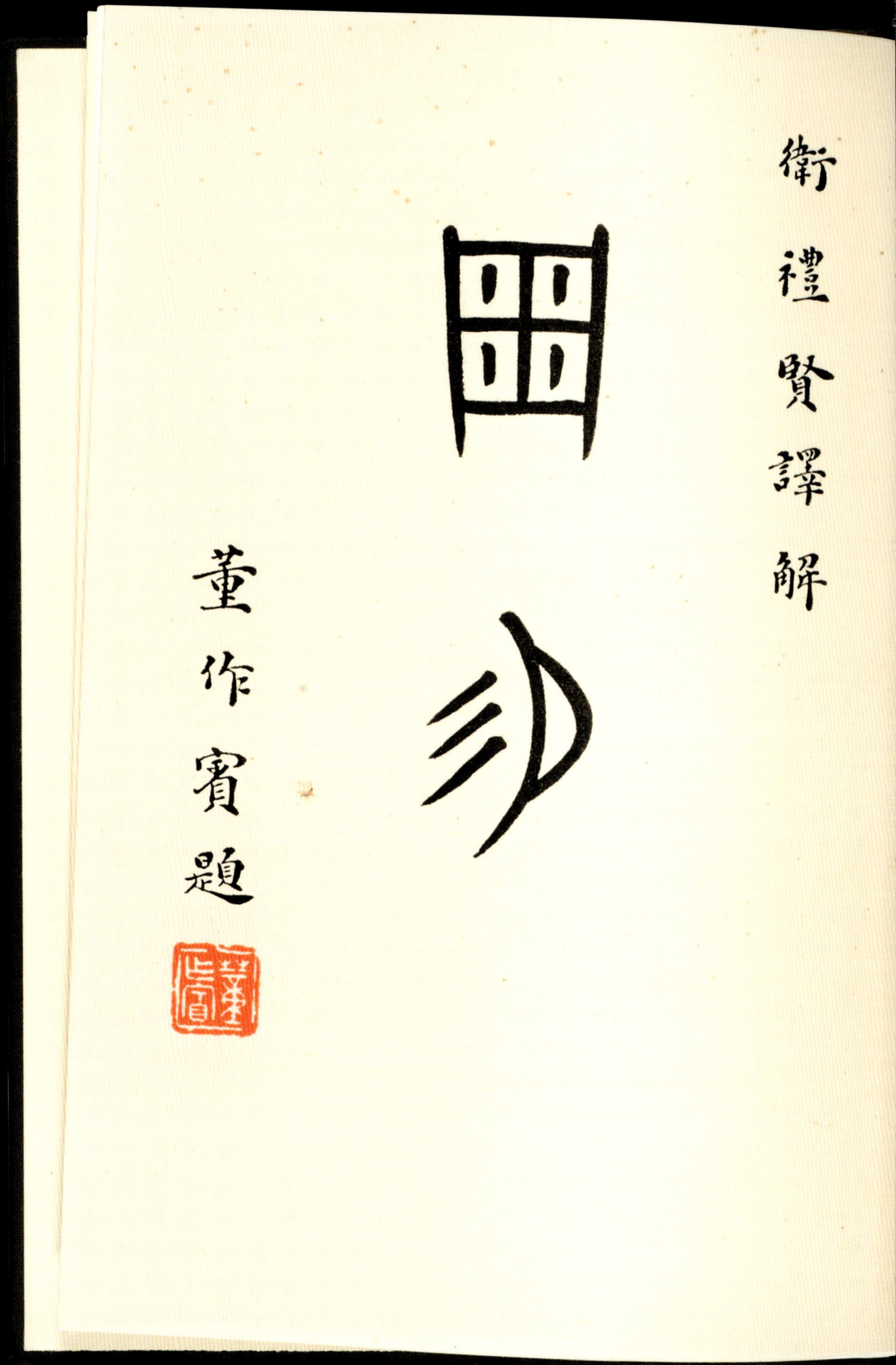

荣格收藏的卫礼贤/贝恩斯:《易经》
译本。JL

The I Ching or Book of Changes

THE RICHARD WILHELM TRANSLATION

RENDERED INTO ENGLISH BY CARY F. BAYNES

FOREWORD BY C. G. JUNG

VOLUME I

BOLLINGEN SERIES XIX

PANTHEON BOOKS

你在信中说："希望你收到我对《易经》的介绍时，不要过于惊讶。"因此，你一直都知道，这本书将用一顶蓑笠将我击倒吗？我不需要再去谈什么介绍，这已成为一宗公案。你已经看到了，尽管不是致命的，这一击让我心惊肉跳，在我的情结区域建立的连锁反应还没有减退。想象一下这种讽刺的情况：这些年我一直在研究《易经》，并惊恐地想，这种神谕技术会不会落入不敬之人的手中。正如伟大的评注中所说的，它只应被得道之人使用，唯一令我宽慰的是，实际上，由于卫礼贤对甲骨文并不精彩的阐释，大多数只想玩玩的人很快就被之缠得团团转，只能放弃再玩。接着，只有你来了，并将《易经》的所有意义归于这种方法，因此，将求知的本能推向了炙热点！至于那些崇拜者在信中问我如何通过《易经》找到遗失、失散及被窃的东西，我将如何回应呢？我不得不在（本）序言中声明，所有这些问题都只能由你们自己解决，因为，我是一个绝对的理性主义者，我的无知堪比月亮的大小，并对神谕一无所知。

认真地说，我自然钦佩你的无所畏惧及所有的创意，特别是赋予它优雅的诙谐，而且，正如我所说的，它必定使《易经》融于生活。除了你，没有人会有这样的想象力，能从这样的材料中带来这样的影响。[287]

卫礼贤 / 贝恩斯所翻译的陌生的语言药剂，一方面具有卫礼贤的"初始知识"，另一方面具有贝恩斯的理性主义，可以想象的是，这使《易经》成为最出人意料的畅销书之一，促成了整个行业并成为一种文化标志。

卫礼贤去世后，荣格与威廉·豪尔（Wilhelm Hauer）、海因里希·齐默（Heinrich Zimmer）、沃尔特·伊文思 – 温兹（Walter Evans-Wentz）和铃木大拙（D. T. Suzuki）的合作，延续了他们的合作精神。

1932 年，荣格回忆起 1919 年之前某个时候的一个引人注目的案例，这导致他对昆达利尼瑜伽的兴趣：

患者是一个出生在印度的女孩，父母都是欧洲人。她没有任何血统的混合，和你一样都是欧洲人。但她生命中的前六年是在印度度过的，在那里，她拥有一个没有受过教育的马来护士。由于缺乏这种教育，这些东西她完全不知道，但不知为何，这些东方思想进入了她的无意识。她无法适应欧洲的环境，因为她的本能一直很抗拒；她不愿意结婚，不愿意对一般的事情感兴趣，不愿入乡随俗。她对一切都很抵触，自然变得非常神经质。她先是惹怒了两名分析师，接着找到了我，并成功地将我惹恼了，因为我不得不向她解释说我根本不能理解她的梦，由于受到某种心理学的影响，其中2/3的梦对我而言都是绝对黑暗的。她仍旧勇敢地工作着，和我一样，尽管事实上，我不能理解，但我或多或少受到了一些事物的启发。她出现了一系列新症状，首先是一个给她留下了深刻印象的梦，她梦见她的生殖器里出现了一头白象。我完全摸不着头脑，我从来没有听说过这种无稽之谈，但这却令她印象深刻，并开始用象牙雕刻大象。接着，出现了器质性症状，她的子宫出现了糜烂，我不得不送她去看妇科医生，经过几个月也没有治愈伤口；于是，他们让她尝试多晒晒太阳，每当她在梦中遇到一桩棘手的事情后，病情就会更加糟糕。至少有5个月，她的状况一直是这样，然后又开始出现了一系列其他症状。她出现了多尿症，但她体内不可能有那么多的液体，她几乎憋不住尿。然后，结肠和肠道里也出现了同样多的液体，并引起了咚咚的声音，当我在房间外面，把门打开时，我就可以听到。听起来就像一条小河从楼梯上倾泻而下，大约持续了10分钟。随之而来的是急性发作的腹泻，再次像洪水泛滥，显然没有任何诱因，它就这样发生了。与此同时，她爱上了一个男人，却没想过要和他结婚。接下来，她想到，或许是我，或许是环境使然，会劝她结婚生子，但这是不可能的。整整一年来，她都在与这种想法做斗争，直到她出现了一种全新的症状。她有这样一种感觉，头骨上端变得松软，好像囟门被打开了——就像拥有活动的头骨的幼儿一样——被一种像鸟的东西用长喙啄开来，并从上面钻了进去，通过头骨进入她的身体中，并与从身下上来的某种东西相会。当这种情况出现时，整个事情就明了了，她结婚并生了孩子。这就是这个案例的症状学，正是这一点迫使我去研究这些东西，我有一种想法，即东方存在这种东西。那是在阿瓦隆的《灵蛇之力》(*The Serpent Power*)一书出版后不久，[288] 我在其中发现了类似的情况。[289]

亚瑟·阿瓦隆是约翰·伍德罗夫爵士(John Woodroffe)(1865—1936)的笔名，他是加尔各答高等法院的律师和加尔各答大学的教授。他沉浸在密宗研究中，并将大约20部梵文文本翻译成英文。1919年出版的《灵蛇之力》是对《萨迦罗－涅槃经》的翻译和广泛评论，为昆达利尼瑜伽在欧洲和美国的传播做出了很大贡献。[290]

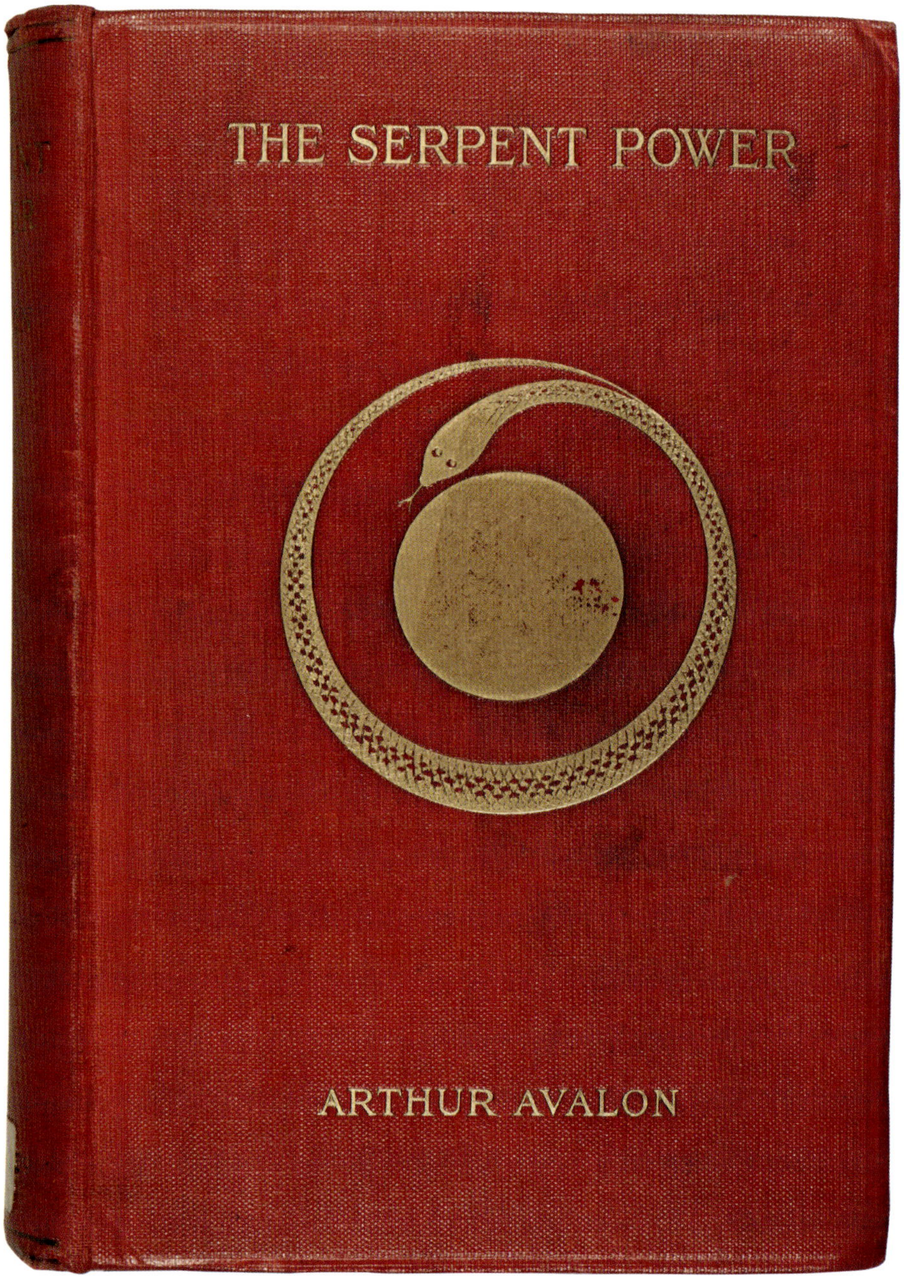

荣格收藏的亚瑟・阿瓦隆《灵蛇之力》的复印本（London:Luzac,1919)。JL

对页:《灵蛇之力》中一张描述身体中脉轮位置的图，正面插图。

荣格发现，那些看似离奇虚妄的幻想可以通过与密宗瑜伽文本的相似之处来理解。他指出，昆达利尼瑜伽的象征意义表明，病人有时呈现的怪异的突触现象实际上是昆达利尼觉醒的结果。他认为，对这种象征主义的了解使许多本来被视为疾病过程中无意义的副产品的东西被理解为有意义的象征过程，而且这种知识也解释了症状的特殊的有形位置。荣格心理学解释是基于这样一种假设：昆达利尼瑜伽代表了一种内在经验的系统化，它在西方自发地以一种与东方相似但不同的方式呈现。

1930 和 1931 年，荣格就西方与瑜伽等同之物发表了演讲。1932 年，他邀请印度学家威廉・豪尔举办了一系列关于昆达利尼瑜伽的研讨会，随后荣格又发表了一系列心理学评论。荣格对曼陀罗的意义和瑜伽练习的理解，因他阅读了印度学家海因里希・齐默的《印度圣像中的艺术形式和瑜伽》(*Indologist Heinrich Zimmer's Artistic Form and Yoga in the Sacred Images of India*）而大大加深。[291] 在读到荣格对《太乙金华宗旨》的评论时，齐默非常愤怒，他把《太乙金华宗旨》扔到墙上，表现出反对这类文本的心理学著作。然而，过了一会儿，他又拿起这本书，被它与他所熟悉的印度文本的相似之处震撼。他后来告诉荣格:“当时我只是突然发现，梵文之于我的困难不仅体现在语法和句法上，而且还体现意义上。”[292] 正如齐默所回忆的，“有很多钥匙可以解开象征主义的奥秘，但对于每个时期而言，若有的话，很少有超过一把或两把。在阅读荣格博士的著作时，我觉得这个人找到了一把新的钥匙，它适合我们这个时期。”[293] 对齐默来说，荣格的作品带来了打开比较象征主义意义的“万能钥匙”。荣格本人就像传说中的“魔法师”，齐默从未想过能见到他的真身。齐默参加了荣格关于昆达利尼瑜伽的研讨会，之后与荣格合作于

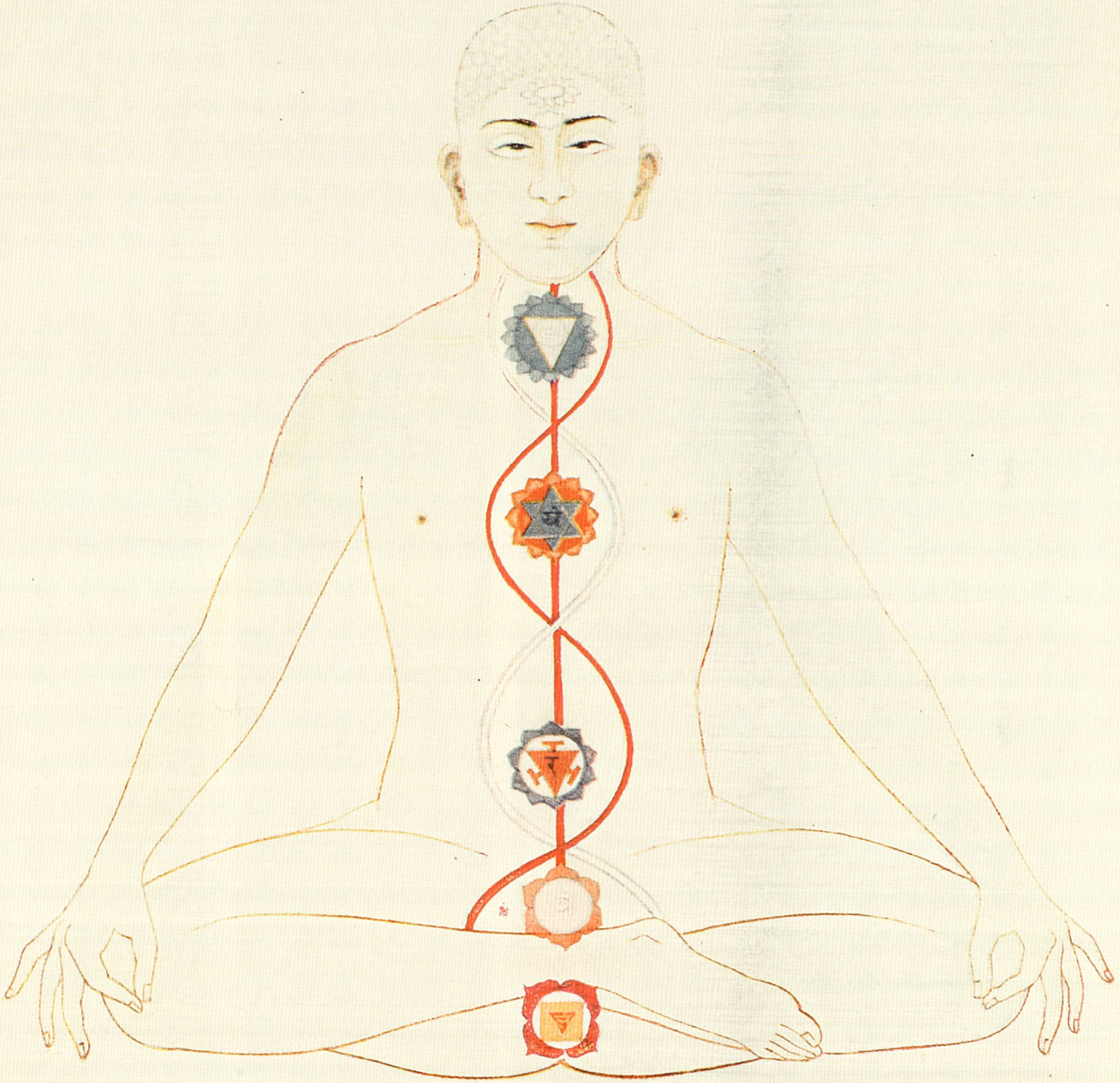

PLATE 1.

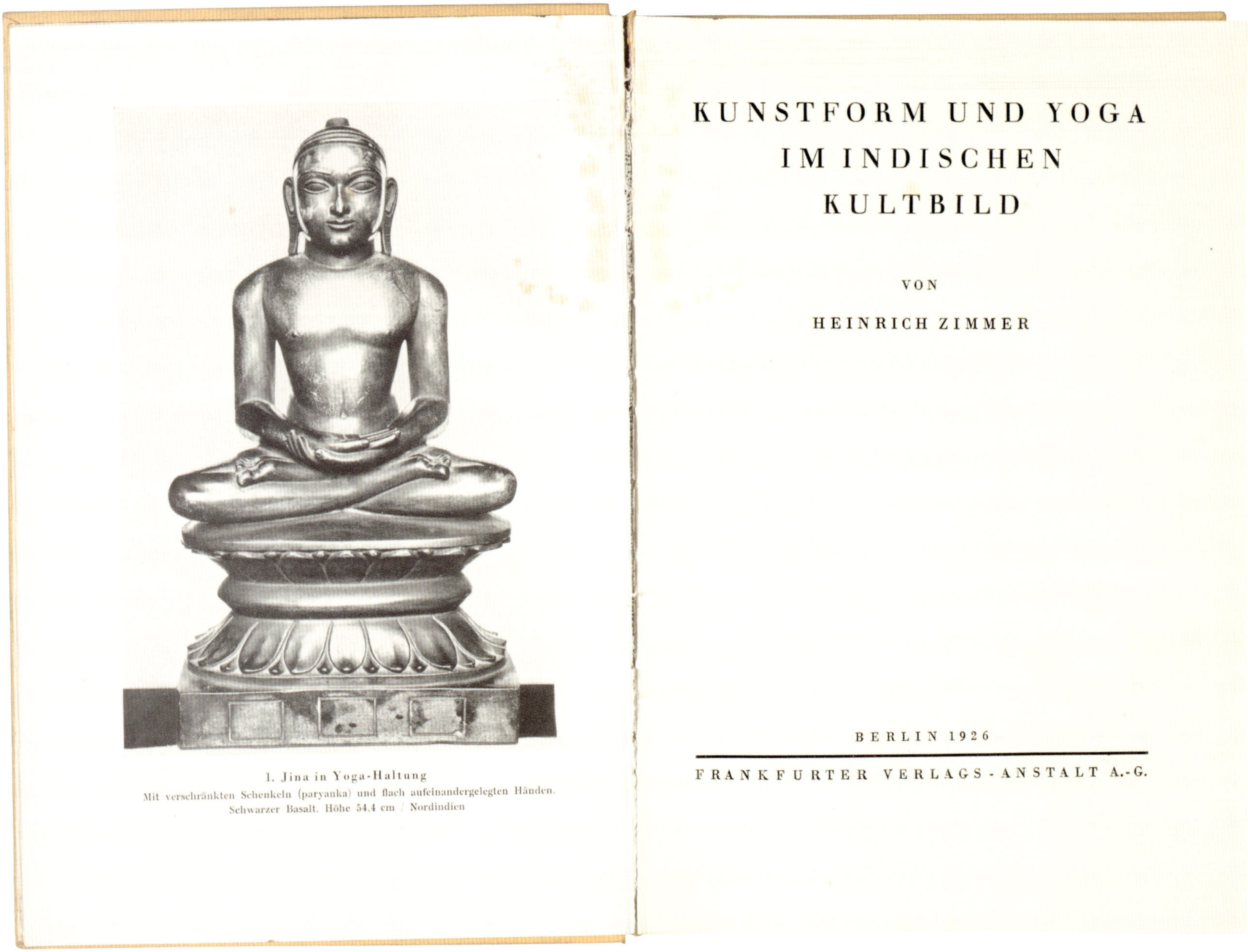

荣格收藏的海因里希·齐默尔的《艺术形式与瑜伽》印刷版（*Artistic Formand Yoga in Indian Cult Images*）。

1933年在柏林举办了系列研讨会。1944年齐默去世后，荣格为其《自性之路：印度圣人拉玛纳的生活和教诲》（*The Way to the Self: The Life and Teachings of the Indian Holy Man Shri Ramana Maharshi from Tiruvannamalai*）[294]一书撰写了题为“印度圣人”（The Holy Men of India）的前言。1938—1939年，荣格在苏黎世联邦理工学院的讲座中，专门对帕坦伽利的《瑜伽经》《阿弥陀经》和《大乘经》（*Shrichakrasambhara*）进行了详细的比较研究。[295]

经过沃尔特·伊文思－温兹在著作中的介绍，《西藏度亡经》（*The Tibetan Book of the Dead*）成为了20世纪西方最负盛名的藏文文献。并催生了一个名副其实的产业，尽管该作品在西藏并不出名。严格来讲，其内容也并非都与死者有关，最近唐纳德·洛佩兹（Donald Lopez）[296]的研究就突出了这一点。荣格的介绍对该书的流行起到了重要作用。沃尔特·伊文思－温兹在给一位通讯员的信中写道：“荣格博士的贡献具有独特的价值；它表明了欧洲最重要的心理学家先进的科学态度，并表示，在未来的时代，西方的圣人和东方的圣人将如何在相互理解和尊重中抓住对方的手。”[297]荣格的介绍结合了他所推荐的对《易经》的自由阅读和加入想象力，以及他对乔伊斯从前往后的阅读顺序：他曾写道，西方人理解这本书的最佳方式是倒着阅读。描述了刚死在中阴身（Bardo）的人在等待转世投胎时遭受到的苦难，并显示了自性化的过程，以及可识别出的象征意义。[298] 1964年，一个对该书解读最自由的文本问世，其出自蒂莫西·利瑞（Timothy Leary）、拉尔夫·梅茨纳（Ralph Metzner）和理查德·阿尔珀特（Richard Alpert）（后因改名为拉姆·达斯而为人熟知）之手。题为《迷幻经历：西藏亡灵书手册》（*The Psychedelic Experience: A Manual Based on the Tibetan Book of the Dead*）[299]本书最大的特点是，向自威廉·詹姆斯以来最伟大的心理学家荣格致敬。他对西方理性中缺点的批判以及对其他精神传统的开放，使他成为受迅速发展的反主流文化及那些在传统西方典籍中几乎找不到精神养料的人备受推崇的心理学家。

荣格对东方思想的研究在调解和向西方介绍东方密宗的实践和概念方面发挥了重要作用，并将当代印度学家和汉学家的工作带给更多的人。尽管荣格对东方思想的比较研究的兴趣一直在，但与他几十年来一直关注的问题——与炼金术有关的问题相比，这个问题尚列其次。

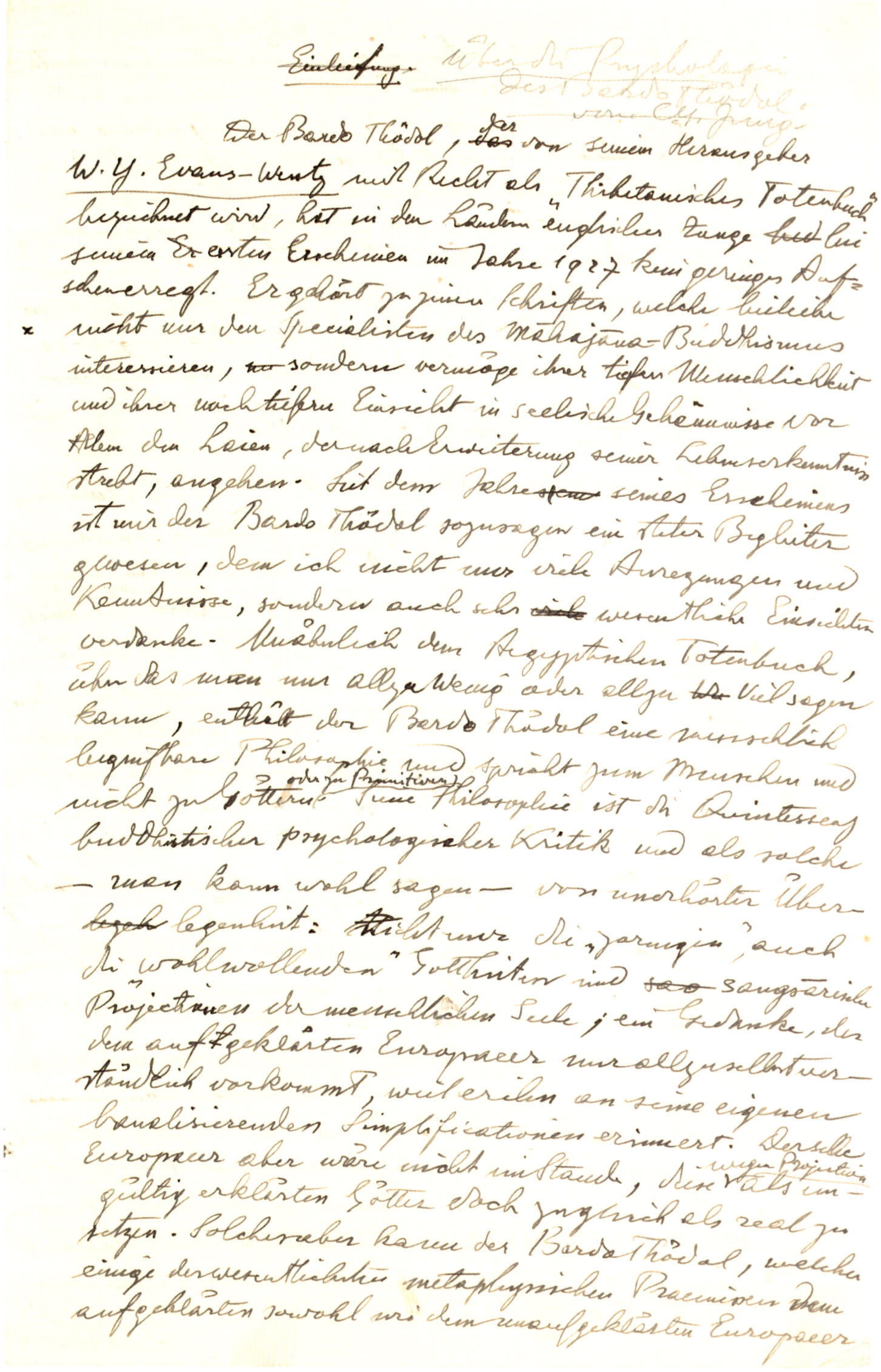
~~Einleitung.~~ Über die Psychologie des Bardo Thödol von C. G. Jung.
Der Bardo Thödol, der von seinem Herausgeber W. Y. Evans-Wentz mit Recht als „Tibetanisches Totenbuch“ bezeichnet wird, hat in den Ländern englischer Zunge bei seinem ersten Erscheinen im Jahre 1927 kein geringes Aufsehen erregt. Er gehört zu jenen Schriften, welche nicht nur den Specialisten des Mahajana-Buddhismus interessieren, sondern vermöge ihrer tiefen Menschlichkeit und ihrer noch tieferen Einsicht in seelische Geheimnisse vor Allem den Laien, der nach Erweiterung seiner Lebenserkenntnis strebt, angehen. Seit dem Jahre seines Erscheinens ist mir der Bardo Thödol sozusagen ein steter Begleiter gewesen, dem ich nicht nur viele Anregungen und Kenntnisse, sondern auch sehr wesentliche Einsichten verdanke. Unähnlich dem Aegyptischen Totenbuch, über das man nur allzu wenig oder allzu viel sagen kann, enthält der Bardo Thödol eine menschlich begreifbare Philosophie und spricht zum Menschen und nicht zu Göttern oder zu Primitiven. Seine Philosophie ist die Quintessenz buddhistischer psychologischer Kritik und als solche – man kann wohl sagen – von unerhörter Überlegenheit: nicht nur die „zornigen“, auch die „wohlwollenden“ Gottheiten sind sangsarische Projectionen der menschlichen Seele, ein Gedanke, der dem aufgeklärten Europaeer nur allzu selbstverständlich vorkommt, weil er ihn an seine eigenen banalisierenden Simplificationen erinnert. Derselbe Europaeer aber wäre nicht imstande, die als Projectionen ungültig erklärten Götter doch zugleich als real zu setzen. Solches aber kann der Bardo Thödol, welcher einige der wesentlichsten metaphysischen Praemissen dem aufgeklärten sowohl wie dem unaufgeklärten Europaeer

荣格：《西藏度亡经心理学评论》的手稿（1935）。本页中，荣格指出，自1927年出版以来，“《西藏度亡经》一直是我永恒的伴侣，我不仅要感谢它的许多刺激性想法和发现，还要感谢它的许多基本见解”（CW 18，§ 833）。ETH-B

寻宝

荣格从20世纪30年代中期开始对炼金术中的心理学进行研究，大大促进并恢复了人们对炼金术研究的兴趣。在从心理学角度解读炼金术的实践中，19世纪中期有两本奇书具有重要意义。1850年，玛丽·安·索斯（Mary Ann South）（后来的阿特伍德）出版了一本名为《赫尔墨斯奥秘初探》（*A Suggestive Enquiry into the Hermetic Mystery and Alchemy*）的作品，[300] 她出生于1817年，是托马斯·索斯（Thomas South）——一个拥有杰出图书馆绅士的女儿。这本书只卖了100本，其余的都烧掉了。阿特伍德的主要观点是，除了几个借用的术语外，现代化学与炼金术毫无关系。只有那些梦想着黄金和不可能的转化，并使用硫黄、水银、盐等工作的伪炼金术士才是如此。正如她所提到的："那么，人……是赫尔墨斯艺术的真正实验室；他的生命是主题，是大蒸馏器，是蒸馏的东西和被蒸馏的东西，自我认识是所有炼金术传统的根源。"[301] 有趣的是，这句话被亚瑟·伟特（Arthur Waite）在他于1926年出版的《炼金术中的秘密传统》（*The Secret Tradition in Alchemy*）[302] 中引用，并被荣格在自己的复印本中划了出来。阿特伍德继续论证说，炼金术的做法可以通过现代的迷魂术或动物磁性的实践得到部分解释。在书的结尾，她提前预告了即将出版的下一部作品："炼金术与俄狄浦斯之谜。一首分为五个部分的诗歌。旨在阐释寓言、符号和其他神话的伪装，在不同时代，赫尔墨斯艺术被笼罩在这些伪装中，并发出信号。"[303] 但这部作品从未面世。

除了阿特伍德，另一部作品于1857年面世，其用华丽巴洛克式的题目点明了主题："对炼金术和炼金师的评论，表明了一种发现赫尔墨斯哲学的真实性质的方法；还表明寻找哲人石的目的不是发现金属转化的媒介。这也是为了从无妄的诽谤中挽回过去几个世纪中一派卓越的思想家的声誉。"[304] 这本书的作者是伊森·艾伦·希区柯克将军（Ethan Allen Hitchcock）（1798—1870），他对炼金术的兴趣源于在一家二手书店偶然发现一本炼金术书籍。他的论述也很简单：炼金术不是关于炼金的，而是关于人的：人是炼金术的主体，而这艺术的目标是人的完美，或至少是人的进步。"[305] 对希区柯克来说，炼金术士的作品是对宗教教育的论述，而通向化学的实验是由那些被炼金术的隐喻性语言误导的人进行的。希区柯克的作品比阿特伍德的有更广泛的回响。对于维也纳精神分析学家赫伯特·席勒（1882—1923）来说，是希区柯克再次发现了炼金术有其哲学和宗教方面的事实。1914年，西尔伯勒（Silberer）出版了《神秘主义及其象征主义的问题》（*Problems of Mysticism and Its*

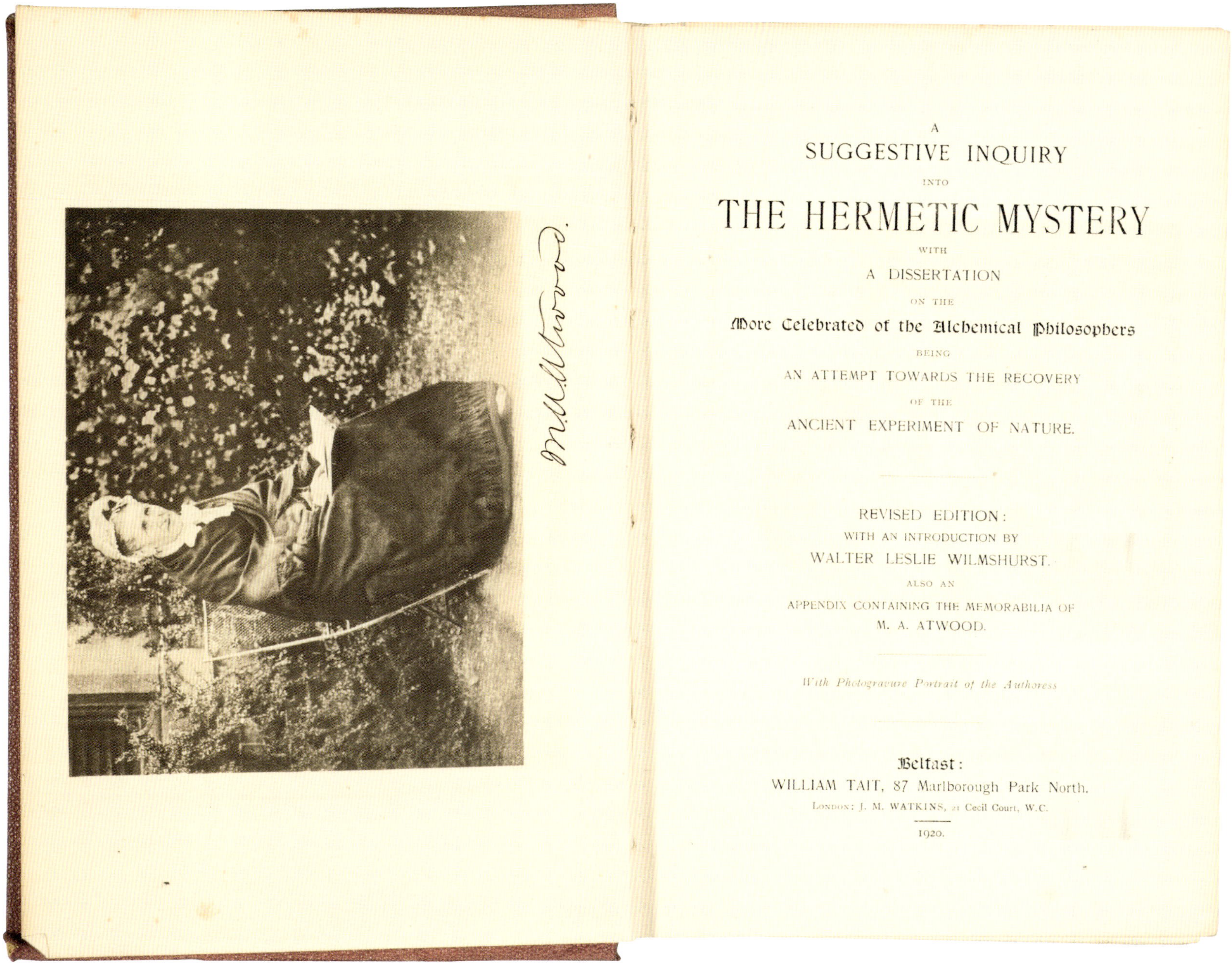

荣格收藏的玛丽·阿特伍德:《赫尔墨斯奥秘初探》。JL

Symbolism)。[306] 他首先研究了玫瑰十字会的寓言，即抛物线寓言，注意到其语言能使人想起梦境和神话。因此，可以用分析梦境的方式分析寓言。除了弗洛伊德分析的还原性解释，席勒还提出了一种神秘解释，借鉴了《圣经》解释学，显示了人格的前瞻性发展。对席勒而言，炼金术士的原始材料是人，而化学元素代表心理功能。例如，水银代表良心。炼金术的目标是人格的再生，而炼金术著作的目的是为了促进这一目标："神秘主义者创造的这些典型的符号组，作为其主观转变的功能表达，可以被认为是一种教育方法，用于唤起其他人的相同反应。" [307]

在席勒开始研究炼金术的同时，西奥多·弗洛诺瓦在日内瓦大学连续举办的“神秘科学的历史和心理学”讲座中也开始研究这一主题。荣格对弗洛诺瓦于1912—1913年和1915—1916年间的讲座进行了下述评价：“我认识他，觉得他‘un peu chétif’（有点小气）。他很怕讲课，必须用热饮和热水瓶来支撑，后来，到了一所死气沉沉的大学后，他反而会发表精彩的演讲。”[308] 弗洛诺瓦也有写作障碍，他在炼金术方面的工作，现存的只有几套他做讲座时学生的笔记，以及他自己的笔记。[309]

他为什么要从事炼金术研究呢？对弗洛诺瓦来说，任何名副其实的心理学都必须研究所有的人类现象。特别需要研究威廉·詹姆斯所说的无法解释的残余现象。心理学成为一门科学，其方法是研究那些尚未被科学研究过的东西。在弗洛诺瓦的谱系中，神秘主义是所有科学的起源。因此，对神秘主义哲学、卡巴拉、占星术、炼金术和魔法的研究对科学史至关重要。

正如弗洛诺瓦所说的，根据流行的观点，炼金术是为了寻找贤者之石，一切与之接触的东西都变成了金子，并且能够让人健康长寿，是长寿的灵药。与席勒相似，弗洛诺瓦认为希区柯克提出了一个新的观点：炼金术士是以道德完美为目标的神秘主义者，他们以借用物质世界的寓言的形式表达自己的思想。根据第一种观点，炼金术士是化学实验方法的先驱。根据第二种观点，他们对道德问题有着独特的关注点。最终他们关注的是灵魂的升华和与上帝的结合。从赫尔墨斯哲学中，炼金术运用了以下规则：

（1）宇宙形成一个整体，其统一性是至关重要的，正如蛇吞噬其尾巴的象征所表达的那样。

（2）上面的东西和下面的东西之间的类比和交换，正如赫尔墨斯·特利斯墨吉斯忒斯（Hermes Trismegistus）的绿宝石碑文中所指出的。

（3）可见的东西代表不可见的东西的外在化，精神的东西隐藏在物质的后面，是物质的转化。

关于炼金术的观点分歧在于，在从事炼金术的医生和哲学家中，有些人将其视为能够创造黄金和财富的科学，而另一些人则将其视为通过可见的方式研究不可见的东西，以追求道德的完美。对这些炼金术士来说，黄金是所有道德良知的基础，是绝对的。与席勒一样，弗洛诺瓦提出了对炼金术的心理学解释。例如，他在评论炼金术士巴西尔·瓦伦提努斯（Basil Valentinus）的1659年作品《阿佐特》（*Azoth*）时指出，黄金是灵魂纯洁的象征，是最高等级的财富。阻止人获得这一点的神奇生灵的象征是人类的激情。对化学元素的操纵代表了灵魂的内部斗争。低劣物质的毁灭象征着内部的死亡，是激情的胜利。黑色物质（乌鸦的喙）变成白色（鸽子）是再生的意象。用现代语言来说，其目的是对力比多的完全升华。因此，对弗洛诺瓦而言，炼金术是神秘主义最成功的形式之一。就这方面而言，这与当代经验有着共同之处。

在他 1915 年最后一个伟大的案例研究中，弗洛诺瓦探讨了新教女校的校长塞西尔·韦（Cecile Vé）的神秘经历的心理成因。他指出："如果她熟悉炼金术的历史及其神秘解释，那么与低劣金属转变为纯金的传统比较象征着她的疯狂。"荣格在本书中注意到了这一评论并划了出来。[310] 从希区柯克和阿特伍德到席勒和弗洛诺瓦，人们会发现从道德、伦理和精神解释转向了心理解释。

荣格对炼金术的认识可以追溯到他为创作《力比多的转化与象征》而阅读的作品。他顺便提到了一个病人的烹饪意象与佐西莫斯的幻觉有着相似之处。[311] 至于往事，荣格回忆说，他一直很欣赏席勒的方法，却没太注意这个问题。"我认为炼金术是不入流的东西，相当愚蠢，就像我欣赏席勒的神秘主义或建设性观点一样。当时我与他有书信往来，并让他知道我是多么重视他的工作。"[312] 显然，在与弗洛伊德分开后，荣格仍与弗洛诺瓦保持联系：

> 在那些年里，我有一种感觉，尤其是在与弗洛伊德分道扬镳之后，我感觉自己仍然太年轻，无法独立。我仍需要支持，最重要的是，需要有人能与我坦诚交流。我在弗洛诺瓦身上找到了这一点，因此他很快就成为弗洛伊德的一种对立面。与他在一起，我可以真正讨论

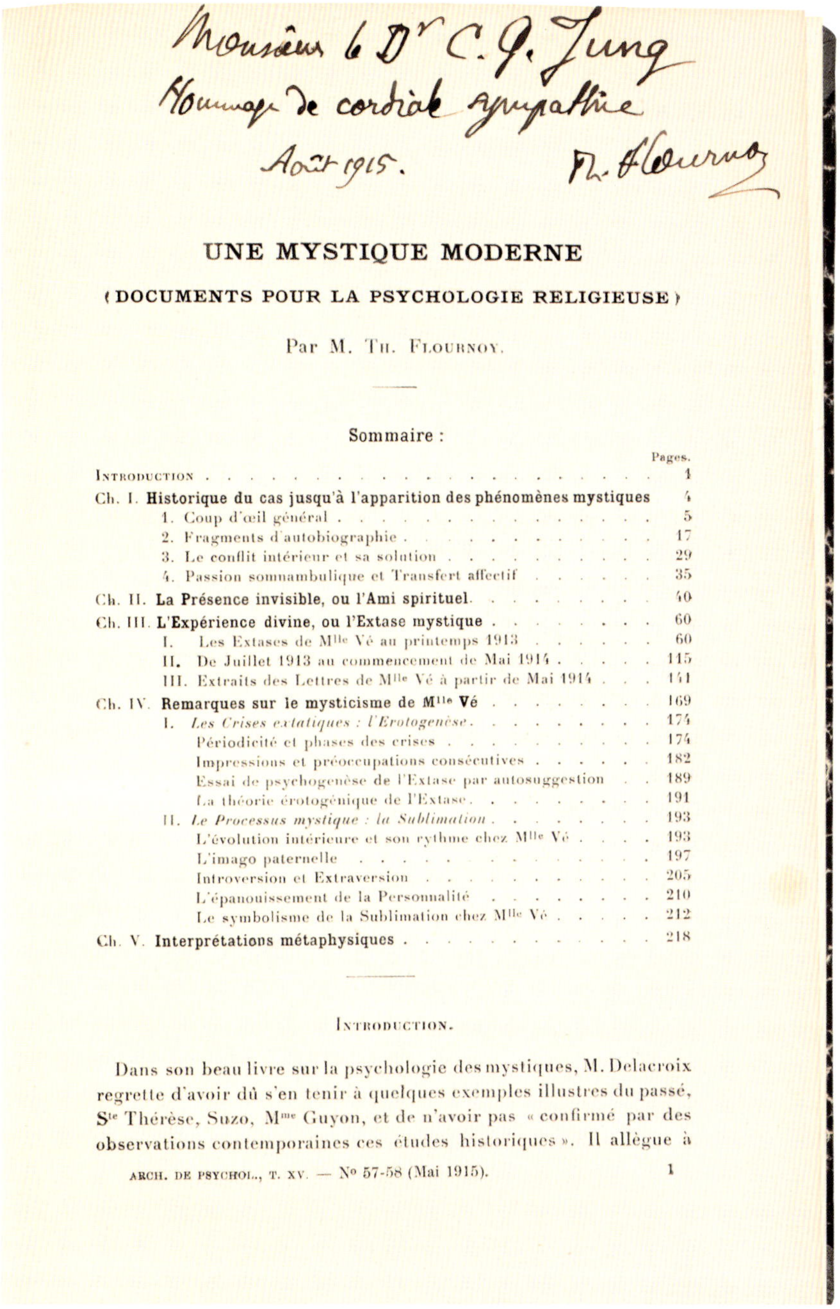

Monsieur le Dr C. G. Jung
Hommage de cordiale sympathie
Août 1915. Th. Flournoy

UNE MYSTIQUE MODERNE

(DOCUMENTS POUR LA PSYCHOLOGIE RELIGIEUSE)

Par M. Th. Flournoy.

Sommaire :

Introduction.

Dans son beau livre sur la psychologie des mystiques, M. Delacroix regrette d'avoir dû s'en tenir à quelques exemples illustres du passé, Ste Thérèse, Suzo, Mme Guyon, et de n'avoir pas « confirmé par des observations contemporaines ces études historiques ». Il allègue à

荣格收藏的西奥多·弗洛诺瓦："一个现代神秘主义者：宗教心理学文献"，其中附有弗洛诺瓦的献辞："向荣格博士致以诚挚的慰问，1915 年 8 月。西奥多·弗洛诺瓦。" JL

xi. mcmxix.

dies° stein/d° köstli' gefaßt
is/is sicherlich d° lapis philosophorum.
er i' härt°/als d° demant. ab° er erstreckt si' im
raume von vier eig~schaft~/nämli' d° breite/höhe/tiefe/u~ d° zeit.
er i' darum unsichtbar u~ du kanst dur' ihn hindur' geh~/ohne es z' merk~. aus d~ stein fließ~ die vier aquariusströme.
dieß i' das unverwesliche korn/das zwis~ vat° u~ mutt° gelegt i' u~ das verhindert/daß die spitz~ d° beid~ kegel si'
berühr~/die monade/die das pleroma aufwiegt.

> 所有的问题，这些问题在科学上困扰着我——例如，关于梦游症，关于超心理学和宗教心理学。在这些问题上，没有其他人与我志趣相投。弗洛诺瓦的观点完全符合我的思路，并给我提出了许多建议。[313]

正是在这一时期，弗洛诺瓦从事炼金术研究，他们很可能讨论过这个话题。

在《红书》中，荣格在一幅 1919 年 9 月绘制的曼陀罗图像上附上一个传说，将其与炼金术中的贤者之石相提并论，后者可以将贱金属变成黄金。这块石头，镶嵌得如此漂亮，肯定是贤者之石。它比钻石还硬。但它通过四种不同的品质扩展到空间，即广度、高度、深度和时间……[314] 从某种程度上说，荣格在对炼金术有了心理上的理解之前就已经找到了贤者之石。

有趣的是，在荣格的圈子里，第一个关于炼金术主题的演讲者不是荣格，而是塔德乌斯·赖希施泰因（Tadeusz Reichstein），一位生于波兰的瑞士化学家，后来因其在性激素方面的工作获得了诺贝尔生理学或医学奖。1931 年，他成为苏黎世联邦理工学院的教授；他的就职演讲是关于炼金术主题的。同年晚些时候，他在苏黎世的心理学俱乐部做了一个延伸性的演讲。讲座一开始，赖希施泰因就说："炼金术的秘密来自投射心理学，'分析'这一概念在化学中和在现代心理学中都发挥着如此巨大的作用，这并非偶然"。[315] 他指出，像自然科学在过去 100 年中所做的那样，考虑炼金术是最大的错误——用完全不适当的手段摸索着试图达到一种化学技术。如果我们从秘密"或从我们今天更冷静表达的心理学方面"接近它，这也会被承认是片面的；但它有一个巨大的优势，即它使我们完全认同这些异能者。赖希施泰因指出，人们经常说，在炼金术文献中，应该不按字面意思，而是象征性地理解炼金术士的话。从这个角度来看，"炼金术的过程也即自性化的过程"。[316]

荣格回忆说，他对炼金术的兴趣是在参与研究《太乙金华宗旨》的工作之后产生的，他委托慕尼黑的一个书商寻找炼金术的文献。他很快就收到了一本《炼金术多卷本》（*Artis Auriferae Volumina Duo*），[317] 该书一放就将近两年，偶尔，他会翻阅一下照片。当他开始研究这本书时，意识到炼金术士是跟象征打交道，于是他开始认真研究，并收集起一个令人印象深刻的原始文本库。在阅读《玫瑰园图》（*Rosarium Philosophorum*）时，荣格注意到一些特殊的短语反复出现，如"solve et coagula"（分解和凝结）、"unum vas""lapis"（琉璃宝石或贤者之石）、"prima materia"（原初物质）、"Mercurius"（墨丘利），并决定制作一份带有交叉引用的词汇表：

荣格收藏的《制金的艺术，称为化学》（*Artis Auriferae Quam Chemiam Vocant*），经典炼金术文献汇编 (Basel,1593)。JL

对页:《红书》中第 121 页，荣格于 1919 年 9 月绘制的曼陀罗。

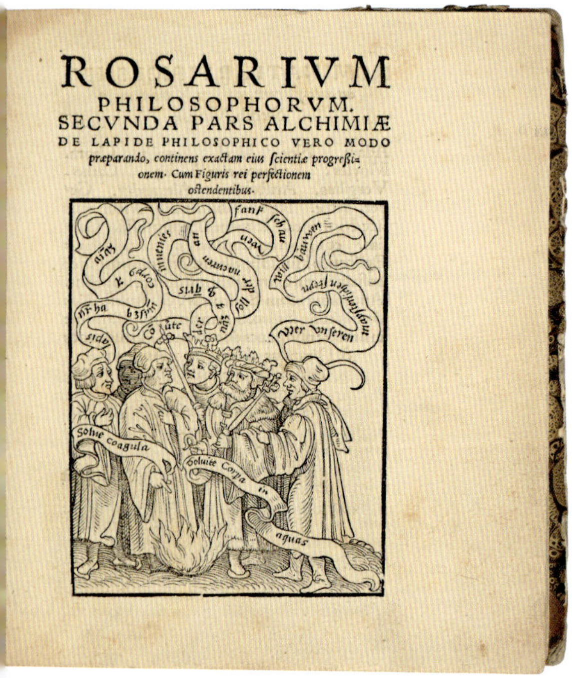

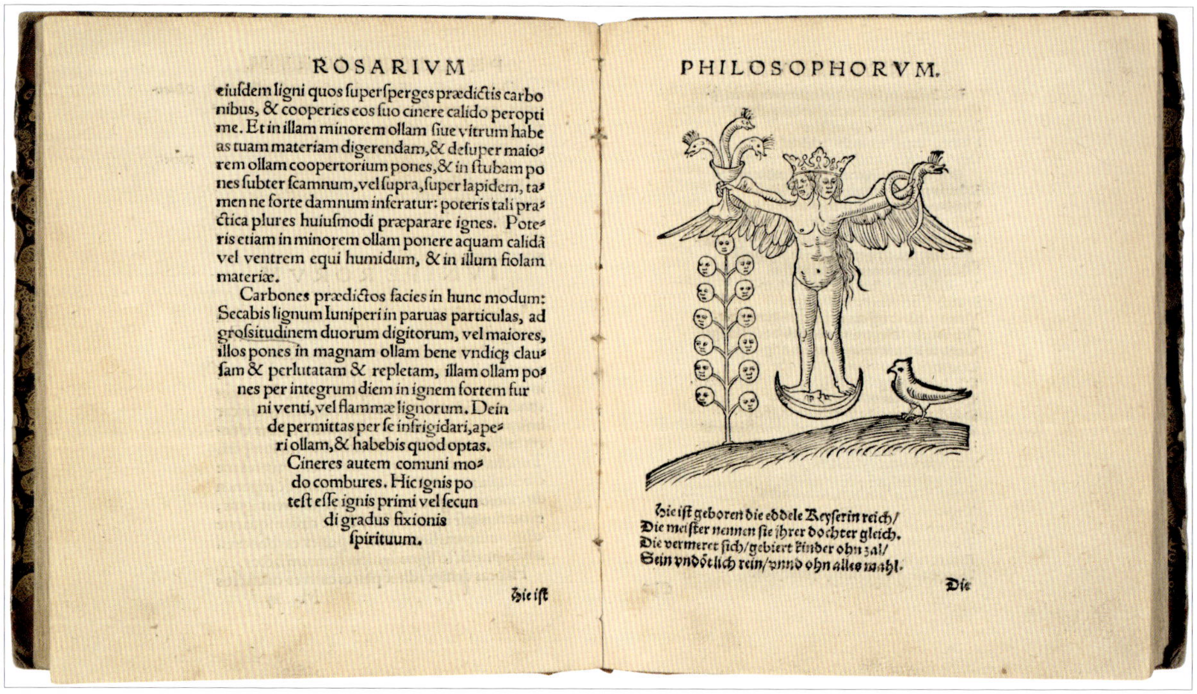

荣格收藏的《玫瑰园图》(*the Rosarium Philosophorum*) 的复印本 (Frankfurt: C.Jacob,1550),形成了其 1946 年创作的《移情心理学》的主题。荣格用木刻作为一个标志系统来描述心理治疗师和病人之间的转变性互动。他把这里描绘的雌雄同体的形象解读为心理重生的象征 (CW 16, § 525ff.)。JL

随着时间的推移，我收集了几千个这样的关键短语和单词，并将摘录的内容写了满满一卷。我沿着语言学的路线工作，就像我试图解开一种未知语言的谜团。通过这种方式，炼金术的表达方式逐渐产生了它的意义。[318]

在荣格看来，炼金术士在他们的实验中真正看到的——不仅是化学过程，而是无意识的象征性内容的投射。换句话说，他们从事的是类似于他所说的积极想象的过程。此外，这些符号也表现了自性化的过程。他们的工作在历时层面具有进一步的意义，因为他们所从事的象征性材料恰恰是被基督教教会排除在外的东西，因此具有弥补其缺陷的潜在功能。如果他的论题是正确的，荣格就能提供证据，证明他所从事的不仅限于他自己、亲密的伙伴和患者，还具有更广泛的历史和文化意义。如果他直接发表自己的材料或其患者和同事的材料，那么，这些材料就很容易被当作自我暗示或建议的产物而被驳回。

荣格对炼金术语言的破译是在一个系列的八本抄本中进行的，同时还有一本索引卷。[319] 其时，他关于《黑书》的工作在 1932 年前后就已经停止了，在间隔了几年之后，开始对该书进行研究。他摘录了大量的炼金术文本，划出了其中的关键短语，并在索引卷中注明，标题为“Index omnium rerum alchymicarum”(一切炼金术事物的索引)。索引卷是他仿照用来誊写《红书》的缮写卷上的文字写的。第一卷的日期是 1935 年，英文标题是《寻宝》。粘贴进这些书卷中的借书单表明，荣格起初于 1935 年

对页：17 世纪《玫瑰园图》手稿 (Vadiana,St. Gallen)。荣格读到了太阳和月亮的神秘结合，太阳和月亮在这个图像中被代表为歌德所说的 " 更高级的交合 " (CW 16, § 462ff)。

fermentatio
Hie wirt Sol aber verschlossen.
Und mit mercurio philoz vbergossen

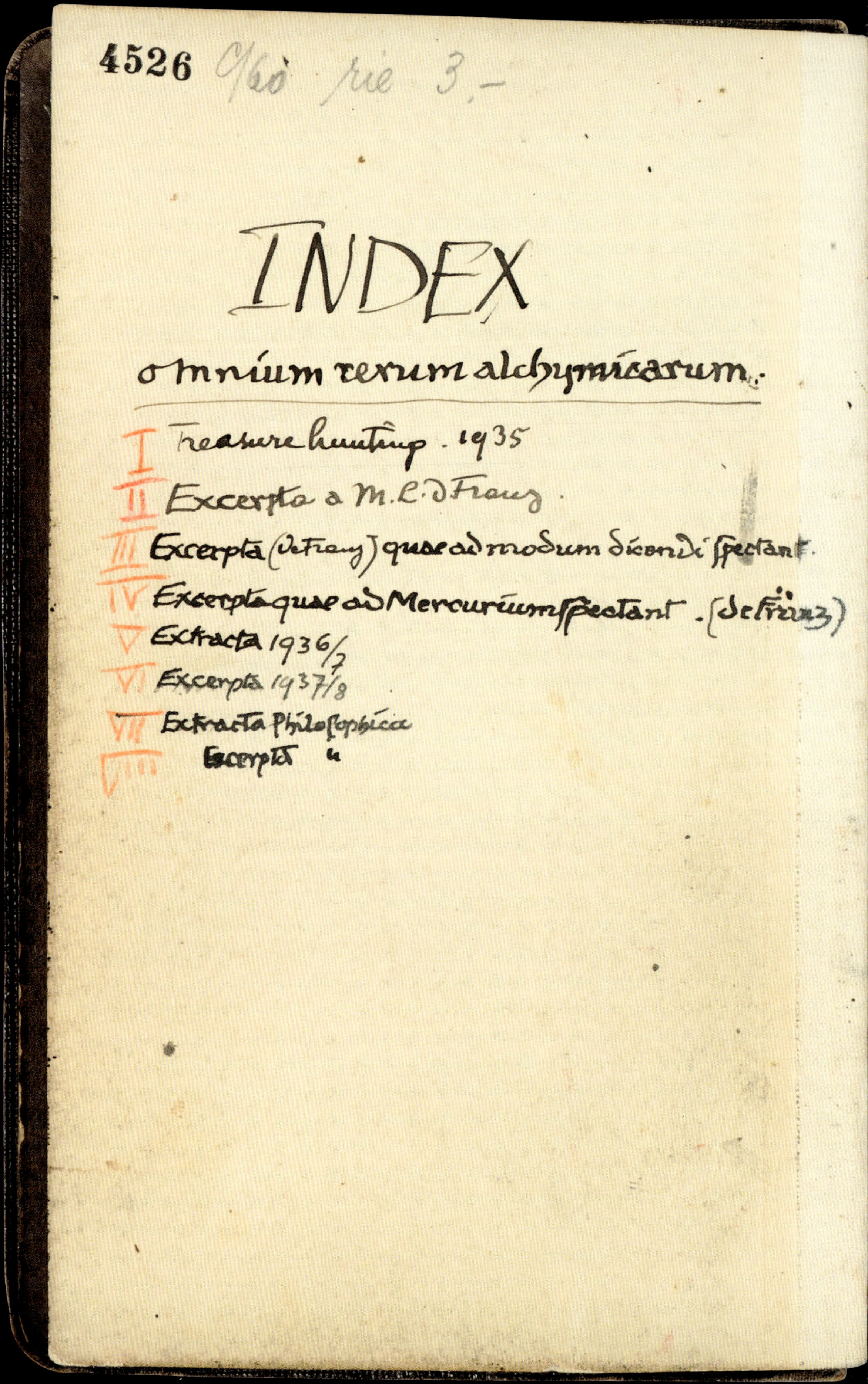

荣格的炼金术抄本的索引，称为《文摘》（*Excerpta* 或 *Extracta*）。JL

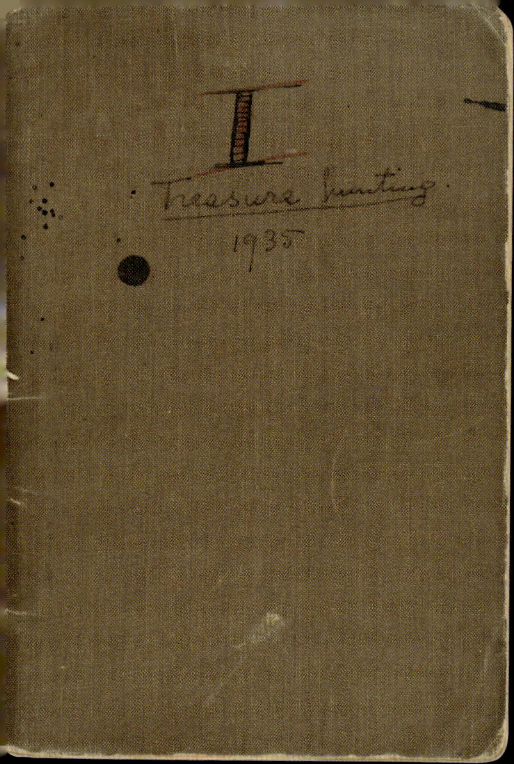

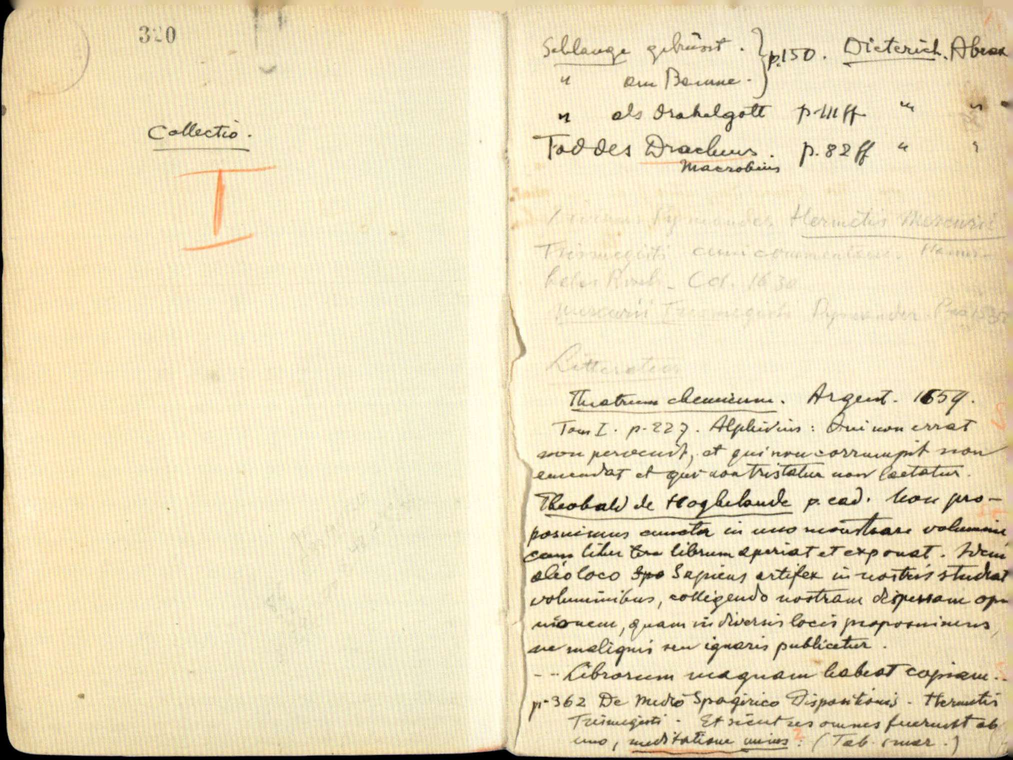

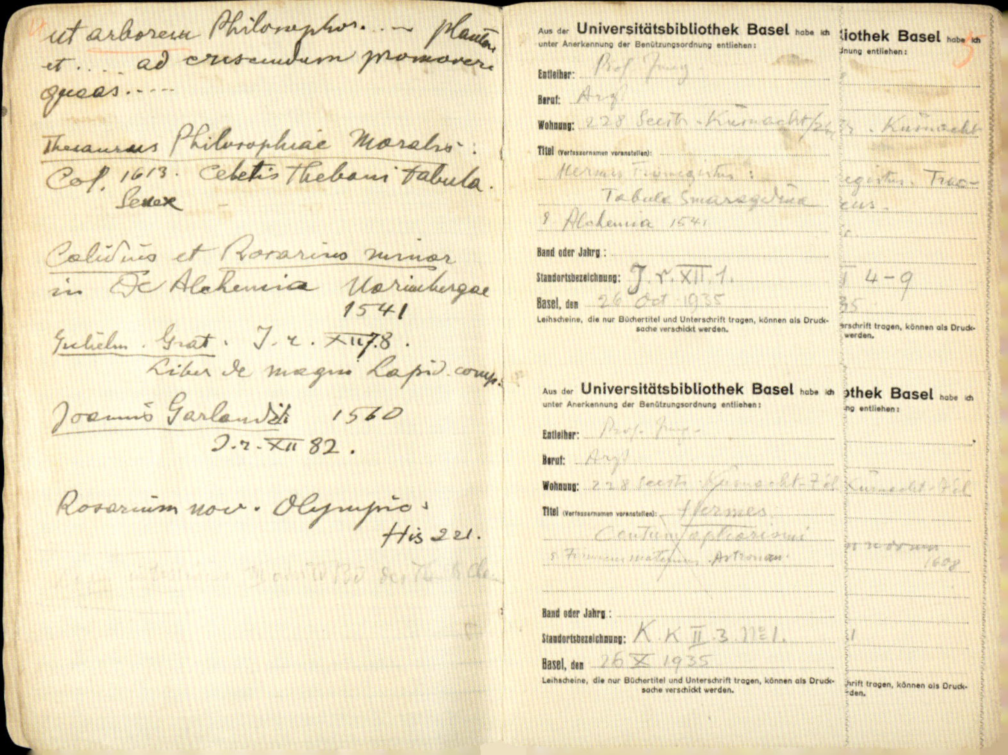

《寻宝》的第一版复印本第 174-177 页。JL

ut arboreum Philosophos ... — plantas et ... ad crescendum promovere queas ....

Thesaurus Philosophiae Moralis: Col. 1613. Cebetis Thebani Tabula. Senex

Calidius et Rosarium minor in De Alchemia Variabergae 1541

Gulielm. Grat. J. r. XII 7.8. Liber de magno Lapid. comp.

Joannis Garlandii 1560 J. r. XII 82.

Rosarium nov. Olympic.: His 221.

Aus der **Universitätsbibliothek Basel** habe ich unter Anerkennung der Benützungsordnung entliehen:

Entleiher: Prof. Jung

Beruf: Arzt

Wohnung: 228 Seestr. Küsnacht/Zch.

Titel (Verfassernamen voranstellen): Hermes Trismegistus: Tabula Smaragdina s. Alchemia 1541

Band oder Jahrg.:

Standortsbezeichnung: J. r. XII 1.

Basel, den 26. Okt. 1935

Leihscheine, die nur Büchertitel und Unterschrift tragen, können als Drucksache verschickt werden.

...liothek Basel habe ich ...ndung entliehen:

... Küsnacht

...egistus. Tractatus ...

... 4–9

...35

...schrift tragen, können als Drucksache verschickt werden.

Aus der **Universitätsbibliothek Basel** habe ich unter Anerkennung der Benützungsordnung entliehen:

Entleiher: Prof. Jung

Beruf: Arzt

Wohnung: 228 Seestr. Küsnacht/Zch.

Titel (Verfassernamen voranstellen):

Band oder Jahrg.:

Standortsbezeichnung:

Basel, den

Leihscheine, die ...

Resurrectio | Chaos quadrangulum
Christus | Senex
Crux | filius
Salvator | Mercurius
Phoenix | Meditatio
Lapis | Vas
Spiritus | Centrum
anima | Contemplatio
Salus | Sanguis
Immortalitas incorruptibilis | Cibus
Corpus |
Hermaphroditus | [principatus
Visio |
Sponsum |
imaginatio | in Patrologia et in Corp. Script. Eccl. Lat. – quaerenda!
Symbolum |
Circulus | Theatr. chem. T. V et VI
Pelecanus |
Mediator |
Rex |
Rota |

(Date) 21. Oct. 1935 (Signature of Reader) Prof. C. G. Jung

(Letter and Number of Seat)

Permission to use the Reading-Room will be withdrawn from any person who shall write or make marks on any part of a Book, Manuscript, or Map, belonging to the Museum.

Readers must not, under any circumstances, take a Book, Manuscript, or Map out of the Reading-Room.

Before leaving the Room, Readers must return the Books, for which they have put in Tickets of application, at the Centre Counter and reclaim the Tickets. They are responsible for the Books so long as the Tickets remain unclaimed.

Press Marks should be quoted from the General Catalogue, not from the Subject Index.

Press Mark. (From General Catalogue).	Name of Author (with Initials) or other Heading of Work.	Date of Publication.
1033 e. 2 (6)	Ars chemica	1566

Title of Work. (If part of a series, specify the name of the series and the volume or part required). Ars chemica

This space for official use only.

PLEASE RESTORE EACH VOLUME OF THE CATALOGUE TO ITS PLACE AS SOON AS DONE WITH.

[P.T.O.

III 904

Litt.

Pitra: Spicilegium Solesm.

Migne: Patrologia Latina. Irenaeus.

CH. Singer: Studies in the Hist. and Method of Science

... für ältere deutsche Geschichtskunde Neues Archiv 15 (1890) p. 155. Holder-Egger: Sibylla Erythraea.

H. Grundmann: Cod. Vat. Lat. 3819. Zentralbl. f. Bibliothekswesen 45 (1928) p. 713 ff.

Wirnsinghoff: Die Quaternionen der Rechtverfassung. Arch. f. Culturgesch. 3 (1905) p. 288 f.

Isidor v. Sevilla: Liber numerorum. Migne 83, p. 179 ff.

Petrus Bungius: Numerorum mysteria Paris 1618. (Samlg.!)

Jos. Sauer: Symbolik des Kirchengebäudes. (1924) (Vierzahl = materia) (Quellen!)

Boll: Sphaera 472.

S. Reinach: Répertoire des peintures Grecques et Romaines. Paris 1922

Schepss. Corp. scr. eccl. lat. 18 (1889) p. 153. Lehre des Priscillianus. (Melothesie)

6

Aus der **Universitätsbibliothek Basel** habe ich unter Anerkennung der Benützungsordnung entliehen:

Entleiher: Prof. Jung

Beruf: Arzt

Wohnung: 228 Seestr. 1935

Titel (Verfassernamen voranstellen): Compendium Alchymiae 1560

Band oder Jahrg.:

Standortsbezeichnung: J. r. XII 82.

Basel, den 26. Okt. 1935

Leihscheine, die nur Büchertitel und Unterschrift tragen, können als Drucksache verschickt werden.

...othek Basel hab... ...ng entliehen:

... Küsnacht

...lchemica 1572

...XII 7.8.

...35

...trift tragen, können als ...

Aus der **Universitätsbibliothek Basel** habe ich unter Anerkennung der Benützungsordnung entliehen:

Entleiher: Prof. Jung

Beruf: Arzt

Wohnung: 228 Seestr. Küsnacht Zch.

Titel (Verfassernamen voranstellen): Platons Werke 4 Bände

Band oder Jahrg.: 6 u. 7

Standortsbezeichnung: Roth. 370–15.44.

Basel, den 26. X. 1935

Leihscheine, die nur Büchertitel und Unterschrift tragen, können als Drucksache verschickt werden.

Aus der **Universitätsbibliothek Basel** habe ich unter Anerkennung der Benützungsordnung entliehen:

Entleiher: Prof. Jung

Beruf: Arzt

Wohnung: 228 Seestr. Küsnacht

Titel (Verfassernamen voranstellen): De Alchemia 1541

Band oder Jahrg.:

Standortsbezeichnung: J. r. XII 1.

Basel, den 26. X. 1935

Leihscheine, die nur Büchertitel und Unterschrift tragen, können als Drucksache verschickt werden.

217 Herisartes (Ar.) cit. a Moriano: Ego veritatem dico, quod nihil aliud hujus magisterii artifices in errores detrusit, nisi varietas et ejus nominum multitudo. Sed si quis recte cognoverit, quod haec nomina non sunt, nisi colores in conjunctione apparentes, in hujus magisterii via non deviabit.

238 Alberti symbolum: Omnes concordant in uno, qui est bifidus.

259 Alanus de Insulis (ca 1430) Excellens in arte.

261 (Alan.) ignis humidus = fimus equinus: Equorum venter secretum est maximum: in hoc se abscondit Hydropicus noster, ut sanitatem recuperet et ab omni aqua ad solem se exoneret.

269 Jodoci Greveri arboris descriptio: Radix sit mercurius, Truncus et rami: Saturnus, Jupiter Venus et Mars, = flores; Luna et Sol quasi fructus.

273 Autor Rosarii Ignotus.

276. Aurora cap. 16. Auro communi Philosophicum dicitur simile etc.

334 Flamel. von ihm soll das Drachensymbol stammen, auf dem Coemeterium beatorum Innocentium Lutetiae Parisiorum.: Duo serpentes seu dracones se invicem complexi, quorum unus alatus, alter vero non.

336 (M. Majer?) Qui praeliorum ingenium et manum mercenariam operatur, aliena a veritate opera videbit, et vice versa qui alteri servilem praestat

operam, uti servus in arte, nunquam ad Regi-
nae mysteria admittetur.

343/4 Delphinas (pseudonym.): De matre cum filio ex necessitate naturae conjunguenda clarissime loquitur; si enim unus sit masculus et una foemina, ejus mater, in mundo, annon hi duo conjungendi sunt, ut genus humanum inde multiplicetur? --- eodem modo cum saltem in arte Chymica sint duo subjecta, quorum unus alterius mater est, haec copulanda veniunt ... hic est frater et illa soror etc. filius et mater: Osiris nempe et Isis.

Arbor genealogica:

{A = Primus inceptor hujus generationis ♂ Symb. ~~flammam ore quam spirat.~~
{B} Prima mater ♀ Symb. alae in pedibus.

C. filius (Symb. habet cornua.) — gemelli uno partu editi — D ~~soror~~ filia (Symb. habet oculos livore turgidos. (blau angeschwollen.))

F. filiolus — gemini — E. filia (Isis)

G. filius facie sanguinea. (Osiris p 345)

F. mortuo vidua E nubit filio suo G. i.e. Beja Gabritio.

H. (filius 3.) omnium nobilissimus.

Mus. Herm. 47 virgo quae sponsi sui mater esse perhibebatur.

incest

incest

《摘要》的第七版复印本第 177、178 页。JL。第 178-185 页转载的内容显示了荣格在印度之行中对印度象征主义的广泛研究。他应英国政府的邀请，作为一个主要科学家代表团的成员参加加尔各答大学二十五周年的庆祝活动。
他回忆说："印度对我的影响就像一个梦，因为我过去和现在都在寻找自己，寻找属于自己的真理。(《回忆》，第 275 页）

14

Cathedral of St John. La Valletta. Malta.
Mandala vor dem Hauptaltar. Mosaik im Fussboden.

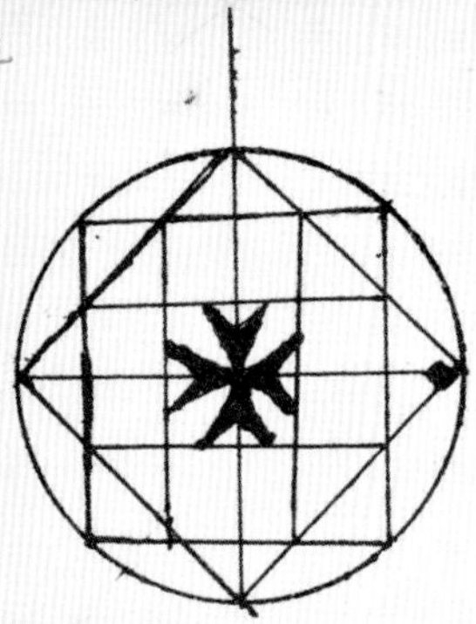

PURI. Vishnu Tempel: Sri Mandir. (Name des Tempels.)
Auf dem Gipfel des garbha grha (Woombhouse) befindet sich ein Rad (Chak oder Chakra) welches die Welt symbolisiert. Das Rad hat 8 Speichen.

Seitenlänge 6-7 m.

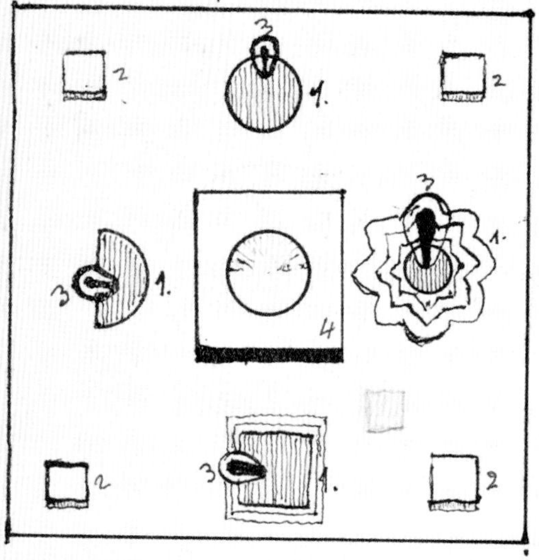

1. ca 60 cm tiefe Gruben für Feuer, in welches Ghee geopfert wird.
2. Erhöhte aus Adobé hergestellte Altäre, ca 50 cm.
3. Erhöhter Einguss für Ghee, phallusartig.

4. ca 60 cm hoher Aufbau, darauf eine auf 4 Pfählen stehende, strohgedeckte Hütte (ca 1.20 hoch)

Belur Math ist auf dem rechten Ufer des Hooghly (Ganges) nördl. von Howrah.

Am 14.-15. Jan. fand die Consecration des Sri Rama Krishna Tempels in Belur Math (math) bei Calcutta statt. Zum Zwecke der Consecration wurde auf der Ostseite des neuen Tempels eine Consecrationshütte nach vedischem Ritual errichtet. Es ist ein quadratischer Grundriss von ca 6 - 7 m Seitenlänge. Die Hütte steht auf Pfählen mit strohgedecktem Dach, das nach 4 Seiten abfällt. Unter dem Dach der quadratförmig erhöhten Estrade ~~bildet~~ findet sich eine quadratische Erhöhung, darauf steht eine strohgedeckte kleine Hütte, welche den Geburtsplatz resp. die Geburtshütte des Rama Krishna darstellt. Der Ritus ist ganz um diesen Platz herum angeordnet. An den 4 Seiten des Quadrates befindet sich 4 Feueraltäre, dazwischen auf einem inneren Kreise, 4 Feuergruben. Eine 5. liegt excentrisch in der Nähe eines Feueraltars. Jede Feuergrupe ist von der andern verschieden, eine quadratisch, eine halbmondförmig, eine rund und eine ist als Lotus dargestellt.

Nach Angabe von Dr.Das Gupta findet sich beim Grammatiker Patanjali, 150 a.C. eine Notiz in welcher zwei Alchemisten erwähnt werden, die im 4. vorchristl.Jahrh.gelebt haben sollen.

Im Kakṣapuṭaśāstra sollen Traktate des 3. vorchristl.Jahrh. erwähnt sein. (Ref. Dr. S. N. Das Gupta 48-8 Manoharpukur Road. Ballygunge Calcutta.)

In SERINGAPATAM vor dem Wasserthor befinden sich 2 grosse alte Bäume, deren Fuss von vielen Naga-Steinen umgeben ist. Darauf finden sich Schlangen einfach oder doppelt, letztere in Form des classischen Caduceus. Ebendort fanden sich auf dem Boden gezeichnet neue geometrische mandalas.

PURI: Die Triade besteht aus 2 Brüdern, der eine weiss (Balbhadra / Balarama / Balarāma) und der andere schwarz (Jagañath), dazwischen die Schwester Subhadra (als vereinigendes Symbol?) siehe pag. 20 f.

Jagannath means Lord of the universe. a name of Krishna.

Jagannath, Balbhadra u. Subhadra, weiss, schwarz und gelb bemalt. Dress of different colours. In popular pictures Balbhadra has a white and Jagannath a black face. Upon his (J.) head is a large diamond. Der Tempel Sri Mandir wurde zw. 1174 u. 1198 gebaut. Siehe auch p. 27.

Ein Emblem von Vishnu ist das Hexagramma (Davidsstern.) Es wird als Holzrahmen getragen oder aufgestellt mit Lichtern versehen. Das aufrechtstehende Dreieck bedeutet den avatar narasimha (narsingh) (halb Mann, halb Löwe,) das abwärtshängende Dreieck bedeutet varaha (boar), einen andern avatar des Vishnu.

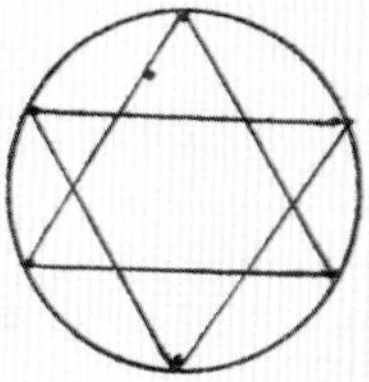

Ex. im museum von Trichur.

TRICHUR: Museum : Śiva-Stier, der ein prabha mandalam trägt = (strahlendes mandala, Mandorlaform.) Es enthält eine śalagrāma, nämlich einen Ammoniten vom Gandaki-Fluss in Nepal. Der Ammonit wird als chakra Vishnu's bezeichnet. Die Spirale symbolisiert die avatars Vishnu's. Es ist eine naga, die in einer Spirale sich aufgerollt hat.
(Hindu Iconography. Part.I. pag. 10.)

TRICHUR: Śakti Tempel. Um das centrale garbha gṛha ist ein gepflasterter Weg für die Circumambulation. Dort wird ein Halbkreis clockwise gegangen für Śiva, dann zurück, und der andere Halbkreis anticlockwise für Śakti.

Im Museum : Konischer Lampenständer, der durchaus an einen Weihnachtsbaum erinnert. Sog. dipastambha.

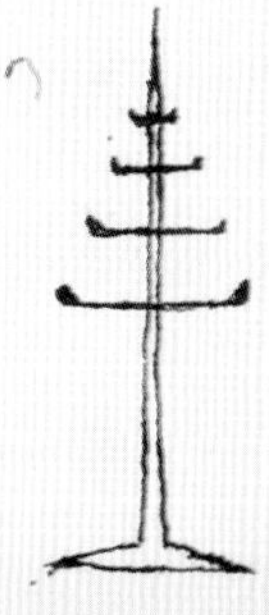

α In diesem Haupttempel sollen 3 Centren sich im garbha grha befinden. Wir hatten dort keinen Zugang, wir mussten uns mit dem davorliegenden mandapam begnügen. Dort finden sich 3 chakren, nach der Angabe des Panditen, entsprechend anahata bis ajña. Das anahata wird ~~aber~~ nach seiner Deutung durch den Śiva-Stier dargestellt. vishuddha durch einen viereckigen Altar und ajña ~~wieder~~ durch einen sogenannten "Flagstaff" (dvajastambha), eine in Segmente aufgeteilte, auf einem Altar stehende und oben leicht abgebogene Säule, die am obern Ende mit Glöckchen behängt ist. Diese stellen angeblich die Sinnescentren dar, und die segmentierte Säule das Rückenmark. Das ist aber ein grosses Geheimnis. All dies hat mit der Physiologie des Körpers zu tun. (cf p. 74 Viśvakarma)

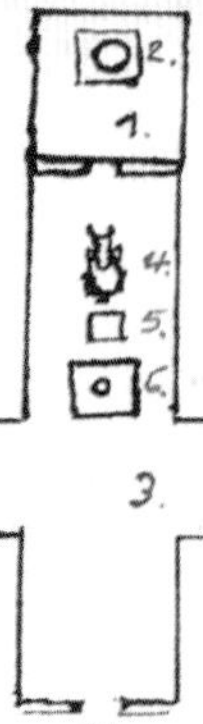

1. garbhagrha
2. Lingam in muladhara
3. Mandapam
4. Śivastier nandi entspr. Anahata.
5. Opferstein = viśuddha
6. Flaggenpfahl = ajña.
Stange = Rückenmark (Segment.)

Der lingam entspricht dem muladhara. Das ist das brahman in muladhara.

Der Tempel hat 4 nach den Himmelsrichtungen orientierte Thore. Diese Thore entsprechen den 5 Sinnen, nämlich : die 4 ~~ordentlichen~~ gewöhnlichen Sinne und das 5 ist das Zentrum und das ist das lingam.

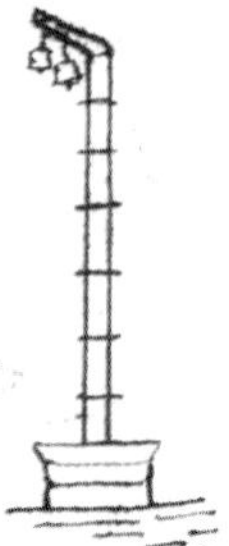

Flaggenpfahl.

Der Tempel ist Śiva und der Kali geweiht. Śiva wird auf einem Wagen spazieren geführt und zwar immer clockwise. Die Kali aber wird auf dem See in einem Schiff kreisförmig herumgeführt, ebenfalls clockwise. Wenn die Bewegung nach linkgs ausgeführt würde, so wäre dies ungünstig.

β PADMANABHA PURAM. Palast des 15.Jahrh.
Bettstatt. Kopfwand: Pelikan und am Kreuz aufgehängte Schlange umgeben von herunter fliegenden Vögeln. Italienische Arbeit.

γ Freskodarstellung von Harihara. Halb weiss, und halb grün. Eine Siva-Vishnu-Darstellung. Ebenso Darstellung von ardhana eshvara als Hermaphrodit.

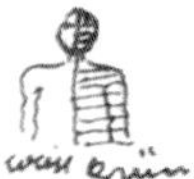

δ Ebendort auch eine Darstellung des lingam mit Gesicht. Mehrfach eine zweiköpfige, am Schwanz zusammenhängende Schlange. Einmal über dem lingam gewölbt.

δ

ε Darstellung eines alten Mannes, der zum halben Leibe in einem schüssel- oder schiffartigen Gebilde drin steht. Hinter ihm anscheinend Flügel. Dasselbe schüssel- oder schifförmige Gebilde erscheint auch als Mond, in beiden Fällen eine Sonnenscheibe enthaltend. (Conjunctio.) An einer Stelle im Palast am Tempel (Sculptur) ist der gleiche geflügelte Mann auch ithyphallisch dargestellt. Siehe pag. 19 unten. V. VIII, 118!

ζ Im garbha grha des Palasttempels befindet sich eine nicht ungewöhnliche geometrische Deckenkonstruktion aus sich überkreuzenden Steinplatten gebildet. Es sind sich überschneidende Vierecke.

doubleheaded serpent
vergl. Ros. Phil. p. 211

In TRIVANDRUM wird im Trommelhaus Tag und Nacht getrommelt solange der Fürst in der Stadt ist. Alte Mogul-Sitte. Das Trommeln erhält die ganze Stadt in Vibration, welche das Mana des Fürsten bedeutet. Der Fürst muss sich auch zu bestimmten Zeiten immer wieder dem Volke zeigen, damit es weiss, dass seine Seele lebt.

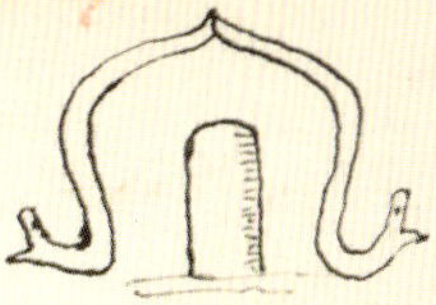

cf. Ros. Phil. p. 211 Mercurbrunnen.

In KANDY im Hofe des Tempels des Heiligen Zahn's befindet sich ein ~~XXXX~~ Lotus mti einer Art von Trisula-Motiv. Dieses Motiv kommt auch in Amaravati vor. cp. Ferguson.
Vor den Tempelthoren findet sich ein plastisches mandala in Lotusform am Boden, genannt Mond.
Ein wichtiger Festtag im Tempel ist das Fest des Vollmondes.
An der Aussenwand des Haupttempels finden sich abwechselnd grosse Darstellungen der Sonnenscheibe und des Mondes in Form des Halbmondes mit einem Hasen. Die characteristische Kapitaelverzierung der hinduistischen Tempel mit Bananenblüte ist hier in ein chakra verwandelt.
Es finden sich hier auch Deckenmandala die aus lauter Menschen bestehen, in merkwürdigen, komplizierten, kreisförmigen Anordnungen.
Es findet sich auch eine Kon~~struktion~~junction von 2 Pfauen, die mit verschlungenen Hälsen einander küssen.

U = Ein U von weisser Farbe auf der Stirn = Vishnu, oft vereinigt mit einem roten Strich in der Mitte, die Lakshmi bedeutend. Zusammen ist es ein Zeichen der Conjunction und wird als nāmam = Name bezeichnet. Das vermillion Zeichen (kreisförmiger Fleck an der Nasenwurzel) bedeutet umā = Parvati.

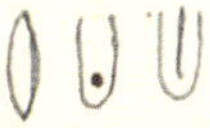

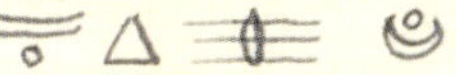

neolithischer Tempel in Tarxien, Malta - 2 Mandalasteine. Centrum: Mond- oder Sonnenscheibe?

siehe pag 18.E.

~~Im~~ Tempel von SOMANATHAPUR (Mysore) (ein Beispiel von Horizontalstil)
am 21.Jan. 1938 auf dem Rückweg Kobra!

20

α Im Temenos des grossen Tempels von Bubaneshvar befindet sich ein geschlossener Tank, in welchem alle 25 Jahre die 3 Idole der grossen Götter ertränkt werden. Von den Priestern werden neue an die Stelle der alten gesetzt.

β MADRAS. Museum No.61. Balustrade (Amaravati Stupa). Darstellung eines grossen, fetten Mannes, mit kurzen Beinen, der eine riesige Schlange verschluckt.

γ 13 Jan. 1938. Tempel von Konarak. („Black Pagoda"). Basis von Elephantenfries gebildet. Grosse Räder auf beiden Seiten der Pagode, andeutend, dass das ganze ein hochgebauter Götterwagen ist, wie der in den Processionen gebrauchte. Diese Wagen kommen sozusagen bei allen grossen südindischen Tempeln vor. Der von Bubaneshvar ist 15 m. hoch, mit 16 Rädern. Auf ihm fährt ~~der~~ ~~Gott~~ sozusagen im Sommer in den Gartentempel,* Die beiden andern Götter fahren auf kleinern Wagen. Das Zahnfest in Ceylon (Kandy) wird ebenfalls seit Alters mit 3 Wagen gefeiert. Es besteht die Annahme, dass die Götter von Bubaneshvar alte buddhistische Symbole seien.

* „Garden House"

Oberhalb des Elephantenfrieses in Konarak folgen erotische Scenen, die soweit hinaufgehen, als die Steine behauen sind. Auf dem letzten (obersten) Rundgang keine Sculpturen mehr. Abschluss ist ein grosser Lotus. Sehr viele Nāgas und Conjunctionen von Nāgas zwischen den erotischen Sculpturen. --- α

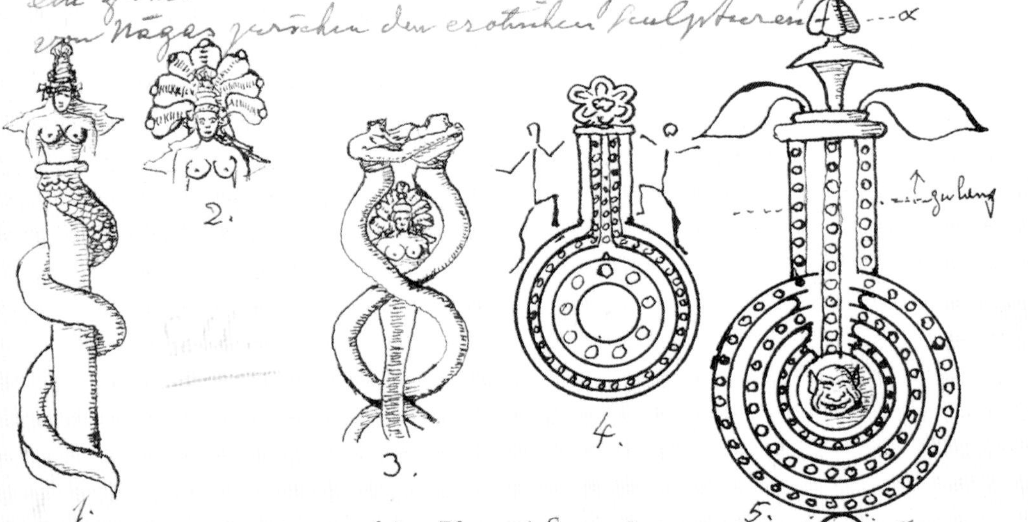

1. 2. 3. 4. 5.

6.

1. Konarak. Eine Nāga (abwechselnd mit erot. Scenen.)
2. " Nāga mit Aureole von Cobra (mit vielen Köpfen)
3. " Conjunction von männl. u. weibl. Nāga. Eine Dritte mit Schlangenaureole dazwischen.
4. " Chakramotiv. Gefässsymbolik? ♂ u. ♀ (?) Seitenfiguren.
5. Bubaneshvar. Sri Mandir. Seitentempel. ~~Chakra mit ... Centrum ... zwei flankierende ♂ u. ♀ (?) Figur~~ Im Centr. Fratze von Naranka-murti (?) α. sog. windfan (aus Haarbusch bestehend)
6. " Sri Mandir. Ost-Gopuram. Über dem Thor Vase. – α Kreis sollte grösser sein

Glocke u. Halbmond vgl. Shrichakra Sambhara Tantra. Tantric Texts Vol. VII.

Chakra von Muktessor bei Bubaneshvar. Tempelglocke, Mond u. Fratze von Marankamurti. (?)

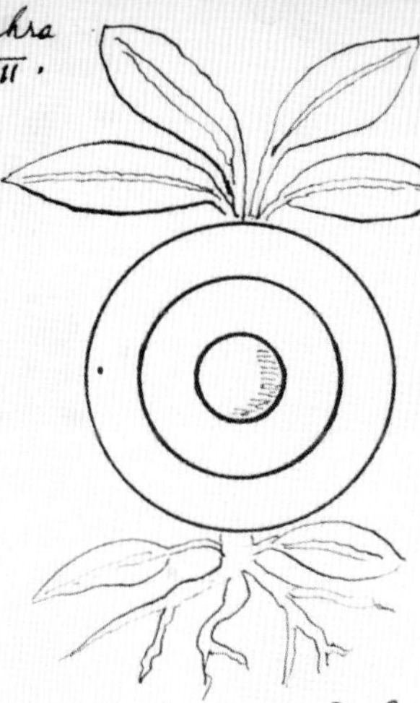

Chakra von Bubanesvar.

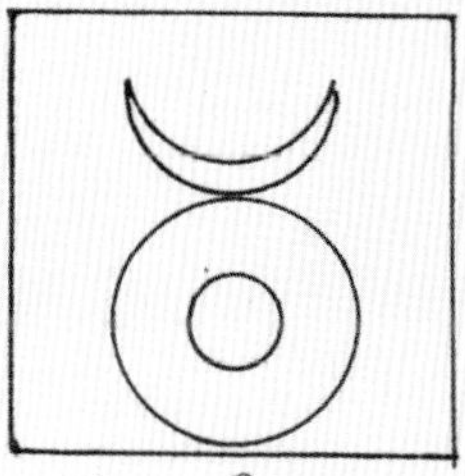

Sanchi α.

γ.

α SANCHI. Bhopal. 23.XII.37.

Vier Säulen beim Pilgerhaus im Thal (Resthouse ?). Auf einem der Pfeiler findet sich eine Conjunctio von Sonne und Mond im Quadrat eingeschlossen.

β

HYDERABAD. Museum. β

Basrelief, den lingam darstellend, flankiert von Sonne und Mond. An der Basis beidseitig eine Tierfigur.

β.

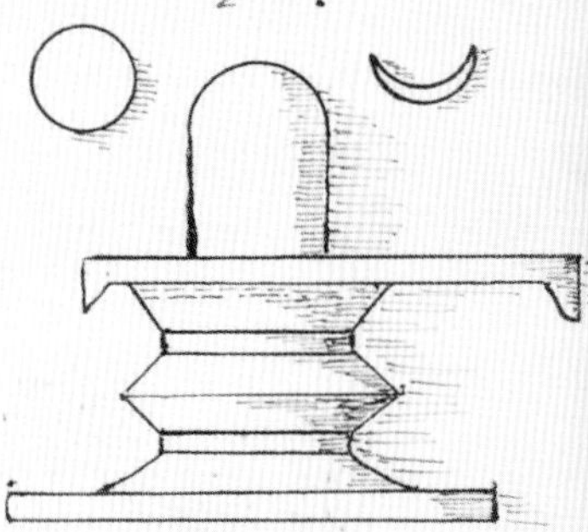

γ Museum Hyderabad. Darstellung der Conjunctio von Mahadevi Parvati mit Śiva. Von der Gestalt der Parvati geht eine Schlange aus, die sich auf das Haupt des Śiva heruntersenkt und diesen berührt.

Phall.

δ. Häufige Darstellungen des Buddhasitzes unter dem Baume erinnern an den alten Baumkult. Viele Abbildungen bei Ferguson, besonders Amravati. Dort auch öfters stupa auf dem Sitz an Stelle des Buddhas in Form des lingam.

Am kleinen stupa von Sanchi findet sich der Sitz mit dem Baum flankiert von einer männlichen und einer weiblichen Gestalt.

ε. ELLORA.

Im Kailasa Tempel finden sich an der Basis gewaltige Elephanten. (Parallele zum Elephanten-Relief von Konarak.)

ζ. AJANTA.

Grosses Deckenmandala; im äusseren Kreis circumambulierende Gänse. Das Innere des Mandala ist erfüllt von einer nach 4 geteilten Blume, (Lotus.)

An mehreren Kapelleneingängen sind die Seitenpfeiler der Türen dekoriert mit Liebespaaren.

Bei Sonnenuntergang leuchtet der Gipfel des Kinchenchunga noch lange Zeit, während in den Tälern bereits Nacht herrscht. Wenn sich die bis 5000 m reichenden Vorberge bereits im blauen Erdschatten befinden, so sieht das Ganze gerade aus wie ein Rubin, der in einem blauen Lotus gebettet liegt.

Auf dem Gipfel des Observatory-hill bei Darjeeling befindet sich ein kreisrunder, von einem dichten Wald von Flaggenstangen umgebener offener Platz. Die Flaggen sind alle bedruckt mit einem blockprint. (Text mit dem Pferd, das Cintamani trägt.)
Cintamani = Lapis Phil. ~~Samyutta Nikaya~~ R. L. Atreya: Yoga-Vasistha - Adyar. p. 36.

In der Mitte des Kreises befindet sich ein wenig erhöhter, aus rohen Blöcken gebildeter Altar, der hinduistischer wie tibetanischer Verehrung gewidmet ist.

Ringsum Darjeeling auf den Anhöhen befinden sich chorten.

AVALON: Tantra of the great Liberation. Luzac 1913.
" Principles of Tantra. Luzac 1916.

Further translations of Tantric Texts.

ELIZABETH SHARPE : The Flower of God.
" " India that is India.

The Hindu Iconography.

Aus. K. A. Neumann: "Die Reden Gotamo Buddhos."
München 1922.
Pag. 76.

.... "Gleichwie etwa, Mönche, wenn der Färber ein Kleid nähme, das besudelt und voller Flecken ist, und tauchte es in eine Farblösung, in diese oder in jene, in eine blaue oder in ein gelbe, in eine rothe oder in eine violette, da könnt' es nur schlechte, nur unreine Färbung gewinnen, und warum ? ...."

pag. 80.

... "Wohl vertraut ist beim Erhabenen die Jüngerschaar, ehrlich vertraut ist beim Erhabenen die Jüngerschaar, recht vertraut ist beim Erhabenen die Jüngerschaar, geziemend vertraut ist beim Erhabenen die Jüngerschaar, und zwar vier Paare der Menschen, nach acht Arten von Menschen : das ist des Erhabenen Jüngerschaar, die Opfer und Spende, Gabe und Gruss verdient, heiligste Stätte der Welt ist."...

Codex des Manu (II-III Jahrh. p. Chr. n.) theilt die Hindus in 4 varnas (wörtl.: Farben) ein. - Die vierte Kaste ist die der Sudras, welche nicht initiert, d. h. zwei-mal Geborne sind. Sie kommen aus den Füssen Brahma's.

p. 81 " ... Gleichwie etwa, Mönche, ein Kleid, das besudelt und voller Flecken ist, in klarem Wasser gewaschen sauber und rein wird, oder im Schmelztiegel gesottenes Gold gediegen und lauter wird : ebenso nun auch, ihr Mönche, mag ein Mönch, dem solche Tugend, solche Wahrheit, solche Weisheit eignet, auch Almosenspeise geniessen......"

27

ablutio transfor

pag. 82.

... " Freudvollen Gemüthes weilend strahlt er nach einer Richtung, dann nach einer zweiten, dann nach der dritten, dann nach der vierten, ebenso nach oben und nach unten : überall in allem sich wiederkennend durchstrahlt er die ganze Welt mit freudevollem Gemüthe, mit weitem, tiefem, unbeschränktem, von Grimm und Groll geklärtem."

IV

"... Den nennt man, ihr Mönche, einen Mönch, gebadet im inneren Bade."

Balarama's. Balbhadra — Subhadra — Jagannat.

Bubaneshvar.

Trinit.

Sendivogii Epist. XIII. (Manget II 496)

... Deus aquam hanc primordialem in quatuor partes ac regiones separavit et distinxit — mythica quasi distillatione.

Viertheil.

Auge.

Sach. 4,10 7 Augen Gottes
" 3, 9 7 Augen Gottes auf dem Grundstein zum neuen Tempel. Sach. 4.10 Augen, „wandern hin und wider durch die ganze Erde!"

Offenb. 1,4 u. 5 7 Geister Gottes (7 Lampen.) Spir.

Proverb. 9,1 Haus der Weisheit hat 7 Säulen.
Weisheit hat 7 Benennungen
Proverb. 1,2,3.

Eirenaeus Orandus, 1624, erwähnt Sach. 4,10.

Anmerkungen.

S. 19 625. Anschütz weist darauf hin, dass vielleicht der Ring der Gräfin Görlitz, die von ihrem Kammerdiener ermordet wurde und dessen Vater Gold und u.a. auch einen Ring abzusetzen versuchte, Anstoss zu Kekules Vorstellung war. K. war in jenem 1850 Prozess Zeuge, da er den Brand, an dem die Gräfin starb, beobachtet hatte. Der Ring führte wegen seiner teil Platinierung zur Ueberführung. Verkäufer behauptete Eigentum seit 1805 Reines Platin Platinierung war erst seit 1819 möglich. Fingerring "bestehend aus zwei ineinander verschlungenen Reifen, der eine aus Gold, der andere aus weissem Metall, in Gestalt zweier sich in den Schwanz beissenden Schlangen."

Hermes Trismegistos mit den Söhnen und Meistern der «philosophischen Kunst». Er hält eine Tafel mit Darstellungen von Sonne und Mond. Aus dem «Alchimistischen Manuskript» vom Jahre 1550. Universitätsbibliothek, Basel. !

«Chymische Hochzeit.» Vereinigung von männlichem und weiblichem Prinzip (König und Königin) zur Herstellung der Tinktur. Beide Figuren haben zusammen nur zwei Beine, was auf den gemeinsamen Grundstoff der beiden vereinigten chemischen Substanzen hinweist. Aus dem «Alchimistischen Manuskript» vom Jahre 1550. Universitätsbibliothek, Basel. !

Pandora!

Hdschr. XVI C. in der Vadiana St. Gallen. →

(Rosar. philosoph.)

In der Vad. befindet sich noch MS der Turba, sowie MS 17. Jahrh. mit Darstellung des Sol, der im Mercurius ertrinkt (Ros. Phil.?)

Schweiz. Sammlung für Historisches Apothekerwesen besitzt viele alch. Bilder. (Basel.)

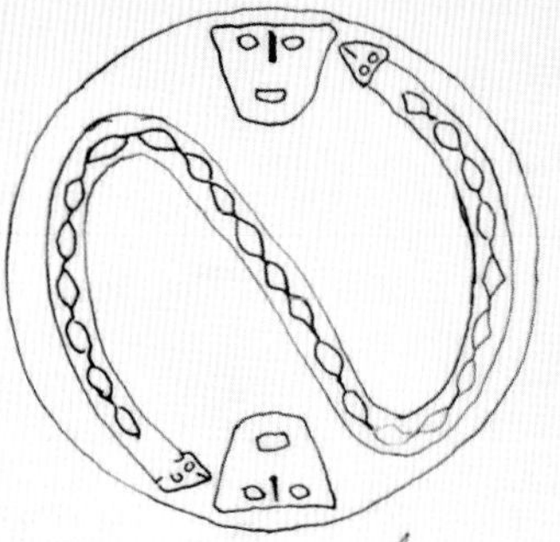

Fig. 36. — Disque en bronze.
Culture des Calchaqui

from Objets Rituels, Croyances et Dieux de la Chine Antique et de l'Amérique par Carl Hentze prof. à l'Université de Gand

(Note says = "D'après Juan B. Ambrosetti, Exploraciones arqueológicas en la Pampa Grande, Buenos Aires 1906, fig 159 p. 166.)

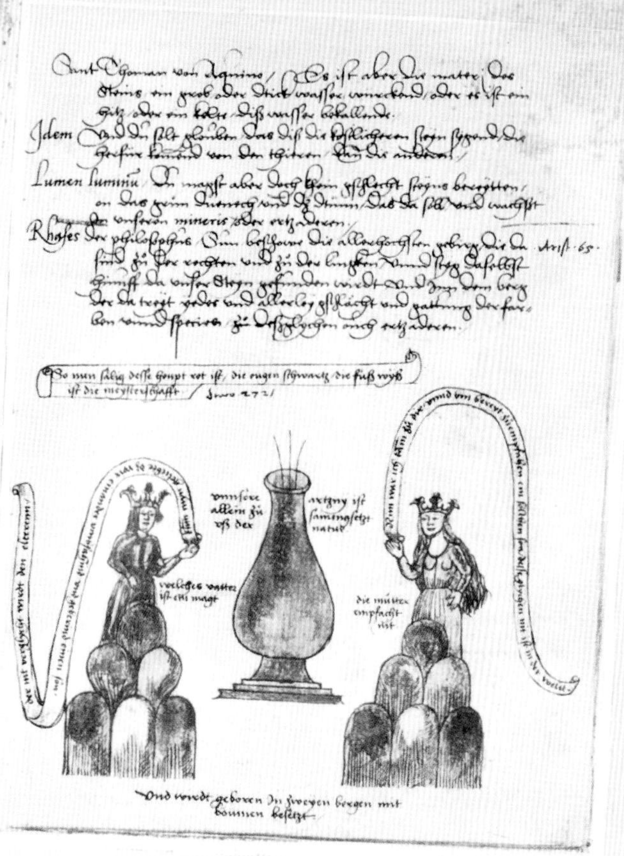

Illustration zu Textstellen aus Thomas von Aquino, aus dem berühmten alchimistischen Werk «lumen luminum» und aus Al-Razi. Aus dem «Alchimistischen Manuskript» vom Jahre 1550. Universitätsbibliothek, Basel.

Dreyvaltigkeytsbuch?

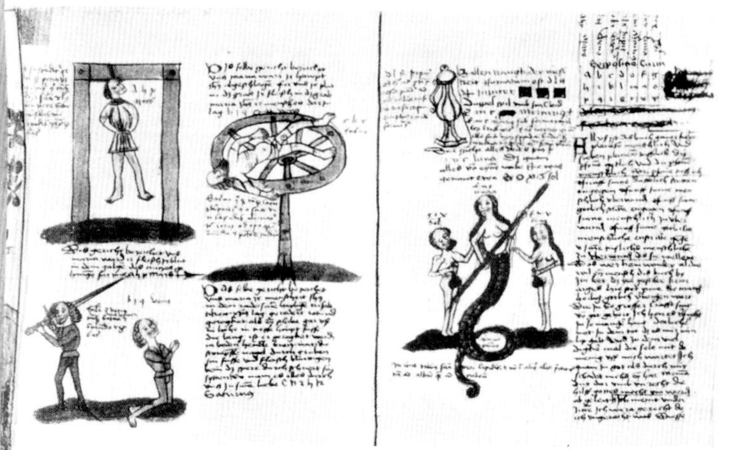

…lische Darstellung alchimistischer Vorgänge. Links der gehängte Mars (Eisen), der aufs Rad geflochtene Saturn …, rechts Mond und Sonne (Silber und Gold), in ihrer Mitte Mercurius philosophorum (Quecksilber). Aus einer …tischen Handschrift des 16. Jahrhunderts Vadiana, St. Gallen.

Melusina.

Lunatica vel Lunaria = Viola lunaris, von den Alchemisten zur Goldbereitung aus Cu gebraucht. Cf. Tabernaemontani Kräuterbuch sub Viola

Lolium: sog. Taumellolch. Macht betrunken u. toll. Cf. s.v. Tabernaemontanus.

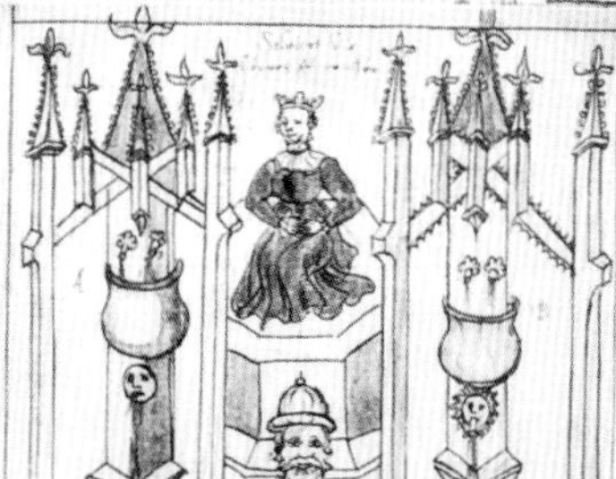

Symbolische Darstellung der «Solvierung der Körper zu Wasser» in den Brunnen des Silbers und des Goldes. Laut einer alten Legende zu diesem Bilde entsteht aus den zwei Wassern das «Edel Pflaster». Aus dem «Alchimistischen Manuskript» vom Jahre 1550. Universitätsbibliothek, Basel.

Basel MS XVI C. Univers. Bibl. Pandora?

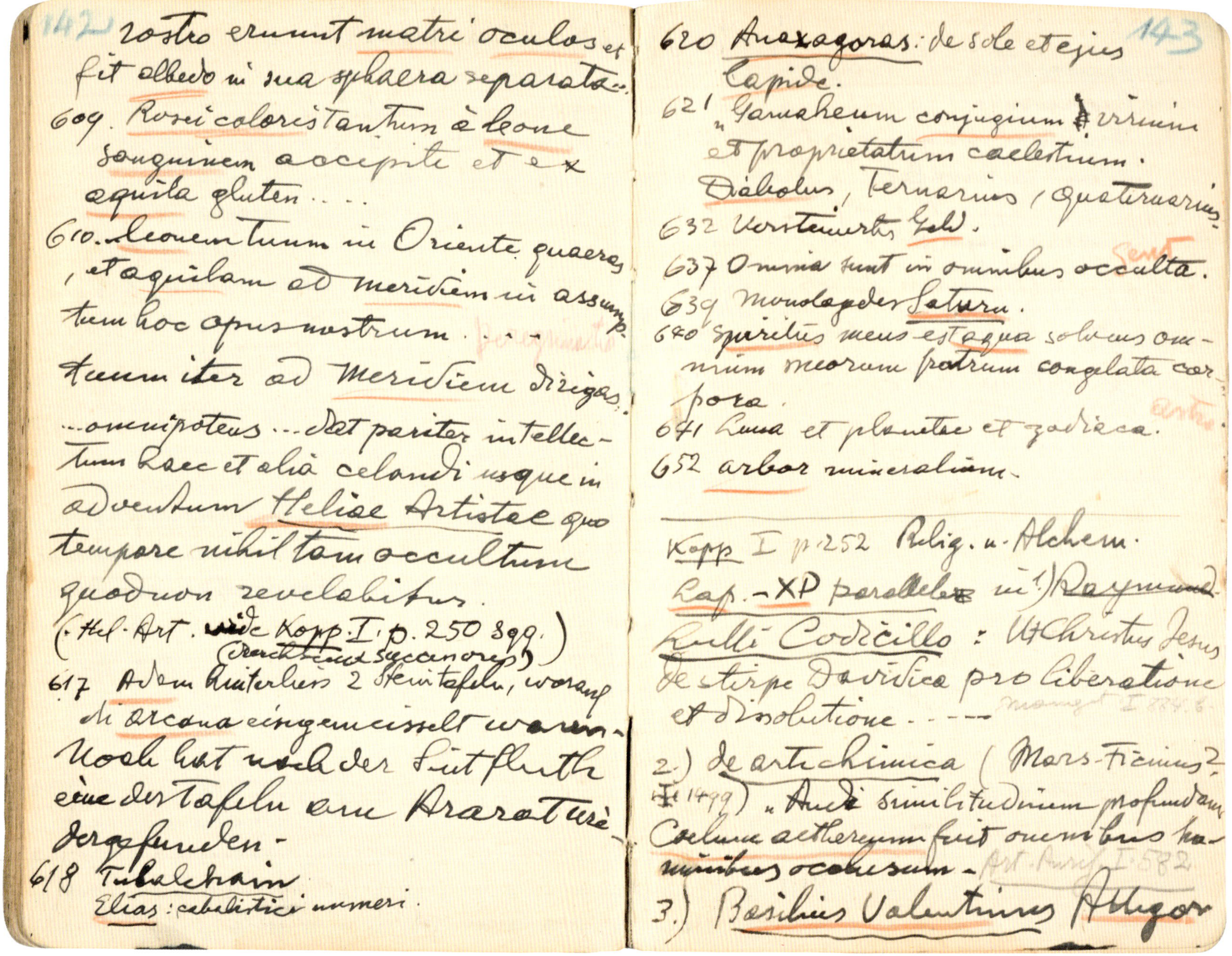
142 rostro erunt matri oculos et
fit albedo in sua sphaera separata...
609. Rosei coloris tantum a leone
sanguinem accipite et ex
aquila gluten...
610. Leonem tuum in Oriente quaeras
, et aquilam ad meridiem in assum-
tum hoc opus nostrum ...
tuum iter ad Meridiem diriges.
...omnipotens ... dat pariter intellec-
tum haec et alia celandi usque in
adventum Heliae Artistae quo
tempore nihil tam occultum
quod non revelabitur.
(Hel. Art. vide Kopp I. p. 250 sqq.)
617 Adam hinterliess 2 Steintafeln, worauf
die arcana eingemeisselt waren.
Noah hat nach der Sintfluth
eine der Tafeln am Ararat wie-
dergefunden.
618 Tubalcain
Elias: cabalistici numeri

620 Anaxagoras: de sole et ejus lapide. 143
621 „Gamaheum conjugium virium
et proprietatum caelestium.
Diabolus, Ternarius, Quaternarius
632 Vorstenwerths Gold.
637 Omnia sunt in omnibus occulta.
639 Mondlapder Saturn.
640 spiritus meus est aqua solvens om-
nium meorum fratrum congelata cor-
pora.
641 Luna et planetae et zodiaca.
652 arbor mineralium.

Kopp I p. 252 Relig. u. Alchem.
Lap.-XP parallele in 1.) Raymund
Lulli Codicillo: Ut Christus Jesus
de stirpe Davidica pro liberatione
et dissolutione ----
2.) de arte chimica (Mars. Ficinus?
1499) „Audi similitudinem profundam.
Coelum aethereum fuit omnibus ho-
minibus occlusum -- Art. Aurif. I 582
3.) Basilius Valentinus Allegor

《摘要》复印本第五卷。JL

冬天，在巴塞尔大学图书馆进行了广泛的调查研究。他调查的其他地点包括苏黎世中央图书馆和大英图书馆。《摘要》第二～四卷是由玛丽·路易丝·冯·法兰兹（Marie-Louise von Franz）收集的，她曾是荣格的研究助理，后来成为重要的合作者和权威专家。第五卷的收集日期是1936年7月，第七卷是1937年8月；看来荣格和冯·法兰兹同时进行这些书卷的收集工作。

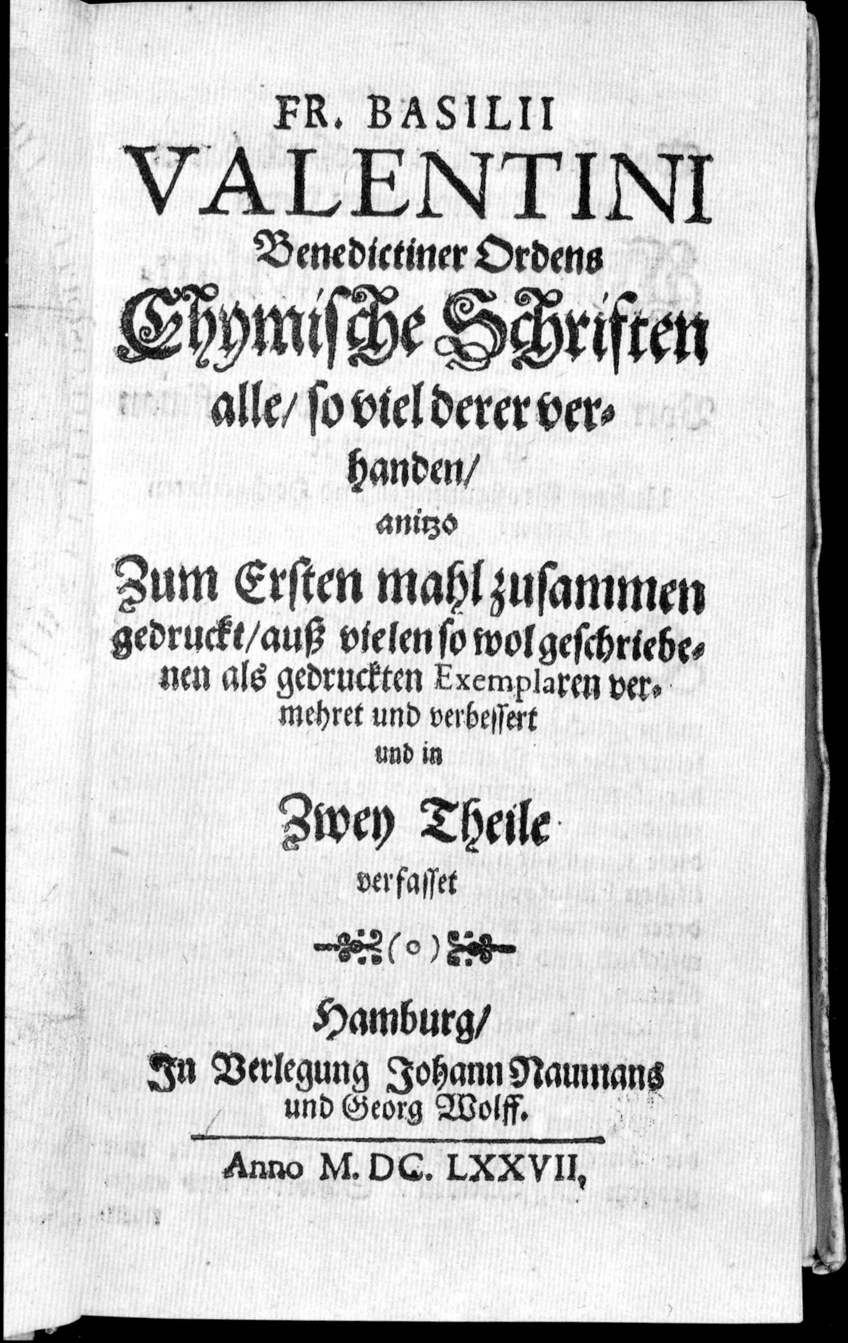
FR. BASILII
VALENTINI
Benedictiner Ordens
Chymische Schriften
alle/ so viel derer verhanden/
anitzo
Zum Ersten mahl zusammen gedruckt/ auß vielen so wol geschriebenen als gedruckten Exemplaren vermehret und verbessert
und in
Zwey Theile
verfasset
Hamburg/
In Verlegung Johann Naumans und Georg Wolff.
Anno M. DC. LXXVII,

巴西利德斯的《化学作品》(Chymische Schriften，Hamburg：Johann Naumann & Georg Wolff,1677)。瓦伦蒂诺是一个未知作者的笔名。荣格认为他的著作属于 16 世纪末，并受到帕拉塞尔苏斯的强烈影响（《心理学与炼金术》，CW 12，§508）。

GEBERI PHILOSOPHI
AC ALCHIMISTAE
MAXIMI, DE ALCHIMIA.
LIBRI TRES.

伪盖伯（Pseudo Geber）的《有关炼金术的三本书》（拉丁：*De Alchemia Libri Tres*，英文：*Three Books Concerning Alchemy*）（约翰内斯·格吕宁格出版，1529 年）。作者是一位无名的 13 世纪欧洲炼金术士。许多世纪以来，他的作品被认为是 8 世纪波斯著名炼金术士贾比尔·伊本·海亚恩（Jābir ibn Hayyān）的译本。荣格在《心理学与炼金术》中再现了这个炼金炉的形象（CW 12，图 119，第 236 页）。MBF

HENRICI CORNELII

AGRIPPÆ AB NETTESHEYM,

ARMATÆ MILITIÆ EQVITIS AVRATI, ET IVRIS VTRIVSQVE ac Medicinæ Doctoris,

OPERA.

IN DVOS TOMOS CONCINNE DIgesta, & nunc denuò, sublatis omnibus mendis, in φιλομούσων gratiam accuratissimè recusa.

QVIBVS POST OMNIUM EDITIONES de novo accessit ARS NOTORIA, ut satis indicat Catalogus post præfationem positus.

LUGDUNI.
PER BERINGOS FRATRES.

SEQUUNTUR FIGURÆ LITERARUM divinarum.

Literæ seu characteres Saturni.

Literæ seu characteres Jovis.

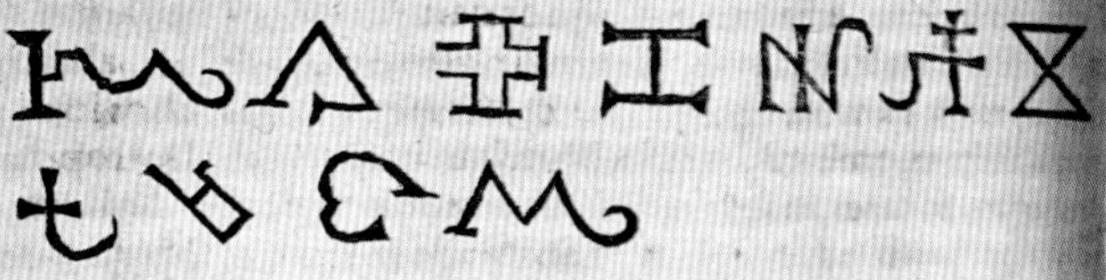

Literæ seu characteres Martis.

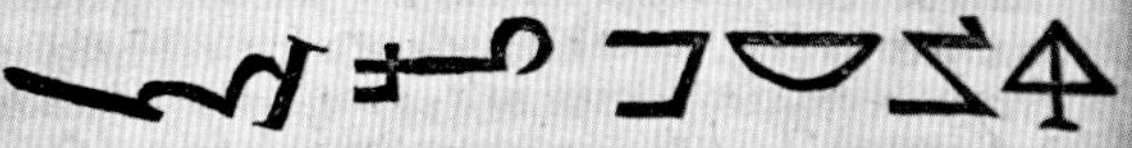

Literæ sive characteres Solis.

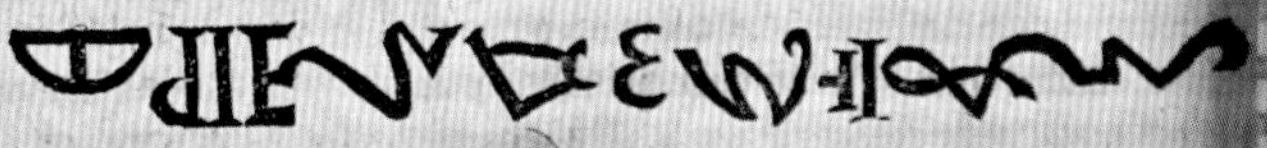

Literæ sive characteres Veneris.

Literæ sive characteres Mercurij.

Literæ sive characteres Lunæ.

Quomod

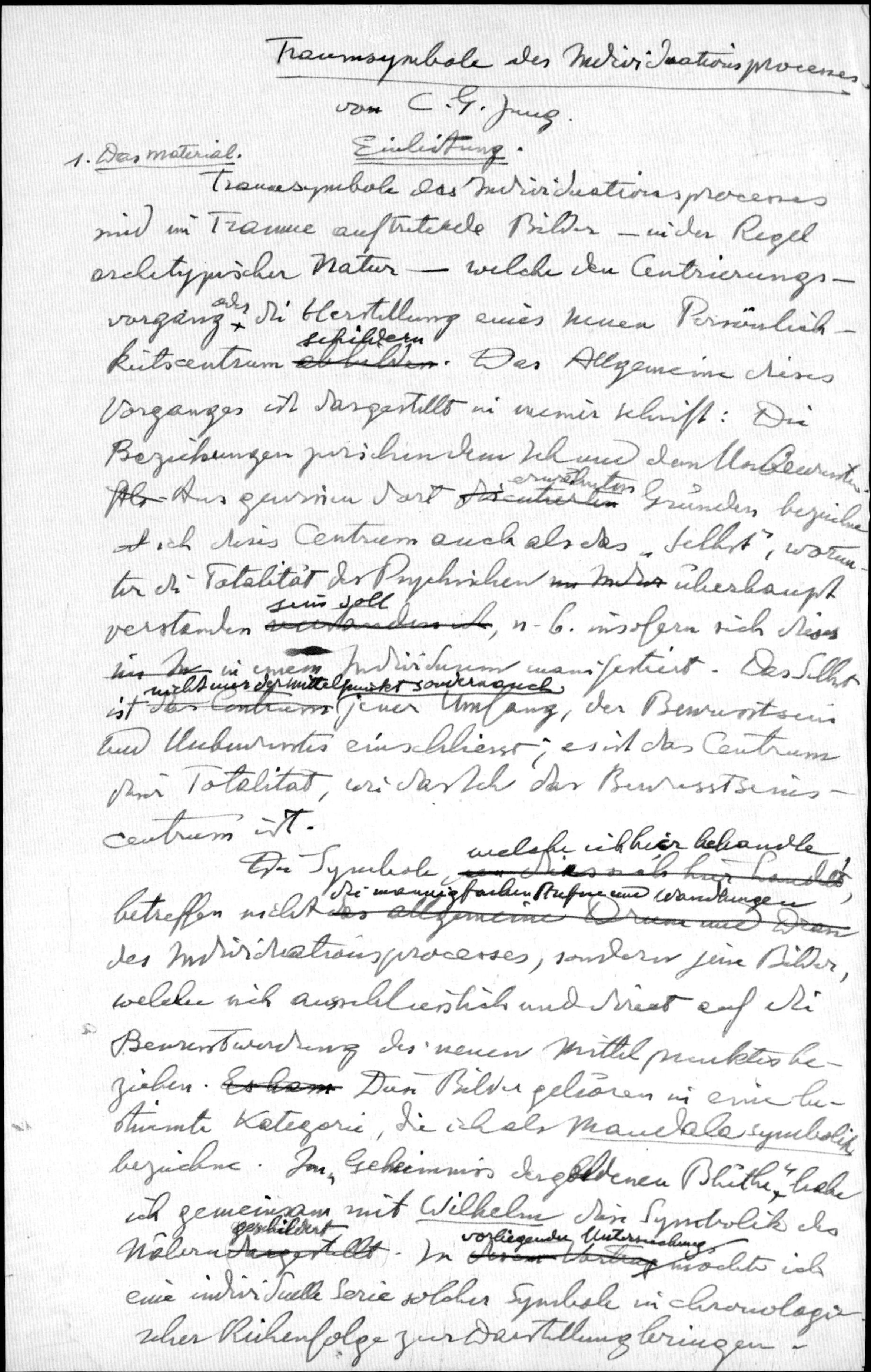

Traumsymbole des Individuationsprocesses.
von C. G. Jung.

1. Das Material. Einleitung.

Traumsymbole des Individuationsprocesses sind im Traume auftretende Bilder – in der Regel archetypischer Natur – welche den Centrierungsvorgang oder die Herstellung eines neuen Persönlichkeitscentrum schildern ~~abbilden~~. Das Allgemeine dieses Vorganges ist dargestellt in meiner Schrift: Die Beziehungen zwischen dem Ich und dem Unbewussten. ~~Als~~ Aus gewissen dort erwähnten Gründen bezeichne ich dieses Centrum auch als das „Selbst", worunter die Totalität des Psychischen überhaupt verstanden sein soll, u. z. insofern sich diese in einem Individuum manifestiert. Das Selbst ist nicht nur der Mittelpunkt sondern auch ~~das Centrum~~ jener Umfang, der Bewusstsein und Unbewusstes einschliesst; es ist das Centrum dieser Totalität, wie das Ich das Bewusstseinscentrum ist.

Die Symbole, welche ich hier behandle, betreffen nicht die mannigfachen Stufen und Wandlungen des Individuationsprocesses, sondern jene Bilder, welche sich ausschliesslich und direct auf die Bewusstwerdung des neuen Mittelpunktes beziehen. ~~Es kam~~ Diese Bilder gehören in eine bestimmte Kategorie, die ich als Mandalasymbolik bezeichne. Im „Geheimnis der goldenen Blüthe" habe ich gemeinsam mit Wilhelm diese Symbolik des Näheren geschildert ~~dargestellt~~. In vorliegender Untersuchung ~~diesem Vortrag~~ möchte ich eine individuelle Serie solcher Symbole in chronologischer Reihenfolge zur Darstellung bringen.

荣格的《自性化过程中的梦境符号》的手稿。本页中，荣格描述了自性化过程的符号是如何描述新的人格中心的产生的，他称之为自我。这由曼陀罗符号代表，他在与卫礼贤合作的《金花的秘密》中首次描述了这些符号。ETH-B

荣格第一次发表有关炼金术主题的演讲是在 1935 年（于 1936 年出版），当时，他演讲的题目是《自性化过程中的梦境符号》（*Dream Symbols of the Individuation Process*），讨论了沃尔夫冈·泡利（Wolfgang Pauli）梦境中与炼金术的相似之处，后者被荣格推荐给埃尔娜·罗森鲍姆（Erna Rosenbaum）进行心理分析。荣格对卡尔·阿尔弗雷德·梅耶尔（C.A.Meier）解释道，他推荐泡利去看在没有其建议的可能性干扰下，将会发生什么。[320]

荣格通过发挥文献和检索表的作用使炼金术研究成为可能。他通过收集和交叉引用，组建了一本著作的专科全书，其内容来源于以下 4 本书：《帕拉塞尔苏斯》（*Paracelsus*，1942 年）[321]、《心理学与炼金术》（1944 年）、《移情心理学》（*The Psychology of the Transference*）、《炼金术系列意象的阐释》（*Clarified through an Alchemical Series of Images*）。《致医生与实用心理学家》（*For Doctors and Practical Psychologists*，1946 年）、《神秘参与　》（*Mysterium Coniunctionis*：*An Inquiry into the Separation and Synthesis of Psychic Opposites in Alchemy*，1955/1956 年）。同时，他也创作了 4 篇文章——《浮士德与炼金术》（*Faust and Alchemy*）、《精灵墨丘利》（*The Spirit Mercurius*，1948 年）[322]、《佐西莫斯的异象》（*The Visions of Zosimos*，1954 年）[323]、《哲学树》（*The Philosophical Tree*，1954 年）[324]——并在苏黎世联邦理工学院（1940—1941 年）[325] 发表了一次讲座，及一本尚未出版的书稿。[326] 研究荣格的炼金术印刷本让人深刻理解到这些作品是以何种方式创作的：每一件作品都结构清晰、论据层层递进，并加入了大量的引证和案例。如同雷蒙·格诺（Raymond Queneau）和先锋乌力波派作家的用词，荣格的炼金术作品的印刷本显然是学术评论，从中能产生无数的系列作品——其中一部分还没有写。炼金术作品中引用的密度也反映了一种深思熟虑。荣格在其文章《帕拉塞尔苏斯的精神现象》（*Paracelsus as a Spiritual Phenomenon*）中写道：

> 我们当然有一个可以理解的愿望，那就是毫不含糊的明确性；但我们很容易忘记，灵魂的问题是经验的过程，也就是转化，如果我们不想把活生生的运动石化为静止的东西，就不应该明确地定义。变化多端的神话和闪闪发光的象征更深刻、全面地表现了灵魂的过程，最终比任何概念都更为清楚；象征不仅能传达这个过程的形象——这也许同样重要——而且带来了这一过程的再体验，以及我们仅能通过令人不讨厌的共情去慢慢理解这一朦胧状态的形象，而绝非通过清晰阐释的拉拢而获知。荣格的炼金术作品是演绎性的，旨在唤起人们的朦胧状态，并让其接近其中的真义。[327]

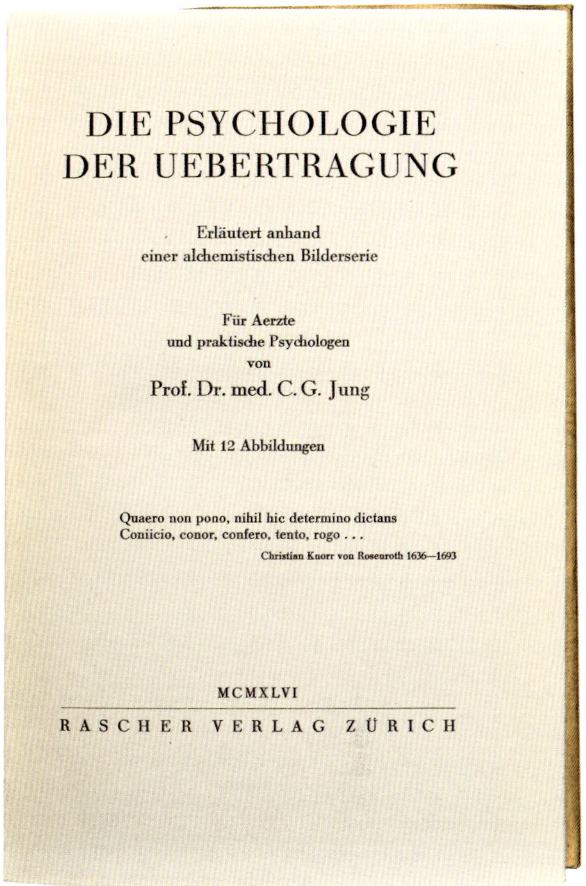

DIE PSYCHOLOGIE
DER UEBERTRAGUNG

Erläutert anhand
einer alchemistischen Bilderserie

Für Aerzte
und praktische Psychologen
von
Prof. Dr. med. C. G. Jung

Mit 12 Abbildungen

Quaero non pono, nihil hic determino dictans
Coniicio, conor, confero, tento, rogo . . .
Christian Knorr von Rosenroth 1636—1693

MCMXLVI
RASCHER VERLAG ZÜRICH

荣格的《移情心理学》是献给他妻子的。这句话出自克里斯蒂安·克诺尔·冯·罗森罗特的《基督教卡巴拉大全》(*Adumbratio Kabbalae Christinae*)|《基督教卡巴拉大全》(1684)。"我询问，我不断言；我在这里没有最终确定任何事情；我猜测、尝试、比较、试图、询问……" MBF

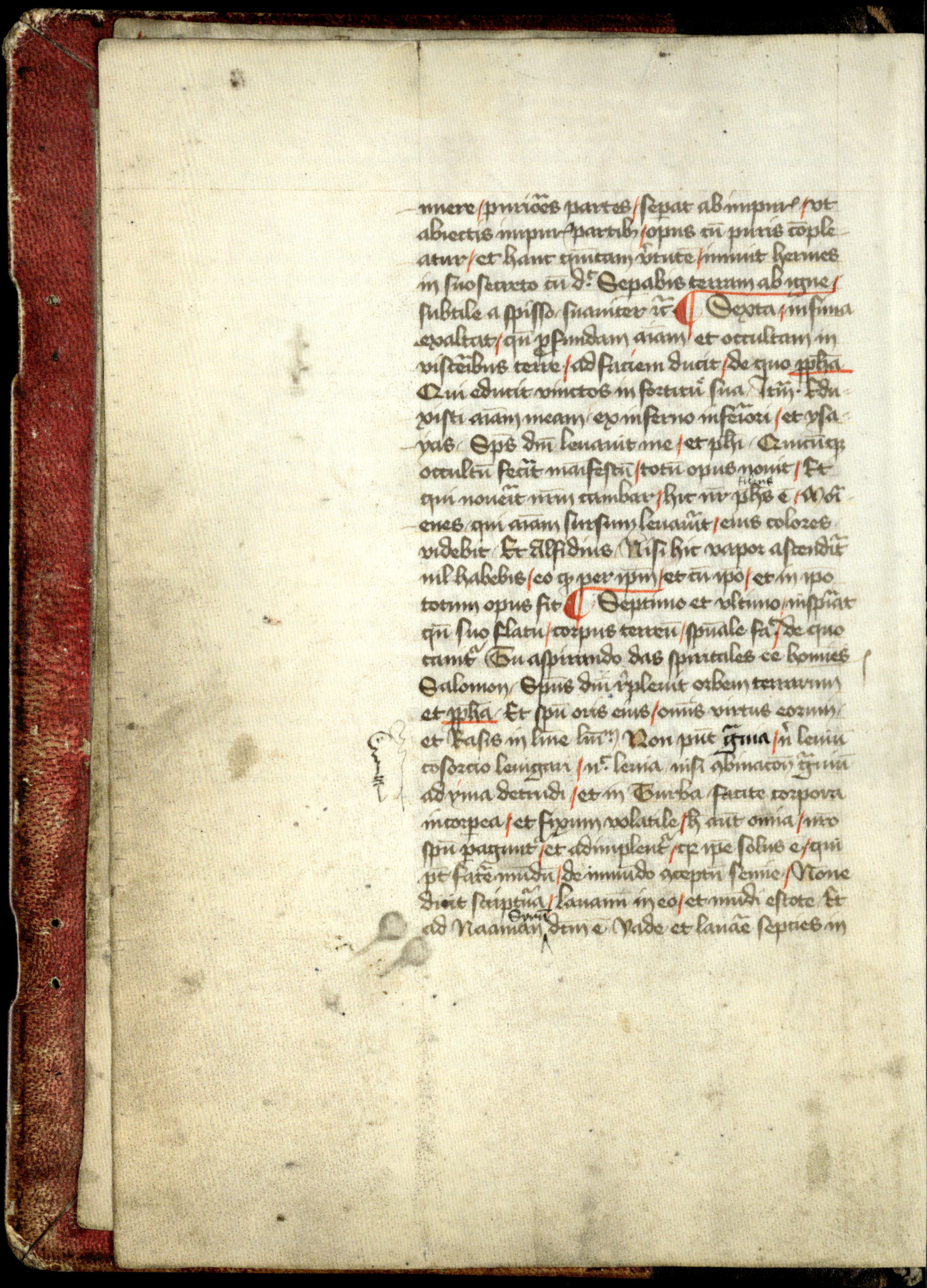

《曙光升起》(*The Aurora Consurgens*)，一份图文并茂的 15 世纪炼金术手稿。该作品曾被误认为是托马斯·阿奎那的作品。它首先提出了对《所罗门智慧》《雅歌》和《诗篇》的炼金术解释。

Jordane et mundaberis / Nam ipse est unum bap
tisma / in ablucionem peccatorum / ut fides et prophecia tes
tantur / Qui habet aures audiendi audi
at / quid dicat spiritus doctrine / filiis disciplinae
de spiritu septiformis virtute / quo omnes implet scrip
tura / quod plurimi insinuant hiis verbis / Distilla
1. semel septies / et separasti ab humiditate corrumpente / .

De domo thesauraria quam sapiencia fundavit
· c · 10 · supra petram

Sapiencia edificavit sibi domum / quam qui
introierit salvabitur / et pascua inveniet
teste propheta / Inebriabuntur ab ubertate domus
tue / quia melior est dies una in atriis eius / super
milia / O quam beati qui habitant in domo hac / In
ea namque qui petit accipit / et qui querit inve
nit / et pulsanti aperietur / Nam sapiencia stat ad

1x

Hic istum patet / id quod latet / omnibus hiis figuris
Et utinam / ego dico / Sermo in Scripturis

荣格曾请玛丽・路易丝・冯・法兰兹注意《北极光》(*Aurora Consurgens*)的复印本(见背面),后者随后找到了全文并决定编辑出版。荣格的秘书玛丽・珍妮・施密特在写给卡利・贝恩斯的信中说:“他对她的材料非常着迷,他问她是否介意他就此写一本书,‘序言’长达800页”(1951年8月8日,CFB)。冯・法兰兹的版本作为荣格的《神秘参与》的补充卷出版。这一页的插图为荣格的手稿,它构成了他的《移情心理学》的开端,他将其视为《神秘参与》的导言。在第一行画线的地方,荣格指出,一个主题贯穿了“我们的神秘理论”(即Aurora Consurgens),即“神秘的婚姻”,他随后就这个主题进行了描述。

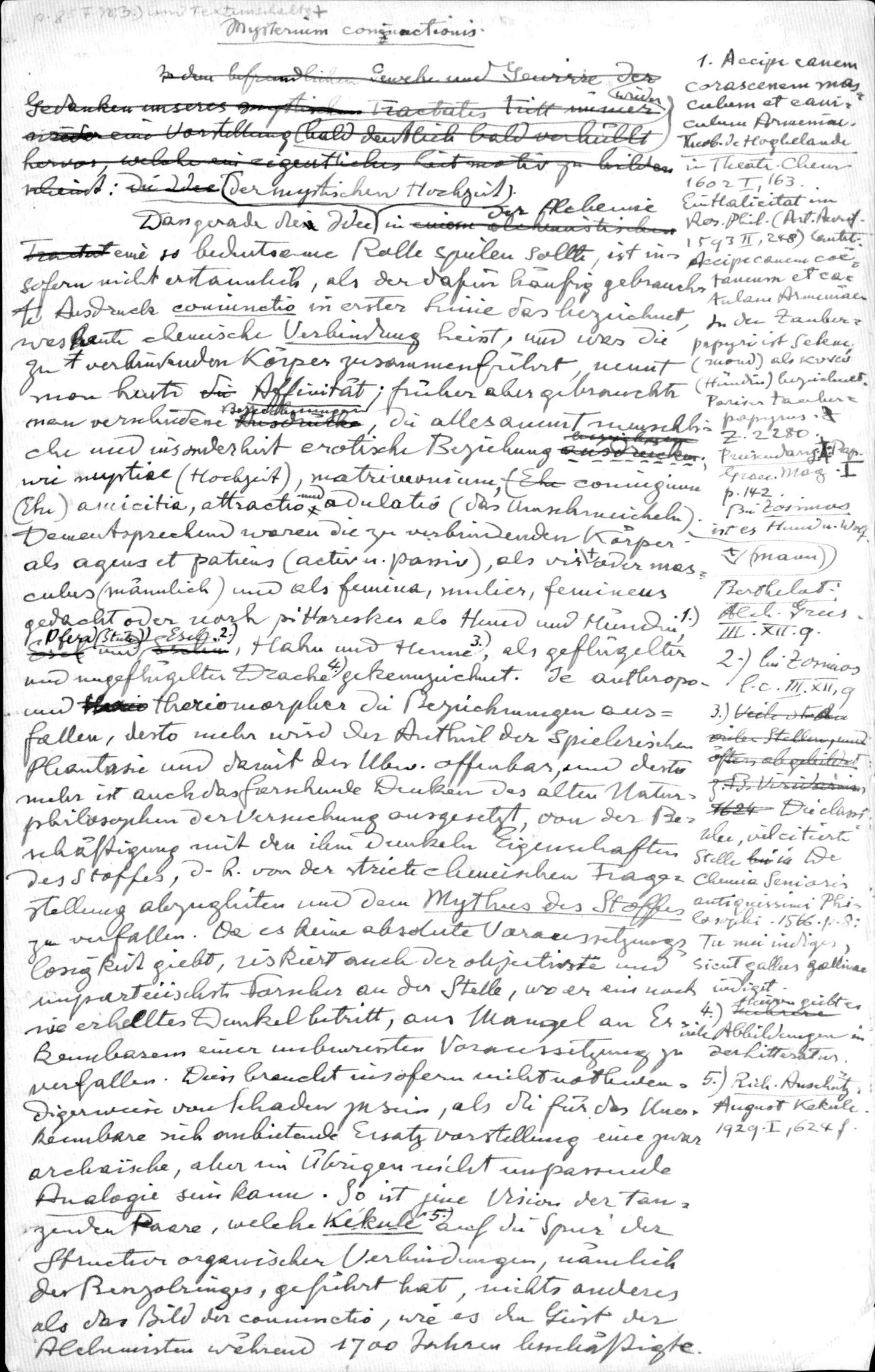

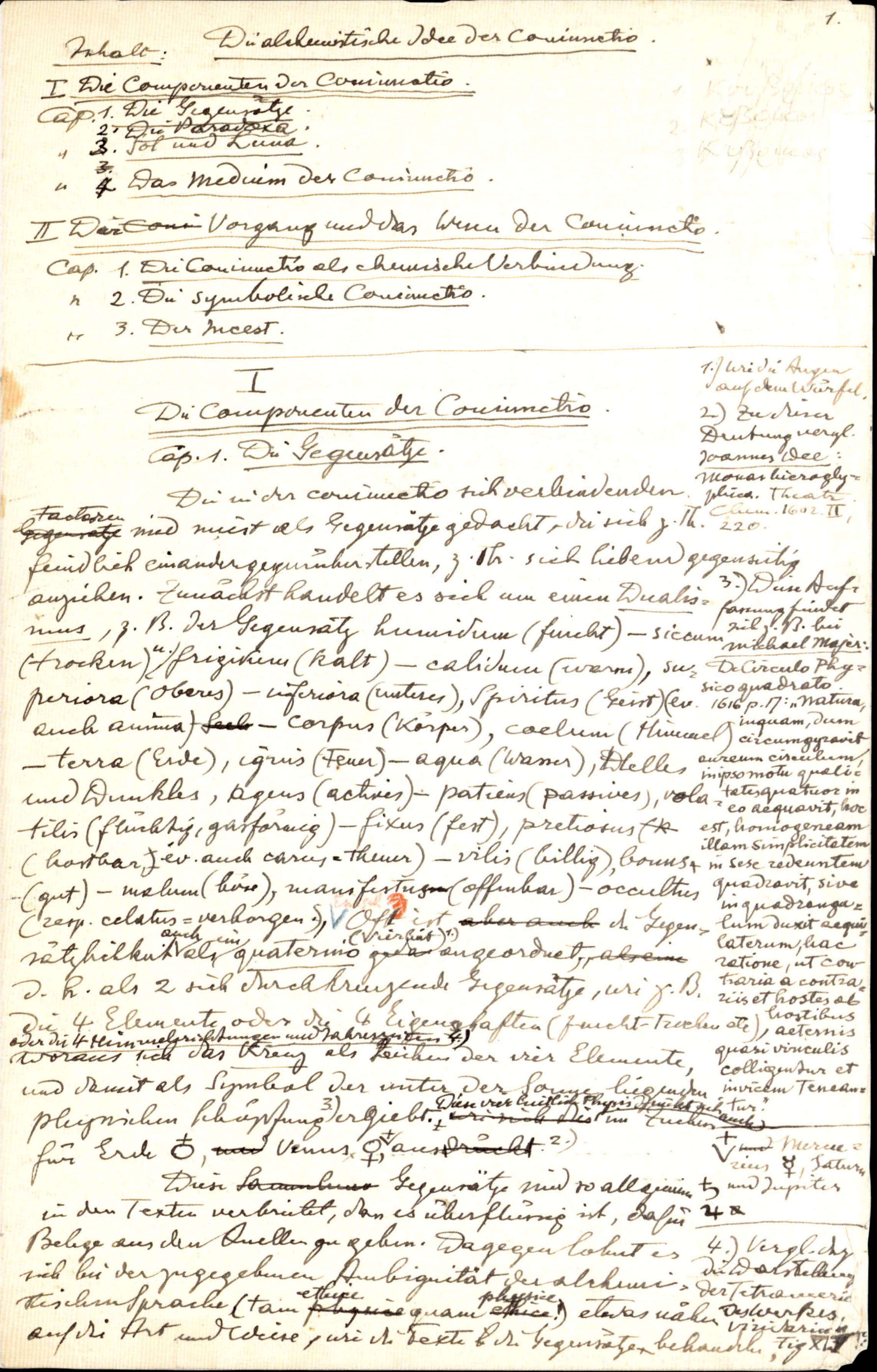

1.

Inhalt: Die alchemistische Idee der Coniunctio.

I Die Componenten der Coniunctio.
Cap. 1. Die Gegensätze.
2. ~~Die Paradoxa~~.
" 3. Sol und Luna.
" 3. ~~4.~~ Das Medium der Coniunctio.

II ~~Der Coni~~ Vorgang und das Wesen der Coniunctio.
Cap. 1. Die Coniunctio als chemische Verbindung.
" 2. Die symbolische Coniunctio.
" 3. Der Incest.

I
Die Componenten der Coniunctio.
Cap. 1. Die Gegensätze.

Die in der coniunctio sich verbindenden Faktoren ~~Gegensätze~~ sind meist als Gegensätze gedacht, die sich z. Th. feindlich einander gegenüberstellen, z. Th. sich liebend gegenseitig anziehen. Zunächst handelt es sich um einen Dualismus, z. B. der Gegensatz humidum (feucht) – siccum (trocken) u. frigidum (kalt) – calidum (warm), superiora (Oberes) – inferiora (unteres), Spiritus (Geist) (ev. auch anima) ~~Seele~~ – corpus (Körper), coelum (Himmel) – terra (Erde), ignis (Feuer) – aqua (Wasser), Helles und Dunkles, agens (actives) – patiens (passives), volatilis (flüchtig, gasförmig) – fixus (fest), pretiosus (kostbar, ev. auch carus = theuer) – vilis (billig), bonus (gut) – malum (böse), manifestum (offenbar) – occultus (resp. celatus = verborgen). Oft ist ~~aber auch~~ die Gegensätzlichkeit auch als ein quaternio (Vierheit) 1.) angeordnet, d. h. als 2 sich durchkreuzende Gegensätze, wie z. B. die 4 Elemente oder die 4 Eigenschaften (feucht-trocken etc.) oder die 4 Himmelsrichtungen und Jahreszeiten 4.), woraus sich das Kreuz als Zeichen der vier Elemente und damit als Symbol der unter der Sonne liegenden physischen Schöpfung ergiebt. 3.) Dies verdeutlicht physisch im Zeichen für Erde ♁, ~~und~~ Venus ♀, ~~ausdruckt~~ 2.) Mercurius ☿, Saturn ♄ und Jupiter ♃.

Diese ~~Sammlung~~ Gegensätze sind so allgemein in den Texten verbreitet, dass es überflüssig ist, dafür Belege aus den Quellen zu geben. Dagegen lohnt es sich bei der zugegebenen Ambiguität der alchemistischen Sprache (tam ethice quam physice) etwas näher auf die Art und Weise, wie die Texte die Gegensätze behandeln,

1.) wie die Augen auf dem Würfel.
2.) Zu dieser Deutung vergl. Joannes Dee: Monas hieroglyphica. Theatr. Chem. 1602. II, 220.
3.) Diese Auffassung findet sich z. B. bei Michael Majer: De Circulo Physico quadrato 1616 p. 17: „Natura, inquam, dum circumgyravit aureum circulum, in ipso motu qualitates quatuor in eo aequavit, hoc est, homogeneam illam simplicitatem in sese redeuntem quadravit, sive in quadrangulum duxit aequilaterum, hac ratione, ut contraria a contrariis et hostes ab hostibus, aeternis quasi vinculis colligentur et invicem teneantur."
4.) Vergl. die Darstellung der Tetrameria des Werkes, [illegible] Fig. XI.

荣格的《神秘参与》第一章的手稿，其中，他描述了炼金术中对立物合一的组成成分。ETH-B

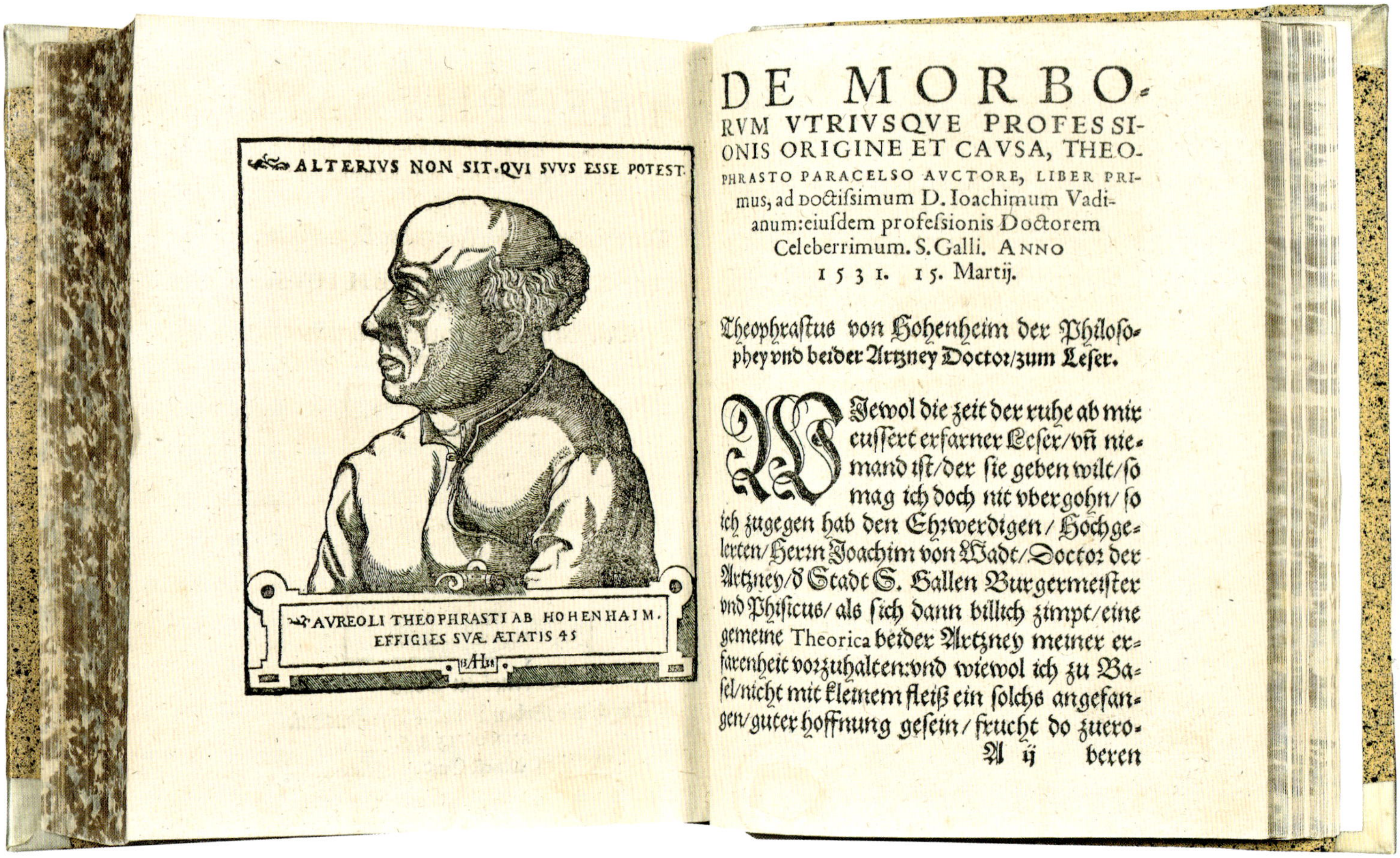

帕拉塞尔苏斯的《关于疾病的原因和起源；关于无形的疾病》(*De Causa et Origine Morborum; De Morbis Invisibilibus*)(Cologne:Heirs of A.Byrckmann,1566)。在这部作品中，帕拉塞尔苏斯认为我们拥有两个身体，一个是看得见的肉体，另一个是看不见的精神，它影响着前者并导致疾病。在其他章节中，他讨论了想象力的疾病，以及魔法对治疗的效用。MBF

德奥弗拉斯特·博（姆巴斯茨·冯·霍，1493—1541）是一名瑞士医生，他将自己比作恩海姆（意味着优越于罗马医生塞尔苏斯）。他试图推翻学术传统，将医学建立在“自然之书”的基础上，据说他在巴塞尔大学任职时在该校门口烧毁了伊本·西那（Avicenna）和盖伦（Galen）的书。荣格对他的创新及对其同时进行炼金术、魔法和宗教的方式非常着迷。荣格的《帕拉塞尔苏斯》由他在帕拉塞尔苏斯诞辰 400 周年之际发表的两篇文章组成。这是荣格唯一一本直接用于研究一位作家的著作的书，它充满了同情和钦佩。在许多方面，荣格在他的瑞士同胞身上看到了先辈的影子：一方面，“帕拉塞尔苏斯是《浮士德》的原型……，从《浮士德》直接通向尼采，如果用一个人形容的话，他就是一个浮士德式的人”。[328] 帕拉塞尔苏斯在这里出现在荣格为自己构建的跨越历史和文学人物的精神谱系中。另一方面，荣格的书试图确认帕拉塞尔苏斯不仅是化学、医学的先驱，而且是“我们现代无意识心理学的先行者”。[329] 这不仅具有历史意义；他还站在科学与宗教、知识与信仰的分裂之前，帕拉塞尔苏斯的工作跨越了医学、自然哲学、神学、实验研究、炼金术和魔法，为荣格试图以现代形式创造的综合类型提供了范例。

对页：荣格谈及“作为医生的帕拉塞尔苏斯”的讲稿，该讲稿后被扩充并发表。在这一页，他把帕拉塞尔苏斯描述为“一个海洋，或者说得不那么好听，一个混沌，一个炼金术熔炉，在那个巨大的时代，即 16 世纪上半叶，人类、神灵和魔鬼都把他们特有的汁液倒入其中”(CW 15，§19)。ETH-B

1.

Paracelsus als Arzt.

Leider kann ich mich nicht rühmen ein Paracelsusspecialist zu sein und mithin eine völlige Kenntnis der Opera omnia Paracelsi zu besitzen. Wenn man in der Lage ist, noch etwas Anderes wissen zu müssen als gerade Paracelsus, so kann man es kaum ermöglichen die 2600 Folioseiten der Huser'schen Ausgabe von 1616 oder gar die noch ausführlichere Sudhoff'sche Gesamtausgabe gründlich durchzustudieren. Paracelsus ist ein Meer oder – weniger freundlich – ein Chaos und insofern seine

historisch

beschränkte menschliche Persönlichkeit ist, ein alchemistischer Schmelztiegel, in welchem die Menschen, Götter und Daemonen jener ungeheuerlichen Zeit der ersten Hälfte des XVI Jahrh. jeder einzeln ihren besonderen Saft gegoren hatten. In bunter Folge kommen bei ihm die Ärzte, Theologen, Astrologen, Alchemisten, die Barbiere, Feldscherer, die bäurischen Medizinmänner, die Hebammen, Hexen, Zauberer, die Bergleute, Schmiede, Bauern, die Hecker, fahrende Leute, und darüber hinaus noch allerhand Spuk zum Worte. Die schulgerechten Ärzte bekämpft er wüthend auf der ganzen Linie, ebenso ihre Autoritäten

2. Haeser Gesch. d. Medizin. Ferguson. Brockhaus

den Galen, Avicenna, Rhazes und wie sie Alle heissen. Eine merkwürdige Ausnahme machen nur die alchemistischen Autoritäten, wie Hermes, Archelaus

Helia Artista

Morienus u. A. die er mit Wohlwollen und Achtung citiert. Überhaupt bekämpft er weder Astrologie noch Alchemie noch irgend eine der volkstümlichen Superstitionen. Aus diesem Grunde bilden seine Werke eine folkloristische Fundgrube. Was einmal ein berühmter Geisteskranker von der Sprache des lieben Gottes sagte, dass sie nämlich „ein etwas altertümliches, aber kräftiges Deutsch" sei, gilt im vollsten Maasse von derjenigen des Paracelsus. Seine Sprache ist stark vom schweizerischen Dialect seines Heimatthales (gemischt mit dem schwäbischen seines Vaters) beeinflusst. Man findet den typischen schweizerischen chib, die gugelfuhr, das gyx und gax und viele andere, anheimelnde Dialectausdrücke, neben ausgestorbenen Formen, welche das schweizerische Idiotikon interessieren. Die Bodenständigkeit der Sprache kommt besonders zum Ausdruck in den Schimpftiraden gegen seine Feinde, die schulgerechten Ärzte, wo sie sich in ebenso ungeschlachter Grobheit wie erstaunlicher Vielseitigkeit äussert.

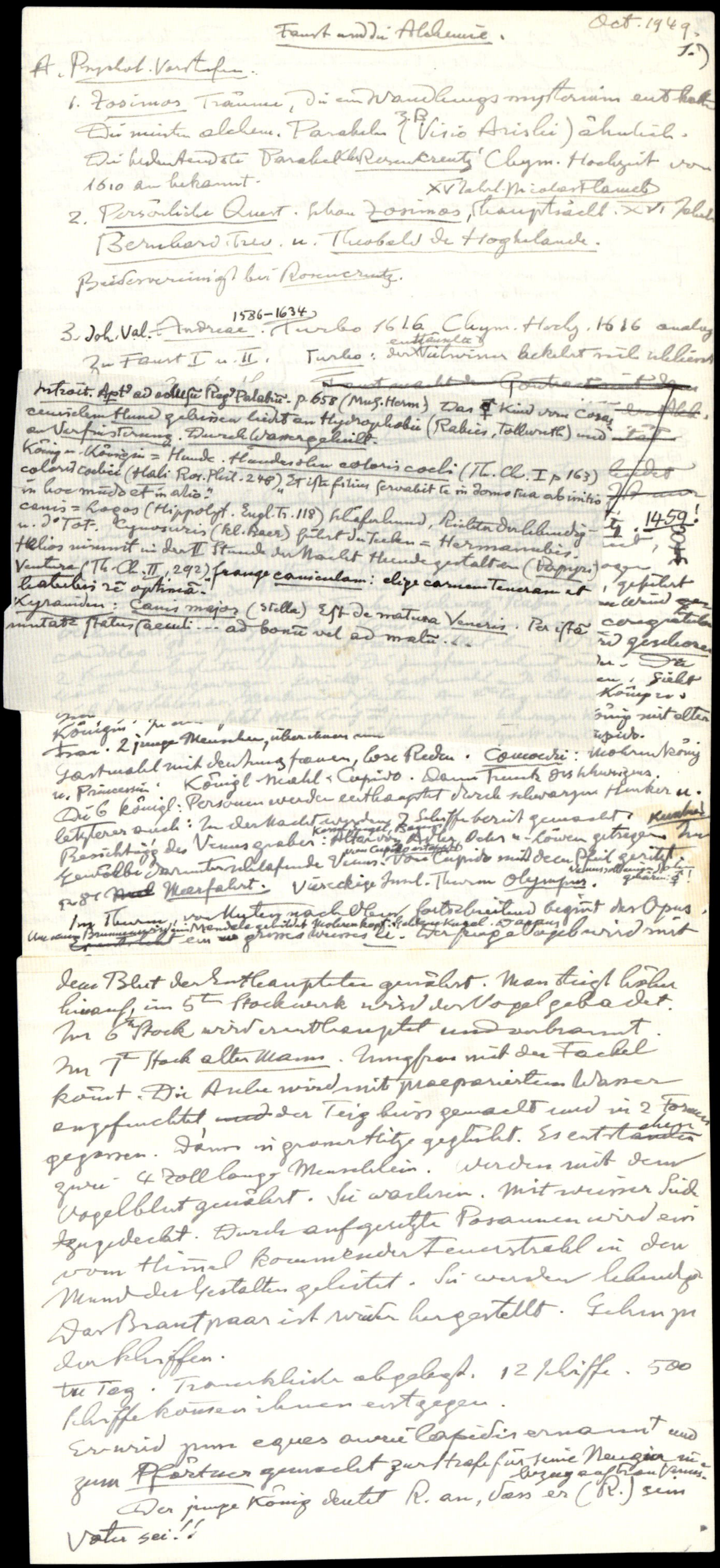

Faust und die Alchemie. Oct. 1949. 1.)

A. Psychol. Vorstufen.

1. Zosimos Träume, die ein Wandlungsmysterium enthalten. Die meisten alchem. Parabeln (z.B. Visio Arislei) ähnlich. Die bedeutendste Parabel: Rosencreutz' Chym. Hochzeit von 1610 an bekannt.

2. Persönliche Quest. schon Zosimos, hauptsächl. XVI Jahrh. XV Jahrh. Nicolas Flamel. Bernhard Trev. u. Theobald de Hoghelande.

Beiderverein[?] bei Rosencreutz.

3. Joh. Val. Andreae 1586–1634. Turbo 1616 Chym. Hochz. 1616 analog zu Faust I u. II. Turbo: der enttäuschte Gelehrte ...

introit. Apt. ad collegiu Reg. Palatiu. p. 658 (Mus. Herm.) Das ♀ Kind von Cosa ... Hund gebissen leidet an Hydrophobie (Rabies, Tollwuth) und an Verfinsterung. Durch Wasser geheilt.

König u. Königin = Hunde. Hundesohn coloris coeli (Th. Ch. I p 163) coloris coelici (Hali Ros. Phil. 248) „Et iste filius servabit te in domo tua ab initio in hoc mundo et in alio."

canis = Logos (Hippolyt. Engl. Tr. 118) Schäferhund, Richter der Lebendigen u. d. Tot. Cynosuris (kl. Baer) führt den Tiefen = Hermanubis. Helios nimmt in der II Stunde der Nacht Hunde gestalt an (Papyri). Ventura (Th. Ch. II, 292) „frange caniculum: elige carnem teneram et tractabis rē optimā."

Kyraniden: Canis major (stella) Est de natura Veneris. Per istā mutatē statusraeculi ... ad bonū vel ad malū. ...

Königin; ... 2 junge Menschen, ...

... Gastmahl mit den Jungfrauen, lose Reden. Concordia: Mohrenkönig u. Prinzessin: Königl. Mahl & Cupido. Dann Trunk des schwarzen. Die 6 königl. Personen werden enthauptet durch schwarzen Henker u. letzterer auch: In der Nacht werden 7 Schiffe bereit gemacht. Besichtigung des Venusgrabes: Altar von Adler, Ochs u. Löwen getragen. Ebendaselbst darunter schlafende Venus. Von Cupido mit dem Pfeil geritzt. ... Meerfahrt. Viereckige Insel. Thurm Olympus.

Im Thurm, von unten nach oben fortschreitend beginnt der Opus. ... ein grosses weisses Ei. Der junge Vogel wird mit dem Blut der Enthaupteten genährt. Man steigt höher hinauf; im 5ten Stockwerk wird der Vogel gebadet. Im 6ten Stock wird er enthauptet und verbrannt. Im 7ten Stock alter Mann. Jungfrau mit der Fackel kommt. Die Asche wird mit praepariertem Wasser angefeuchtet, der Teig heiss gemacht und in 2 Formen gegossen. Dann in gewisser Hitze gebacken. Es entstehen zwei 4 Zoll lange Menschlein. Werden mit dem Vogelblut genährt. Sie wachsen. Mit weisser Seide zugedeckt. Durch aufgerichtete Posaunen wird ein vom Himmel kommender Feuerstrahl in den Mund der Gestalten geleitet. Sie werden lebendig. Das Brautpaar ist wieder hergestellt. Gehen zu den Schiffen.

... abgelegt. 12 Schiffe. 500 ... Schiffe kommen ihnen entgegen.

Er wird zum eques aurei lapidis ernannt und zum Pförtner gemacht zur Strafe für seine Neugier ...

Der junge König deutet R. an, dass er (R.) sein Vater sei!!

有关“浮士德与炼金术”……稿。本页列出了相关的炼……主题。ETH-B

荣格的炼金术研究也使他以一种新的方式阅读《浮士德》。1949 年，他在心理学俱乐部发表了关于浮士德和炼金术的演讲。他解释说，他曾试图尽可能长时间地避免进行这项任务。他一生都在研究浮士德，但一直没有找到合适的话题来谈论它。然而，他对炼金术的研究终于给了他这把钥匙，因为他现在意识到，这种话题主要来源于炼金术。[330] 荣格通过炼金术对《浮士德》的解读为他从前的一位患者爱丽丝・拉斐尔（Alice Raphael）提供了灵感，后者于 1965 年出版了：《歌德与哲人石：〈寓言〉和〈浮士德〉第二部分中的象征模式》（*Goethe and the Philosopher's Stone: Symbolical Patterns in "The Parable" and the Second Part of "Faust"*）。[331]

与炼金术的相遇对荣格来说是至关重要的。正如他在回顾中指出的，“我与炼金术的相遇对我来说是具有决定性意义的，因为它为我提供了迄今为止所缺乏的历史基础”。[332] 他所研究的诺斯替主义材料距今过于遥远，而炼金术架起了诺斯替主义和无意识心理学之间的历史桥梁。正如他在 1938 年发表的关于佐西莫斯异象的论文中指出的，“现代心理学……如果不能求助于这些来自古代的精神经验的见证，就会陷入穷途末路。如此一来，其声明将得不到支持，就像不能与任何东西相提并论的新事物，其价值几乎无法评估”。[333] 通过对炼金术的研究，荣格意识到历史对心理学的关键意义。“我清楚地认识到，没有历史就没有心理学，当然也就没有无意识心理学。”[334] 然而，虽然严重依赖传统的历史学术研究，但荣格设想的历史是一部关于心灵成长的心理学历史，它是重要的决定因素。

荣格在 1936 年发表的论文《与炼金术相关的个体梦境象征》中，以维吉尔的《埃涅阿斯纪》中的一句话作为前言：

……facilis descensus Averno;
noctes atque dies patet atri ianua Ditis;
sed reuocare gradum superasque euadere ad auras,
hoc opus, hic labor est……(VI, 126-29)

……下到阿维尔努斯是容易的
黝黑的冥界的大门是昼夜敞开的；
但是你要走回头路，逃回到人间来，
这可困难，这可是费力的……（第六章，126～129 页）[335]

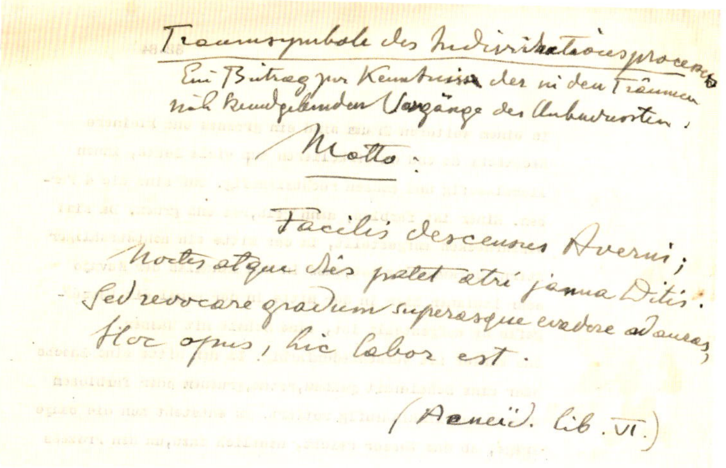
Traumsymbole des Individuationsprocesses
Ein Beitrag zur Kenntnis der in den Träumen sich kundgebenden Vorgänge des Unbewussten.
Motto:
Facilis descensus Averni;
Noctes atque dies patet atri janua Ditis:
Sed revocare gradum superasque evadere ad auras,
Hoc opus, hic labor est.
(Aeneid. Lib. VI.)

荣格的《自性化过程中的梦境符号》的封面，以及维吉尔的诗句。ETH-B

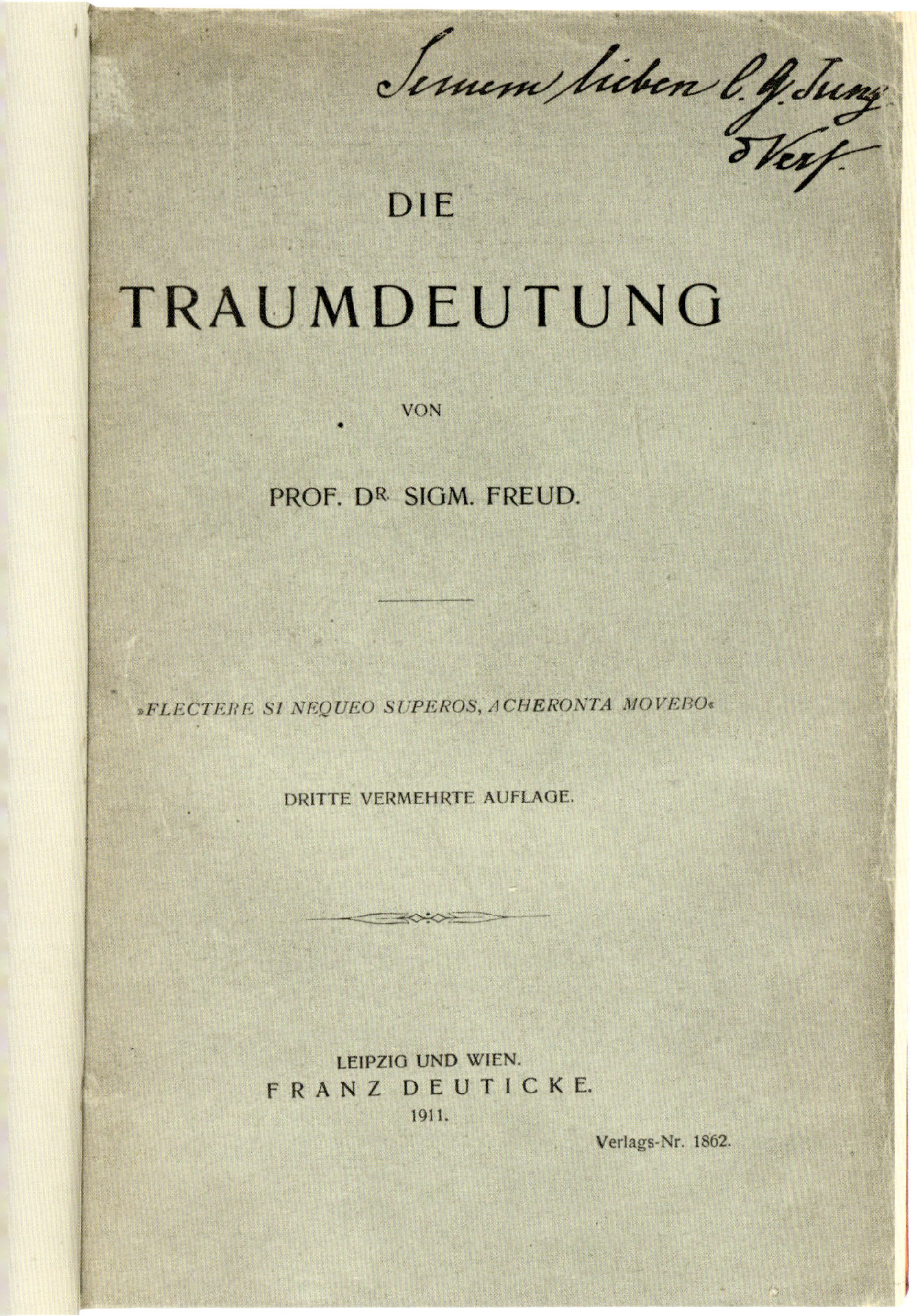

荣格收藏的弗洛伊德《梦的解析》第三版（1911 年）的复印本，上面有弗洛伊德的题词："他亲爱的荣格。作者。" JL

这句诗出自库迈（Cumae）的女巫西比拉（Sibyl），她告诫埃涅阿斯，他的热切愿望是下到冥府再看一眼他父亲的脸。这句诗可以看作是他对弗洛伊德引用朱诺（Juno）（被埃涅阿斯打败）的诗句的回击，后者写在《梦的解析》的开头部分，内容如下："flectere si nequeo superos, Acheronta movebo"（如果我不能上撼天堂，那么我将下震地狱）。[336] 这本书的出版预示着一次关键的转机，荣格将花费 20 年的时间沉浸于炼金术的研究中。这句警语道出了荣格的立场：他坠入了冥府，即其"与无意识的对抗"，并决定不出版《红书》。因此，他面临着选择另一条路来展现他从自我实验中呈现的见解。要摒弃的是荷尔德林的道路，他"再次感受到了所见之物的伟大，但……并不在乎将自己从深处发现之物带到阳光下。"[337] 通过比较历史学的学术研究，让自己提升到学术高位，是他的任务和努力方向。正如荣格后来回忆的那样，他花了 15 年时间来读书，为的是能够容纳那些向他揭示的东西："我已经花了 45 年时间，通过我科学工作的容器，来提取我所经历过的即同时期记下来的那些事。"[338]

尽管他曾试图借《红书》呈现启示上的意义，但现在他不得不回到人类的一边，即科学。这样做的代价很大，他确实感到自己好像付出了生命的代价。[339] 如今，炼金术向他提供了另一种可能，以一种寓言的方式呈现其研究。因而，荣格有关炼金术的心理学著作具有了两面性——当它们呈现原始历史研究和数量惊人的学术知识时，这无疑只是单纯的学术研究，正如关键所指在很多方面并非炼金术士可能或不太可能从事的事情，而是荣格对自性化过程概念的表述及其作为象征的描述。《红书》中的意象和概念以一种暗示的形式出现，并被置于语境中详尽解读。从这一方面，我们看到荣格的晚期作品没有遵循一种直接的线性演变——第一次出版并不与首次的构想相吻合。

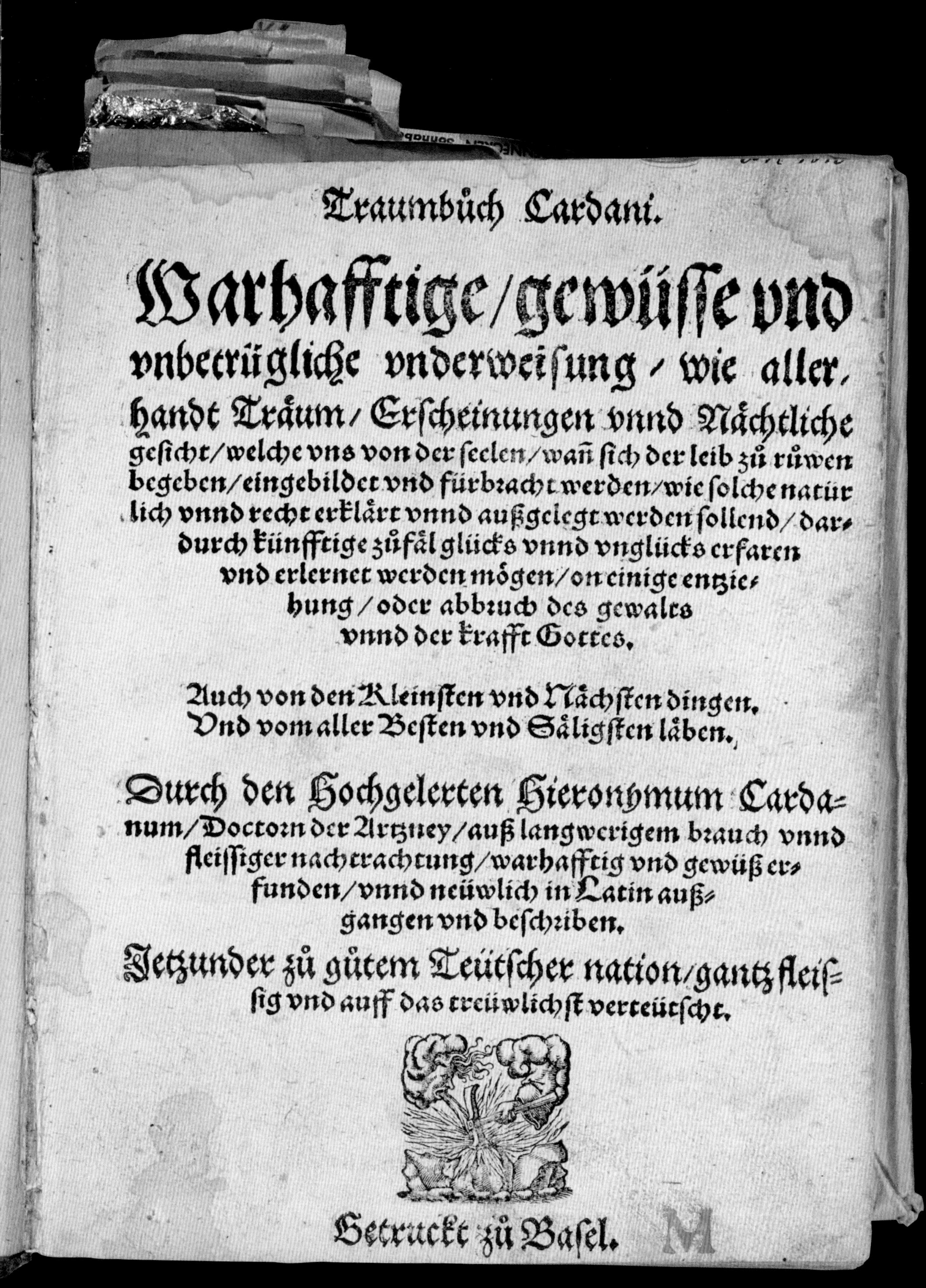
Traumbůch Cardani.

Warhafftige/gewüsse vnd vnbetrügliche vnderweisung/wie allerhandt Träum/Erscheinungen vnnd Nächtliche gesicht/welche vns von der seelen/wañ sich der leib zů růwen begeben/eingebildet vnd fürbracht werden/wie solche natürlich vnnd recht erklärt vnnd außgelegt werden sollend/dardurch künfftige zůfäl glücks vnnd vnglücks erfaren vnd erlernet werden mögen/on einige entziehung/oder abbruch des gewalts vnnd der krafft Gottes.

Auch von den Kleinsten vnd Nächsten dingen.
Vnd vom aller Besten vnd Säligsten läben.

Durch den Hochgelerten Hieronymum Cardanum/Doctorn der Artzney/auß langwerigem brauch vnnd fleissiger nachtrachtung/warhafftig vnd gewüß erfunden/vnnd neüwlich in Latin außgangen vnd beschriben.

Jetzunder zů gůtem Teütscher nation/gantz fleissig vnd auff das treüwlichst verteütscht.

Getruckt zů Basel.

荣格收藏的吉罗拉莫·卡尔达诺（Girolamo Cardano）:《卡尔达诺之梦》（*Basel:Petri*,1563）的复印本。卡尔达诺（1501—1576）是一位意大利医生、数学家和占星家。在1936—1940年期间，荣格举办了一系列关于解梦历史的研讨会，广泛借鉴了阿尔特米多拉斯的观点。他将这些会议中的一些内容用于分析卡尔达诺的梦。见《荣格于1936—1940年间研讨会笔记中有关梦的解释：古代和现代》（*Dream Interpretation:Ancient and Modern Notes of the Seminars Given by Jung in 1936-1940*）。编辑为Lorenz Jung, Maria Meyer-Grass, 和John Peck（Philemon Series，即将出版）。

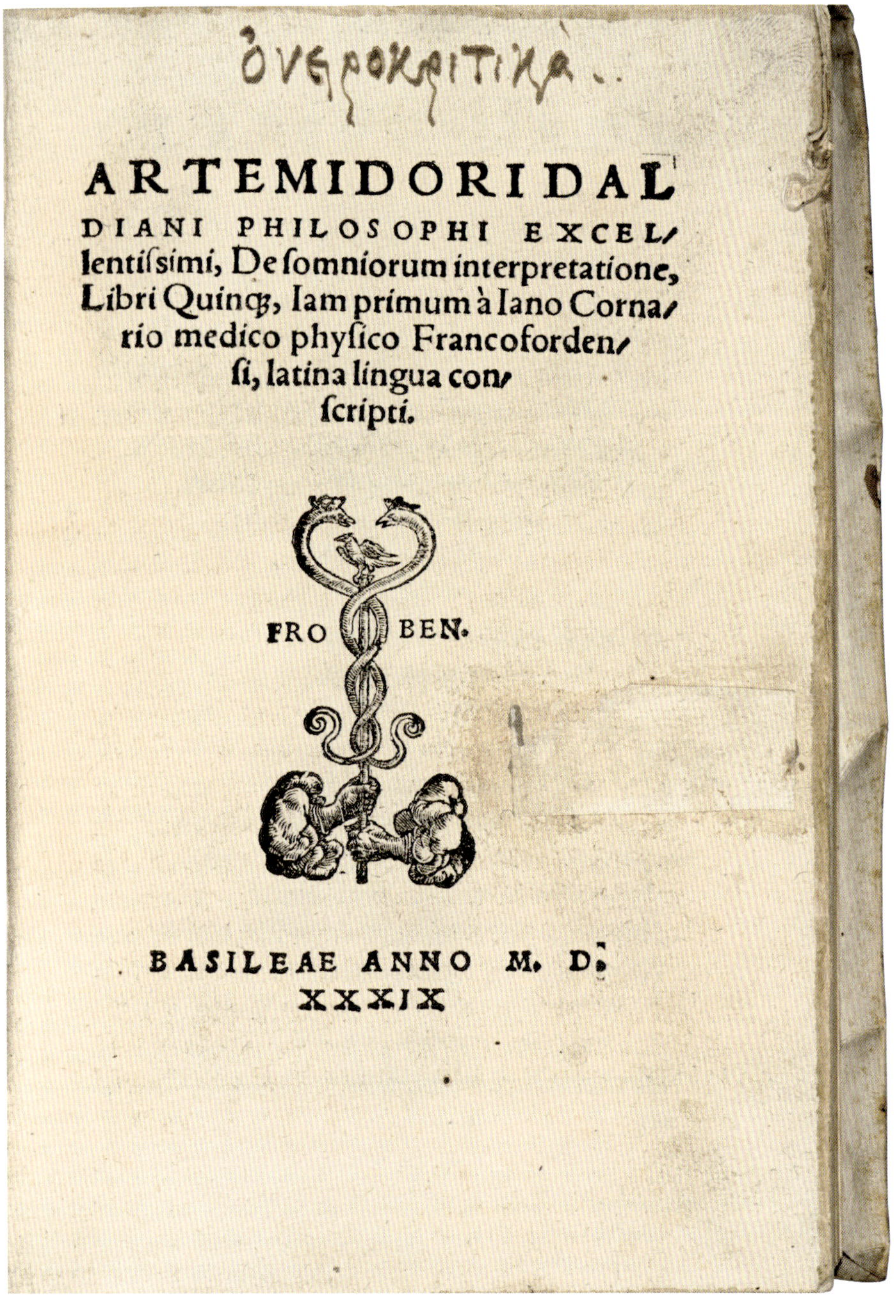

荣格收藏的阿特米多鲁斯（Artemidorus）:《解梦》(*De Somniorum Interpretatione, Libri Quinque*)(第五册）的复印本。(Basel: Froben& Episcopius,1539)。本书是阿特米多鲁斯在2世纪的《梦的解释》(*Oneirocritica*）的拉丁文译本，是第一部关于解梦的主要古典著作，解释梦的第一部重要的古典著作。荣格在他的解梦研讨会上专门以其作品为主题安排了一次会议。

自20世纪30年代起，荣格所从事的项目是要找到一种方式来展示他已经得出的概念，通过历史学术研究来“重新发现”这些概念。这些项目的开展主要有两层背景。1933年，时隔20年之后，他回到大学的环境中，开始在苏黎世联邦理工学院任教。1935年他被聘为该校教授。1933—1941年间，荣格任教超过14学年，讲解现代心理学的历史概述，特别是自性化过程的比较研究，着重讲解了帕坦伽利的《瑜伽经》、依纳爵·罗耀拉（St. Ignatius of Loyola）的《神操》(*The Spiritual Exercises*)、佛教冥想及西方的炼金术。这些课程面向普通大众开放。

这与他参加1933年由奥尔加·弗罗贝－卡普坦（Olga Fröbe-Kapteyn）在阿斯科纳（Ascona）举办的爱诺思会议（Eranos Conferences）同时进行。[340] 该会议持续了两周，每场会议的演讲都会持续一上午的时间。受邀的国际学者小组制定一个特别的主题。会议的重点是宗教和文化的历史，特别强调东方和西方的关系。荣格为弗洛比·卡普特恩在主题选定上出谋划策，并推荐演讲者，他在这些事情上小心翼翼，唯恐让这次会议成为他心理学派的工具。

参加这些会议的学者，如亨利·科尔宾（Henry Corbin）、海因里希·齐默、维克多·怀特（Victor White）、铃木大拙、埃内斯托·布奥纽蒂（Ernesto Buonaiuti）、朱塞佩·图齐（Giuseppe · Tucci）、威廉·豪尔、路易斯·马西尼翁（Louis Massignon）、吉尔斯·奎斯珀（Gilles Quispel）、埃尔温·鲁塞尔（Erwin Rousselle）、米尔恰·伊利亚德（Mircea Eliade）、保罗·拉丁（Paul Radin）、卡尔·凯伦依、阿道夫·波特曼（Adolf Portmann）都是友好亲切的同龄群体，也是荣格作品中在20世纪30年代中期的重要读者。荣格所从事的自性化过程的比较研究需要与比较宗教领域的专家合作。对许多学者来说，荣格试图在心理学和他们的专业领域之间建立

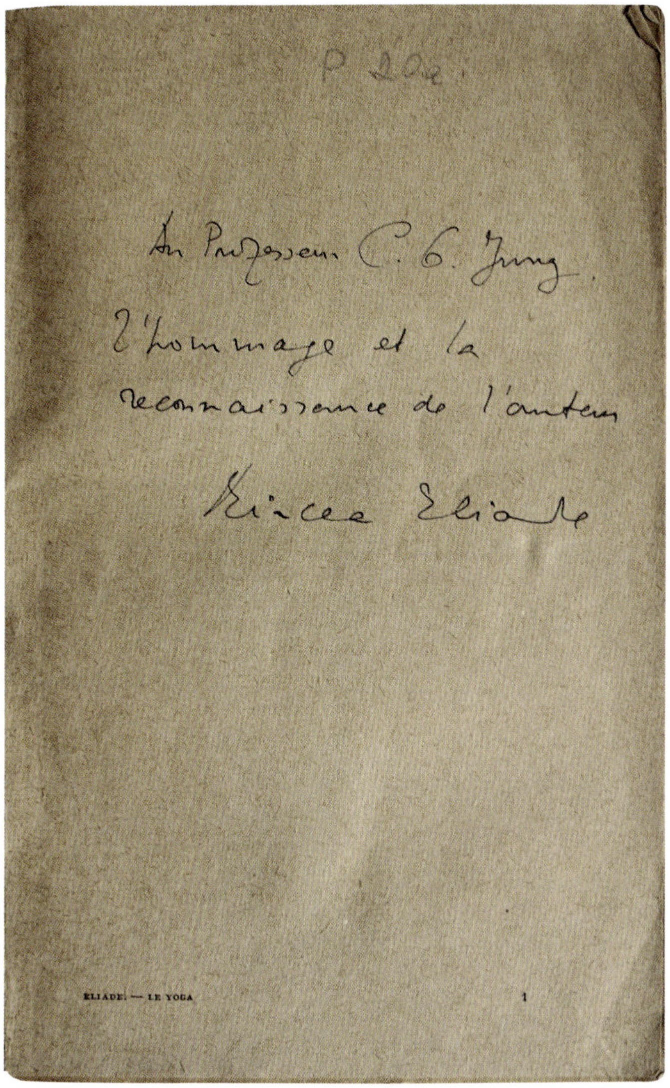

荣格收藏的米尔恰·伊利亚德:《瑜伽:不朽与自由》的复印本，上面有伊利亚德的献词:“致荣格教授，对作者米尔恰·伊利亚德的敬意和认可。”埃利亚德回忆起他第一次见到荣格时的印象:“经过半小时的交谈，我觉得我在听一个中国的圣人或东欧的农民说话，他仍然扎根于大地之母，但同时又接近天堂”(Eliade, Ordeal by Labyrinth:-Conversations with Claude-Henri Roquet[Chicago:University of Chicago Press,1982],162-63)。荣格与埃利亚德、齐默尔和豪尔的通信正在准备中，由乔万尼·索尔格编辑(斐乐蒙系列，即将出版)。

的联系，为他们的工作在学术界的范围之外提供了意想不到的具有当代意义的可能性。荣格为他们的一些作品写了序言，帮助他们把作品介绍给更广泛的公众。比如，铃木大拙(1870—1966)主要负责将禅宗引进西方。铃木不仅进行单项的文化传播，还将史威登堡的作品翻译成日语。他的《禅宗导论》(*Introduction to Zen Buddhism*)又经荣格介绍。[341] 荣格的序言首次出现在铃木1939年的德文版中，该书由海因里希·齐默翻译，随后被收入英文版中。他赞扬了铃木做出的巨大贡献，并将他认为的西方和东方实现人格完整的方法进行了比较，如禅宗所体现的，特别是“satori”或“开悟”的经验。荣格评论说:“只有歌德的《浮士德》和尼采的《查拉图斯特拉如是说》这两部悲剧标志着我们西半球实现整体体验突破的最初曙光。”他在说明中补充道:“就这一点而言，我也必须提到英国神秘主义者威廉·布莱克。”[342] 同时，他告诫西方人不要不加批判地采用禅宗，他认为西方缺乏禅宗所需的心理教育。

荣格还与人类学家保罗·拉丁[343] 和凯伦依合作出版了跨学科出版物。他同凯伦

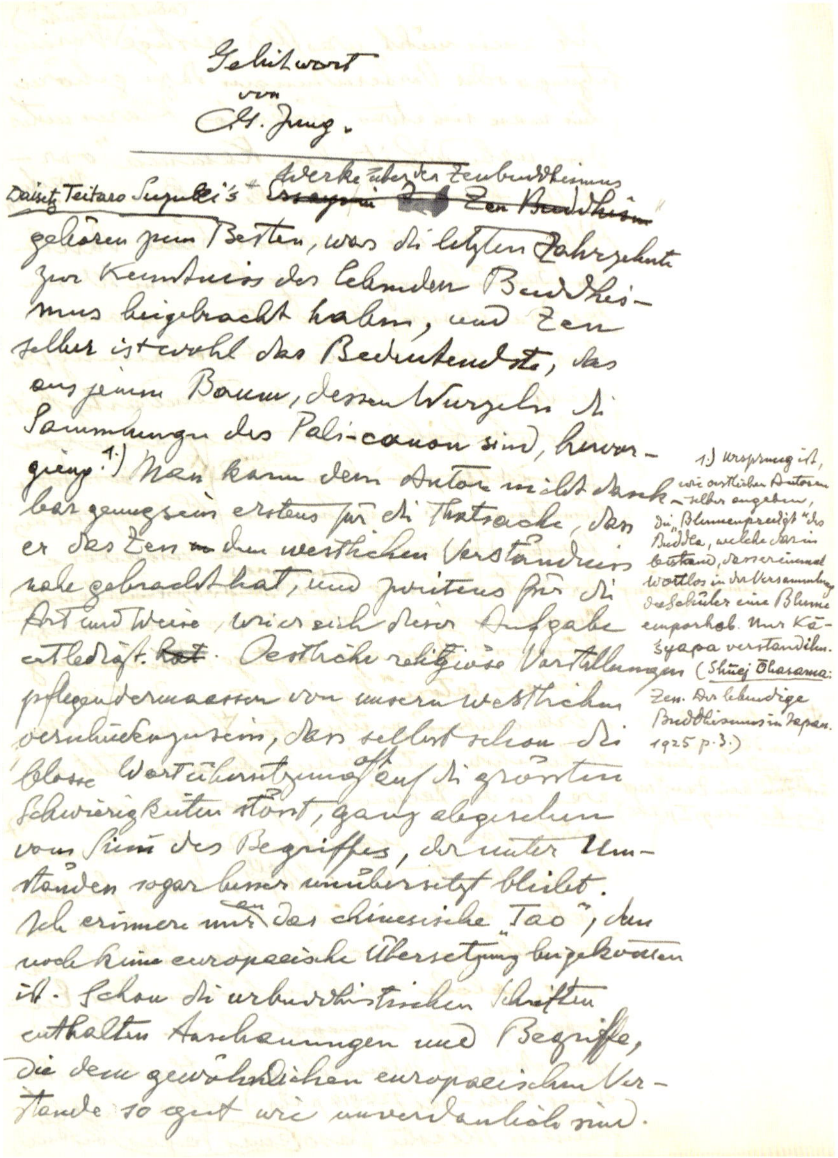

Geleitwort
von
C.G. Jung.

Daisetz Teitaro Suzuki's [Werke über den Zen-Buddhismus] gehören zum Besten, was die letzten Jahrzehnte zur Kenntnis des lebenden Buddhismus beigebracht haben, und Zen selber ist wohl das Bedeutendste, das aus jenem Baum, dessen Wurzeln die Sammlungen des Pali-canon sind, hervorging.1) Man kann dem Autor nicht dankbar genug sein erstens für die Thatsache, dass er das Zen dem westlichen Verständnis nahe gebracht hat, und zweitens für die Art und Weise, wie er sich dieser Aufgabe entledigt hat. Oestliche religiöse Vorstellungen pflegendermassen von unseren westlichen verschieden zu sein, dass selbst schon die blosse Wortübersetzung oft auf die grössten Schwierigkeiten stösst, ganz abgesehen vom Sinn des Begriffes, der unter Umständen sogar besser unübersetzt bleibt. Ich erinnere nur an das chinesische „Tao", dem noch keine europaeische Übersetzung beigekommen ist. Schon die urbuddhistischen Schriften enthalten Anschauungen und Begriffe, die dem gewöhnlichen europaeischen Verstande so gut wie unverständlich sind.

1) Ursprung ist, wie östlichen Autoren selber angeben, die Blumenpredigt des Buddha, welche darin bestand, dass er einmal wortlos in der Versammlung der Schüler eine Blume emporhob. Nur Kāšyapa verstand ihn. (Shūej Ohasama: Zen. Der lebendige Buddhismus in Japan. 1925 p. 3.)

荣格推介的铃木大拙的《禅宗导论》手稿。ETH-B

依出版了两卷，即《圣婴：在神话学和心理学的光辉中》（*The Divine Child: In Mythological and Psychological Light*，1940 年）与《神圣的少女：在神话学和心理学的光辉中的埃卢西斯神秘的主要人物》（*The Divine Maiden: The Main Figure of the Mysteries of Eleusis in Mythological and Psychological Light*，1941 年）。这两部作品被汇编进《神话的本质导言》（*Introduction to the Essence of Mythology*，1941 年）的导言卷中。凯伦依后来描述这次合作称：荣格“相信他能将我的调查作为基础。这激励我去进行更深入的研究。因为这意味着我在宗教和神话传统的纯历史领域所获得的见解可以帮助医生和心理治疗师所面对的痛苦的人们”。[344] 因此，通过荣格的工作，这位古典主义者发现他的学术研究具有意想不到的当代意义。

荣格在 1936 年给分析心理学俱乐部的一份通知中写道：

> 我想提请大家特别注意这些会议，因为在我看来，它们为心理学学生提供了一个不寻常的机会。讲座的内容是哲学、宗教和象征主义历史领域的活生生的问题，这些领域是现代心理学不断转向的研究方向……今天，“爱诺思”提供了非常独特的东西，因为它是唯一的欧洲平台，来自不同国家的代表讨论有关人类整体的问题。[345]

而后来，分析心理学的重心变成了心理治疗培训，而不是他所设想的跨学科的复合心理学（取自荣格本人喜欢的称呼）科学了。

同时，荣格的作品也受到一个悖论的困扰。他正创作一部彻底的心理学学术作品，但在这个时代，心理学将主要的重心放在了先于知识的、由个人自发产生的形象上。尽管像《神秘参与》这样的作品含有 2300 多个脚注，包括未翻译的希腊文和拉丁文引文，需要专业知识才能完全理解，但荣格的作品在学术界之外仍拥有大量读者，并且读者的数量还在不断增加。

著名的科学史家沃尔特·佩奇（Walter Pagel）在1948年对荣格关于炼金术的评论中写道：“在多年的勤奋研究中，几乎没有一篇炼金术论文或手稿是他没有翻阅过的。因此，他的代表作被非常好地记录下来，其学术的广度令人印象深刻，视野的深度令人备受鼓舞。”[346]荣格作品的价值在于：

> 这是理解它（炼金术）的首次（取得极大成功）尝试。它显然成功了：①将炼金术置于科学、医学、神学和一般人类文化史的全新视角中；②利用现代心理学分析来解释迄今为止完全是个谜的炼金术象征主义，以阐明一个历史问题，反之亦然，利用后者来推动现代心理学的发展。所有这些都是在一个学术性的、有据可查的、科学上无可指摘的论述中进行的。尽管他没有涉及炼金术的全部历史，但他已经破解了它的“神秘”，它的“Nachtseite”（黑暗面），即对历史学家来说最紧迫和最令人烦恼的问题。[347]

尽管取得了这一成就，但仍然存在着一种单方面地透过心理学的视角看待一切，并忽视“炼金术作为科学先驱和其在严肃哲学、尤其是新柏拉图主义思想中的实际基础的角色”的危险。然而，荣格关于炼金术的工作恢复了人们对这一主题的广泛兴趣，并使其普及。对荣格作品的批评者集中在他缺乏历史背景的问题上——也就是说，他以一种基本没有区别的方式将不同时间和地点的文本放在一起，并且还重申了“炼金术是化学的先驱”的论点。[348]然而，在这一主题的历史学中，对荣格对所强调的象征性方面几乎没有持续的探究；[349]对荣格作品的起源也没有什么详细的研究。如果想要更全面地研究荣格是怎样研究炼金术的，则需关注他在1930年前后终止《红书》的誊写工作之后的转变。还需要考虑到他所运用的解释原则——例如，在他给卡利·贝恩斯的信中所阐述的关于卫礼贤对《易经》的翻译。在这一方面，我们不妨认为其炼金术作品的真正参照物并非中世纪的炼金术本身，而是自性化过程的象征主义。荣格用来解读炼金术文本的解释学的秘钥包括他自己的自我实验，正如《红书》中所介绍的那样，以及他能够在病人身上培养和观察的类似过程。

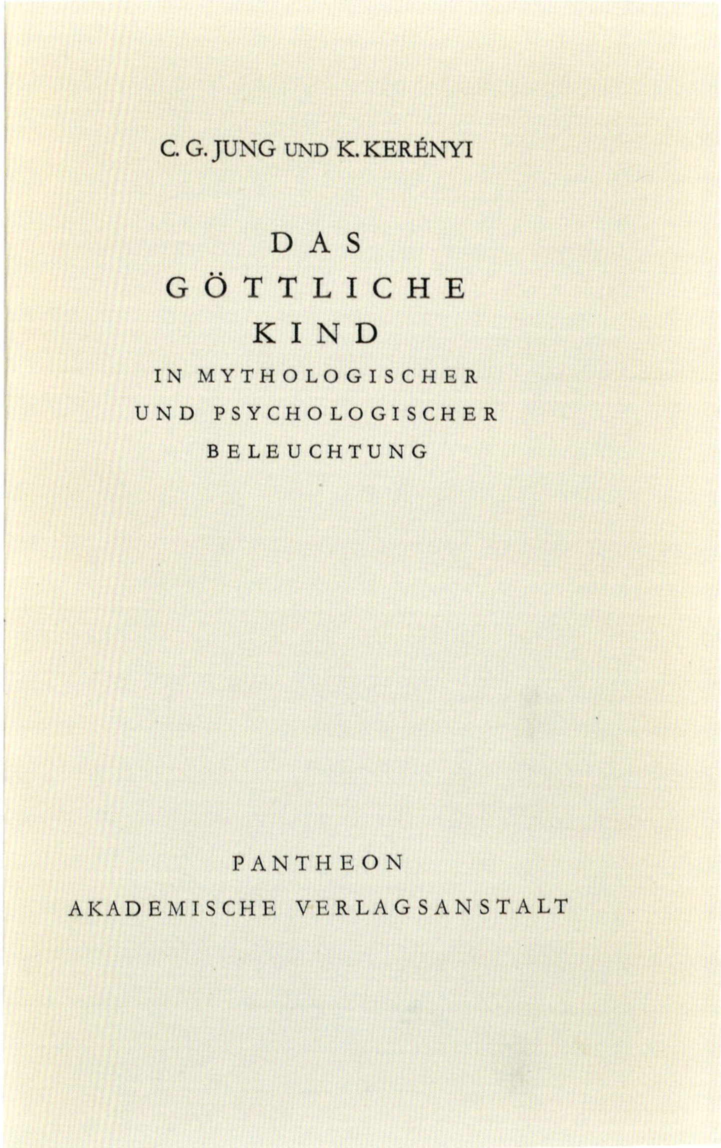

荣格、凯伦依：《神圣的孩子》第一版。MBF

荣格对炼金术的研究同时也是对基督教象征主义的参与，他在一些作品中直接提到了这一点。在《红书》中，在题为《三个预言》的章节中，荣格在评论中指出："大地之子带来的泛滥的黑暗中（如战争），我的灵魂把指向未来的古老事物带给我。她带给我三件东西：战争的残酷、魔法的黑暗和宗教的礼物。"[350]最后一件东西不是简单的个人意义上的，而是与世界上的宗教变革有关。荣格在若干年后才公开写下这些主题。

荣格在1937年于耶鲁大学举办的"心理学与宗教"的讲座，以广泛的宗教概念开始，其方式与威廉·詹姆斯在《宗教经验之种种》（*The Varieties of Religious Experience*）中的方式相似。他将其定义为：

> 一种特殊的心态，可以根据宗教一词的原始用法来制定，这意味着仔细考虑和观察某些被视为"力量"的动态因素：精神、守护神、神、法律、思想、理想，或者人类给他的世界中的这些因素所起的任何名字，因为他发现这些因素强大、危险或有帮助，足以被认真考虑，或者宏伟、美丽和有意义，足以被虔诚地崇拜和被爱。[351]

在荣格看来，教义最初是基于神圣体验，是原始宗教经验的外显和教条化的形式。宗教心理学可以为这一主题提供一种新的方法，以弥合现代世界中科学与宗教之间的裂痕。其任务是研究将个人的神圣体验转化为象征，并最终转化为有组织的宗教的教条和教义，最后，研究这些象征的心理功能。荣格认为，这样的宗教心理学可以通过解释其象征主义和实践中鲜活的意义反过来复兴基督教。荣格在耶鲁大学的演讲主要是为了证明宗教符号在梦中的自发出现。重要的是，他再次使用沃尔夫冈·泡利的梦作为主要例子。荣格在1941年的两篇论文中继续探讨了基督教：《论三位一体思想的心理学》（*On the Psychology of the Idea of the Trinity*）和《弥撒中的转化符号》（*The Transformation Symbol in the Mass*）。[352]在这两篇论文中，他探讨了心理学可以为基督教的教条和仪式提供新的解释并使之重生的方式。正如他在1957年所表述的那样：

> 我的实际经验是，心理学上的理解会立即使基督教的基本思想恢复活力，并使它们充满生命的气息。这是因为我们的世俗之光，即科学知识和理解，与神话的象征性陈述相吻合，而以前我们无法弥合认识和信仰之间的鸿沟。[353]

1932 年，荣格还称自己是“新教议会中的极左翼”。[354]因此，他对弥撒和教条的关注是相当引人注目的。在这方面，荣格通过对其心理学的探索，试图为基督教的象征性维度提供一种新的方法，而这些维度已经被新教遗忘。

荣格在基督教方面的造诣在创作《答约伯》（*Answer to Job*）和《伊雍：象征史研究》（*Aion*）过程中达到了顶峰。后者包括荣格的作品《自性象征的作用》（*Contributions to the Symbolism of the Self*），以及冯·法兰兹的作品《圣佩尔佩图阿幻觉》（*The Passions of Perpetua*）。[355]

《红书》中的核心人物是基督的形象，其中一个核心主题是对“效仿基督”的理解，并探讨了如何在今天达到这一目标。在荣格看来，目的不是效仿基督，而是要像他那样充分地生活在自己的生活中。在《伊雍》中，在对个体与阴影、阿尼玛和阿尼姆斯相遇的叙述进行修订后，荣格探索了自性的概念。他特别研究了其在基督教形象中的历史表现；基督的出现与黄道星座岁差进程中双鱼座的关系具有重要意义。[356]并与诺斯替与炼金术符号有关。荣格认为，基督的形象是自性不完整的象征，因为它缺乏邪恶（邪恶被外化在反基督者的形象上）。

邪恶融入神性的主题是《答约伯》（1952）[357]的中心内容。1951 年 5 月 29 日，荣格写信给安妮拉·亚菲：“我已登上了一只大鲸鱼；我是指《答约伯》。”不久之后，西梅纳·罗埃利（Ximena Roelli）给她的母亲卡利·贝恩斯写了一封信：

> 他（荣格）一直在写一种神学小册子，叫作“Antwort auf Hiob”（《答约伯》），荣格说约伯是对的，提出了很多好问题，耶和华应该回答这些问题。M-J（玛丽－珍妮·施密德）说，当她打印出 MS 的第一版时，其祖上的新教牧师起而反抗，她的日子过得很艰难。小册子中的内容显然语气生硬，并充满了对神的不敬，及对基督教消极的态度。
>
> 对此，她感到异常沮丧。如今，他的语气缓和下来了，她认为在他将之出版之前可能会言辞更甚。[358]

C. G. JUNG

AION

Untersuchungen zur Symbolgeschichte

mit einem Beitrag von

Dr. phil. Marie-Louise von Franz

Mit 2 farbigen und 5 schwarzen Tafeln

MCMLI

RASCHER VERLAG ZÜRICH

荣格的《伊雍》第一版。MBF

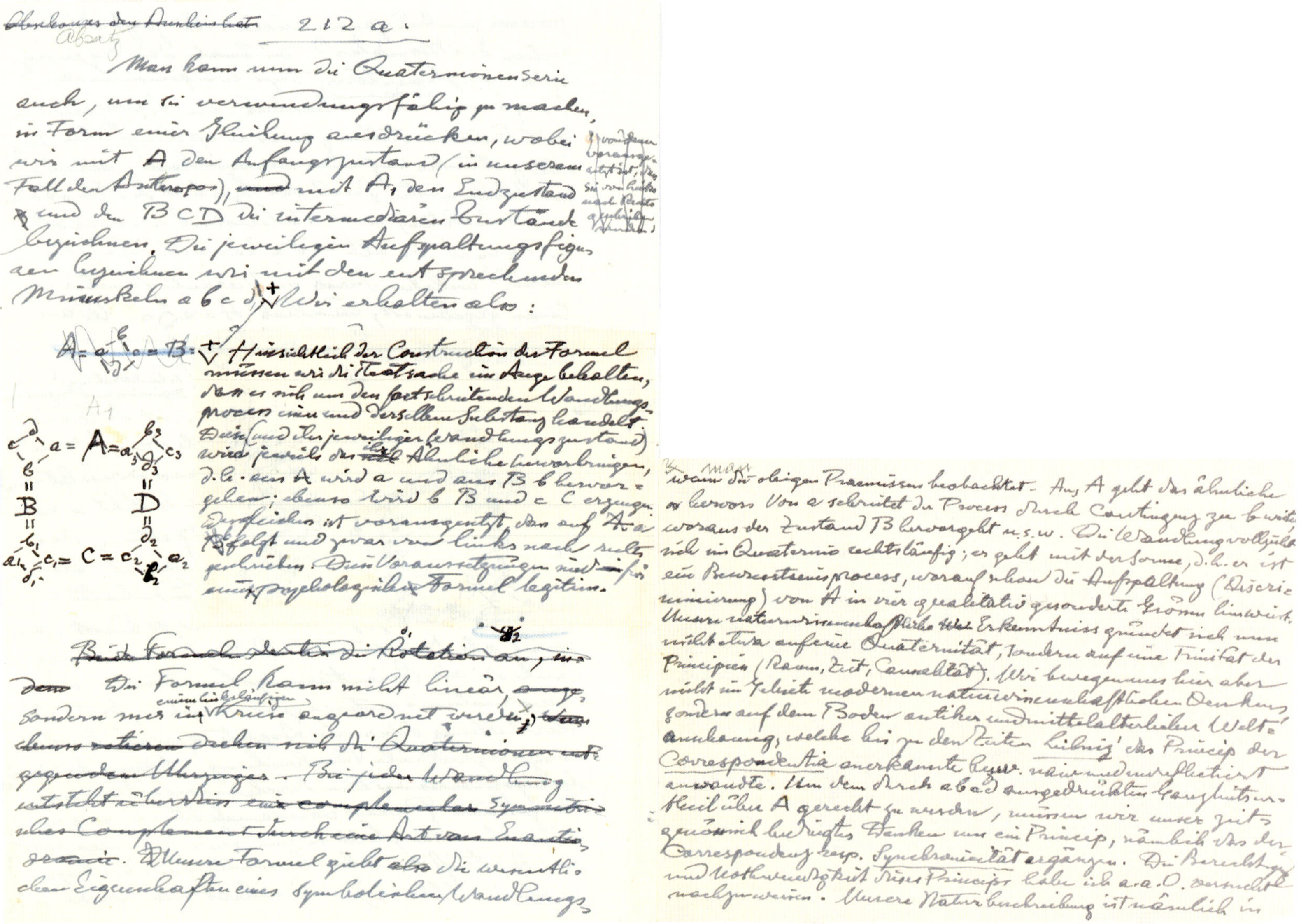

荣格的《伊雍》手稿。本页中，试图以图解的形式描述诺斯替主义的自我的四重表现（见 CW 9.2. § 408ff）。

令人震惊的是——与他几乎所有的其他作品相比——在苏黎世的苏黎世联邦理工学院的论文中，既没有找到原稿，也没有找到修改过的手稿。据冯·法兰兹（Marie-Louise von Franz）回忆，荣格“在生病和高烧后，带着强烈的情感，一气呵成地写完了这本书，当他写完后，感觉很好”。[359] 他后来对冯·法兰兹说：“他想重写他所有的书，除了《答约伯》……他想让那本书保持原样。”[360] 在这本书中，荣格探讨了犹太——基督教上帝形象的历史转变。他在序言中写道，他多年来一直在研究这本书的中心问题。难怪，正是在《答约伯》中，首次阐述的神学——神的逐步化身、“基督化”的必要性，以及以一个包含邪恶的神的形象取代片面的基督教神的形象——得以体现。荣格在第一次世界大战期间的幻想中，梦到在他的灵魂中诞生了一个新的上帝，这个上帝是青蛙的儿子，是大地的儿子：阿布拉克萨斯。

阿布拉克萨斯是人类难以领会的神。他的神力是最强大的，因为人类无法见到这种神力。他从太阳那里吸取最高的善（summum bonum），从魔王那里汲取最高的恶（infimum malum）；但在阿布拉克萨斯生命中，善恶不定，那是善恶之源。[361]

荣格将这一形象视为基督教上帝和撒旦的结合的象征，因此，描述为西方上帝意象的转变：

我明白新的上帝存在于相对之中。如果上帝是至善和至恶的存在，那么，他该如何包含丰富多彩的生命？因为生命既是美妙的又是可憎的，既包括玩笑又包括认真、人性和非人性。如果上帝本身只顾及自身的一半，那么，人类将如何生活在上帝的发源地中？[362]

《答约伯》是对荣格的神性力量的忠实呈现，如今以心理治疗和历时论证的形式呈现。荣格在《红书》中对宗教态度的转变进行了描述，他写道：

正如基督的门徒认识到上帝已具有肉身，以人的身份生活在他们中间，我们现在也认识到，这个时代的救世主不以肉身出现；他并非人类，却是人的儿子，化身为精神，而不是肉身；因此，他只能通过人的精神诞生，这便是上帝的发源地。[363]

荣格在对《启示录》的评论中说道："自从《启示录》的作者约翰第一次（或许是无意识地）体会到，基督会引发不可避免的冲突时，人类就被背上了这一重负：上帝一直都想要变成人类。"[364] 在荣格看来，约翰的观点与埃克哈特的观点之间有直接的联系："这种令人不安的入侵在他身上产生了神性伴侣的形象，神性伴侣的形象存在于每个人身上。迈斯特·埃克哈特也在异象中看到了这个孩子的形象，正如他所知，神性的上帝并不处于福佑状态，而必须是诞生于人类灵魂中的上帝才处于福佑状态。在基督中的化身是原型，它被圣灵不断地转化到生灵

荣格的《答约伯》第一版。MBF

身上。”[365] 当代，荣格对“圣母蒙召升天”（Assumptio Maria）的通谕给予了极大的重视。在1950年出版的《广赐恩宠的天主》（*Munificentissimus Deus*）中，教宗碧岳十二世（Pope Pius XII）宣布圣母蒙召升天，并将其作为一条教义。荣格认为，它“指向普累若麻（Pleroma）中的 hieros gamos（神圣的婚姻），正如我们所说的，这又意味着，未来圣童的诞生，根据神圣的化身，他将选择经验主义者作为其出生地。这一形而上学的过程被无意识心理学称为自性化过程”。[366] 通过与上帝在灵魂中的延续的化身相认同，自性化过程找到了其终极意义。自性化所代表的“变得有意识”最终代表创造物通过个体变得有意识。正如荣格提到的：

> 这就是神圣服务的意义，也是人可以向上帝提供的服务，使光明可以从黑暗中出现，使造物主可以意识到他的创造，而人可以意识到自己。这就是目标，或者说是目标之一，它使人有目的地融入创造的计划中，同时也赋予创造意义。这是一个几十年来在我心中慢慢形成的解释性的神话。[367]

1953年11月25日，荣格在同理查德·霍尔（Richard Hull）的信中，谈及他的书时说道：“它所掀起的尘埃云有时几乎令我窒息！”[368]

博德默图书馆

马丁·博德默（Martin Bodmer）将其收藏品描述为：“博德默图书馆不是一个简单的图书馆，而是一个追溯人类精神历史的文献博物馆；它是一个可以看到人类对自身追求的地方。”[369] 其核心是对世界文学的展望，这种表达方式来自歌德对诗人及作家约翰·彼得·爱克曼（Johann Peter Eckermann）的表述：

> 我更相信，诗歌是人类的共同财富，在任何地方、任何时候，诗歌都能在成百上千的人群中得以展现……民族文学现在是一个没有意义的名词；世界文学的时代就在眼前，每个人都必须努力加速它的到来。[370]

历史学家查尔斯·梅拉（Charles Méla）就博德默如何理解这一术语进行了评论：

> 各种文化的人们都具有感受诗意的能力，谈论世界文学是一种说法，即在其历史上的任何表现形式中，都有一些具有普遍价值的东西，而不限于其历史价值。普遍性指的是，在对人类的表征中触及人类最美好的东西，触及揭示人类人性的东西。[371]

对博德默而言，世界文学的五大支柱是《圣经》、荷马、但丁、莎士比亚和歌德，他试图收集每部作品的初版，这些作品代表了在阐述人类状况方面的进步。[372] 正如我们所看到的，尽管荣格的作品得益于其古典教育和广泛的学术研究，但他仍试图通过在心理学方面重新定义普遍性，为人类的文化遗产赋予新的意义，并在此过程中提出一个新的有关人的形象。

在生命的最后时刻，荣格怀着忧郁的心情，想知道他的作品会留下什么东西，他认为自己的书会被遗忘在图书馆里，覆上灰尘。[373] 他在弥留之际，将“Vocatus atque non vocatus deus aderit”（无论信或不信，神确存在）刻在了其墓碑上，这将他的房子、图书馆和坟墓联系了起来。时至今日，图书馆的命运岌岌可危，每天新闻都在报道，越来越多的图书馆不顾抗议被迫关门。[374] 在这样一个时刻，同时是荣格逝世 50 周年和马丁·博德默逝世 40 周年，为反思书籍对荣格的意义，以及荣格的作品如何试图重塑和更新我们对书的概念提供了机会，这个机会恰逢其时。因为荣格很清楚一个人是如何在其作品中生活的，他在 1947 年写道：“我很快就可以同叔本华讲：legor et legar（我被阅读，也将会被阅读）。”[375]

收入第一版马丁·博德默文集中的一些荣格作品。MBF

致谢

在《红书》的出版似乎遥遥无期的年代，皮埃尔·凯勒（Pierre Keller）强调了该书出版的重要性，并建议有朝一日能在博德默基金会将其展出，这里将是理想之所。正是因为他，这样的展览才得以实现，我对他多年来的鼓励和建议表示感谢。

在博德默基金会，查尔斯·梅拉对荣格作品展览会表示欢迎；伊丽莎白·马切雷（Elisabeth Macheret）和西尔维安·梅塞利（Sylviane Messerli）为该展提供了全方位的帮助；帕特里夏·龙卡迪（Patrizia Roncadi）获得了贷款许可证。本书的出版得益于英格（Inge）和弗朗西斯·克里瓦兹（Francis A.Clivaz）的慷慨支持，他们创建并领导瑞士莱曼学院（College du Léman）长达50年之久。

在奥斯丁·奥德利（Austin O'Driscoll）的协助下，吉姆·马尔斯（Jim Mairs）于诺顿出版社（W.W.Norton）竭其所能，在紧凑的时间内，有条不紊地完成了这项工作。劳拉·林格伦（Laura Lindgren）负责作品的排版设计。在如今这个数字时代，她最终将文本和图像的艺术性融合。让内·伯恩（Janet Byrne）很快进行了专业的文字编辑，对主题进行了调整，从而使表达更加清晰。唐·肯尼森（Don Kennison）对本书进行了校对。在蒙达多利出版社（Mondadori），恩瑞克·比金（Enrico Bighin）、洛伦佐·博根塞利（Lorenzo Bogoncelli）、塞尔吉奥·布鲁内利（Sergio Brunelli）、南希·弗里曼（Nancy Freeman）、阿尔贝利·哥白尼（Alberto Gibellini）和西蒙娜·舒尔茨（Simona Schultz）促进了本书的印刷。

荣格的图书馆的托马斯·菲舍尔（Thomas Fischer）（荣格作品基金会）为我在准备书籍和摄影方面提供了帮助。海伦·托布勒（Helene Tobler）对荣格图书馆的书籍进行了专业拍摄，并与克里斯蒂安·波伊特（Christian Poite）一起对博德默图书馆的手稿进行了拍摄。（荣格库斯纳特基金会的）安妮·库斯特曼（Anne Kustermann）提供了荣格的房子和图书馆的历史照片。埃里克·鲍曼（荣格作品基金会）提供了荣格《黑书》的照片和《红书》的印刷稿。《红书》的扫描件和《向死者的七次布道》的缮写版由Digital Fusion公司的休·米尔斯坦（Hugh Milstein）和约翰·苏普拉（John Supra）准备。

苏黎世联邦理工学院的克里斯蒂安·胡贝尔（Christian Huber）和伊冯娜·沃格利（Yvonne Voegeli）授权查阅荣格手稿，并在短时间内为本书提供了图像。

本书的酝酿期有多长，它的制作期就有多短。我要感谢乌尔里希·霍尔尼（Ulrich Hoerni）多年来对荣格在创作《红书》时所借鉴的"马赛克艺术"（mosaic pieces）进行的讨论，以及他在出版荣格未发表的作品方面的合作；感谢斐乐蒙基金会的董事会——南希·福洛蒂（Nancy Furlotti）、朱迪斯·哈里斯（Judith Harris）、尤金·泰勒（Eugene Taylor）、卡特琳娜·维佐利（Caterina Vezzoli）和贝弗利·扎布里斯基（Beverley Zabriskie）对该项目的支持；感谢朱迪斯·哈里斯和东尼·伍尔夫森（Tony Woolfson）对伦敦大学学院斐乐蒙历史讲座的资助。对于弗朗茨·荣格（Franz Jung），特别是安德烈亚斯（Andreas）和弗莱尼·荣格（Vreni Jung），感谢他们在我多次访问荣格图书馆时的热情接待和协助。

我要感谢保罗（Paul）和彼得·弗里茨文学社（Peter Fritz Literary Agency）和荣格作品基金会允许我发表荣格写给卡利·贝恩斯和马克斯·拉舍尔的信，以及他写给分析心理学俱乐部的告示，及转载荣格的手稿、《黑书》、《向死者的七次布道》的缮写版和炼金术抄本的扫描件和照片，© 荣格作品基金会，2011年；感谢罗伯特·欣肖（Robert Hinshaw）和荣格作品基金会允许我转载荣格的《普天大系》（*Systema Munditotius*）；感谢弗洛伊德博物馆为本书提供了弗洛伊德的照片。感谢罗伯特·欣肖和荣格作品基金会允许我复制荣格的《普天大系》；弗洛伊德博物馆提供了弗洛伊德拥有的荣格《力比多的转化与象征》的照片；泰特博物馆提供的威廉·布莱克为但丁的《喜剧》所做插图的照片；菲茨威廉博物馆提供了布莱克《天堂与地狱的婚姻》的照片。

"一份彩饰抄本"开始于乔治·西尼基金会在威尼斯举行的"东西方写作的身体和灵魂"会议和2010年在华盛顿的瑞士大使馆的演讲。埃莉·斯塔基（Ellie Stuckey）提供了后一次会议的记录。乔凡尼佐尔格（Giovanni Sorge）提供了海因里希·齐默的"荣格博士对我职业的影响"（Dr.Jung's Impress on my Profession）的复印本，并找到了乔治·盖尔斯特（Georg Gerster）的《沉醉于诗》（*Drunk from Poems*）的复印本。约翰·佩克（John Peck）用他无与伦比的语言学知识，如对钢琴调音般对手稿的草稿进行了审校，并确认了我所追求的路线不仅仅是学者的谵妄。玛吉·巴伦（Maggie Baron）参与了这个项目的方方面面。

本人保留对本书中概念和观点的责任。

注释

1. 豪尔赫・路易斯・博尔赫斯（Jorge Luis Borges）:《巴别图书馆》，博尔赫斯，《小说集》（*Collected Fictions*），安德鲁・赫利（Andrew Hurley）译，（伦敦：艾伦・莱恩出版社），第112页。
2. "霍格兰德（Hoghelande）:'*De alchemiae difficultatibus*'，《奇异化学志》（*Bibliotheca Chemica Curiosa*），第一部，第342页：'Librorum magnam habeat copiam'"；"'Rhasis dixit: librim einim librum aperit'（引自波诺斯（Bonus）：*Margarita pretiosa novella correctissima*，《奇异化学志》，第二部，第八章）"：也引自荣格：《心理学与炼金术》，《荣格文集》第12卷，赫伯特・里德、麦克・福德罕、格哈德・阿德勒编，威廉・麦圭尔主编，R.F.C. 赫尔译，波林根系列，（New York and Princeton: Princeton University Press, 1953—1983年）12, § 423。下文中以CW表示。所有正文中的标题都以英语书写。译文有时则会修改。
3. 埃德蒙・雅贝斯：《问题之书》，第一部，罗莎玛丽・沃德罗普译，（Middletown, CT: Wesleyan University Press, 1976年），第23页。
4. 安妮拉・亚菲（Aniela Jaffé）与荣格：《回忆・梦・思考》，克拉拉・温斯顿和理查德・温斯顿合译，（New York: Vintage, 1962/1989），202页。下文称之为《回忆》。安妮拉・亚菲回忆说："他具有真正收藏家的自豪感，只要有机会，他就会向书友展示他的书房。"［亚菲：《荣格的最后岁月：心灵的炼金之旅》（Einsiedeln: Daimon Verlag, 1989年），第53页。］
5. 荣格：《象征及梦的解释》，1961年，CW 18，§ 479。
6. 这部作品借鉴了我的《荣格与现代心理学的建立》中的一些材料，并对其进行了改写。（剑桥大学出版社，2003年），以及我的《红书：荣格的红书》（*Liber Novus: The Red Book of C. G. Jung*），载于荣格：《红书》（*The Red Book: Liber Novus*），索努・沙姆达萨尼主编，马克・凯博斯、约翰・佩克及索努・沙姆达萨尼译，（New York: W.W. Norton, 2009年）。至于现存的关于荣格传记的缺点，人们误将安妮拉・亚菲的传记《回忆・梦・思考》认为是首部荣格自传，请参见我的"Jung Stripped Bare by His Biographers, Even"（London: Karnac, 2004年）。
7. 《回忆》，第30页。
8. 同上，第215页。艾玛・荣格的手稿在她死后由玛丽・路易丝・冯・弗朗兹完成。艾玛・荣格和玛丽・路易丝・冯・弗朗兹：《圣杯传说》（*The Grail Legend*），安德里亚・戴克斯译，（Princeton, NJ: Princeton University Press, 1988/1960）。麦克・福德罕（Michael Fordham）就冯・弗朗兹完成艾玛・荣格的作品持批评态度。（《个人通讯》（*Personal Communication*），1989年）
9. 同上，第56页。
10. 同上，第42、63页。
11. 同上，第43页。
12. 维吉尔：《牧歌》，盖・里（Guy Lee）译，（London: Penguin, 1984年），第55页。
13. 同上，第1页。
14. 《回忆・梦・思考》，第63页。
15. 同上，第61页。
16. 同上，第60页。
17. 同上。
18. 荣格 / 安妮拉对《回忆・梦・思考》的协议，存于华盛顿D.C.162号，美国国会图书馆，荣格藏品。下文称为《协议》。荣格在多年后写道："除了几首诗，歌德那里唯一给我留下鲜活印象的就是《浮士德》（来自荣格1951-1961年写给迈克斯・雷希纳的信，由格哈德・阿德勒与安妮拉联合挑选与编辑，R. E. C. 霍尔译，波林根系列，［普林斯顿，普林斯顿大学出版社，1975］, 88"以下成为信件二。关于荣格阅读歌德作品的评述见保罗・彼肖普：《分析心理学与德国古典美学：歌德、席勒及荣格》，第二卷，（London: Routledge, 2007, 2008）。
19. 《协议》，第161页。1912年，荣格将对"帕特莫斯"进行心理学分析，发现其中有基督教神秘主义、密特拉教和吉尔伽美什的影子（引自《力比多的象征与转化》，CW B, § 651ff.）然而，作品中仍有许多东西有待探究。在1954年被要求写关于荷尔德林的文章时，荣格回答说："现在要靠年轻一代来打开几扇锁着的门，也许要借助我所打造的钥匙。我认为目前没有人能够解决荷尔德林的问题。这样的工作要留到遥远的将来"（引自《致奥斯瓦尔德夫人》，信件二，193）。
20. 格奥尔格・格斯特编：《沉醉于诗》（*Trunken von Gedichten: Eine Anthologie Geliebter Deutscher Verse*）（Zurich: Arche, 1953年），第63页。
21. 他在晚年写道："不幸的是，我对英国文学的研究不是很透彻，因为我是在全身心投入科学研究时掌握了英语。在我年轻的时候，接触更深的是法国文学"（《致玛格丽特・西特勒》（*to Margaret Sittler*），1960年3月29日，信件二，547）。
22. 哈罗德・布鲁姆：《西方正典》（*The Western Canon: The Books and School of the Ages*）（New York: Riverhead, 1995年）。
23. 亨利・伯格森：《创新思维：形而上学简述》（*The Creative Mind: An Introduction to Metaphysics*），"哲学直觉"（"Philosophical Intuition"），玛贝丽・安迪森译，（New York:Citadel Press, 1992），第107-29页。
24. 《回忆・梦・思考》，第60页。
25. 歌德：《浮士德》第一部，第354-359页，《浮士德：歌德的德文》（*Faustus: From the German of Goethe*），弗雷德里克・伯威克和詹姆斯・麦克库希克编，塞缪尔・泰勒・柯勒律治译，（Oxford: Clarendon Press, 2007），第9页。
26. 《协议》，第162页。
27. 荣格阅读叔本华作品的确切时间不详，其拥有的叔本华：《作为意志和表象的世界》的印刷本上有他的铭牌，日期为1897年。1897年5月4日，荣格从巴塞尔大学图书馆借出一本叔本华的《附录和补遗》（*Parerga und Paralipomena*）（图书馆记录）。然而，荣格回忆录的叙述顺序"从我生命中最早的经历开始"表明：他在学医之前的学生时代就读过叔本华。
28. 《回忆・梦・思考》第69页，《协议》第303页。
29. 叔本华：《作为意志和表象的世界》，佩恩译，2卷，（New York: Dover, 1969），第3页。
30. 同上，第100页。
31. 同上，第160页。
32. 《回忆・梦・思考》，第70页。
33. 荣格致约翰・菲利普斯（John Phillips），个人通信，约翰・菲利普斯，1990年。关于荣格对康德的阅读，见保罗・彼肖普："荣格早期心理学作品中对康德的引用""The Use of Kant in Jung's Early Psychological Works"，《欧洲研究杂志》，1996年，第107-140页。
34. 伊曼纽尔・康德（1787年）：《纯粹理性批判》，诺曼・坎普・史密斯译（London: Macmillan, 1933年），A92。
35. 同上，A249ff。
36. 同上，B311。
37. 《回忆・梦・思考》，第104-106页。
38. 希米娜・德・安古洛："对一篇博士论文的评论""Comments on a Doctoral Thesis"，摘自《荣格如是说：访谈录与相遇》（*C. G.Jung Speaking:Interviews and Encounters*），威廉・麦圭尔和霍尔编，波林根系列，（普林斯顿、伦敦：普林斯顿大学出版社，1977年；Picador, 1980年），第207页。
39. 同上，第208页。
40. 荣格：《荣格分析心理学导论：1925年分析心理学研讨会笔记》（*Introduction to Jungian Psychology: Notes of the Seminar on Analytical Psychology Given in 1925*），索努・沙姆达萨尼（普林斯顿，NJ：普林斯顿大学出版社，2012, rev），第5页。以下简称《荣格分析心理学导论》。有关对叔本华和冯・哈特曼的描述，见安格斯・尼古拉斯和马丁・利布舍尔主编的《无意识思维：十九世纪德国思想》（*Thinking the Unconscious: Nineteenth-Century German Thought*）（剑桥：剑桥大学出版社，2010年）。
41. 爱德华・冯・哈特曼：《无意识哲学》，W. 卡佩南译（London: R. Paul, Trench & Trubner, 1931）。第一卷。第29页。
42. 同上，第二部，第81页。
43. 同上，第三部，第255页。
44. 同上，第一部，第4页。
45. 同上，第二部，第230页。
46. 同上，第二部，第42页。
47. 同上，第三部，第133页。
48. 荣格于1898年1月15日从巴塞尔大学图书馆借阅了冯・哈特曼的《无意识哲学》（*Die Philosophie des Unbewussten*），于1898年9月13日借阅了《自在之物》（*Ding an Sich*），于1898年10月18日借阅了《基督宗教的自我解体与未来的宗教》(*Die Selbstzersetzung des Christentums und die Religion der Zukunft*)。
49. 巴塞尔图书馆的记录显示，荣格在 1897 年 5 月 15 日借出了尼采著作的第四卷。两个月后的 7 月 1 日，他借出第二卷和第三卷，以及《善恶的彼岸》(*Beyond Good and Evil*)。对荣格阅读尼采的描述，请参见保罗·彼肖普:《酒神精神的自我：荣格对尼采的认识》(Berlin: Walter de Gruyter, 1995); 马丁·利布舍尔:《挪用或克服：荣格与尼采的对比》(*Aneignung oder Überwindung: Jung und Nietzsche imVergleich*)(Basel, 2011); 及格瑞汉·帕克斯:《尼采与深层心理学》(*Nietzsche and Depth Psychology*)中的"尼采与荣格：矛盾的欣赏"("Nietzsche and Jung: Ambivalent Appreciations")，雅各布·哥伦布、韦威·桑塔里诺及罗纳德·雷勒编 (Albany: SUNY Press, 1999), 205-27.
50.《回忆·梦·思考》，第 98 页。
51. 巴塞尔大学图书馆的记录显示，荣格在 1898 年借出了以下几卷(德文译本): 1 月 18 日，借出《天奥术》(*The Heavenly Arcana*)，9 月 16 日，借出《天堂与地狱》(*Heaven and Hell*); 10 月 18 日，借出《太阳系中的行星与地球》(*The Earths in the Solar System*)，我们称之为《星球》;《灵魂与身体间的交流》(*Intercourse between the Soul and the Body*);《婚姻之爱》(*Conjugal Love*)。对荣格阅读史威登堡作品的描述，请参阅尤金·泰勒："荣格有关史威登堡的研究，新论"("Jung on Swedenborg, Redivivus")《荣格历史 2》(*Jung History 2*)，第二部 (2008 年)。
52. 卡尔·杜普雷尔:《神秘主义哲学》(*The Philosophy of Mysticism*)，查尔斯·马西翻译 (London: G.Redway, 1889), 102. 有关杜普雷尔，请参见安德烈亚斯·索默:《从天文学到超验达尔文主义：杜普雷尔(1839-1899)》(*From Astronomy to Transcendental Darwinism: Carl du Prel (1839-1899)*)，*Journal of Scientific Exploration* 23(2009): 第 59-68 页。
53. 同上，第 112 页。
54.《荣格分析心理学导论》，第 3 页。
55. 祖慕斯坦－普莱斯维克:《荣格媒介：海莉·普莱斯维克的故事》(*C. G. Jungs Medium: Die Geschichte der Helly Preiswerk*)，第 54 页。
56. 苏黎世联邦理工学院，荣格档案馆。下简称: JA。
57. "你们中间不可有拿自己的儿子或女儿在火中献祭的，不可有占卜或巫术，解释预兆，从事巫术，或施展咒语的，也不可有做媒的或灵媒，向死人请教的。"(《申命记》(*Deuteronomy*) 18:11)。
58. 克纳:《普雷沃斯特的女预言家》凯瑟琳·克劳翻译，(New York: Partridge and Brittan, 1855)。1897 年 8 月 17 日，荣格从巴塞尔大学图书馆借出了克纳的书。
59. 荣格:《现代心理学：荣格教授于 1933 年 10 月至 1940 年 2 月在苏黎世瑞士联邦理工学院的讲座笔记》，由伊丽莎白·威尔斯和芭芭拉·汉娜编译(苏黎世，1959 年，私人出版，第二版)，23-24 页。即将出版，斐乐蒙系列。
60. 同上。
61.《荣格媒介》，第 68 页。1897 年，荣格将卡尔·杜普雷尔的两本书《人类之谜》(*Das Rätsel des Menschen*)和《精神主义》(*Der Spiritismus*)送给了海伦的姐姐露易丝(Louise，人称 Luggy)，并写道："送给他亲爱的堂姐 Luggi，这是对一个美丽灵魂的沉思。"(同上，142 页)。
62.《论积极和消极的力量》("On positive and negative force") JA。
63.《荣格媒介》，第 93 页。
64.《回忆·梦·思考》，108-109 页。荣格拥有第四版(1890 年)，签名与日期为 1899 年。在某些方面，荣格和克拉夫特·艾宾(1902 年 12 月去世)之间似乎有一些联系，因为荣格的图书馆里有一本艾宾的《催眠术领域的实验研究》(*Eine Experimentelle Studie auf dem Gebiete des Hypnotismus*)，上面写着"作者，友好的问候"。
65.《荣格分析心理学导论》，第 8 页。
66.《回忆·梦·思考》，第 112 页。
67. 皮埃尔·让内:《自动化的心理》(*L'Automatisme psychologique*)(Paris: Rueff et cie., 1889)。
68. 让内:《癔症患者的心理状态》(*The Mental State of Hystericals*：*A Study of Mental Stigmata and Mental Accidents*), C.R.科森译 (New York: G. P. Putnam's Sons, 1901)
69. 有关荣格与让内的关系，请参阅约翰·豪勒(John Haule):"从梦游症到原型：荣格与弗洛伊德分裂的法国之源"("From Somnambulism to Archetypes: The French Roots of Jung's split from Freud")《精神分析评论》71(1984): 95-107 页，及我的"从日内瓦到苏黎世：荣格与法国瑞士"("From Geneva to Zurich: Jung and French Switzerland")《分析心理学期刊》43(1998): 115-26。
70. 西奥多·弗洛诺瓦:《从印度到火星》，索努·沙姆达萨尼主编，D. 维米尔(D. Vermilye)译(普林斯顿，NJ：普林斯顿大学出版社，1994)
71. 亨利·艾伦伯格:"瑞士精神病学的范围"("The Scope of Swiss Psychiatry")(1957 年)，载于《超越无意识：亨利·艾伦伯格在精神病学史上文章》(*Beyond the Unconscious*：*Essays of Henri F.Ellenberger in the History of Psychiatry*)，马克·S. 密可(Mark S. Micale)介绍及编辑(普林斯顿，NJ：普林斯顿大学出版社，1993), 第 181 页。
72. 弗洛诺瓦:《关于日内瓦大学心理学实验室的通知》(*Notice sur le laboratoire de psychologie de l'université de Genève*)(Geneva: Eggiman, 1896), 第 24 页。
73. 维克多·亨利，《火星语言》(Paris: J.Maisonneuve, 1901)
74. 荣格:"西奥多·弗洛诺瓦"，载于弗洛诺瓦:《从印度到火星》，沙姆达萨尼主编，第九、十卷。
75. 荣格:《现代心理学》。
76. 翻译载于我的"从日内瓦到苏黎世"《分析心理学期刊》第 43 期(1998 年): 97-126 页。
77. 法兰西学院实验与比较心理学主任皮埃尔·让内先生的课程报告 (Paris:Chanine, 1926), 2-3。
78. 荣格、瑞克林:"对健康人群的联想实验研究" CW 2。
79. CW 3。
80. A.A. 布里尔(A. A. Brill)与弗里德里希·彼得森(Frederick Peterson)载于荣格:《早发性痴呆或精神分裂症族群》的译者页。A.A. 布里尔与弗里德里希·彼得森译 (Lancaster, Penn.: Journal of Nervous and Mental Disease, 1909), v-vi。
81. 荣格:《早发性痴呆或精神分裂症族群》，CW 3, § 275。
82. 弗洛伊德于 1906 年 4 月 11 日写给荣格的信，《弗洛伊德与荣格的书信》，威廉·麦圭尔主编，R.F.C. 霍尔与拉尔夫·曼海姆译 (Princeton, NJ:Princeton University Press, 1974), 3。
83. 苏黎世联邦理工学院，荣格档案馆。
84. 荣格在私下里抱怨布鲁勒缺少对其作品的感谢。E. A. 贝纳特记录下荣格说，"他把他的想法慷慨地送给了布鲁勒；他从未想过要做别的事情。但布鲁勒从未在其书中提到过这段帮助。他送给布鲁勒很多案例及自己对这些案例的解释，并为布鲁勒所使用"(贝纳特，《笔记》，1959 年 9 月 18 日，苏黎世联邦理工学院，科学史展馆). 下简称: ETH。
85. 请参阅 安德烈·荣格、雷古拉·米歇尔、亚瑟·拉吉、朱迪思·罗尔和丹尼尔·甘茨，*The House of C.G.Jung: The History and Restoration of the Residence of Emma and Carl Gustav Jung Rauschenbach* (Zurich:Stiftung C.G.Jung Küsnacht), 2009.
86. 伊拉斯谟:《全集》(*Opera Omnia*)，II-3 (Amsterdam:Elsevier, 2005).240-41。
87. S. T. 布鲁姆菲尔德，《修昔底德的历史，英文新版，详尽注释版》(London: Rees, Orme, Brown, and Green, 1829). § 118, 211. 荣格拥有《修昔底德》(Thucydides)的德文版，但没有注释。
88. 贺拉斯:《颂歌》(*The Complete Odes and Epodes*), W.G.Shepherd 译 (London, Penguin, 1988), 第二部，《颂歌》18, 123.
89. 特伦斯:《喜剧》(*The Comedies*)，Peter Brown 翻译、导言及注释，(牛津：牛津大学出版社，2006), II.1059-60, 200. 拉丁文表述，为伊拉斯谟所引用:"Ut vocato mihi atque invocato sit locus/ semper."
90. 同上，第 164 页。
91. 荣格于 1960 年 11 月 19 日写给尤金·罗尔夫(Eugene Rolfe)的信件，信件二，611。信中的引用来自《诗篇》111:10。
92. 1925年由法国－瑞士艺术家柯布西耶(Claude Jeanneret)在洛桑设计，很可能是为其 50 岁生日而委托的设计的。请参阅伯努瓦朱诺(Benoit Junod) 的"Portrait of a Bookplate: Carl Gustav Jung," The Bookplate Journal 5, no.1 (1987): 43-46.
93. 荣格等:《The House of C. G.Jung》第 81 页，玛丽·路易丝·冯·法兰兹提到，他通常就是在这里，在被彩色玻璃窗格遮住的小书房里工作。("荣格图书馆"，Spring:Journal of Archetypal Psychology and Jungian Thought, 1970, 190)。
94.《荣格与弗洛伊德的书信》，第 250-251 页。
95. 同上，第 257 页。

96.《荣格分析心理学导论》，第 24 页。
97. 弗里德里希・克劳泽：《古代民族的象征与神话》，4 卷本。(Leipzig: Carl Wilhelm Leske, 1810-12)。
98. 弗洛伊德与荣格于 1909 年 11 月 30 日 -12 月 2 日间的书信，269。
99. 只出版了一篇摘要。然而，原始论文与另一篇未发表的关于同一病例的论文“分析一例偏执性痴呆症”一起保存下来，载于霍内格的论文，苏黎世联邦理工学院。
100. 引自汉斯・怀瑟（Hans Walser）：“An Early Psychoanalytic Tragedy: J.J.Honegger and the Beginnings of Training Analysis,” Spring: An Annual of Archetypal Psychology and Jungian Thought, 1974, 253.
101. 荣格，CW B，§ 173。霍内格曾提到病人进行“一种新的太阳实验”：用一只眼睛观察太阳，等等。“对一例偏执性痴呆的分析”，载于霍内格的论文，苏黎世联邦理工学院，第 76 页。
102. 引自荣格：《转化的象征》，CW 5，§ 153。
103. 同上，§ 134。
104. 编辑们补充说，荣格后来得知 1910 年的版本是第二版，而原版实际上是在 1903 年出版的，也就是在病人被送进医院之后。人们可能会注意到，“第二版”的扉页上有明确的标记——不过，施维茨读到迪特里克的书的可能性很小。
105. 吕西安・列维・布留尔（Lucien Lévy-Bruhl）：《土著如何思考》（*How Natives Think*），L.Clare 译（普林斯顿，NJ：普林斯顿大学出版社，1985)。
106. 同上，第 43 页。
107. 同上，76-77 页。
108. 同上最后引用的是斯宾塞和吉伦的观点。
109.《回忆・梦・思考》，第 21 页。
110. 同上，第 22 页。
111. 同上，第 23 页。
112. JA. 荣格的一种工作方法是，有时会写出具体作品的引文和参考页。
113. 在荣格的《低等社会的心理功能》的复印本中的第 97 页，这段话边上也被画上了一笔。我在这里重新翻译了列维・布留尔对斯宾塞和吉伦的法文译文。
114. 请参阅我对《从印度到火星》的导读。有关弗兰克・米勒（Frank Miller）的传记及荣格对其案例的分析，请参阅我的《名叫弗兰克的女人》（“*A Woman Called Frank*”）Spring: A Journal of Archetype and Culture, 1990, 26-56。
115. 荣格，CW B, 2.
116. 荣格，CW B，§ 36.1952 年，荣格在本文的修订中，对此进行了限定（《转化的象征》，CW 5，§ 29）。
117. 同上，§ 56。荣格的至交阿尔伯特・奥利（Albert Oeri）是布克哈特（Burckhardt）姐姐的孙子，荣格从他那里听到了许多关于布克哈特的故事（《协议》，151-52）。
118. 同上，118 页。
119. 荣格，CW B，§ 650。
120. 荣格：《无意识的结构》，CW 7。§ 271
121. 荣格，CW B，§ 41。
122. 荣格于 1906-1950 年间写给迈克斯・雷希纳（Max Rychner）的信，阿德勒与安妮拉・亚菲选编，R.F.C. 霍尔译，波林根系列（普林斯顿，NJ：普林斯顿大学出版社，1973)，第 88 页。下文简称信件一。正如荣格后来对埃里希・诺伊曼（Erich Neumann）所说，“我不能再考虑一般读者了。相反，他不得不考虑我。”（1952 年，1 月 5 日，信件二，32)。
123. 亚菲：《荣格的最后岁月：心灵炼金之旅》（*From the Life and Work of C. G. Jung*），第 141 页。
124.《荣格与弗洛伊德的书信》，第 491 页。
125.《回忆・梦・思考》，167 页。
126.《哈姆雷特》，第五幕，第二场。1913 年 1 月 6 日，弗洛伊德 / 荣格书信，第 540 页。
127. 雷蒙・施瓦布：《东方的文艺复兴：欧洲从印度和东方的复兴，1680-1880 年，G.Patterson-Black 和 V. Renning 译（纽约：哥伦比亚大学出版社，1984)。
128. 威廉・琼斯爵士的作品（London:John Stockdale, 1807), 第三卷。
129. 荣格，《荣格论现代人的心灵问题》（*The Problems of the Soul of Modern Man*），CW 10，§ 175ff。
130. 荣格，CW B，§ 679ff。
131. 荣格：《转化的象征》，CW 5, xxiv-xxv。
132.《荣格分析心理学导论》，第 44 页。
133. 荣格：《红书》索努・沙姆达萨尼主编，马克・凯博斯，约翰・佩克，及索努・沙姆达萨尼译 (New York, W.W.Norton, 2009), 第 231 页，下文简称《红书》。
134.《荣格分析心理学导论》，第 47 页。
135. 同上，第 28 页。
136. 同上，第 51 页。
137.《荣格与弗洛伊德的书信》，第 350 页。
138. 之后的笔记本是黑色的；因此荣格把它们称为黑书。
139.《荣格分析心理学导论》，第 44 页。
140. 同上，第 51 页。
141. 1913 年 12 月 12 日，《红书》：“未来的地狱之旅”（*Descent into Hell in the Future*），237ff。
142. 1913 年 12 月 18 日，《红书》：“谋杀英雄”（*Murder of the Hero*），241ff。
143. 荣格，CW B，§ 568ff。
144. 荣格，《黑书》2，第 58 页。
145. CW6。
146. 有关荣格与詹姆斯，请参阅尤金・泰勒，“荣格与威廉・詹姆斯”Spring: A Journal for Archerypal Psychology and Jungian Thought, 1980, 157-69。
147. JA。
148.《回忆・梦・思考》，第 193 页。
149. Eliade, Combat interview, 1952, C. G.Jung Speaking, 233-34.
150.《红书》，238ff.
151. 同上，243ff.
152. 尼采的《查拉图斯特拉如是说》：1934-1939 年讲座笔记，James Jarrett 编，Bollingen 系列（普林斯顿，新泽西州：普林斯顿大学出版社，1988 年），卷 1，第 381 页。
153. 荣格：《现代心理学》，第 223 页。
154. 荣格，《黑书Ⅱ》，第 104 页。但丁：《神曲》（*The Divine Comedy*），“炼狱”（*Purgatorio*），Charles Singleton 译（普林斯顿，NJ：普林斯顿大学出版社，1973），第 261、275 页。
155. 荣格：《心理类型》（*Psychological Types*），CW 6，§ 376。荣格接着评论了《天堂》（*Paradiso*）中的诗句，即圣伯纳对圣母的祈祷。
156. 荣格：《心理学的新途径》（*New Paths in Psychology*），CW 7，§ 409。
157. 同上。
158.《红书》，267n。
159. 帕斯卡（*Pascal*），《思想录》（*Pensées*），423 (London, Penguin, 1995), 127。荣格的帕斯卡的书中边缘做有符号。
160.《红书》，第 233 页。
161. 同上，第 232 页。
162. 荣格：《心理类型》，CW 6, $ 20。
163. 同上，第 261 页。
164. 同上，第 262 页。
165. 同上。
166. 参阅《荣格分析心理学导论》，127ff。荣格会利用休息时间阅读侦探小说，他最喜欢乔治・西梅农（Georges Simenon）的作品。荣格告诉冯・弗朗茨，这些小说“足够扣人心弦，可以避免因在晚上反复猜疑，导致失眠，但又不至于惊心动魄，在看过几页后，他就能把它们放在一边。”另外，他说，“当我读到令别人困扰的问题，而自己并无困惑之时，这令我快活”（《荣格图书馆》，195 页）。安妮拉・亚菲回忆说：“如果封面上的图片太过淫秽，我就得用包装纸把书包起来，这样它将无辜地出现在图书馆的石板桌上。对荣格而言，侦探的形象是现代版的炼金术师墨丘利，是所有谜题的解答者，他为他的英雄事迹所吸引。他也沉迷于科幻小说”（《荣格的最后岁月：心灵炼金之旅》，第 147 页）。
167.《荣格的最后岁月：心灵炼金之旅》，第 268 页。
168. 1912 年 9 月 28 日的《纽约时报》。
169.《红书》，第 270 页。
170. 同上，第 244 页。
171. 同上，第 310 页。
172. 同上，第 311 页。
173. CW 6，§ 816。
174. 同上。
175. 同上，§ 829。
176.《红书》，第 292 页。
177. 同上，第 293 页。
178.《效法基督》（*The Imitation of Christ*），B. Knott 译 (London: Fount, 1996)，第 46 页。其中还强调了：诱惑的好处是使人走向“谦卑、纯洁和自律”的途径。
179.《红书》，第 294 页。
180. 西塞罗：《论老年》《论友谊》《论神谕》(London: William Heinemann, 1927), 86-88.
181. Wilhelm Roscher, *Ausführliches Lexikon der Griechischen und Römischen Mythologie* (Leipzig:Teubner, 1884-1937), vol.2, 775.
182. 彼得・延森：《世界文学中的吉尔伽美什史诗》(Strasbourg:Karl Trübner, 1906), 2.
183.《红书》，第 283 页。
184. 同上，第 45/284 页。
185. 同上，第 64/286 页。
186. 同上，第 54/284 页。
187. 同上，第 59/285 页。

188. 同上引用，239n。
189. Jung and Jaffé, *Erinnerungen, Träume, Gedanken von C.G.Jung* (Olten: Walter Verlag, 1988).
190.《红书》，247n。
191. 早在 1897 年，荣格就在他给佐芬吉亚协会的演讲“关于心理学的一些想法”（“Some Thoughts on Psychology”）（CW A, § 69）中把这句话作为格言。
192.《红书》，第 244 页。
193. 荣格：《心理学与诗学》（*Psychology and Poetry*）CW 15, § 151。
194.《回忆·梦·思考》，182ff。
195.《红书》：“魔法师”（“The Magician”），312ff。
196. 同上，第 315 页。
197.《回忆·梦·思考》，第 183 页。
198.《红书》，第 339 页。
199. 荣格：《自我与无意识》（*Relations Between the I and the Unconscious*），CW 7, § 377。
200.《回忆·梦·思考》，第 223 页。
201. Philema 在拉丁语中时“亲吻”的意思。
202. 信件一，第 309-310 页。亦可参阅 1928 年 1 月 2 日荣格给赫尔曼·凯瑟琳的信。信件一，第 49 页。在这一问题上，参阅我的“Who Is Jung’s Philemon? An Unpublished Letter to Alice Raphael,” Jung History 2, no 2(2008).
203.《回忆·梦·思考》，第 234 页。
204. 荣格：《儿童原型心理学》（*On the Psychology of the Child Archetype*），CW9, 1, § 271。
205. 同上，§ 302。
206. 吕西安·费夫尔：前言，载于吕西安·费夫尔与亨利·让·马丁：《书的出现》，大卫·杰拉德译（London:Verso,1990)，第 10 页。
207. 沃尔特·本杰明（Walter Benjamin），《启迪：本雅明文选》（*in Illuminations: Essays and Reflections*）中的“机械复制时代的艺术作品”（“The Work of Art in the Age of Mechanical Reproduction”）Hannah Arendt 主编，Harry Zohn 译 (New York: Knopf, 1968), 217-252 页。
208. 吕西安·费夫尔：前言，载于吕西安·费夫尔与亨利·让·马丁：《书的出现》，第 10 页。
209. 威廉·布莱克，“Prospectus” (1793), Complete Writings, ed. Geoffrey Keynes (Oxford:Oxford University Press, 1972), 207.
210. Blake to Dawson Turner, June 9, 1818, in Blake, Complete Writings, 867.
211. 同上，第 154 页。
212.《红书》，第 308 页。
213. 荣格：《心理类型》，CW 6, § 422n., § 460。
214. 荣格，CW 12, 第 55 页人物 5 和第 60 页人物 19。1948 年 11 月 11 日，他写信给皮鲁·纳乌蒂（Piloo Nanavutty），“我发现布莱克的研究令我着迷，因为他在其幻想中汇编了许多半或未消化的知识。根据我的想法，它们是一种艺术的生产，而不是无意识过程的真实代表”（信件二，第 513-514 页）。
215. 克里斯蒂安娜·摩根（Christiana Morgan）：1926 年 7 月 12 日的分析笔记，波士顿，康威医学图书馆。
216. 阿尔布雷希特·迪特里克（Albrecht Dieterich）：《阿布拉克萨斯：晚期古代宗教史研究》(Leipzig, 1891).
217. 历史上的巴西利德斯是公元二世纪在亚历山大城教书的诺斯替主义者。参阅 Bentley Layton, *The Gnostic Scriptures: Ancient Wisdom for the New Age* (New York: Doubleday, 1987), 417-44.
218. 1917 年 1 月 19 日，信件一，第 33-34 页。
219. 荣格：“在荣格手稿展览上的致辞”，CW 18, § 1829。
220.《回忆·梦·思考》，第 196 页。有关这一史实，请参阅《红书》，206ff。有关《普天大系》（*Systema Munditotius*），请参阅 Barry Jeromson：“Systema Munditotius and Seven Sermons:Symbolic Collaborators in Jung’s Confrontation with the Dead,” Jung History 1, no. 2 (2005-6): 6-10, and “The Sources of Systema Munditotius: Mandalas, Myths and a Misinterpretation,” Jung History 2, no.2(2007): 20-22.
221.《浮士德》，第二部，第一幕，6287ff。
222. 荣格，《心理类型》，CW 6, § 706。
223. 1917 年 1 月 20 日，J.B. 朗：《日记》（*Diary*），Swiss Literary Archives, Bern。
224.《红书》，第 360 页。
225. 同上，第 330 页。
226. 荣格：《自我与无意识》，CW 7. § 340。
227. 荣格：《意识、无意识、自性化》（*Conscious, Unconscious, Individuation*），CW9, 1, § 514。
228. 荣格：《神秘参与》（*Mysterium Coniunctionis*），CW 14, § 226。
229. 有一次，他被要求为 T.A. 罗斯（T. A. Ross）的《分析心理学导论》（*An Introduction to Analytical Psychotherapy*）的翻译提供建议。荣格不建议翻译，他指出，“该书是弗洛伊德式、片面的，反正这样的文献有很多”（荣格于 1937 年 9 月 25 日写给马克斯·拉舍尔（Max Rascher）的信）。苏黎世中央图书馆，拉舍尔档案馆。
230. 荣格，CW 8, § 155。
231. 同上，§ 186。
232. 荣格：《无意识的心理学》，载于荣格：《分析心理学论文集》（*Collected Papers on Analytical Psychology*），Constance Long 编辑 (London:Baillière, Tindall & Cox, 2nd ed., 1917), 第 432 页。
233. 同上，第 435 页。
234. 荣格：《塔维斯托克演讲》（“The Tavistock Lectures”），CW 18, § § 172-173。
235. 引自荣格，CW 6, 2。
236.《泰晤士报文学增刊》（*Times Literary Supplement*），1923 年，第 448 页。
237. 参阅《荣格与现代心理学的建立：科学之梦》，83ff., 334ff。
238. Lang to Hesse, December 5, 1919, in “Die dunkle und wilde Seite der Seele”: Hermann Hesse. Briefwechsel mit seinem Psychoanalytiker Josef Lang, 1916-1944, ed.Thomas Feitknecht (Frankfurt: Suhrkampf, 2006), 143.
239. 1919 年 12 月 3 日，荣格致黑塞，信件一，第 573-574 页。荣格也很欣赏黑塞的诗歌：在感谢他赠送的《画家的诗歌》（*Gedichte des Malers*）——一本由十首诗组成的画册时，荣格写道：“对于我这样一个从不读诗的人而言，你的诗简直美极了”（1922 年 1 月 28 日，信件一，38 页）。
240. 同上。
241. 荣格于 1950 年 3 月 24 日写给伊曼纽尔·迈尔的信，信件一，第 552 页。
242. 黑塞于 1950 年 4 月写给伊曼纽尔·迈尔的信，复制于信件一，第 575 页。
243. 参阅信件一，170-171 页，173-174 页。
244. 荣格：《心理类型》，CW 6, § 第 205 页。
245. 引自《红书》，第 213 页。
246. 梅林克（Meyrink）：《白色多米尼克》（*The White Dominican*），M.Mitchell 翻译（London: Dedalus, 1994), 91。
247. 引自《红书》，第 212 页。
248. 荣格：《分析心理学与诗歌艺术作品的关系》CW 15, § 103.
249. 同上，§ 130。
250. 该作品的英译本于同年出现在尤金·乔拉斯（Eugene Jolas）：Transition: An International Quarterly for Creative Experiment, alongside works by Picasso, Tristan Tzara, Antonin Artaud, Paul Klee, Sergei Eisenstein, Vincent Huidobro, Alejo Carpentier, Hart Crane, William Carlos Williams, Samuel Beckett, Rainer Maria Rilke, and Philippe Soupault, among others. 这篇文章成为这期杂志的头条，在其社论“Literature and the New Man”中，乔拉斯指出，弗洛伊德的作品“通过将一切归结为神经症的教条……消除了对审美理解至关重要的诗意起源的层次”，而荣格的文章是在接近“人类灵魂中的谜团”方面“划时代的进步”。乔拉斯补充说：“正是因为认识到在人类中存在着大量可追溯到原始祖先的夜行性混乱，新心理学的发现才使我们感兴趣”（“Literature and the New Man,” Transition 19-20 [1930]: 15-16)。
251. 荣格：《心理学与诗学》，CW 15, § 149。
252. 荣格在给库宾（Kubin）的信中表达了他对其小说预言性的赞赏。“在你的书和你的艺术中，你已经预见到了现在影响整个世界的真理”（1932 年 11 月 19 日，信件一，第 104 页）。
253. 荣格于 1957 年 8 月 3 日写给吉伦·戈雷格里的信，信件二，第 382 页。
254. 荣格于 1928 年 8 月 2 日写给迈恩拉德·因格林的信，信件二，第 51 页。
255. 1948 年 10 月 17 日，信件二，第 509 页，英语原版。
256. 荣格于 1932 年 11 月 28 日写给 N. 女士的信，信件二，第 109 页。
257.《协议》，第 13 页。
258. 与荣格有联络的另一位当代小说家是赫尔曼·布洛赫（Hermann Broch），他们似乎于 1932 年荣格讲座上相遇。荣格给布洛赫寄了一封表示友谊的信，信中感谢他赠予自己的出书，这本书大概是《梦游者》（*The Sleepwalkers*）（1932 年 12 月 5 日，Deutsche Literaturarchiv，Marburg）。一张照片也证实了保罗·瓦勒里（Paul Valéry）与荣格在 1933 年的会面（见 Gerhard Wehr, *An*

Illustrated Biography of C. G. Jung, trans.Michael Kohn [Boston: Shambala, 1989], 134)。
259. 引自理查德·艾曼:《乔伊斯传》,新修订版(牛津:牛津大学出版社,1982),第466页。
260. 同上,第628页。
261. 参阅雷蒙·格诺(Raymond Queneau):《百万亿首诗》(*Cent mille milliards de poèmes*),(Paris: Gallimard, 1961)。
262. 荣格:《尤利西斯:一段独白》(*Ulysses: A Monologue*)CW 15, § § 第165-166页。
263. 同上, § 194。
264. 同上, § 189。
265. 尼采:1934-1939年出版的《查拉图斯特拉如是说》,杰瑞特编,第225页。有关荣格对乔伊斯作品的讨论,参阅詹姆斯·希尔曼(James Hillman)、索努·沙姆达萨尼:《死者之境:荣格红皮书背后的心理学》(*The Lament of the Dead: Psychology after Jung's Red Book*) (New York:W.W. Norton, forthcoming)。
266. 有关荣格对治疗露西娅·乔伊斯的解释,参阅卡罗尔·洛布·施洛斯 (CarolLoeb Shloss):《露西娅·乔伊斯:随影起舞》(*Lucia Joyce:To Dance in the Wake*)(London:Bloomsbury, 2004)。然而,施洛斯于20世纪30年代对荣格的理论和治疗方法的解释是不被信服的。
267. 《个人通讯》,希米娜·德·安古洛(Ximena de Angulo)。
268. 引自埃尔曼:《詹姆斯·乔伊斯》(*James Joyce*),第676页。
269. 同上,679-680页。
270. 编辑为奎格·史蒂芬森(Craig Stephenson),即将出版,斐乐蒙系列。
271. 热拉尔·德·内瓦尔(Gérard de Nerval):《奥雷利亚》(*Aurélia*),载于《作品精选》(*Selected Writings*),瓦格纳翻译及介绍(London: Panther, 1973),第119页。
272. 同上。
273. 在Gene Nameche的采访中,《荣格传记档案》,康威医学图书馆。
274. 荣格:《热拉尔·德·内瓦尔》,CW 18, § 1748。
275. 鲍特金 (maud bodkin):《诗中的原型模式:想象的心理学研究》(*Archetypal Patterns of Poetry: Psychological Studies of Imagination*)(Oxford: Oxford University Press, 1934)。
276. 参阅诺思洛普·弗莱:《文学中的原型》,《凯尼恩评论》(*The Kenyon Review*),13,(1951年):92-110页,及弗莱:《批评的解剖》(*The Anatomy of Criticism*)(Princeton, NJ: Princeton University Press, 1957)。
277. 《红书》,第163页。
278. 有关卫礼贤,参阅贝蒂娜·威廉(Bettina Wilhelm):《沧海桑田——卫礼贤与〈易经〉》(*Wisdom of Changes-Richard Wilhelm and the I Ching*)。
279. 《红书》,第168页/第320页。
280. 荣格:《评太乙金华宗旨》(*Commentary to the Secret of the Golden Flower*),CW 13, 3-4。
281. 《回忆》,第197页。
282. 荣格:《纪念理查·威廉》(*In Memoriam:Richard Wilhelm*),CW 15, § 78。
283. JA。
284. 荣格:《纪念理查·威廉》CW 15。同上, § 87。
285. 卡利·贝恩斯:"译者注",《易经:卡利·贝恩斯将卫礼贤译本进行英译》(*The I Ching or Book of Changes: The Richard Wilhelm Translation Rendered into English by Cary F. Baynes*)波林根系列 (Princeton, NJ: Princeton University Press, 1979), xli。
286. 见1937年12月1日荣格写给卡利·贝恩斯的信,《卡利·本恩斯文集》,Contemporary Medical Arcbives, Wellcome Library, London.Hereinafter CFB。
287. 卡利·贝恩斯于1946年1月23日致荣格,CFB。
288. 《灵蛇之力》于1919年出版。
289. 荣格:《瑜伽心理学:荣格1932年的讲座记录》,索努·沙姆达萨尼主编,(Princeton, NJ:Princeton University Press, 1996), 104ff。
290. 有关约翰·伍德罗夫,参阅Kathleen Turner, Sir John Woodroffe, Tantra, 及 Bengal: An Indian Soul in a European Body (London: Routledge, 2001)。
291. 海因里希·齐默:《印度圣像中的艺术形式和瑜伽》(*Artistic Form and Yoga in the Sacred Images of India*),Gerald Chapple、James Lawson 译 (Princeton, NJ:Princeton University Press, 1984)。有关荣格与齐默的合作,见Giovanni Sorge's introduction to Jung's 1933, Berlin Seminar (Philemon Series, forthcoming)。
292. 引自荣格:《海因里希·齐默》,载于荣格、亚菲:《荣格自传:回忆·自传·思考》(*Erinnerungen, Träume, Gedanken*),385-386页。
293. Heinrich Zimmer, "Dr. Jung's Impress on my Profession," 3.
294. CW, 11。
295. 荣格:《现代心理学》。
296. 唐纳德·洛佩兹:《西藏死亡书传》(*The Tibetan Book of the Dead: A Biography*)(普林斯顿,NJ:普林斯顿大学出版社,2011)。
297. 沃尔特·伊文思-温兹于1936年10月25日写给爱德华·宾的信,拉舍尔档案,苏黎世中央图书馆。
298. 荣格:《〈西藏度亡经〉心理学评论》,CW 11。荣格接着为《西藏度亡经》沃尔特·伊文思-温兹(Evans-Wentz)版本写序(同上)。
299. 蒂莫西·利瑞、拉尔夫·梅茨纳及理查德·阿尔珀特:《迷幻经历:西藏亡灵书手册》(New York: Citadel, 2000).
300. 阿特伍德:《赫尔墨斯奥秘初探》(London: Trelawny Saunders, 1850)。
301. 同上,第153页。
302. 亚瑟·伟特:《炼金术中的秘密传统》(London: K.Paul, Trench & Trubner, 1926)。
303. 阿特伍德:《赫尔墨斯奥秘初探》。
304. 伊森·艾伦·希区柯克的*Remarks on Alchemy and the Alchemists*,指出了发现赫尔墨斯哲学的真正性质的方法;并表明寻找哲人石的目的不是发现金属的转化剂。炼金术和炼金术士的评论,指出了发现赫米特哲学的真正性质的方法;还试图从不应有的诽谤中挽救过去时代一类非凡思想家的声誉(Boston: Crosby, Nichols and Co., 1857)。
305. 同上,第45页。
306. 赫伯特·席勒:《神秘主义及其象征主义的问题》,Smith Ely Jelliffe 译 (New York: Moffat Yard, 1917)。
307. 同上,第373页。
308. 荣格于1935-1936年间在苏黎世联邦理工学院讲座的笔记,斐乐蒙系列,即将出版。
309. 下面的摘要是根据弗洛诺瓦的笔记和他的审计师的笔记编写的,这两份笔记现在都存放在日内瓦的Bibliothèque Publique et Universitaire。我要感谢奥利维尔·弗洛努瓦,他在20世纪90年代中期让我查阅他祖父的论文。
310. Théodore Flournoy, *Une Mystique moderne: documents pour la psychologie religieuse* (Geneva: Kundig, 1928), 214. 1915年11月19日和12月3日,分析心理学协会的两次会议专门讨论了阿道夫·凯勒(Adolf Keller)提交的关于弗洛诺瓦的书的论文(荣格也在场)。
311. 荣格提到了马赛兰·贝特罗(Marcellin Berthelot)于1885年的文集《化学的起源》(*Les Origines de l'chimie*)。贝特罗认为炼金术纯粹是化学的前史,认为其信徒是疯子和江湖骗子(ix)。
312. 《回忆·梦·思考》,第204页。
313. 荣格:"西奥多·弗洛诺瓦",载于弗洛诺瓦:《从印度到火星》,沙姆达萨尼主编,第九卷。
314. 《红书》,121/305页。
315. Thadeus Reichstein, "Über Alchemie (Vortragim Psychologischen Club Zürich den 7 November 1931)" 2.
316. 同上,第5页。
317. 《回忆·梦·思考》,第204页。
318. 同上,第205页。
319. 见Alfred Ribi, "Zum, schöpferischen Prozess bei C. G. Jung: Aus den Excerptbänden zur Alchemie," Analytische Psychologie 13(1982): 201-21.
320. 《沃尔夫冈·泡利与荣格于1932-1958年的书信集》(Berlin: Springer, 1992). 有关荣格与泡利的合作,参阅Suzanne Gieser, The Innermost Kernel: Depth Psychology and Quantum Physics. Wolfgang Pauli's Dialogue with C.G.Jung (Berlin: Springer, 2005)。1936年和1937年,荣格在纽约和缅因州的贝利岛举办了长时间的研讨会,对泡利的个人心理学的研究远比他在发表的著作中的研究要详细得多(Suzanne Gieser编辑,即将出版,斐乐蒙系列)。
321. CW 13。
322. 同上。
323. 同上。
324. 同上。
325. 即将出版,斐乐蒙系列。
326. JA。
327. 荣格:《帕拉塞尔苏斯的精神现象》,CW 13, § 199。
328. 同上, § 154。
329. 同上,第189页。

330. 荣格的文字转载于 Irene Gerber-Munch：Goethes Faust: Ein tiefenpsychologische Studie über den Mythos des Modernen Menschen, mit dem Vortrag von C. G. Jung, Faust und die Alchemie (Küsnacht: Stiftung für Jung'sche Psychologie, 1997). 有关荣格的英语摘要，参阅 CW 18, § 1692ff。
331. Alice Raphael, Goethe and the Philosopher's Stone: Symbolical Patterns in "The Parable" and the Second Part of "Faust" (London: Routledge and Kegan Paul, 1965)。有关她与荣格之间的关系，参阅我的"Who Is Jung's Philemon? An Unpublished Letter to Alice Raphael," Jung History 2, no. 2(2008)。
332.《回忆·梦·思考》，第 220 页。
333. 荣格:《佐西莫斯的异象》，CW 13, § 144 页。
334.《回忆·梦·思考》，第 205-206 页。
335. 维吉尔:《埃涅阿斯纪》，R. Fairclough 译，引自荣格:《心理学与炼金术》，CW 11, 第 39 页。
336. 维吉尔:《埃涅阿斯纪》，第七部，1。312. 有关这一引用的历史，参阅 Jean Starobinski, " Acheronta Movebo," in Critical Inquiry 13 (1987): 394-407.
337. 荣格: CWB, § 661。
338.《协议》，第 149 页;《回忆·梦·思考》，第 199 页。
339. 同上，147-148 页。
340. 有关艾诺斯，参阅 Hans Thomas Hakl, Der Verborgene Geist von Eranos: Unbekannte Begegnungen von Wissenschaft und Esoterik (Bretten: Scientia Nova, 2001), and Gian Piero Quaglino, Augusto Romano, and Riccardo Bernardini, Carl Gustav Jung a Eranos: 1933-1952 (Turin: Antigoni Edizioni, 2007).
341. 铃木大拙:《禅宗导引》(London: Rider, 1948)。
342. 荣格:《序铃木"禅宗导引"》，CW 11, § 903。
343. 1954 年，荣格发表了《狡徒形象中的心理学》，载于 Radin's The Trickster: the Trickster Figure," in Radin's *The Trickster: A Study in Native American Mythology* (New York: Schocken, 1956)。
344. 卡尔·凯伦依:《埃莱夫西斯：母亲和女儿的原型意象》, Ralph Manheim 译，波林根系列(普林斯顿，NJ：普林斯顿大学出版社, 1967), xvii-xviii。
345. 分析心理学俱乐部论文，存于伦敦的威康信托当代医学档案馆。
346. 沃尔特·佩格尔,《荣格对炼金术的看法》伊希斯 39 (1948):45。
347. 同上，第 48 页。
348. 劳伦斯·普林西比和威廉·纽曼,《关于史学编纂学的若干问题》炼金术",《自然的秘密：占星学与早期现代欧洲的炼金术，编辑。威廉纽曼和安东尼·格拉夫顿(剑桥，马萨诸塞州：麻省理工学院出版社, 2001), 385-431 页。
349. 有关例外情况，见 Ribi, "Zum schöpferischen Prozess bei C. G. Jung: Aus den Excerptbänden zur Alchemie"; Rebecca Lee Garnett, "C.G. Jung's Use of Norton's Ordinal of Alchemy: A Humanist Consideration," Harvest: Journal for Jungian Studies 40 (1994): 1-21; Robert Westman, "Nature, Art, and Psyche: Jung, Pauli, and the Kepler-Fludd Polemic," in Brian Vickers, Occult Scientific Mentalities (Cambridge:Cambridge University Press, 1984), 177-230; and Christopher Wagner, "A Case of Projection: The 'Sol and Luna' Bildgedicht and the 'Alchemy' of Carl Jung" (MPhil dissertation, University of Cambridge, 2011).
350.《红书》，第 306 页。
351. 荣格:《心理学和宗教》，CW 11, § 8。有关荣格的宗教心理学，参阅 James Heisig, Imago Dei: A Study of Jung's Psychology of Religion (Lewisburg, Penn.: Bucknell University Press, 1979), and Ann Lammers, In God's Shadow: The Collaboration between Victor White and C.G.Jung (New York: Paulist Press, 1994). 亦可参阅我的"In Statu Nascendi", " Journal of Analytical Psychology 44 (1999): 539-45.
352. 荣格在《红书》中注意到 1914 年的一段幻觉，他与撒旦进行了一次对话，撒旦告诉他:"啊，三位一体是如此非理性，人们永远无法相信它的反应。我强烈建议你不要认真对待这些符号(319)。"这篇论文可以被看作是荣格对撒旦的回答。
353. "Jung and Religious Belief," replies to questions from the Reverend David Cox, CW 18, § 1666.
354. 荣格:"The Relation of Psychotherapy to the Cure of Souls," CW 11, § 537.
355. 荣格曾多次将自己的作品与其学生及合作者的作品一起发表在名为 Psychological Treatises 的系列中。这套丛书中的其他卷册包括：Seelenprobleme der Gegenwart [当下的灵魂问题]，1931 年，由沃尔夫冈·克拉内菲尔特提供；Wirklichkeit der Seele [灵魂的实际性]，1934 年，由雨果·罗森塔尔和艾玛·荣格提供。Kranefeldt，Symbolik der Geist[精神的象征主义]，1948 年，Rivkah Scharf Kluger 提供的资料；Gestaltungen des Unbewussten[无意识的形成]，1950 年，安妮拉·亚菲提供的资料;《神秘参与》，1955-1956 年，其中一卷为 Aurora Consurgens，由 Marie-Louise von Franz 提供。
356. 有关这一问题，参阅 Alice Howell, Jungian Synchronicity in Astrological Signs and Ages (Wheaton, IIL.: Quest Books, 1990), 125ff.
357. 信件二，第 17-18 页。
358. 1951 年 8 月 8 日，(Baynes papers, Contemporary Medical Archives, Wellcome Library)。Marie-Jeanne Schmid 担任荣格的秘书。在与 Gene Nameche 的访谈中，她回忆说，"亵渎神明"的第一页被省略了(Jung biographical archive, Countway Library of Medicine, Boston, 55)。
359. 玛丽·路易丝·冯·法兰兹, C. G.Jung: His Myth in Our Time, trans.William Kennedy (New York: C.G.Putnam, 1975), 161.
360. 同上。Ignaz Tauber 在采访 Gene Nameche 时回忆说，"有一次我问他，'你最美妙的一次经历是什么？荣格回答说：'好吧，我可以立即回答这个问题。那天是星期天；我在'奥伯斯'号上航行。当时大约是中午时分，碧空如洗，我微微睡着了。然后我父亲出现了……拍着我的肩膀说，'你做得很对；我来感谢你"(Jung biographical archive, Countway Library of Medicine, 2)。
361.《红书》，第 350 页。
362. 同上，第 243 页。
363. 同上，第 299 页。
364. 荣格，CW 11, § 739。
365. 同上，§ 741。
366. 同上，§ 755。
367.《回忆·梦·思考》，第 338 页。
368.《荣格文集》，美国国会图书馆。参阅保罗·毕晓普:《荣格的"答约伯"评述》(*Jung's Answer to Job: A Commentary*)(London: Brunner-Routledge, 2002)，及《荣格－怀特信函集》，安·康拉德·拉默斯与阿德里安·坎宁安编，菲勒蒙系列，出版于伦敦的 Routledge 出版社，2007 年。。
369. 引自 Charles Méla, Legends of the Centuries: Looking through a Legendary Collection. Martin Bodmer Foundation (Geneva: Éditions cercle l'art, 2004), 210.
370. 同上，第 43 页。
371. 同上，第 44 页。
372. 荣格的主要作品的初版都可以在他的收藏中找到。
373.《协议》，第 132 页。
374. 参阅罗伯特·达恩顿(Robert Darnton):《阅读的未来》(The Case for Books, Past, Present and Future，原译为:《书之承载：过去，现在和未来》)(London: Perseus, 2009)。
375. 1947 年 7 月 8 日致约兰德·雅各比(Jolande Jacobi)的信，信件一，第 470 页。《荣格文集》并不是其完整的作品。他在去世后，留下了一大堆未发表的手稿、研讨会记录和信件。这些资料目前即将出版。有关更多信息，查阅网址：www. philemonfoundation. org.